Von Alistair MacLean
sind als Heyne-Taschenbücher erschienen:

Die Überlebenden der Kerry Dancer · Band 01/504
Jenseits der Grenze · Band 01/576
Angst ist der Schlüssel · Band 01/642
Eisstation Zebra · Band 01/685
Der Satanskäfer · Band 01/5034
Der Traum vom Südland · Band 19/52
Souvenirs · Band 01/5148
Tödliche Fiesta · Band 01/5192
Dem Sieger eine Handvoll Erde · Band 01/5245
Die Insel · Band 01/5280
Golden Gate · Band 01/5454
Circus · Band 01/5535
Meerhexe · Band 01/5657
Goodbye Kalifornien · Band 01/5921
Die Hölle von Athabasca · Band 01/6144
Höllenflug der Airforce 1 · Band 01/6332
Fluß des Grauens · Band 01/6515
Partisanen · Band 01/6592
Die Erpressung · Band 01/6731
Einsame See · Band 01/6772
Das Geheimnis der San Andreas · Band 01/6916
Die Männer der »Ulysses« · Band 01/6931
Tobendes Meer · Band 01/7690
Der Santorin-Schock · Band 01/7754
Die Kanonen von Navarone · Band 01/7983
Geheimkommando Zenica · Band 01/8406
Nevada Paß · Band 01/8732
Agenten sterben einsam · Band 01/8828
Santorin-Schock · Band 01/9046
Schwarze Hornisse · Band 01/944
Rembrandt-Deal · Band 01/8655
Spur des Todes · Band 01/9062

ALASTAIR MACNEILL

ALISTAIR MACLEAN'S ZEIT DER ATTENTÄTER

Roman

Aus dem Englischen
von Diethard H. Klein

Deutsche Erstausgabe

WILHELM HEYNE VERLAG
MÜNCHEN

HEYNE ALLGEMEINE REIHE
Nr. 01/9533

Titel der Originalausgabe
TIME OF THE ASSASSINS

Redaktion: Werner Heilmann

Copyright © 1991 by Devoran Trustees Limited
Copyright © 1995 der deutschen Ausgabe by
Wilhelm Heyne Verlag GmbH & Co. KG, München
Copyright © der deutschen Übersetzung by
Verlagsunion Pabel Moewig KG, Rastatt
Printed in Germany 1995
Umschlagillustration: Kevin Tweddell
Umschlaggestaltung: Atelier Ingrid Schütz, München
Satz: Compusatz GmbH, München
Druck und Bindung: Presse-Druck, Augsburg

ISBN 3-453-08853-0

Prolog

An einem nicht dokumentierten Tag im September 1979 leitete der Generalsekretär der Vereinten Nationen eine außerordentliche Zusammenkunft von sechsundvierzig Abgesandten, die sämtliche Länder der Welt vertraten. Es gab nur einen einzigen Tagesordnungspunkt: die wachsende Flut des internationalen Verbrechens. Kriminelle und Terroristen konnten in dem einen Land zuschlagen und dann über seine Grenzen fliehen in der Gewißheit, daß ihre Verfolgung eine Verletzung der Souveränität der Nachbarländer bedeuten würde. Darüber hinaus war die Durchsetzung von Auslieferungsbegehren (sofern überhaupt mit bestimmten Ländern entsprechende Vereinbarungen bestanden) teuer und zeitraubend, und es gab dabei stets irgendwelche Schlupflöcher, die gerissene Anwälte zu nutzen verstanden, um die Freilassung ihrer Klienten zu erwirken. Hier mußte endlich eine Lösung gefunden werden.

Man einigte sich darauf, eine internationale Sondereinheit aufzustellen, die unter der Bezeichnung UNACO (United Nations Anti-Crime Organization) dem Sicherheitsrat der Vereinten Nationen unterstellt sein sollte. Ihre Aufgabe war es (wie es in Artikel 1, Absatz 1c der Gründungsurkunde heißt), »Personen oder Gruppen, die in internationale verbrecherische Aktivitäten verstrickt sind, an ihren Vorhaben zu hindern, auszuschalten und/oder zu fassen«.

Jeder Abgesandte legte dann den Lebenslauf eines Kandidaten vor, den die Regierungen der jeweils vertretenen Länder für geeignet hielten, die Stellung des UNACO-Direktors einzunehmen, und der Generalsekretär traf dafür die endgültige Entscheidung.

Die UNACO nahm ihre geheimgehaltene Tätigkeit am 1. März 1980 auf.

Erstes Kapitel

Es war bereits dunkel, als er an seinem Bestimmungsort eintraf. Er stieg aus dem Taxi, bezahlte den Fahrer und wischte sich dann mit dem Handrücken den Schweiß von der Stirn. Wie drückend es um diese Jahreszeit in Beirut sein konnte – fast hatte er das schon vergessen. Er wartete, bis das Taxi verschwunden war, ehe er quer über die Straße zur Windorah-Bar ging, die von Dave Jenkins betrieben wurde, einem Australier, der diese kleine Bar nach seinem Geburtsort in Queensland so genannt hatte. Nun, er nahm jedenfalls an, daß der Besitzer noch immer Jenkins hieß – schließlich war er seit vier Jahren nicht mehr hier in Beirut gewesen. Er stieß die Tür auf und ging hinein; nichts hatte sich verändert. Noch immer drehten sich langsam die beiden Ventilatorpropeller an der Decke des Raumes, noch immer saßen Prostituierte und ausländische Journalisten herum, und Jenkins stand wie immer hinter dem Tresen. Ihre Blicke trafen sich.

Jenkins schüttelte ungläubig den Kopf. »Ich will verdammt sein – Mike Graham. Was zum Teufel führt Sie denn wieder mal nach Beirut?«

»Geschäfte«, antwortete Graham unbestimmt und ließ dabei seine Augen durch den Raum schweifen.

»Sie suchen wohl jemand?«

»Stimmt.«

»Vielleicht Russell Laidlaw?«

Graham wandte sich mit zusammengezogenen Brauen Jenkins zu. »Hat er Ihnen etwa gesagt, daß ich kommen würde?«

Jenkins schüttelte den Kopf. »Lediglich eine – sagen wir mal begründete – Vermutung. Er ist schließlich der einzige von Ihren alten Freunden, die ich kenne, der jeden Abend hierherkommt. Um welche Zeit wollten Sie sich denn mit ihm hier treffen?«

»Um acht«, erwiderte Graham und warf einen raschen Blick auf seine Uhr; es war zehn vor acht.

»Ja, so um die Zeit kommt er meist her. Vielleicht ein Bier, während Sie auf ihn warten?«

Graham trank nur selten Alkohol; doch bei dieser Hitze kam ihm ein Bier gelegen. »Wenn es kalt ist ...«

»Kommt sofort«, sagte Jenkins und beugte sich zu einem der Kühlfächer unter dem Tresen hinunter.

Eine der Prostituierten nahm Blickkontakt zu Graham auf, aber er schüttelte den Kopf, noch ehe sie von ihrem Barhocker herunterklettern konnte. Gleichgültig wandte sie ihre Aufmerksamkeit einem anderen möglichen Kunden zu.

»Ein Budweiser, eiskalt«, versicherte Jenkins und stellte die Flasche und ein Glas vor Graham hin. Als dieser nach seiner Brieftasche greifen wollte, winkte der Wirt ab. »Geht auf meine Rechnung, Mike.«

»Danke«, antwortete Graham mit einem knappen Lächeln.

»Tat mir sehr leid damals, als ich hörte, was Ihren Angehörigen zugestoßen war, Mike ...«

»Ich setz' mich da rüber«, unterbrach Graham ihn schroff und wies auf einen leeren Tisch in der Ecke des Raums. »Schicken Sie Russell zu mir, wenn er auftaucht.«

»Gerne«, versicherte Jenkins, doch Graham hatte sich schon abgewandt. Der Wirt zuckte mit den Schultern und kümmerte sich um einen neuen Gast, der eben an den Tresen getreten war.

Graham ging quer durch die Bar zu dem Tisch und setzte sich. Er war achtunddreißig Jahre alt, hatte ein gut geschnittenes, jugendliches Gesicht und wuscheliges rötliches Haar, das etwas unordentlich über den offenen Kragen seines weißen Hemdes hing. Seinen stämmigen, muskulösen Körper hielt er in Form durch einen täglichen Fünf-Kilometer-Lauf und ein anschließendes schweißtreibendes Krafttraining in seinem privaten Fitneßraum.

Bei der UNACO war er nun seit zwei Jahren, und seine Vorgesetzten hielten ihn inzwischen – obwohl er ein Einzelgänger blieb – für den besten Mann der Truppe im Außeneinsatz. Das war freilich nicht immer so gewesen. Er räumte nun selbst ein, daß er seinerzeit psychisch ziemlich angeknackst gewesen war, als er sich nach elf Jahren bei der amerikanischen Anti-Terror-Einheit Delta zur UNACO abgesetzt hatte. Das war zurückzuführen auf seinen letzten Delta-Einsatz. Dabei hatte der Auftrag gelautet, in eine Terroristenbasis in Libyen einzudringen und deren Besatzung auszuschalten. Zu dieser gehörten auch Salim Al-Makesh, ein Berater der Bewegung »Schwarzer Juni«, die 1976 von Abu Nidal aus Protest gegen die Einmischung Syriens in den libanesischen Bürgerkrieg gegründet worden war, und Jean-Jacques Bernard, ein führendes Mitglied der Volksfront zur Befreiung Palästinas. Gerade als er den Befehl zum Angriff geben wollte, erreichte ihn die Nachricht, daß seine Frau und sein fünfjähriger Sohn nahe ihrer Wohnung in New York von drei maskierten Männern entführt worden seien. Die Männer sprachen Arabisch; und das Ganze war ein Versuch, ihn zum Rückzug zu zwingen. Er lehnte ab, die Basis wurde zerstört, aber Al-Makesh und Bernard gelang es zu entkommen. Das FBI veranlaßte zwar sofort eine landesweite Fahndung nach Grahams Angehörigen, aber es wurde niemals eine Spur von ihnen gefunden.

Einen Monat später war Al-Makesh von israelischen Kommandotruppen in seinem Wohnsitz in Damaskus getötet worden. Bernard tauchte unter, und man hörte erst wieder von ihm, als dem israelischen Geheimdienst Mossad gemeldet wurde, er sei bei einem Attentat mit einer Autobombe in Beirut ums Leben gekommen. Die Nachricht stammte aus einer zuverlässigen Quelle, und es gab keinen Grund, daran zu zweifeln. Trotzdem war Graham nicht überzeugt – das schien alles zu einfach. Gestern dann hatte ihn ein Telefonanruf erreicht, der seine Zweifel zu bestätigen schien ...

Laidlaw kam herein, blickte sich um und steuerte dann auf den Tisch zu, an dem Graham saß. Verwundert registrierte er, wie sehr sich Laidlaw seit damals verändert hatte, als sie noch beide für Delta im Einsatz gewesen waren. Laidlaw, der ausgeprägteste Fitneßfanatiker der Einheit, hatte sich immer bis zur äußersten Grenze getrieben, um seinen schlanken, aber muskulösen Körper in Form zu halten. Außerdem hatte er fast bis zur Eitelkeit Wert auf eine gute äußere Erscheinung gelegt. Jetzt war er entschieden übergewichtig, hatte ein gerötetes, unrasiertes Gesicht, und ungewaschenes braunes Haar hing ihm strähnig auf die hängenden Schultern.

Graham erhob sich und schüttelte Laidlaw die Hand; dessen Griff war noch immer kräftig. Graham wies auf den zweiten Stuhl am Tisch und setzte sich wieder.

»Ich hol' mir nur rasch ein Bier, bin gleich wieder da«, sagte Laidlaw mit einer Handbewegung zum Tresen hin.

Graham schob die noch unberührt vor ihm stehende Bierflasche über den Tisch. »Nimm das hier, ich brauche es nicht.«

Laidlaw zog sich den Stuhl heran, setzte sich und griff nach der Flasche. »Du siehst gut aus, Mike«, sagte er schließlich.

»Du keineswegs, Russ«, antwortete Graham unverblümt. »Was ist denn los mit dir, um Himmels willen?«

Laidlaw goß sich das Bier ein, lehnte sich zurück und holte schwer Luft. »Das ist eine lange Geschichte, Mike. Ich werd' sie dir ein andermal erzählen.« Er nahm einen Schluck und setzte das Glas wieder auf den Tisch. »Und wie war der Flug von New York?«

»Gut soweit«, antwortete Graham knapp, lehnte sich dann nach vorn und stützte die Arme auf die Tischplatte. »Was hast du sonst noch über Bernard herausbekommen?«

Laidlaw schüttelte den Kopf. »Meine Nachforschungen heute vormittag haben nichts gebracht, Mike. Aber ich habe ihn gesehen! Natürlich hat er sich verändert – der Bart und die langen Haare sind verschwunden. Ich mußte ihn schon sehr genau beobachten, ehe ich sicher war, daß er es ist. Aber ich verwette meinen Kopf darauf!«

»Ich wäre ja auch nicht hier, wenn ich dir nicht glauben würde«, entgegnete Graham ruhig. »Womit also fangen wir jetzt an?«

»Barak.«

Graham runzelte die Stirn. »Nazar Barak?«

Laidlaw nickte. »Der beste Informant, den Delta je in Beirut hatte. Ich halte noch immer Kontakt mit ihm. Wenn überhaupt jemand weiß, wo Bernard stecken kann, dann ist das Barak.«

»Und warum hast du ihn nicht schon heute vormittag ausgefragt?«

»So auf die Schnelle ist der nicht zu erwischen«, antwortete Laidlaw und nahm einen weiteren Schluck. »Aber heute abend so ab neun etwa soll er zu Hause sein. Ich habe es aus einer verläßlichen Quelle.«

»Ich bin verblüfft, daß es den überhaupt noch gibt. Ich hätte eher gedacht, daß ihm längst einer eine Kugel in den Rücken gejagt hat.«

»Er weiß einfach zuviel – und vor allem hat er das, was er weiß, aufgeschrieben und in einem Bankschließfach in der Stadt verwahrt.«

»Du machst wohl Witze«, meinte Graham.

»Jedenfalls hat er diese Geschichte unter die Leute gebracht. Ich bin auch nicht sicher, ob sie stimmt, aber sie wirkt zumindest. Noch niemand hat sie als bloßen Bluff entlarvt.«

»Bisher«, ergänzte Graham.

Laidlaw lächelte schief und trank den Rest seines Biers aus. Dann wischte er sich mit dem Handrücken über den Mund und stand auf. »Wenn wir rechtzeitig vor seinem Haus sind, können wir ihn abfangen, sobald er auftaucht. Das ist die einzige Möglichkeit, falls wir noch heute mit ihm reden wollen.«

Graham winkte Jenkins zum Abschied zu, ehe er Laidlaw auf die Straße hinaus folgte.

Baraks Haus erwies sich als ein kleiner Bungalow in West-Beirut, weniger als eine Minute entfernt vom Lager Mar Elias; kein Licht war hinter den Fenstern zu sehen. Laidlaw fuhr daran vorbei und parkte den Wagen am Ende der kurzen, schmutzigen Straße. Er schaltete den Motor aus, holte ein Päckchen Zigaretten aus der Tasche und zündete sich eine an; die dritte, seit sie die Windorah-Bar verlassen hatten. Graham stieg aus und duckte sich instinktiv, als im gleichen Augenblick in der Ferne eine Granate einschlug. Er richtete sich wieder auf und sah, daß Laidlaw ihn über das Wagendach hinweg amüsiert anlächelte.

»Man gewöhnt sich daran«, sagte er dann und schloß die Autotür.

»Ich begreife nicht, wie du hier leben kannst«, entgegnete Graham und zuckte wieder zusammen, als eine weitere Explosion durch die Nacht dröhnte.

»Das gehört einfach zu meinem Leben; ich möchte gar nicht weg von hier. Draußen gibt's immer nur negative Schlagzeilen über Beirut, aber das ist nur ein ganz kleiner Teil der Wirklichkeit ...« Laidlaw brach ab, als am anderen Ende der schwach beleuchteten Straße ein Wagen auftauchte.

Graham blickte fragend auf Laidlaw – ob das wohl Barak war? Laidlaw hob zum Schutz vor den Scheinwerfern die Hand über die Augen und versuchte, Marke und Farbe des Wagens zu erkennen. Ein grüner Peugeot – ja, das war er. Er nickte bestätigend, ließ die Zigarette zu Boden fallen und trat die Glut aus.

Barak parkte vor dem Haus, stieg aus dem Wagen und schloß die Fahrertür ab. Er war ein kleiner, dicker Mann Anfang Fünfzig mit öligem schwarzem Haar und einer Brille mit dicken Gläsern. Die Beifahrertür des Autos öffnete sich, und eine angejahrte Prostituierte schob sich heraus.

»Wollten Sie sich amüsieren, Barak?«

Barak fuhr herum und stieß einen erleichterten Seufzer aus, als Laidlaw aus dem Schatten einer Eiche auf der gegenüberliegenden Straßenseite trat. »Sie haben mich erschreckt, Mr. Laidlaw«, sagte er schnaufend auf Englisch und legte, um seinen Worten Nachdruck zu verleihen, die Hand auf sein Herz. »Was tun Sie denn hier?«

»Wir müssen miteinander reden.«

»Das können wir doch auch morgen«, wandte Barak mit einem lüsternen Blick auf die Prostituierte ein. »Heute abend bin ich beschäftigt.«

»Sie *waren* beschäftigt«, korrigierte ihn Laidlaw. »Schicken Sie sie weg.«

Ein Ausdruck ärgerlichen Bedauerns zog über Baraks Gesicht. »Aber ich habe sie doch schon bezahlt!«

»Sie werden entschädigt.«

Die Prostituierte, die offensichtlich kein Englisch verstand, wollte wissen, worum es gehe.

Barak bemühte sich, sie zu beruhigen, und wandte sich dann an Laidlaw. »Sie braucht Geld für ein Taxi, um in die Stadt zurückzukommen.«

»Dann geben Sie's ihr«, entgegnete Laidlaw.

»Ich?« wandte Barak entsetzt ein. »Warum sollte ich das bezahlen?«

»Ich habe Ihnen doch schon gesagt, daß Sie entschädigt werden«, fauchte Laidlaw ärgerlich. »Jetzt geben Sie ihr schon das Geld und sorgen Sie dafür, daß sie verschwindet!«

Barak zog ein Bündel Banknoten aus seiner Jackentasche, zog mit sichtlichem Widerstreben zwei Scheine heraus und hielt sie der Frau hin. Sie riß sie ihm aus der Hand, fluchte wütend und zog schließlich ab, um sich ein Taxi zu suchen.

Laidlaw wartete, bis die Frau außer Sichtweite war, und nickte dann Graham zu, der im Schatten des Baumes stehengeblieben war. Baraks Augen weiteten sich verblüfft, als Graham näherkam. Fragend schaute er Laidlaw an, doch der blieb stumm.

»Geizig wie eh und je, Barak«, sagte Graham und deutete auf das Geldscheinbündel in dessen Hand.

Barak schob es wieder in die Tasche und rieb nervös die Hände gegeneinander. »Was führt Sie denn nach Beirut, Mr. Graham?«

»Gehen wir lieber rein«, antwortete er mit einer Handbewegung zum Haus hin.

Barak ging ihnen auf dem schmalen, betonierten Weg zu der ungestrichenen Tür voraus und öffnete sie. Er forderte seine Besucher mit einer Handbewegung zum Eintreten auf, verschloß die Tür wieder und führte die beiden in das Wohnzimmer, wo er erst die abgenutzten Vorhänge zuzog, ehe er das Licht einschaltete. Die Wände des Zimmers waren ungestrichen, die Möblierung bestand lediglich aus einem lindgrünen Sofa, zwei Holzstühlen und einem nur noch dreibeinigen Kaffeetisch, der an die Wand gelehnt war, damit er nicht umkippte.

»Das ist aber höchst regelwidrig«, sagte Barak unwillig.

»Ich wickle Geschäfte niemals hier zu Hause ab, das wissen Sie doch, Mr. Laidlaw. Warum sind Sie hierhergekommen? Wenn Sie jemand gesehen hat ...«

»Uns hat niemand gesehen«, fuhr ihn Graham an.

Baraks Augen wanderten von Laidlaw zu Graham. »Was führt Sie her?«

»Bernard.«

Barak kratzte sich das stoppelige Kinn und setzte sich auf die Kante des Sofas. »Jean-Jacques Bernard?«

»Genau.«

»Aber der ist doch tot. Er starb ...«

»Ich sah ihn gestern früh vor der amerikanischen Universitätsklinik«, unterbrach ihn Laidlaw rasch. »Er hat zwar sein Aussehen verändert, aber es war eindeutig Bernard.«

»Sie müssen sich getäuscht haben«, versicherte Barak kopfschüttelnd. »Bernard ist tot.«

»Wenn Russell sagt, daß er Bernard gestern erkannt hat, dann stimmt das«, sagte Graham scharf.

Barak nahm die Brille ab und wischte sich müde über die Augen. »Ich kannte Bernard gut. Meinen Sie nicht, daß ich es wissen würde, wenn er noch lebte, und besonders, wenn er hier in Beirut wohnte?«

»Ich habe nicht behauptet, daß er hier in Beirut lebt«, entgegnete Laidlaw. »Er könnte ja hier lediglich zu tun haben. Aber jedenfalls war es Bernard.«

Graham zog einen Umschlag aus der Tasche und warf ihn auf das Sofa. »Da sind fünftausend Dollar drin – in bar. Finden Sie Bernard, und ich verdopple die Summe.«

Barak öffnete den Umschlag und blätterte die Scheine durch. Dann schaute er zu Graham hinüber. »Warum sind Sie denn so scharf auf Bernard?«

»Das geht Sie nichts an. Finden Sie ihn, und Sie erhalten des Rest des Geldes.«

»Wo kann ich Sie erreichen?« fragte Barak.

»Sie rufen mich an, wenn Sie etwas herausbekommen haben«, beschied ihn Laidlaw. »Zu jeder Tages- oder Nachtzeit.«

Barak nickte und schob den Umschlag in die Tasche. »Ich

sage Ihnen aber trotzdem, daß Sie Ihre Zeit vergeuden. Bernard ist tot.«

»Ich kann ihm nur wünschen, daß Sie recht haben«, sagte Graham leise, ehe er hinter Laidlaw in die Nacht hinausging.

Barak wartete, bis Graham und Laidlaw abgefahren waren, dann stieg er in seinen eigenen Wagen und fuhr zu einem weißen Haus in spanischem Stil, das mit Blick auf das Meer am Stadtrand lag. Er hielt vor einem doppelflügeligen schmiedeeisernen Tor an, wo ein bärtiger, mit Jeans und einem schwarzen, ausgeblichenen T-Shirt bekleideter Mann mit einer Kalaschnikow unter dem Arm auf den Wagen zutrat.

»Ich muß sofort Monsieur Devereux sprechen«, verlangte Barak durch das geöffnete Wagenfenster.

»Erwartet Monsieur Devereux Sie denn?« fragte der Posten und beäugte ihn argwöhnisch.

»Nein, aber es ist dringend.«

Der Mann warf einen Blick zum Haus hinüber. »Monsieur Devereux hat ausdrücklich angeordnet, daß er nicht gestört werden dürfe.«

»Sagen Sie ihm, Barak sei da.«

»Ich weiß, wer Sie sind«, entgegnete der Posten mit spürbarer Verachtung. »Kommen Sie morgen früh wieder, vielleicht ist Monsieur Devereux dann bereit, Sie zu empfangen.«

»Ich muß ihn aber jetzt sprechen«, beharrte Barak.

Der Mann machte eine drohende Bewegung mit seiner Waffe. »Ich habe Ihnen schon gesagt, daß Monsieur Devereux heute abend nicht gestört werden möchte.«

Barak schaute den Mann scharf an. »Das Leben von Monsieur Devereux ist in Gefahr. Falls ihm irgend etwas zustößt, werde ich dafür sorgen, daß Sie persönlich dafür zur Verantwortung gezogen werden.«

Der Wachposten zögerte. »Was für eine Gefahr?«

»Das werde ich Monsieur Devereux selber sagen.«

Der Wachmann trat vom Wagen zurück und sprach leise in ein Gegensprechgerät. Kurz darauf öffneten sich die Tore per Fernbedienung von innerhalb des Anwesens.

Der Posten wies durch das Autofenster Barak an: »Fahren Sie bis in den Vorhof. Dort wird Sie jemand in Empfang nehmen.«

Barak legte den Gang ein und fuhr mit seinem Peugeot etwa hundert Meter weit bis vor das Wohnhaus, wo er vor einer Steintreppe anhielt und ausstieg. Ein zweiter Wächter klopfte ihn sachkundig nach Waffen ab und führte ihn dann ins Haus. Barak blickte sich ehrfürchtig in der weiten Eingangshalle um. Der mächtige, dreigestufte böhmische Kronleuchter war der einzige Überrest des ehemaligen Glanzes, doch konnte sich Barak gut vorstellen, wie einst die Wände mit wertvollen Gemälden oder prachtvollen Gobelins geschmückt und der Holzboden mit aufwendigen Teppichen bedeckt gewesen waren.

»Dieses Haus gehörte einst einem türkischen Fürsten, als der Libanon noch Teil des ottomanischen Reiches war«, sagte der Mann, der die in die Halle führenden Stufen herunterkam und dabei den Gürtel über seinem weißen Morgenmantel verknotete. Er war groß und gutaussehend, mochte Ende Dreißig sein und hatte kurzgeschnittenes, an den Schläfen ergrauendes Haar und einen sauber gestutzten Schnurrbart. Über die ganze Länge der linken Wange verlief eine schwach sichtbare schmale Narbe. Am Fuß der Treppe blickte er sich nachdenklich um und fuhr auf Arabisch fort: »Viele würden das schön nennen. Ich finde es dekadent.«

»Es tut mir leid, daß ich Sie stören muß, Monsieur Devereux ...«

Der Mann hob, Schweigen gebietend, seine Hand und schickte zunächst mit einer Kopfbewegung den Wächter weg. Erst nachdem dieser gegangen war, führte er Barak in ein kleines Nebenzimmer. »Habe ich Ihnen nicht gesagt, daß Sie niemals hierherkommen sollen?«

»Ich hatte keine andere Wahl«, verteidigte sich Barak. »Ich mußte Sie unbedingt persönlich sprechen.«

»Worum geht es?«

Barak trat unbehaglich von einem Fuß auf den anderen. »Man hat Sie erkannt, Monsieur Bernard!«

Bernard stieß die Hände in die Taschen seines Morgenmantels und trat ans Fenster; er starrte über die Wiese vor dem Haus zu dem leeren Schwimmbecken hinüber. Schließlich wandte er sich Barak wieder zu: »Wer hat mich erkannt?«

»Ein Amerikaner, Russell Laidlaw.«

Bernard schien über den Namen nachzusinnen, dann schüttelte er den Kopf. »Kenne ich nicht. Wer ist das? Ein Journalist?«

Barak schüttelte den Kopf. »Er war bei der Delta im Einsatz und lebt jetzt hier. Aber nicht er ist Ihr Problem. Ein anderer war in seiner Begleitung – Mike Graham. Der hat mir zehntausend Dollar angeboten, um Sie für ihn aufzuspüren. Hat wohl etwas mit dem damaligen Verschwinden seiner Angehörigen zu tun, nicht wahr? Waren Sie vielleicht in diese Geschichte verwickelt?«

Bernard ging auf die Fragen nicht ein. »Wo hält er sich auf?«

»Hat er nicht gesagt. Ich soll mich mit Laidlaw in Verbindung setzen, sobald ich etwas herausbekommen habe.«

Bernard zog eine Zigarette aus einer Packung, die auf dem Tisch lag, und zündete sie an. Nachdenklich stieß er den Rauch aus, dann setzte er sich in den Sessel, der in einer Ecke des Zimmers stand. »Sagen Sie Graham, daß Sie einige Nachforschungen angestellt haben und auf etwas gestoßen seien. Veranlassen Sie, daß er sich mit Ihnen gleich morgen am späten Abend in Ihrem Haus trifft.«

»In meinem Haus?« stammelte Barak. »Ich will da nicht hineingezogen werden ...«

»Sie stecken doch ohnehin schon in der Sache drin«, fiel ihm Bernard schroff ins Wort. »Aber keine Sorge – ich habe nicht vor, Graham in Ihrem Haus zu erledigen. Ich möchte nicht, daß die Polizei bei Ihnen irgendwelche Spuren findet. Sie sind mir nicht gerissen genug, um sich herauszureden.«

Barak wußte, daß es sinnlos war, weiter zu streiten. »Um wieviel Uhr?« fragte er daher mit einem resignierten Seufzer.

»Um Mitternacht. Das läßt mir genug Zeit, um das Nötige zu veranlassen. Aber rufen Sie nicht vor halb zwölf an. Das sieht dann so aus, als ob Sie bis dahin intensiv nachgeforscht hätten.«

Barak rieb nervös die Hände aneinander. »Was ist mit den weiteren fünftausend Dollar, die mir Graham bezahlen wollte?«

Bernard drückte seine Zigarette aus und erhob sich. »Was immer Sie tun, hat seinen Preis – stimmt's?«

Barak trat einen Schritt zurück. »Ich muß schließlich von etwas leben ...«

»Sie verdienen weit mehr als die meisten Leute in dieser Stadt«, fuhr ihn Bernard an.

Barak schluckte nervös. »Ich gehe jetzt wohl besser. Über das Geld können wir ja später noch reden.«

Bernard packte Barak am Hemd und stieß ihn gegen die Wand. »Sie bekommen jeden Monat Ihr Fixum, um mich über Entwicklungen in und um Beirut auf dem laufenden zu halten. Ich weiß nicht, was Sie sonst noch so an Geschäften betreiben, und ich will es auch nicht wissen, aber Sie können jedenfalls sicher sein, daß Sie aus mir nichts weiter herausholen. Ist das klar?«

Barak nickte nachdrücklich, und Bernard ließ ihn los. Die Augen vor Angst geweitet, wischte sich Barak mit einem schmutzigen Taschentuch über das Gesicht.

»Und verschwenden Sie bloß keinen Gedanken daran, mich aufs Kreuz legen zu wollen. Sie können sich doch vorstellen, was die Hisbollah mit Ihnen macht, wenn mir irgend etwas zustößt?«

»Ich würde Sie niemals hintergehen, Monsieur Bernard ...«

»Devereux!« fauchte Bernard wütend. »Wie oft muß ich Ihnen das noch sagen? Jean-Jacques Bernard ist tot! Ich bin jetzt Alain Devereux.«

»Tut mir leid, Monsieur Devereux – passiert einfach aus Gewohnheit.«

Bernard deutete auf die Tür. »Raus jetzt!«

Barak verließ das Zimmer; er hatte es so eilig, aus dem Haus zu kommen, daß er nicht einmal die Tür hinter sich schloß.

Bernard nahm eine weitere Zigarette aus der Packung und

zündete sie an. Er hatte eigentlich immer damit gerechnet, daß Graham ihn eines Tages aufspüren würde – es war einfach unvermeidlich. Aber jetzt war er im Vorteil – und er würde ihn nützen ...

»Ich bin immer noch der Meinung, daß ich mit hineinkommen sollte«, sagte Laidlaw, nachdem er den Wagen nahe Baraks Haus geparkt hatte.

Graham schüttelte den Kopf. »Das haben wir schon abgehakt. Barak hat ausdrücklich verlangt, daß ich allein komme. Und ich muß mich an seine Regeln halten; er ist meine einzige Chance, an Bernard heranzukommen.«

»Es könnte eine Falle sein.«

»Meinst du nicht, daß mir das längst durch den Kopf gegangen ist? Aber es ist eine Chance, die ich nutzen muß.«

Laidlaw seufzte tief, nickte dann aber zustimmend. »Also gut; aber wenn du dich nicht innerhalb weniger Minuten am Fenster gezeigt hast, komme ich rein.«

»Abgemacht«, erwiderte Graham und stieg aus.

Laidlaw schaute Graham nach, bis dieser in dem Haus verschwunden war. Dann tastete er, wie um sich selbst zu beruhigen, nach seiner Automatik im Holster. Dabei wußte er doch, daß er sie nicht benutzen würde – nicht benutzen konnte. Nicht mehr seit dieser schlimmen Geschichte in Honduras. Er hatte es schon mehrfach auf einem privaten Schießstand in der Stadt versucht – aber er brachte es einfach nicht fertig, den Abzug zu drücken. Es war ihm klar, daß er es mit einer psychologischen Sperre zu tun hatte; sie war es auch, die seinem Abschied von der Delta zugrunde lag. Aber das konnte er doch nicht Graham erzählen. Unmöglich – Graham verließ sich auf ihn. Er wischte sich den Schweiß von der Stirn und wünschte sich sehnlichst, daß Graham sich endlich am Fenster sehen ließe. Wo zum Teufel blieb er denn bloß?

Plötzlich hörte man im Haus einen Schuß – dann wieder Stille. Laidlaw hämmerte wütend mit der Faust auf das Lenkrad. Es war also doch eine Falle gewesen. Warum nur hatte Graham nicht auf ihn gehört? Er stieß die Tür auf und schlüpfte aus dem Wagen, sorgsam darum bemüht, vom Haus aus nicht gesehen zu werden. Draußen zog er die Waffe aus dem Holster, doch ohne den Finger um den Abzug zu krümmen. Schwitzend beobachtete er aus der Deckung des Wagens das Haus. Es brannte kein Licht, genau wie am Abend zuvor, als sie das erste Mal hergekommen waren. Er mußte versuchen, auf die Rückseite zu gelangen, also rannte er gebückt zum Nachbarhaus, das gleichfalls in völligem Dunkel lag. Aber damit war zu rechnen gewesen. Wenn man in Beirut am Leben bleiben wollte, hielt man sich am besten aus allem heraus. Er flankte über die Gartentür und hastete einen schmalen Weg hinauf. Eine Hecke trennte die benachbarten Grundstücke; Laidlaw fand eine Lücke darin und zwängte sich hindurch. Gleich darauf kauerte er am Boden, kaum zehn Meter vom Hintereingang zu Baraks Haus entfernt. Er wischte sich den Schweiß von der Stirn und schaute auf die Waffe in seiner Hand hinunter. Innerlich fluchend brachte er es noch immer nicht fertig, den Finger um den Abzug zu krümmen. Was, wenn derjenige, der geschossen hatte, immer noch im Haus war? Wie sollte er sich dann verteidigen? Er atmete schwer, aber das kam nicht von dem raschen Lauf vom Wagen hierher – es war einfach Angst. Bei der Delta hatte man ihm beigebracht, daß Angst etwas Gefühlsmäßiges wäre, das man unter Kontrolle bringen könne. Aber damals war er auch noch in der Lage gewesen, einen Abzug zu drücken.

Er holte tief Atem, rannte zur Tür und preßte sich an die Wand daneben. Erneut biß er sich auf die Lippen und versuchte, den Finger vorsichtig um den Abzug zu krümmen. Aber es gelang ihm einfach nicht – eine unsichtbare Macht schien ihn an dieser Bewegung zu hindern. Trotzdem riß er sich zusammen und drückte den Türgriff hinunter. Die Tür war unverschlossen. Er trat sie auf, hechtete in die kleine Küche und rollte sich dort sofort in den Schutz eines alten, verbeulten Kühlschranks. Hier blieb er ein paar Sekunden liegen, ehe er behutsam aufstand und zur Tür schlich, die in den Gang führte. Vorsichtig spähte er hinaus. Zunächst konnte er in dem Halbdunkel so gut wie nichts erkennen, doch nachdem sich seine Augen an das Dämmerlicht gewöhnt hatten, sah er eine Hand aus der Türöffnung des Wohnzimmers ragen. Gerade als er in den Gang springen wollte, hörte er, wie vor dem Haus ein Wagen angelassen wurde. Er erkannte sofort das Motorgeräusch – das war Baraks Peugeot.

Laidlaw riß die nächstgelegene Tür auf und fand sich in einem Schlafzimmer. Sofort rannte er zum Fenster und konnte durch einen Spalt zwischen den Vorhängen gerade noch den Peugeot in Richtung Stadt davonfahren sehen. Es saß nur eine Person darin, doch wer das war, ließ sich nicht erkennen. Das konnte Barak sein – oder der Killer. Sofern nicht Barak selbst der Killer war. Aber das bezweifelte Laidlaw – Barak verabscheute Gewalt, und insbesondere Feuerwaffen.

Er ging, immer noch wachsam, ins Wohnzimmer und schaute hinunter auf den am Boden ausgestreckten Körper. Es war Barak; er lag mit dem Gesicht auf der Erde, aus einer Wunde am Rücken drang Blut. Laidlaw suchte nach dem Pulsschlag, doch der Mann war tot. Es war nur ein einziger Schuß gefallen – was war mit Graham?

Laidlaw erhob sich und durchsuchte nun rasch alle Räume – niemand sonst war da. Dann rief er Grahams Namen, bekam aber keine Antwort. Graham war weg, und Barak war tot. Es gab eigentlich nur eine Erklärung: der Mann im Peugeot war Graham gewesen, und er hatte Barak erschossen. Laidlaw konnte es kaum glauben – warum? Dann schoß ihm ein Gedanke durch den Kopf. Was hatte Graham in der Windhorah-Bar in bezug auf Barak geäußert? Er konnte sich nicht gleich an den genauen Wortlaut erinnern, doch dann fiel es ihm ein:

»Ich hätte eher gedacht, daß ihm längst einer eine Kugel in den Rücken gejagt hat ...«

Daß Barak tot war, ging Laidlaw nicht nahe. Was ihn stärker beschäftigte war der Gedanke, daß Graham ihn vielleicht nur dazu benutzt hatte, um an Barak heranzukommen. Das schmerzte, nach all dem, was sie gemeinsam erlebt hatten.

Er blickte nochmals auf Baraks Leichnam hinunter. Sicher

hatte einer der Nachbarn längst die Polizei angerufen, ohne seinen Namen zu nennen, und sie über den Schuß im Haus informiert. Es konnte nicht mehr lange dauern, bis sie anrücken würde, um der Sache nachzugehen.

Laidlaw verließ das Haus auf dem gleichen Weg, auf dem er hineingekommen war. Er wollte sich nicht in diese Sache verwickeln lassen. Da gäbe es zu vieles, was er erklären müßte ...

Zweites Kapitel

New York war in gleißendes Sonnenlicht getaucht. Die Temperatur lag bei gut fünfundzwanzig Grad, und da völlige Windstille herrschte, war es schwül und stickig in der Stadt.

Im zweiundzwanzigsten Stockwerk des UNO-Gebäudes am East River machte die schwüle Hitze auch Malcolm Philpott zu schaffen. Der sechsundfünfzigjährige Schotte mit den hageren Zügen und dem feinen, gewellten Haar war Direktor der UNACO seit ihrer Gründung im Jahre 1980. Er zog sein Taschentuch heraus und tupfte sich die Stirn ab – der widerlich kalte Schweiß dort hatte sich erst während der letzten halben Stunde gebildet. Ob das vielleicht ein Anzeichen dafür war, daß er sich irgendeine Ansteckung zugezogen hatte? Gewundert hätte es ihn nicht. Er war ein Arbeitstier und wußte, daß er körperlich erschöpft war und dringend Ruhe und Erholung brauchte. Aber wie hätte er sich Ruhe gönnen können bei all dem Trubel, der derzeit im UNACO-Hauptquartier herrschte? Der Wirbel um Mike Grahams Alleingang drunten in Beirut hatte ihm gerade noch gefehlt.

Philpott steckte sein Taschentuch wieder ein und schaute seinen Stellvertreter Sergej Kolchinsky an, einen Russen in den frühen Fünfzigern, der zum unersetzlichen Mitarbeiter geworden war, seit er vor vier Jahren vom KGB zur UNACO umgestiegen war. Er hatte sich als brillanter Taktiker erwiesen und in den vergangenen Jahren ganz erheblich zur Lösung der schwierigsten Fälle der UNACO beigetragen.

Für ein paar Minuten hatten die beiden Männer schweigend dagesessen. Beide rauchten – Philpott seine Pfeife und Kolchinsky eine Zigarette. Die Hängemäppchen lagen unaufgeschlagen vor dem Direktor, und jedes trug einen Namen: Mike Graham, C. W. Whitlock, Sabrina Carver. Die drei bildeten eine der zehn Elite-Einsatzgruppen, deren Mitglieder aus Polizei- und Militäreinheiten und Geheimdiensten der ganzen Welt sorgfältig ausgewählt worden waren. Sie konnten sich stets darauf verlassen, daß ihre Kollegen im Innendienst ihnen alles beschafften, was sich irgendwie als nötig und nützlich für ihre Einsätze vor Ort erwies. Ihre entsprechenden Anfragen waren bisher immer entweder über Philpott oder Kolchinsky gelaufen, doch kürzlich hatten diese sich entschlossen, von dieser Handhabung abzuweichen und ihren Leuten im Außeneinsatz mehr freie Hand zu gewähren. Jetzt bedauerten beide diese Entscheidung.

Sie hatten nämlich festgestellt, daß für Graham drei falsche Pässe auf die Namen Michael Green, Miles Grant und Mark Gordon ausgestellt worden waren, und daß er einen davon für seinen Flug nach Beirut benutzt hatte. Bei einem Kontaktmann dort hatte er sich eine Beretta beschafft, die sich jetzt in den Händen der örtlichen Polizeibehörde befand. Man hatte darauf seine Fingerabdrücke gefunden, und es war ein Schuß damit abgefeuert worden – und zwar jener, der Barak getötet hatte. Und nun galt Graham als verschollen, und im Libanon stand er auf der Fahndungsliste. Das hieß, daß die UNACO offiziell nichts für ihn tun konnte, ohne ihre eigene verborgene Existenz zu gefährden. Und das bedeutete auch, daß Graham ganz auf sich selbst gestellt war – zumindest für den Augenblick jedenfalls.

»Geht es Ihnen nicht gut, Malcolm?« fragte Kolchinsky besorgt. »Sie sehen ziemlich blaß aus.«

»Bin schon in Ordnung«, antwortete Philpott kurz angebunden; dann griff er nach seinem Stock und erhob sich. Er trat ans Fenster, dabei sichtlich mit dem linken Fuß hinkend – die Folge einer Verwundung in den letzten Tagen des Koreakriegs. Mit zornig funkelnden Augen wandte er sich seinem Stellvertreter wieder zu. »Ich kann es kaum glauben, daß er für solch einen Unfug verantwortlich ist. Wir haben uns doch schon genug Feinde gemacht in den letzten Jahren, sogar unter Politikern hier bei der UNO, und das liefert ihnen prächtige Munition, um die UNACO abzuschießen. Wir müssen Graham aufspüren, ehe es den libanesischen Behörden gelingt. Wenn sie ihn vor Gericht stellen, können wir uns gleich alle nach einem neuen Job umsehen. Man würde die UNACO in der Luft zerreißen.«

Kolchinsky stimmte ihm mit resigniertem Kopfnicken zu. »Was also schlagen Sie vor?«

»Wir müssen so rasch wie möglich C. W. und Sabrina auf den Fall ansetzen – können aber nichts unternehmen, bevor ich mit Langley gesprochen habe.«

»Was geht denn die CIA diese Geschichte an?« fragte Kolchinsky stirnrunzelnd.

»Da tappe ich genauso im dunkeln wie Sie, Sergej. Mich hat heute morgen Robert Bailey angerufen, ihr Stellvertretender Direktor. Er wollte am Telefon keine Einzelheiten äußern, sagte aber, daß es irgendwas mit Bernard zu tun hätte. Er will später am Vormittag bei mir vorbeikommen.«

»Soll ich mich schon mal um C. W. und Sabrina kümmern?«

»Ja, verfügen Sie sofort höchste Dringlichkeitsstufe für die beiden. Sie müssen spätestens um zwei hier sein ...«

Philpott brach ab, als plötzlich ein heftiger Schmerz, der bis in den Hals, den Kiefer und die Arme ausstrahlte, seine Brust durchraste. Sein Stock fiel ihm aus der Hand, und er sackte nach vorne zusammen.

Kolchinsky fuhr von seinem Stuhl hoch und konnte Philpott gerade noch auffangen, bevor er zu Boden stürzte. Der krampfte die Hände in die Brust, die zu zerspringen schien. Der Schmerz war unerträglich, und als er sich noch steigerte, schossen Philpott Tränen in die Augen. Er wollte sprechen, brachte aber keinen Ton heraus und fürchtete nur noch eines – sterben zu müssen. Doch in diesem Augenblick hätte er selbst den Tod als Erlösung von diesen grauenhaften Schmerzen in seiner Brust begrüßt.

Kolchinsky ließ seinen Vorgesetzten behutsam zu Boden gleiten und drückte rasch die Taste der Gegensprechanlage auf dem Schreibtisch. »Sarah, rufen Sie sofort einen Krankenwagen. Höchste Eile ist geboten – der Oberst hat einen Herzanfall!«

Ehe die Sekretärin noch antworten konnte, wandte er sich wieder Philpott zu. Er erinnerte sich an seine Erste-Hilfe-Ausbildung beim KGB – der Betroffene mußte so warm und ruhig gehalten werden wie nur möglich –, zog seine Jacke aus und legte sie dem Oberst über die Brust.

»Es wird Ihnen bald besser gehen, Malcolm. Sarah ruft schon einen Krankenwagen.«

Dem Schmerz war eine qualvolle Enge der Brust gefolgt. Philpott fühlte sich plötzlich kalt, obwohl er spürte, daß ihm der Schweiß übers Gesicht lief. Er wußte genau, was ihm da soeben zugestoßen war. Seine Mutter hatte auch schon zwei Herzattacken erlitten, ehe die dritte ihren Tod herbeiführte. Er kannte die Symptome – sein Arzt hatte von einer Koronarthrombose gesprochen. Es war seltsam – er fühlte sich völlig klar, obwohl er nicht sprechen konnte. Die Worte würden seine Lippen nicht erreichen.

Kolchinsky spürte, daß Philpott etwas sagen wollte, und drückte beruhigend seinen Arm. »Versuchen Sie nicht, zu reden, Malcolm. Gleich kommt Hilfe.«

Die Tür öffnete sich, und Sarah Thomas, Philpotts Sekretärin, lief auf die beiden Männer zu. »Der Krankenwagen ist schon unterwegs. In zehn Minuten müßte er hier sein.«

»Haben Sie den Sicherheitsdienst benachrichtigt, daß der Krankenwagen kommt?«

Sarah nickte. »Kann ich irgendwie helfen?« flüsterte sie.

Kolchinsky schüttelte den Kopf. »Das Schlimmste ist schon vorbei. Er kommt wieder auf die Beine, machen Sie sich keine Sorgen.« Dann drehte er sich zu ihr um. »Schaffen Sie C. W. und Sabrina her. Teilen Sie ihnen mit, daß ich sie spätestens um zwei heute nachmittag hier sprechen muß.«

Die Sekretärin ging wieder ins Vorzimmer. Ihre Hände zitterten, als sie nach dem Telefon griff, um die Nummer von Sabrinas Wohnung zu wählen.

Sabrina war nicht zu Hause. Sie stöberte in den Boutiquen der Fifth Avenue herum – ihr zweitliebstes Hobby. Ihr liebstes war es, guten Jazz zu hören, entweder live in einem ihrer Stammlokale, Alis Alley oder Village Vanguard, oder zu Hause, wo sie über Kopfhörer den Aufnahmen von David Sanborn oder den Yellowjackets lauschte. Sanborn war eines ihrer Idole, und sie versuchte stets, keinen seiner Auftritte in New York zu versäumen. Jazz war für Sabrina zu einer Art von Lebensgefühl geworden.

Die junge Frau war lässig in verblichene Jeans gekleidet, trug braune knöchelhohe Stiefel und ein weites weißes T-Shirt. Ihr schulterlanges blondes Haar hatte sie unter einer Baseballmütze mit dem Emblem der New York Yankees versteckt, die ihr einmal Mike Graham geschenkt hatte. Sabrina Carver war gerade achtundzwanzig geworden, hatte ein freundliches, kontaktfreudiges Wesen und hielt ihre vorzügliche Figur durch eifrige Aerobic-Übungen in Form. Die Heiratsanträge, die sie im Laufe der Jahre abgelehnt hatte, zählte sie schon lange nicht mehr – ihre Unabhängigkeit war ihr einfach außerordentlich wichtig. Außerdem wäre jede engere Beziehung eine Belastung für ihre Arbeit bei der UNACO gewesen. Ihren Bekannten gegenüber gab sie sich als Übersetzerin bei den Vereinten Nationen aus. Keiner von ihnen wußte, daß sie zwei Jahre als Waffenspezialistin für das FBI tätig gewesen war, ehe sie vor drei Jahren zur UNACO gestoßen war. Noch immer war sie die einzige weibliche Mitarbeiterin der Organisation im Außeneinsatz, aber ihr Selbstvertrauen und ihre kompromißlose Entschlossenheit hatten auch ihre männlichen Kollegen überzeugt, die sie inzwischen als gleichwertigen Partner betrachteten – und ein schöneres Kompliment konnte sie sich kaum vorstellen.

Sabrina Carver blieb vor der Buchhandlung von Barnes and Noble stehen und tat so, als ob sie aufmerksam die Bücher im Schaufenster betrachte. Sie war sich sicher, daß ihr jemand folgte. Einen Verfolger gesehen hatte sie freilich nicht – es war einfach einer jener Instinkte, die einem in diesem Job zuwuchsen. Nach ein paar Augenblicken bog sie in die östliche 48. Straße ein und tat weiterhin so, als ob sie beim langsamen Weitergehen die Schaufenster betrachte. Bewußt ging sie auch nicht schneller – das hätte einen möglichen Verfolger nur aufmerksam gemacht. Aber wer konnte das sein? Sie war durchaus in der Lage, sich bei einem Angriff zu verteidigen, wenn sich das als notwendig erweisen sollte

– aber was, wenn ihr Verfolger jemand wäre, der sie von einem früheren Einsatz für die UNACO kannte und jetzt darauf aus war, sie zu enttarnen? Dieser Gedanke machte ihr Sorgen.

Sabrina blieb erneut stehen, diesmal vor dem nach innen versetzten Eingang eines Delikatessenladens. Sie holte ihre Sonnenbrille aus der Handtasche und setzte sie auf. Jetzt konnte sie das Schaufenster als Spiegel benutzen, um sich unauffällig über das zu informieren, was hinter ihr vorging. Gerade als sie wieder auf den Gehsteig hinaustrat, erfaßte sie aus dem Augenwinkel eine Bewegung – aber ehe sie noch reagieren konnte, schoß ein junger Farbiger auf Rollschuhen auf sie zu und entriß ihr die Handtasche. Er schlängelte sich rasch zwischen den anderen Fußgängern hindurch, von denen keiner Anstalten machte, ihn aufzuhalten. Die junge Frau rannte dem Burschen sofort nach, doch er drehte sich nur frech grinsend nach ihr um in der Gewißheit, daß sie ihn nicht einholen konnte. Aber als er den Kopf wieder wendete, sah er sich genau einer Auslage von frischem Obst vor einem Geschäft gegenüber. Zwar versuchte er noch auszuweichen, blieb aber mit einem Bein an dem Stand hängen und stürzte schwer zu Boden, wobei Äpfel und Orangen auf den Gehsteig kullerten. Mit schmerzverzerrtem Gesicht rappelte sich der Farbige wieder auf und schleuderte die Handtasche einem Komplizen zu, der etwa zehn Meter entfernt damit in einer Seitengasse verschwand.

Sabrina kümmerte sich nicht weiter um den Burschen auf Rollschuhen, sondern machte sich an die Verfolgung seines Komplizen. Sie rannte ihm durch ein Gewirr kleiner Gassen nach, bis er den Fehler machte, in eine Sackgasse zu laufen. Er bemerkte sein Mißgeschick zu spät, und als er wendete, sah er sich der jungen Frau gegenüber, die sich ihm in den Weg stellte. Sie atmete schwer, ihre Hände lagen auf ihren Hüften, und sie schaute dem jungen Mann in die Augen. Es war ein Puertoricaner von höchstens zwanzig Jahren mit langem, schwarzem, öligem Haar und einem roten Stirnband. Er riß ein Schnappmesser aus der Tasche und ließ die Klinge herausspringen.

»Wollen Sie was?« fragte er und richtete das Messer drohend auf die junge Frau.

»Ich will vor allem keinerlei Ärger«, antwortete sie ruhig und streckte die Hand aus. »Gib die Tasche her, und die Sache ist erledigt.«

Der Bursche lachte und spuckte aus. »Wenn Sie die Tasche wollen, dann holen Sie sie sich doch!«

Sabrina zuckte die Schultern und ging auf den Burschen zu. Der ließ die Tasche fallen, packte sein Messer fester, wartete, bis sie nahe heran war, und ließ die scharfe Klinge nur wenige Zentimeter vor ihrem Gesicht durch die Luft sausen. Eigentlich schade um so ein hübsches Lärvchen – aber sie wollte es ja nicht anders. Er grinste und trat einen Schritt vor.

Sabrina wartete, bis er zum Stich ausholte – dann blockte sie sein Handgelenk mit dem linken Unterarm ab, knallte ihm die Kante der rechten Hand gegen das Kinn und stieß ihm ein Knie zwischen die Beine. Er schrie vor Schmerz laut auf und taumelte zurück. Das Messer entfiel ihm, er stürzte zu Boden und wimmerte, die Hände in den Schritt gekrallt, leise vor sich hin. Die junge Frau hob die Handtasche auf, vergewisserte sich, daß nichts darin fehlte, und wollte gerade das Schnappmesser an sich nehmen, als sie in der Ferne die Töne einer Polizeisirene hörte. In eine polizeiliche Untersuchung wollte sie auf keinen Fall verwickelt werden; die Art und Weise, wie sie mit ihrem Angreifer fertig geworden war, hätte sicher Aufsehen erregt.

Sie verdrückte sich also rasch in eine Hofeinfahrt, doch an deren Ende ragte ein an die drei Meter hoher Drahtzaun auf. Da die Polizeisirene nun schon bedenklich nahe erklang, schätzte sie rasch den Zaun ab – und genau in diesem Augenblick ertönte der Piepser an ihrem Gürtel. Die beste Zeit für einen Anruf der UNACO, dachte sie wütend und schaltete den Piepser aus. Dann kletterte sie gewandt über den Zaun und gelangte so in eine andere Seitenstraße, die schließlich zur Madison Avenue führte.

Von einer Telefonzelle aus rief sie in der UNACO-Zentrale an, sprach kurz mit Sarah Thomas und eilte dann sofort zur nächsten Straßenecke, um ein Taxi herbeizuwinken, das sie zu ihrer Wohnung brachte.

»Guten Tag, François!«

Der Oberkellner schaute von seinem Reservierungsblock auf und lächelte herzlich. »Oh, guten Tag, Mr. Whitlock, Sie sehen gut aus.«

»Danke, es geht mir auch gut. Ist meine Frau schon da?«

»Nein, noch nicht«, antwortete François.

»Ich gehe dann mal an die Bar. Bitte sagen Sie ihr Bescheid, sobald sie kommt.«

»Aber gerne«, bestätigte der Oberkellner freundlich.

Whitlock war Stammgast im Restaurant Chantilly an der östlichen 57. Straße, seit er 1980 zum ersten Mal nach New York gekommen war. Hierher hatte er auch bei ihrem ersten Rendezvous Carmen Rodriguez ausgeführt, eine temperamentvolle puertoricanische Kinderärztin. Genau am gleichen Tisch hatte er auf den Tag genau ein Jahr später um ihre Hand angehalten. Inzwischen waren sie sieben Jahre lang verheiratet.

Whitlock kletterte auf einen Barhocker und lächelte grüßend dem Mixer zu, der gerade einen anderen Gast bediente und ihm freundlich bedeutete, er werde sich sogleich um ihn kümmern.

Whitlock war vierundvierzig Jahre alt und stammte aus Kenia; seine scharfen, kantigen Gesichtszüge wurden gemildert durch den sauber gestutzten Schnurrbart, den er schon seit dem Abgang von der Universität kultivierte. Wegen einer ausgeprägten Lichtempfindlichkeit trug er ständig eine getönte Brille zum Schutz seiner Augen. Die Schulzeit hatte er in England verbracht; nach dem anschließenden Studium in Oxford war er nach Kenia zurückgekehrt und hatte dort zehn Jahre dem Nachrichtendienst angehört, ehe er von der UNACO als einer der ersten Mitarbeiter im Außendienst eingestellt wurde. Inzwischen war er der einzige Überlebende seiner damaligen Einsatzgruppe.

»Was darf ich Ihnen denn bringen, Mr. Whitlock?« fragte der Barkeeper und stützte dabei die Hände auf den Tresen.

»Das Übliche, Rick«, antwortete der Kenianer.

Der Mann nickte, holte eine Flasche Bier aus dem Kühlfach, öffnete sie, goß das Bier in ein Glas und stellte es auf einen Untersetzer vor Whitlock.

»Und wie laufen die Dinge im politischen Bereich, Mr. Whitlock?« fragte er dann, wobei er sich auf dessen Tarnung als Mitglied der kenianischen Botschaft bei der UN bezog. Außerhalb der UNACO war Carmen die einzige, die Whitlocks wahre Aufgabe kannte.

»Auch das Übliche, Rick.«

Der Mann hinter dem Tresen merkte, daß sein Gast nicht in Gesprächslaune war, und ließ ihn allein. Whitlock nahm einen Schluck von seinem Bier und schaute über die Schulter zum Eingang – noch immer keine Spur von Carmen. Er drehte langsam sein Glas auf dem Untersetzer und sinnierte. Fast wäre es vor ein paar Monaten zu Ende gewesen mit seiner Ehe. Damals war es auf des Messers Schneide gestanden, aber die Probleme, die einem Höhepunkt zugetrieben waren, hatten auch vorher schon bestanden. Der Grund dafür war Carmens Drängen gewesen, bei der UNACO auszusteigen – sie hätte einfach zuviel Angst um ihn. Doch er war stur geblieben, und daraufhin war sie aus der gemeinsamen Wohnung ausgezogen. Nur dem Eingreifen von Philpott war es zu verdanken, daß sie sich wieder versöhnten. Anschließend hatte der Oberst ihm versprochen, er würde zum Stellvertretenden Direktor befördert, wenn er selbst zum Ende des Jahres ausscheide und Kolchinsky seinen Platz einnähme. Wieder ein Jahr später wolle dann Kolchinsky zurücktreten, und er könne an dessen Stelle Direktor werden. Der einzige weitere Mensch, der – ausgenommen den Generalsekretär – von dieser Zusage wußte, war Jacques Rust, der Leiter der UNACO-Zentrale für Europa mit Sitz in Zürich. In der Gewißheit, daß der gefährliche Außendiensteinsatz für ihren Mann am Ende des Jahres beendet sein würde, hatte Carmen sich ihm wieder ganz zugewandt. Whitlock wußte natürlich, daß ihm die Arbeit draußen sehr fehlen würde, und vor allem auch die Zusammenarbeit mit Mike und Sabrina, aber es war ihm auch klar, daß der Erhalt seiner Ehe, die ihm alles bedeutete, diesen Preis wert war ...

»C. W.?«

Whitlock fuhr herum, aus seinen Gedanken aufgeschreckt durch die Stimme hinter ihm. Er lächelte entschuldigend seine Frau an und küßte sie dann leicht auf die Lippen. »Wie lange stehst du denn schon da?«

»Ein paar Sekunden«, gab sie zurück und ließ sich von ihm auf den Barhocker neben dem seinen helfen.

»Tut mir leid, ich war gerade ganz weit weg!«

»Hab' ich schon gemerkt.« Sie bestellte sich ein Mineralwasser und wandte sich ihrem Mann dann mit ernstem Gesicht zu. »Schlechte Nachrichten – Rosie ist heute nacht festgenommen worden.«

Whitlock schaute sie erschrocken an. Rosie war die halbwüchsige Tochter von Carmens Schwester Rachel und deren deutschstämmigem Ehemann Eddie Kruger.

Der Barkeeper brachte das Getränk, und Carmen wartete, bis er wieder außer Hörweite war, ehe sie fortfuhr: »Man hat sie erwischt, als sie am Times Square Drogen kaufte. Was es genau war, weiß ich nicht; Rachel hat es mir nicht gesagt.«

Whitlock seufzte und schüttelte traurig den Kopf. »Na ja, so wahnsinnig überrascht mich das eigentlich nicht.«

»Was meinst du damit?«

»Aber Carmen, du weißt doch genau, was ich damit sagen will. Die besten Eltern der Welt waren sie ja wohl kaum, oder? Rachel hatte doch diese Affäre mit ihrem Chef, und Eddies Sauferei ist in den letzten Jahren auch immer schlimmer geworden ...«

»Diese Affäre wurde doch nur ausgelöst durch Eddies Trinkerei«, fiel Carmen ihrem Mann ins Wort.

»Das spielt jetzt keine Rolle; betrachte es mal mit Rosies Augen. Verstehst du nicht, daß das ihre Art ist, gegen die Eltern zu protestieren?«

»Könntest du nicht mit ihr reden?«

Whitlock schüttelte den Kopf. »Nein – das ist Sache von Rachel und Eddie.«

»Rachel hat aber darum gebeten, daß du es tust.«

»Und wo steckt Eddie?«

»Der hatte sich gestern abend zu einer Pokerrunde verabschiedet, die die Nacht über dauern könne; seither hat Rachel ihn nicht wieder zu Gesicht bekommen.«

»Ein prächtiger Vater«, murmelte Whitlock.

»Bitte sprich mit ihr, C. W.; du bist doch der einzige, auf den sie bisher gehört hat.«

»Es kommt nicht in Frage, daß ich irgendwelche UNACO-Verbindungen in der Angelegenheit nutze, Carmen – das muß von vornherein klar sein.«

»Du sollst nur mit ihr reden«, entgegnete sie sanft. »Bitte.«

»Also gut«, sagte er schließlich. »Wo ist sie?«

»Zu Hause – Rachel hat eine Kaution gestellt ...«

In diesem Augenblick meldete sich der Piepser an Whitlocks Gürtel, und er schaltete ihn rasch aus. Dann warf er seiner Frau einen um Verständnis bittenden Blick zu. »Das ist alles, was ich im Augenblick tun kann, Carmen. Jetzt muß ich mich erst mal bei denen melden.«

»Natürlich, ja«, antwortete sie leise und drückte sanft seine Hand.

»Ich rede mit ihr, das verspreche ich dir. Aber wann, kann ich dir noch nicht sagen. Das hängt ganz davon ab, was jetzt wieder los ist«, entgegnete er und klopfte auf den Piepser.

»Möchten Sie das Telefon hier benutzen, Mr. Whitlock?« fragte der aufmerksame Barkeeper, der den Piepser auch gehört hatte.

»Nein, aber vielen Dank jedenfalls, Rick«, entgegnete Whitlock und wandte sich dann wieder seiner Frau zu. »Ich habe plötzlich gar keinen Appetit mehr!«

»Meiner war schon weg, als ich das von Rosie hörte«, gab Carmen zurück.

»Also komm, dann laß uns gehen!«

Sarah Thomas war bereits seit fünf Jahren Philpotts Sekretärin. Ihr bescheiden eingerichtetes Büro im zweiundzwanzigsten Stock des UNO-Gebäudes war das Vorzimmer zum Hauptquartier der UNACO. Die Wand gegenüber der Eingangstür bestand aus Teakpaneelen, in denen sich zwei mit bloßem Auge nicht erkennbare, lautlos sich öffnende und schließende Schiebetüren befanden, die sich nur mit besonderen Sonar-Fernbedienungen betätigen ließen. Die rechte Tür führte in die Kommandozentrale der UNACO, einen geräuschisolierten Raum, wo sich Analystenteams rund um die Uhr an Monitoren mit den jeweiligen Entwicklungen der Weltlage befaßten. Durch die linke Tür kam man in das Büro von Malcolm Philpott.

Hinter dessen Schreibtisch saß Kolchinsky, die Augen auf Whitlock und Sabrina gerichtet, die er gerade über das unterrichtet hatte, was dem Direktor zugestoßen war.

»Kommt er wieder auf die Beine?« fragte Sabrina besorgt und brach damit das plötzlich eingetretene Schweigen.

»Ich konnte mit dem behandelnden Arzt sprechen, ehe ich das Krankenhaus wieder verließ. Er ist überzeugt davon, daß der Oberst sich vollkommen erholen wird. Sie wollen ihn lediglich noch für ein paar Tage im Krankenhaus behalten, um ergänzende Untersuchungen durchführen zu können.«

»Wenn er sich nicht auf eigene Faust vorher davonmacht«, wandte Whitlock ein und warf Kolchinsky einen vielsagenden Blick zu. »Er wird natürlich so schnell wie nur irgend möglich seine Arbeit wieder aufnehmen wollen. Sie kennen diesbezüglich den Oberst so gut wie ich.«

»Ich habe mich bereits mit dem Generalsekretär in Verbindung gesetzt. Er wird ihn noch heute abend besuchen und ihm empfehlen, nach seiner Entlassung aus dem Krankenhaus erst einmal einen Monat Erholungsurlaub zu nehmen.«

»Dafür wünsche ich ihm viel Glück«, meinte Whitlock. »Sie wissen ja, wie stur der Oberst sein kann, wenn er seinen eigenen Kopf durchsetzen will.«

»Ich glaube diesmal aber nicht, daß er sich heftig zur Wehr setzen wird«, wandte Kolchinsky ein und zündete sich eine Zigarette an. »Er ist überarbeitet, und das weiß er auch. Noch ein solcher Anfall könnte tödlich sein.«

Wieder breitete sich Schweigen aus. Dann stand Whitlock

auf und trat an den Getränkeautomaten an der Wand. »Möchte jemand Kaffee?«

Die beiden anderen schüttelten den Kopf.

»Wo ist Mike?« wollte Whitlock wissen, während er sich Kaffee in einen Becher einlaufen ließ.

»Eine gute Frage«, blaffte Kolchinsky grantig. »Das letzte, was ich von ihm hörte, war, daß er untergetaucht ist, um sich dem Zugriff der Behörden in Beirut zu entziehen.«

»Wie?« fragte Sabrina verblüfft.

»Beirut?« wiederholte Whitlock, der vor dem Schreibtisch stehengeblieben war und auf Kolchinsky hinunterschaute. »Hat er dort einen Auftrag?«

»Nein, keineswegs«, stieß der Russe ärgerlich hervor. »Er ist hinter Bernard her!«

»Jean-Jacques Bernard?« vergewisserte sich Sabrina, während ihre Augen zwischen Kolchinsky und ihrem Kollegen hin und her wanderten. »Aber ist der denn nicht tot?«

»Setzen Sie sich bitte hin, C. W.«, sagte der Russe und wies mit der Hand auf das schwarzlederne Sofa, auf dem Sabrina saß. »Ich sage Ihnen alles, was ich dazu weiß – aber Sie dürfen mir glauben, es ist nicht sonderlich viel.«

Kolchinsky wartete, bis auch der Kenianer Platz genommen hatte, bevor er den dünnen Hefter aufschlug, der vor ihm auf dem Schreibtisch lag; dann gab er die dürftigen Erkenntnisse weiter, die der Kontaktmann der UNACO in Beirut am Vormittag Philpott übermittelt hatte.

»Mike hätte diesen Barak niemals in den Rücken geschossen«, wandte Sabrina sofort ein, nachdem Kolchinsky seinen Bericht beendet hatte. »Das war kaltblütiger Mord. Er muß da in eine Falle gelaufen sein ...«

»Sparen Sie sich die Belehrungen, Sabrina«, fuhr Kolchinsky sie an. Dann legte er die Zigarette auf den Rand des Aschenbechers und ergänzte freundlicher: »Mir ist klar, was Sie sagen wollen. Und vielleicht ist es ein Trost für Sie, daß auch ich nicht glaube, daß er Barak erschossen hat. Aber sicher können wir erst sein, wenn wir ihn gefunden haben. Und finden müssen wir ihn – und zwar baldigst!«

»Angenommen, die Person, die Barak erledigte, hat auch

Mike umgebracht?« meinte Whitlock und bemerkte sofort den entsetzten Blick Sabrinas. Er wandte sich ihr zu: »Mit der Möglichkeit müssen wir immerhin rechnen.«

»Warum sollte man erst die Sache Mike in die Schuhe schieben und ihn dann umbringen? Wenn der Mörder Mike hätte töten wollen, warum hat er ihn dann nicht in Baraks Haus erschossen?« Kolchinsky schüttelte den Kopf. »Nein, wenn Michael zum Sündenbock gemacht werden sollte, ist es klar, daß man ihn lebend haben wollte.«

»Wie steht's mit Laidlaw?« wollte Sabrina wissen. »Hat einer von unseren Leuten sich mit ihm in Verbindung gesetzt?«

»Das können wir nicht riskieren«, wandte der Russe ein. »Die Polizei weiß, daß er sich letzte Nacht mit Michael getroffen hat. Sie haben keinerlei Beweise, die ihn mit dem Mord in Verbindung bringen könnten, aber wir können uns sicher sein, daß man jede seiner Bewegungen verfolgt. Und damit sind Sie gefordert, Sabrina!«

»Inwiefern?«

»Weil Sie als Mikes Freundin dort auftauchen müssen. Und es ist entscheidend, daß Sie ganz offiziell auftreten. Setzen Sie sich sofort nach Ihrer Ankunft mit der Polizei in Verbindung und teilen Sie dort mit, daß Sie auf der Suche nach Michael sind. Auf diese Weise können Sie sich auch mit Laidlaw treffen, ohne daß das Verdacht erregt. Ich kann natürlich nicht garantieren, daß Sie irgend etwas herausbekommen, aber irgendwo muß man ja anfangen.«

»Und was ist meine Rolle?« wollte Whitlock wissen.

»Das werden Sie noch früh genug erfahren«, beschied ihn Kolchinsky und schaltete die Gegensprechanlage ein. »Sarah, führen Sie bitte Mr. Bailey herein!«

Er öffnete die Tür mit seiner Fernbedienung, und die Sekretärin brachte einen in einen hellgrauen Anzug gekleideten Herrn Anfang Fünfzig herein. Er hatte welliges dunkles Haar und ein kantiges Gesicht, in dem starke Pickel um den Mund und auf den Wangen auffielen. Ehe sich Sarah umwandte und die Tür sich wieder hinter ihr schloß, lächelte er die Sekretärin an.

Kolchinsky kam hinter dem Schreibtisch hervor und schüttelte dem Besucher die Hand; dann machte er ihn mit Sabrina und Whitlock bekannt. Bailey nahm auf dem zweiten Ledersofa Platz, holte eine Zigarre aus der Tasche, wickelte sie aus ihrer Zellophanhülle und schaute dann Kolchinsky an. »Ich war entsetzt, als ich das mit Oberst Philpott hörte. Wie geht es ihm denn?«

»Man geht von seiner völligen Wiederherstellung aus«, antwortete der Russe.

»Das ist erfreulich. Bitte grüßen Sie ihn herzlich von mir und wünschen Sie ihm in meinem Namen gute Besserung, wenn Sie ihn das nächste Mal sehen. Wir waren zwar in der Vergangenheit nicht immer der gleichen Meinung, aber ich schätze ihn dennoch außerordentlich.« Bailey zündete seine Zigarre an und blies den Rauch zur Decke. »Konnten Sie sich schon mit den Unterlagen beschäftigen, die ich Ihnen heute vormittag geschickt habe?«

»Ich habe sie durchgeschaut«, bestätigte Kolchinsky und konnte dabei kaum den Widerwillen in seiner Stimme unterdrücken.

»Und konnten Sie Ihren Mitarbeitern schon entsprechende Anweisungen geben?« wollte Bailey mit einer Handbewegung zu Sabrina und Whitlock hin wissen.

»Sie sind gerade erst eingetroffen, und wir unterhielten uns zunächst über die Ereignisse in Beirut.«

»Das ist verständlich«, meinte Bailey mit der Andeutung eines Lächelns. »Der Mann hat Sie in einen ganz schönen Schlamassel gebracht, nicht wahr?«

»Das lassen Sie mal unsere Sorge sein, Mr. Bailey«, entgegnete Kolchinsky eisig. »Es ist mir lieber, wenn Sie selbst Sabrina und C. W. über die wesentlichen Punkte in diesen Unterlagen informieren. Schließlich geht es dabei um Ihre eigenen Machenschaften.«

Bailey erhob sich und trat ans Fenster, nachdenklich seine Zigarre paffend. Schließlich wandte er sich an Whitlock und Sabrina: »Was ich Ihnen jetzt anvertraue, darf niemals außerhalb dieser vier Wände erwähnt werden. Es ist eines der bestgehüteten Geheimnisse der CIA, und ich bin entschlossen, daß es das auch bleibt. Jede Indiskretion von Ihrer Seite ...«

»Es wird keine Indiskretion von dieser Seite geben«, unterbrach ihn Kolchinsky scharf.

Bailey zuckte die Schultern und schien nicht allzu beeindruckt von Kolchinskys Äußerung, über die er wortlos hinwegging. »Man hätte niemals darüber reden müssen, wenn es nicht Graham eingefallen wäre, in Beirut aufzutauchen und nach Bernard zu suchen.«

Er machte eine Pause, sog an seiner Zigarre und schien noch immer recht ungern über das zu reden, weswegen er eigentlich gekommen war. Als er sich dann endlich äußerte, geschah dies so leise, als ob er fürchte, daß seine Worte außerhalb des Raums gehört werden könnten. »Jean-Jacques Bernard arbeitet für mich.«

»Bernard ist CIA-Mann?« fragte Whitlock ungläubig.

Bailey nickte.

»War er auch schon für Sie tätig, als Mikes Angehörige entführt wurden?« wollte Sabrina wissen.

»Ja«, gab Bailey zu, hob jedoch sofort die Hand, um Sabrina zu beschwichtigen, ehe diese weitersprechen konnte. »Aber diese Entführung hatte nicht das geringste mit ihm zu tun. Sie wurde veranlaßt von Salim Al-Makesh, um ihm Gelegenheit zur Flucht aus der Terroristengruppe zu geben, ehe diese von der Delta zerstört wurde.«

»Und jetzt ist Al-Makesh tot – wie praktisch!«

»Verkneifen Sie sich Ihren Sarkasmus, Sabrina«, verwarnte Kolchinsky sie.

Sie öffnete den Mund zu einer Entgegnung, überlegte es sich dann jedoch anders, lehnte sich zornig im Sofa zurück und verschränkte schweigend die Arme vor der Brust.

»Warum hat man Mike nie darüber informiert?« fragte Whitlock mit wütendem Blick auf Bailey. »Er hat seit zwei Jahren die größte Mühe, mit dem Verlust seiner Angehörigen fertig zu werden. Hätte er die Wahrheit gewußt, wäre es doch vielleicht etwas leichter für ihn gewesen.«

»Bernard hat uns berichtet, was geschehen ist, und da er und Al-Makesh die beiden einzigen waren, die dem Angriff entkommen konnten, war es uns nicht möglich, etwas verlauten zu lassen, ohne daß das Bernards Tarnung gefährdet hätte.«

»Sie Schweinehund!« fauchte Sabrina.

Bailey zog scharf die Luft ein und schielte zu Kolchinsky hinüber in der festen Erwartung, daß er Sabrina rügen würde. Aber Kolchinsky sagte kein Wort.

»Und was ist mit Philpotts Angehörigen geschehen?« brach Whitlock das lastende Schweigen.

»Genaueres weiß ich auch nicht«, antwortete Bailey mit einem Achselzucken. »Ich weiß nur, daß sie zur Vergeltung für den Angriff auf dieses Lager getötet wurden. Das war alles, was Bernard von Al-Makesh herauskriegen konnte.«

Whitlock nagte nachdenklich an seinen Lippen und schaute dann Kolchinsky an. »Als ich Sie vorhin fragte, wie meine Rolle in der Geschichte aussieht, meinten Sie, ich würde das noch früh genug erfahren. Es geht also nicht nur darum, Mike aufzuspüren, ehe er Bernard erwischen kann – oder?«

»Ja«, gab Kolchinsky knapp und unumwunden zu. Dann holte er sich eine neue Zigarette aus dem Päckchen auf dem Schreibtisch, zündete sie an und machte dann eine Handbewegung zu Bailey hin. »Am besten, Sie erklären es ihm.«

»Aber gern«, sagte Bailey. »Hat jemand von Ihnen schon einmal von Zimbala gehört?«

»Aber natürlich«, antwortete Whitlock. »Ein kleines Land in Zentralafrika; grenzt an Niger und den Tschad.«

»Sie sind ungewöhnlich gut informiert«, meinte Bailey mit nur schwach verhülltem Sarkasmus.

»Ich bin schließlich Afrikaner«, erwiderte Whitlock. »Geboren in Kenia, erzogen in England. Und von dort stammen meine Kenntnisse über Zimbala.«

»Nun, dann wissen Sie auch, daß in Zimbala immer nur eine Partei herrschte, seit es von den Franzosen vor fünfundvierzig Jahren in die Unabhängigkeit entlassen wurde.«

»Ein diktatorisches Einparteienregime unter Alphonse Moboto«, ergänzte Sabrina.

»Bevor er letzten Monat starb«, sagte Bailey.

»Das wußte ich tatsächlich nicht«, räumte Whitlock ein.
»Ich auch nicht«, fügte Sabrina hinzu.
»Das ist kaum überraschend. Sein Tod wurde außerhalb Zimbalas kaum registriert.«
»Und wer herrscht dort jetzt?« wollte Whitlock wissen.
»Sein ältester Sohn Jamel. Und der wird zu einem offiziellen Drei-Tage-Besuch heute abend in New York erwartet.«
»Was hat aber denn nun Bernard mit dieser Sache zu tun?« fragte Sabrina.
»Ich komme sofort darauf. Jamel Moboto will in Zimbala die Demokratie einführen. Das stößt auf Widerstand in gewissen Kreisen des Landes, vor allem unter den Reichen, die erhebliche Verluste befürchten, wenn Moboto an seinem Ziel festhält. Eine Gruppe von vier Mördern, die dem jetzt aufgelösten Sicherheitsdienst des Landes entstammen, hat geschworen, Moboto während seines Amerikaaufenthaltes zu töten. Wir nehmen diese Drohung sehr ernst, und daher habe ich Bernard gebeten, sich Zugang zu den Leuten zu verschaffen, damit er mich über ihre Maßnahmen auf dem laufenden halten kann. Das ist ihm dadurch gelungen, daß er ihnen angeboten hat, sie zu unterweisen. Sie haben natürlich angenommen, da sie wußten, wie wertvoll seine Erfahrungen für sie sein würden. Und nun vertrauen sie ihm absolut. Er wird uns einen Tip geben, sobald er weiß, wo und wann der Anschlag stattfinden soll – damit wir ihn rechtzeitig verhindern können. Und aus diesem Grund muß Graham schnellstens aufgetrieben werden. Wenn er Bernard erwischen würde, ehe dieser uns über die Einzelheiten informiert, tappen wir völlig im dunkeln. Und falls Moboto auf amerikanischem Boden ermordet werden sollte, würde das nicht nur uns in erhebliche Schwierigkeiten bringen, sondern auch den Präsidenten persönlich. Wir hatten schließlich eine Vorwarnung bekommen.«
»Und ich soll also Babysitter für Moboto spielen?« vergewisserte sich Whitlock.
Bailey nickte. »Sie werden mit zweien meiner Leute zusammenarbeiten. Moboto bringt zwar ein halbes Dutzend Leibwächter mit, aber das sind alles Amateure – ehemalige

Offiziere der Armee von Zimbala. Wenn irgendwas passiert, werden Sie beide sich darum kümmern müssen.«

»Sie werden verantwortlich sein«, sagte Kolchinsky und schaute dabei Whitlock an.

»Die beiden tragen die Verantwortung«, korrigierte Bailey ihn.

»Hauptverantwortlicher wird C. W. sein«, gab der Russe zurück. »Es ist entscheidend, daß einer das Kommando hat. Ich habe mir die Unterlagen über Ihre Leute durchgeschaut. Es sind sicher die besten, die Sie auftreiben konnten, aber sie verfügen nicht über die Erfahrung von C. W. Wenn Sie wollen, können Sie ja den Präsidenten anrufen – der Generalsekretär hat im Laufe des Tages schon mit ihm gesprochen, und er hat zugestimmt, daß der Hauptverantwortliche C. W. sein soll.«

»Ich werde es meinen Leuten mitteilen«, sagte Bailey verkniffen.

»Wir bleiben in Verbindung, damit wir es einrichten können, daß C. W. sich mit Ihren Leuten trifft, ehe Moboto ankommt«, ergänzte Kolchinsky; dann griff er nach der Fernbedienung auf dem Schreibtisch und öffnete die Tür.

Bailey verließ den Raum, und Kolchinsky schloß die Tür hinter ihm.

»Was für ein Schleimscheißer«, meinte Sabrina.

Kolchinsky grinste. »Der könnte hier an meiner Stelle sitzen.«

»Wie meinen Sie das?« fragte sie.

»Meinen Vorgänger Gronskin haben Sie wohl nie kennengelernt?«

Sie schüttelte den Kopf. »Das war vor meiner Zeit.«

»Nun, als er wegen Spionage nach Rußland zurückbeordert wurde, schlug die CIA Bailey als neuen Stellvertreter des Obersten vor, während der KGB meinen Namen ins Spiel brachte. Zunächst wollte der Generalsekretär Bailey haben, wofür ich angesichts der Umstände durchaus Verständnis hatte – aber der Oberst drohte mit seinem Rücktritt, wenn die Entscheidung zugunsten von Bailey falle. Und wie dieser ja selbst sagte – sie waren so gut wie nie der gleichen Meinung. Es wäre eine Katastrophe gewesen, wenn Bailey hierhergekommen wäre. Also habe ich statt dessen den Posten bekommen.«

»Davon habe ich bisher nichts gewußt«, sagte Whitlock.

»Ich bin heilfroh, daß der Oberst sich damals durchgesetzt hat«, meinte Sabrina und warf nochmals einen Blick zur Tür.

Whitlock stand auf und schob die Hände in die Taschen. Er ging zur gegenüberliegenden Wand, wo er sich umdrehte und den Blick auf Kolchinsky richtete. »Ich war mit Jamel Moboto zusammen auf der Universität.«

»Warum haben Sie nichts davon gesagt, als Bailey hier war?«

»Weil wir es nicht miteinander konnten«, erwiderte Whitlock.

»Und warum nicht?« fragte der Russe.

Whitlock seufzte und nahm wieder auf dem Ledersofa Platz. »Er war niemals vorher aus Zimbala herausgekommen, bevor er nach Oxford kam. Es muß eine Art Kulturschock für ihn gewesen sein. Aber anstatt sich um eine Anpassung an den englischen Lebensstil zu bemühen, lehnte er sich dagegen auf und beschwor sein afrikanisches Erbe. Er kleidete sich afrikanisch, sein Zimmer war eine Art afrikanisches Heiligtum, und er schloß keinerlei Freundschaften mit britischen Studenten. Er wurde zum Außenseiter, obwohl er glühende Anhänger unter einigen linksradikalen Studenten hatte, die ihn als eine Art von Guru betrachteten.«

»War er Kommunist?« wollte Kolchinsky wissen.

»Nein, merkwürdigerweise nicht. Er war einfach außerordentlich pro-afrikanisch und trat fanatisch für Afrikas eigenen Weg ein. Aber er hatte einen jüngeren Bruder, der ebenfalls in Oxford studierte – und der wurde Kommunist. Das war dann schon nach meiner Zeit. Von ihm weiß ich nichts mehr.«

»Der heißt Remy«, sagte Kolchinsky und klopfte auf den Schnellhefter, der vor ihm lag. »Steht alles hier drin. Sie beide werden Kopien davon bekommen.«

»Du hast uns immer noch nicht verraten, warum du und Jamel Moboto nicht miteinander ausgekommen seid«, sagte Sabrina.

»Ich war in Kenia geboren, aber in England erzogen worden. Für ihn war ich damit mehr oder weniger ein Verräter, der sich von seiner Rasse abgewandt hatte. Zugegeben – ich bin mehr Engländer als Kenianer. Damit konnte er sich nicht abfinden, und daher gingen wir uns aus dem Weg.«

»Warum ist er denn überhaupt geblieben, wenn ihm alles so verhaßt war?« wollte Sabrina wissen.

»Weil sein Vater ihn geschickt hatte. Wenn er nach Zimbala zurückgekehrt wäre, hätte er damit Schande über seine Familie gebracht. Afrikaner bewerten Versagen viel schwerwiegender, als man das hier im Westen tut.« Whitlock schloß das Thema mit einer Handbewegung ab. »Wie auch immer – das ist alles schon lange her. Ich hege heute jedenfalls keinen Groll mehr.«

»Wollen wir hoffen, daß das Moboto auch so sieht«, fügte Kolchinsky hinzu.

»Weiß er, daß ich mich um ihn kümmern soll, wenn er nach New York kommt?«

Der Russe nickte. »Bailey hat ihn schon telefonisch verständigt, aber daß Sie das Kommando bei der Sache haben, wird er erst erfahren, wenn er hier in New York ist. Sie werden es ihm selbst beibringen müssen.«

»Da freu' ich mich schon drauf«, entgegnete Whitlock mit einem dünnen Lächeln.

Kolchinsky übergab jedem der beiden einen Schnellhefter mit Datailinformationen über den jeweiligen Auftrag (»Nach Kenntnisnahme zu vernichten!«); bei Sabrinas Unterlagen fanden sich außerdem ein Flugschein, Stadtplan und Umgebungskarte von Beirut, Bestätigung ihrer Hotelreservierung, ein Geldbetrag in libanesischer Währung und ein Zettel mit den notwendigen Angaben über ihre Kontaktperson.

Sabrina warf einen Blick auf ihre Uhr und sprang auf. »Mein Flug geht ja schon um halb fünf«, sagte sie, »ich muß mich sputen. Übermitteln Sie bitte dem Oberst meine besten Wünsche, sobald Sie ihn das nächste Mal sehen, Sergej!«

»Mache ich gerne«, versicherte dieser und öffnete schon die Tür für sie. »Und hören Sie, Sabrina ...«

Schon auf der Schwelle, drehte sie sich zu ihm um, und er fuhr fort: »Bringen Sie bloß Michael zurück, ehe der sich noch mehr in die Nesseln setzt!«

Sie nickte grimmig und ging hinaus.

Kolchinsky schloß die Tür wieder. »Vielleicht kehrt der Oberst nicht wieder auf seinen Platz zurück. Der Generalsekretär will das ärztliche Untersuchungsergebnis abwarten und dann eine Entscheidung treffen.«

»Zum Ende des Jahres wollte er doch ohnehin in Pension gehen. Ob es nicht am besten wäre, wenn er das um ein paar Monate vorzieht?«

»Bringen Sie das mal dem Oberst bei! Er wollte sich ja auch keineswegs aus freiem Entschluß zurückziehen – er hat sich da nur dem Druck seines Arztes gebeugt. Deshalb können Sie davon ausgehen, daß er hier bis zur letzten Stunde ausharrt – und sei es nur, um es seinem Arzt zu zeigen.«

»Oder vielleicht in den Sielen zu sterben.«

Kolchinsky griff nach seinen Zigaretten und zündete sich eine neue an. »Der Generalsekretär zögert bewußt seine Entscheidung hinaus. Er will dem Oberst die faire Chance bieten, unter Beweis zu stellen, daß er wieder voll dienstfähig ist.«

»Und wenn nicht, verlasse ich die Einsatzgruppe drei und trete hier bei Ihnen an.«

»Sonderlich begeistert klingt das ja nicht«, meinte Kolchinsky.

»Bin ich auch nicht. Den ganzen Tag hinter einem Schreibtisch zu sitzen ist nicht unbedingt das, was mir Spaß macht, Sergej.« Whitlock griff nach seinen Unterlagen. »Lassen Sie mich jetzt bitte raus?«

»Mir hat der Oberst gesagt, Sie seien ganz aus dem Häuschen gewesen, als er Ihnen diesen Vorschlag machte.«

»Wie hätte ich denn Ihrer Meinung nach reagieren sollen?

Schließlich war meine Frau dabei.« Whitlock schritt zur Tür und drehte sich nochmals zu Kolchinsky um. »Aber keine Sorge, ich werde niemanden enttäuschen. Carmen schon gar nicht.«

Drittes Kapitel

Remy Moboto war immer im Schatten seines Bruders gestanden. Früh stand fest, daß Jamel als der ältere Bruder beim Tod des Vaters die Nachfolge an der Spitze des Staates Zimbala übernehmen würde. Remy hatte das nie etwas ausgemacht, und er hatte auch nie Veranlassung gesehen, politisch aktiv zu werden. Als er Jamel nach Oxford gefolgt war, hatte er sich dort zwar bald der Kommunistischen Partei angeschlossen, aber dies war nicht mehr gewesen als ein Akt der Auflehnung. Sein Vater hatte daraufhin allerdings nicht nur sofort seine Geldüberweisungen eingestellt, sondern ihm auch die Rückkehr nach Zimbala untersagt, ehe er nicht seinen sozialistischen Überzeugungen abgeschworen habe. Er lehnte das ab und war nach einem Jahr von der Universität in Oxford abgegangen, um einen Job beim *Guardian* anzunehmen. Dort blieb er sieben Jahre und wechselte dann zu einem linksgerichteten französischen Blatt, wo er sich bald einen Namen als »Enthüllungs-Journalist« machte. In dieser Funktion wurde er rasch zum nachdrücklichen Kritiker zahlreicher afrikanischer Diktatoren, insbesondere auch seines Vaters. Der hatte ihn schließlich öffentlich enterbt und verkündet, daß ihm zu seinen Lebzeiten die Rückkehr nach Zimbala verwehrt bleibe.

Doch zur Beerdigung des Vaters war Remy Moboto trotzdem nach Zimbala gekommen – erstmals wieder nach siebzehn Jahren. Seinem Bruder Jamel war es gelungen, ihn zum Bleiben zu bewegen, indem er ihn zum Chefredakteur der führenden Tageszeitung des Landes, *La Voix*, bestellte.

Remy war erst einen Monat im Amt, und doch hatte er schon einen tollen Knüller auf der Pfanne. Dabei ging es um ein Komplott zur Beseitigung seines Bruders und zur Wiedererrichtung eines diktatorischen Regimes. Aber darüber hinaus war er auf einen zusätzlichen dunklen Punkt der Angelegenheit gestoßen, der internationale Schlagzeilen machen würde. Doch ehe er damit an die Öffentlichkeit ging oder Jamel informierte, brauchte er zusätzliche Beweise. Und es sah ganz so aus, als ob er sie gerade bekommen solle ...

Er fuhr die Hauptstraße von Zimbalas Hauptstadt Habane hinunter und bog dann in die Einfahrt zu der Tiefgarage ein, die er seinem Informanten als Treffpunkt vorgeschlagen hatte. Um diese Zeit waren nur wenige Fahrzeuge dort abgestellt; Remy warf einen Blick auf seine Uhr – drei Minuten vor neun Uhr abends. Um neun Uhr wollte man sich treffen. Er parkte den Wagen, stieg aus, zog ein Päckchen Zigaretten aus der Jackentasche und zündete sich eine an.

Die Stille ringsum war unheimlich, und Remy nahm einen tiefen Zug aus seiner Zigarette. Ein neuer Blick auf die Uhr – zwei Minuten vor neun. Er verfluchte seine Unruhe; eigentlich gab es keinen Grund dafür. Aber ein unbestimmtes Gefühl von Furcht blieb. Ein weiteres Mal schaute er sich um, diesmal aufmerksamer, und entdeckte dabei den Wagen seines Informanten, einen blauen Fiat. Er stand dicht an einer Wand, weitgehend verdeckt von dem danebenstehenden roten Studebaker. Remy stieß heftig den Rauch aus und lächelte verhalten. Eine solche Vorsichtsmaßnahme war typisch für den Mann, den er treffen wollte. Mit dem Schuh trat er die Glut seines Zigarettenstummels aus und ging langsam auf den Fiat zu. Sein Gewährsmann saß, wie er sehen konnte, hinter dem Lenkrad. Warum hatte er sich nicht bemerkbar gemacht? Nun, Hauptsache, daß er gekommen war. Dann trat er näher an den Wagen; ein Blick durch die Windschutzscheibe ließ ihn erkennen, daß die Kehle des Mannes dahinter von einem Ohr bis zum anderen durchschnitten und Hemd und Hose blutdurchtränkt waren. Voller Panik fuhr Moboto zurück und stieß schmerzlich gegen den Spiegel auf dem Kotflügel des Studebaker. Sein Magen hob sich, und er mußte sich, an die Wand gestützt, übergeben. Für ein paar Sekunden blieb er vornübergebeugt stehen, ehe er sich wieder aufrichten und den Schweiß von der Stirn wischen konnte.

Da hörte er ein Geräusch hinter sich. Mit vor Angst weit aufgerissenen Augen drehte er sich um und sah hinter dem Studebaker zwei Männer in blauen Overalls stehen. Einer hatte Blut am Ärmel – der Mörder? Moboto wollte gerade etwas sagen, als er aus dem Augenwinkel eine Bewegung wahrnahm. Noch ehe er sich ganz umwenden konnte, traf ihn ein Schlag hinter dem Ohr.

Dann war gar nichts mehr.

Das Hauptgefängnis vom Zimbala, Le Tambier, war nur etwa zehn Fahrminuten vom Zentrum entfernt. Es hieß wie das Stadtviertel, in dem es lag, und war bald nach der Machtübernahme durch Alphonse Moboto errichtet worden. Im ganzen Land wurde es nur *La Boucherie* genannt, die Schlachtbank, weil dort zahlreiche Regimegegner von der gefürchteten und gehaßten Sicherheitspolizei gefoltert und ermordet worden waren. Zu Jamel Mobotos ersten Maßnahmen nach seinem Regierungsantritt hatten die Entlassung aller politischen Gefangenen und die Auflösung der Sicherheitspolizei gehört. Momentan war, Ironie der Geschichte, der bekannteste Insasse des Gefängnisses Tito Ngune, genannt *Le Boucher*, der Schlächter, der während der vergangenen dreiundzwanzig Jahre als Chef der Sicherheitspolizei amtiert hatte. Seine öffentliche Hinrichtung war gefordert worden, aber Jamel Moboto hatte keinen Zweifel daran gelassen, daß er vor Gericht gestellt und, falls für schuldig befunden, lediglich zu lebenslanger Haft verurteilt würde. Der neue Staatschef lehnte es strikt ab, mit willkürlichen Hinrichtungen fortzufahren, die so symptomatisch für die Herrschaft seines Vaters gewesen waren.

Ngune lag auf dem Bett in seiner Einzelzelle – ein untersetzter Achtundfünfzigjähriger mit grauem Haar und einem kleinen Geißbärtchen, das aussah, als hätte man es an sein Kinn geklebt. Gesicht und Körper waren übersät mit blauen Flecken von den Schlägen, die ihm ein vielköpfiger Mob, der ihn zu lynchen drohte, in seinem ehemals prächtigen, jetzt zertrampelten Garten zugefügt hatte; Militär hatte ihn gerettet und ihn gefesselt mit einem Polizeifahrzeug ins Gefängnis geschafft.

Ngune richtete sich behutsam auf und schaute sich bedächtig in der Zelle um. Das war nun alles, was ihm die vielen

Jahre unverbrüchlicher Treue zu Alphonse Moboto eingebracht hatten. Der hatte sich nur in einem Punkt schwach gezeigt – seiner Familie gegenüber. Obwohl er öffentlich Remy verstoßen und auch das Gesetz aufgehoben hatte, das Jamel zu seinem Nachfolger bestimmte, hatte er eine Verfolgung durch Ngunes Leute stets abgelehnt. Dennoch hatte ohne Mobotos Wissen Ngune dreimal einen Versuch zu Jamels Beseitigung unternommen – jeder war fehlgeschlagen. Schneid hatte er, das mußte Ngune ihm zugestehen. Jeder, der es wagte, Moboto oder seine Regierung zu kritisieren, war unverzüglich festgenommen und nach Le Tambier oder ins Branco-Gefängnis in Kondese geschafft worden, der zweitgrößten Stadt des Landes im Süden. Keiner von ihnen war jemals zurückgekehrt.

Irgendwo außerhalb der Gefängnismauern setzte wieder das Gedröhn von Preßlufthämmern ein. Zunächst hatte Ngune sich darüber geärgert, doch inzwischen war es fast zu einer willkommenen Unterbrechung der monotonen Stille im Gefängnis geworden. Ngune hätte gerne gewußt, was da los war. Gruben sie die Straße auf? Oder riß man einen Teil des Gefängnisses ab? Vorstellbar war das unter Jamel Mobotos neuer liberaler Herrschaft. Wichtig war es für Ngune natürlich nicht – das waren nur noch akademische Fragen für ihn. Aber gewußt hätte er es eben doch gerne, und sei es auch nur, um seine Neugier zu befriedigen. Er nahm sich vor, einen der Wächter zu fragen, wenn der ihm das nächstemal das Essen brachte ...

Michael Sibele wußte dagegen seit zwei Tagen, womit der Arbeitertrupp vor dem Haupteingang beschäftigt war: mit der Reparatur einer beschädigten Versorgungsleitung. Er war für die laufende Woche als Wachhabender am Haupteingang eingeteilt gewesen. Heute war sein letzter Tag; morgen würde er wieder zum Innendienst abkommandiert, was ihn mit gemischten Gefühlen erfüllte. Die Gesellschaft der Arbeiter hatte ihm Spaß gemacht, aber er würde es auch dankbar begrüßen, nicht mehr den Lärm der Maschinen ertragen zu müssen, vor allem das unaufhörliche Dröhnen der Preßlufthämmer. Die Arbeiter hatten ihm schalldämpfende Ohrenschützer angeboten, aber sein Vorgesetzter hatte ihm deren Benützung verboten. So mußte er den Lärm eben ertragen. Nun, in wenigen Stunden wäre es ja vorbei damit ...

Einer der Arbeiter löste sich aus der Gruppe und ging auf Sibele zu, der ihn nur als Johnny kannte. Sein richtiger Name war dagegen Thomas Massenga, und er war früher die rechte Hand von Ngune gewesen; seit der Machtübernahme durch Jamel Moboto war er untergetaucht. Das Blut auf dem Arbeitsanzug des Mannes sah Sibele erst, als er näherkam. Massenga zog eine kleine Maschinenpistole aus seinem Overall und schoß Sibele aus nächster Nähe nieder.

Plötzlich wurde der Bulldozer, der während der beiden letzten Tage unbenutzt herumgestanden hatte, angeworfen und preschte auf den Gefängniseingang zu. Zwei Wachen mit halbautomatischen Gewehren rannten, von den Schüssen aufgeschreckt, zu den Gefängnistoren; Massenga erschoß sie, ehe sie das Feuer auf den Bulldozer eröffnen konnten. Der riß beim Aufprall die Tore aus ihren Angeln, als ob sie aus Plastik wären. Massenga gab den anderen sechs Männern, die wie er Uzi-Maschinenpistolen trugen, ein Zeichen, und sie drangen mit ihm in den Gefängnishof ein.

Die kleine Wachmannschaft hatte keine Chance gegen Massenga und seine ehemaligen Sicherheitspolizisten, die kaum mehr als eine Minute brauchten, um sie zu überwältigen und zu den Zellen vorzudringen. Die beiden Wachen vor Ngunes Zelle warfen ihre Waffen weg – Massengas Drohung ließ ihnen keine andere Wahl. Er nahm einem der Männer die Schlüssel zu Ngunes Zelle ab und schloß auf. Dann stürzte er zu dem Bett, auf dem Ngune lag, und kauerte sich besorgt neben ihm nieder, erschrocken über den Anblick von dessen verschwollenem, mit blauen Flecken übersäten Gesicht. Sofort befahl er zweien seiner Leute, Ngune zu stützen, und sperrte dann die beiden Wachleute in die Nebenzelle. Die Schlüssel warf er weg und eilte mit seinen Männern wieder zum Haupttor. Massenga schaute auf seine Uhr – sie lagen gut in der Zeit. Obwohl sie die Telefonleitungen wenige Minuten vor dem Überfall gekappt hatten, war ihm klar, daß die Behörden inzwischen alarmiert waren und daß sich Alarmeinheiten ohne Zweifel in diesem Augenblick bereits auf den Weg zum Gefängnis machten.

Ein schwarzer Lieferwagen stieß rückwärts durch die aufgebrochenen Gefängnistore, und seine Hecktüren öffneten sich. Ngune wurde hineingehoben und auf einen Strohsack gebettet; unter den Kopf schob man ihm ein Kissen. Massenga schloß die Türen und stieg dann neben dem Fahrer ein, der sofort den Gang einlegte und auf die Straße hinausschoß.

Der Plan sah vor, daß man in einem Außenbezirk von Habane die Fahrzeuge wechseln und dann nach Kondese fahren würde, wo bereits Hunderte von Männern, größtenteils ehemalige Sicherheitspolizisten und Ngune treu ergeben, nur darauf warteten, gegen Jamel Mobotos schlecht organisierte und ungenügend ausgebildete Regierungstruppen loszuschlagen, von denen viele erst unter der neuen Regierung eingezogen worden waren. Und mit der Gruppe von Attentätern, die Jamel Moboto bei dessen Ankunft in Amerika schon erwarteten, konnte es nur eine Frage von wenigen Tagen sein, bis Tito Ngune als neuer Präsident von Zimbala eingesetzt würde.

Es war ein Plan, der nicht fehlschlagen konnte.

Die New Yorker Polizeibehörde, zuständig für die Sicherheit auf dem John-F.-Kennedy-Flughafen, hatte anläßlich der Ankunft von Jamel Mobotos Delegation fünfzig Leute abgestellt.

Fünfzehn Scharfschützen, alle ausgerüstet mit M-16-Gewehren mit Infrarot-Nachtsicht-Zielfernrohren, waren an strategischen Punkten mit Blick auf die Landebahn postiert. Fünfzehn weitere mischten sich in Zivil unauffällig unter die Menschenmenge im Flughafengebäude selbst. Ein Teil der Landebahn war im Laufe des Nachmittags von den restlichen zwanzig Polizisten hermetisch abgeriegelt worden, die auf strenge Weisung niemanden durchließen, der nicht eine besondere Genehmigung besaß. Die Behörden waren entschlossen, nicht das geringste Risiko einzugehen – zu viel stand hier auf dem Spiel.

Whitlock war wenige Stunden vor dem erwarteten Eintreffen der Delegation zum Flughafen gefahren, um sich persönlich davon zu überzeugen, daß alle Sicherheitsmaßnahmen funktionierten. Er war zufrieden mit dem, was man veranlaßt hatte, und warf einen Blick auf seine Uhr; die verbliebenen zwei Stunden waren fast abgelaufen, und gemäß Mitteilung der Luftüberwachung würde das Flugzeug des Präsidenten pünktlich landen.

Er blickte sich um. Links von ihm standen drei Wagen der New Yorker Polizei Stoßstange an Stoßstange, und hinter ihnen eine Kette von Polizisten, jeder von ihnen ausgerüstet mit Gewehr und Pistole. Rechts standen die vier schwarzen Limousinen, welche die zimbalesische Delegation für ihre Fahrten in New York benutzen würde. Ihre dunkel getönten Scheiben waren wie das Chassis jedes Wagens kugelsicher.

Das offizielle Empfangskomitee hatte sich vor den Limousinen versammelt, und man unterhielt sich beim Warten. Leiter der zimbalesischen Abordnung war der kürzlich neu ernannte Gesandte bei der UNO; als Vertreter der Vereinigten Staaten war der Protokollchef des Weißen Hauses gekommen.

Whitlocks Augen glitten hinüber zu den beiden dunkel gekleideten Männern, die ein wenig abseits der übrigen standen – Paul Brett und Jack Rogers, Baileys Leute. Beide waren während Reagans Regierungszeit Leibwächter des Präsidenten gewesen, aber keiner von ihnen hatte jemals aus gegebenem Anlaß die Pistole ziehen müssen. Whitlock hatte den Nachmittag mit ihnen verbracht und dabei den nachdrücklichen Eindruck gewonnen, daß sie ihn nicht sonderlich schätzten. Obwohl sie es nicht zugaben, war es ihm klar, daß ihre Abneigung auf die Tatsache zurückging, daß er zum Leiter der Aktion bestimmt worden war. Und das hieß, daß sie Weisungen von jemandem entgegennehmen mußten, der nicht Mitglied der CIA war. Brett schaute plötzlich zu ihm herüber; sein Gesicht war ausdruckslos. Rogers sagte etwas zu ihm, und beide lachten. Whitlock starrte Brett an – er würde sich den Teufel noch mal doch nicht von einem Lakaien Baileys einschüchtern lassen. Brett schaute weg.

Whitlock bemerkte plötzlich, daß ein Mitglied der zimbalesischen Abordnung sie beobachtet hatte. Es war eine attraktive, hellhäutige Afrikanerin Ende der Zwanzig in blauem Kostüm und weißer Bluse – die Dolmetscherin. Offizielle Sprachen in Zimbala waren Suaheli und Französisch, und einige der zimbalesischen Delegierten verstanden kein Englisch. Er lächelte ihr zu, und sie lächelte zurück; dann wandte sie rasch den Blick ab, als hätte man sie bei etwas Unerlaubtem ertappt. Plötzlich mußte Whitlock an Rosie denken; er war den Nachmittag über so beschäftigt gewesen, daß er völlig vergessen hatte, sie anzurufen. Jetzt verspürte er ein gewisses Schuldgefühl, obwohl ihm klar war, daß er ohnehin nicht die Zeit gehabt hätte, mit ihr zu sprechen. Er nahm sich vor, sie bald anzurufen und mit ihr einen Termin für ein Gespräch ohne Beisein der Eltern zu vereinbaren.

Jemand rief etwas und unterbrach seine Gedanken. Die Präsidentenmaschine setzte zur Landung an. Whitlock wies sofort die Polizeibeamten an, ihre Plätze einzunehmen, und ging dann zu Brett und Rogers hinüber. Sie schauten ihn an, sagten aber kein Wort.

Die weiße Maschine legte eine perfekte Landung hin; erst als sie ausrollte, konnte Whitlock die auf den Rumpf gemalte blau-rot-weiße Nationalflagge von Zimbala und den schwarzen Schriftzug »Air Zimbala« darüber erkennen. Das Flugzeug war sichtlich vor dem Flug neu hergerichtet worden, und Whitlock fragte sich, ob das wohl geschehen sei, um die Erinnerung an das vorherige Regime zu tilgen. Er dachte nicht weiter darüber nach, als die Maschine schließlich kaum zwanzig Meter vor den wartenden Limousinen zum Stehen kam. Die Ausstiegstür öffnete sich, und man rollte eine Gangway-Treppe heran. Der Protokollchef ging zum Fuß der Treppe und wartete auf Mobotos Erscheinen. Der erste Mann, der in der Türöffnung auftauchte, mußte sich ducken – Whitlock schätzte ihn auf fast zwei Meter. Er blickte sich sichernd um und verschwand dann wieder für einen Augenblick im Inneren des Flugzeugs. Gleich darauf kam er wieder zum Vorschein, und Whitlock erkannte in dem Mann, der ihm nun folgte, sogleich Moboto. Der Präsident war ein gutaussehender, hochgewachsener und selbstbewußt wirkender Mann in einem teuren Dior-Anzug und mit dunkel getönter Brille. Man mochte kaum glauben, daß er schon zweiundvierzig war; er wirkte zehn Jahre jünger. Er nahm die Brille ab, als er die Gangway hinunterstieg, und schüttelte unten dem Protokollchef die Hand. Brett und Rogers traten sofort an seine Seite, als er auf die zimbalesische Abordnung zuging und jedem Mitglied die Hand schüttelte. Die Hand der Dolmetscherin hielt er etwas länger und schenkte ihr ein leichtes Lächeln, ehe er sich wieder zu dem Protokollchef umwandte, der hinter ihm stand. Bei dieser Gelegenheit sah er Whitlock, der sich diskret im Hintergrund hielt. Er bat Brett und Rogers zurückzubleiben, ging zu Whitlock hinüber und streckte ihm zur Begrüßung die Hand entgegen.

»Es ist lange her, Clarence«, sagte Moboto in seinem fehlerfreien Englisch.

Whitlock schluckte seinen Verdruß hinunter – er hatte seinen Eltern nie verziehen, daß sie ihn auf die Namen Clarence Wilkins hatten taufen lassen.

»Über zwanzig Jahre«, entgegnete Whitlock und ergriff die dargebotene Hand. »Du siehst gut aus, Jamel.«

Moboto zog scharf die Luft ein und warf einen Blick zu seinem Leibwächter hinüber, der wachsam im Hintergrund stand: »Vor meinen Leuten nennst du mich bitte Präsident Moboto!«

»Und du mich vor meinen bitte C. W.«, gab Whitlock zurück und hielt Mobotos Blick stand.

Moboto lächelte kalt. »Du hast dich kein bißchen verändert. Unverschämt wie eh und je!«

»Und du bist noch genauso arrogant wie schon immer.« Whitlock schaute an Moboto vorbei und winkte Brett und Rogers heran. Er stellte sie Moboto vor und informierte ihn darüber, daß einer von beiden während seines Aufenthalts stets an seiner Seite sein würde. Dann wandte sich Moboto an Whitlock und fragte:

»Und was ist Ihre Aufgabe?«

»Ich bin verantwortlich für alle Sicherheitsmaßnahmen«, antwortete dieser. »Die beiden Beamten sind mir unterstellt

– und das muß im übrigen auch für Ihre eigenen Leibwächter gelten.«

»Geht in Ordnung«, antwortete Moboto nach kurzem Überlegen und schritt dann neben dem Protokollchef auf die wartenden Limousinen zu.

»Brett, Sie übernehmen die erste Schicht, einverstanden?«
Brett nickte.

»Rogers, Sie lösen ihn dann morgen früh um sieben ab!«
»Schön«, war alles, was dieser dazu sagte.

Whitlock verabschiedete Rogers und eilte dann hinter Moboto und dem Protokollchef her. Brett ging zur ersten Limousine und nahm dort neben dem Fahrer Platz. Whitlock holte Moboto ein, hielt sich aber diskret im Hintergrund, solange sich dieser noch mit dem Protokollchef unterhielt. Dann sprach Moboto kurz in Suaheli mit dem zimbalesischen Gesandten und winkte schließlich seinen riesigen Leibwächter heran. Er stellte ihn Whitlock als Masala, seinen persönlichen Beschützer vor und informierte ihn dann darüber, daß er und seine drei Kollegen sich an Whitlocks Anweisungen zu halten hätten.

»Präsident Moboto wird mit mir im zweiten Wagen fahren«, sagte Whitlock zu Masala. »Sie setzen sich vorn in den dritten. Und Ihre drei Männer verteilen Sie bitte entsprechend auf die anderen Wagen.«

Masala nickte und zog ab, um Whitlocks Anweisungen zu befolgen.

Moboto stieg in den Fond der Limousine. Der zimbalesische Gesandte setzte sich neben ihn, und der Fahrer schloß die hinteren Türen. Nachdem Whitlock auf dem vorderen Beifahrersitz Platz genommen hatte, stieg auch der Fahrer ein und ließ den Motor an.

Whitlock drehte sich zu Moboto um. »Ich werde jetzt gleich die kugelsichere Trennscheibe zum Wagenfond hochfahren. Das dient nicht nur Ihrem Schutz, sondern sichert auch die Vertraulichkeit Ihres Gesprächs mit dem Herrn Gesandten. Sie haben vor sich ein Telefon, mit dem Sie auch nach draußen telefonieren können. Und wenn Sie uns hier vorne erreichen wollen, wählen Sie einfach die Null.«

Moboto nickte.

Whitlock drückte auf den entsprechenden Schalter am Armaturenbrett, und die Scheibe, die Vordersitze und Fond im Wageninneren trennte, schob sich nach oben. Er lehnte sich zurück und atmete tief aus. Der Fahrer warf einen Blick zu Whitlock hinüber, hatte aber den Eindruck, daß dieser keinen sonderlichen Wert auf Unterhaltung lege und schaltete daher das Radio ein. Er suchte einen Musiksender und fuhr der ersten Limousine hinterher, die das Flughafengelände verließ und dann auf dem Grand Central Parkway den Weg nach Manhattan nahm.

Der von einem Polizeifahrzeug und zwei Polizeimotorrädern angeführte Konvoi durchquerte Long Island und erreichte über die Queensboro-Brücke Manhattan; er fuhr die First Avenue hinunter und hielt schließlich vor dem United Nations Plaza an, dem Hotel, in dem die zimbalesische Delegation während ihres dreitägigen Aufenthalts in New York untergebracht war. Es lag ganz in der Nähe des UNO-Gebäudes und auch nur drei Häuserblocks entfernt vom Afrikanisch-Amerikanischen Institut, in dem sich Moboto für einen Besuch angesagt hatte. Da Moboto auch vor der Generalversammlung der Vereinten Nationen eine Rede halten wollte, war eine idealere Lage für seine Unterkunft gar nicht denkbar.

Die Wagenkolonne hielt vor dem Hotel an. Whitlock sprang als erster aus dem Wagen und blickte sich sichernd um. Nachdem am Vortag die Presse durch einen anonymen Anruf bei der Nachrichtenagentur Reuter alarmiert worden war, hatte sich eine Menge von Reportern eingefunden, die begierig warteten in der Hoffnung, ihren Morgenzeitungen einen Exklusivbericht über ein Attentat oder wenigstens den Versuch dazu liefern zu können. Whitlock schrie den beiden Polizisten auf den Motorrädern zu, die Fotoreporter zurückzudrängen, damit Moboto Platz zum Aussteigen fand. Die beiden Männer kamen dem Befehl nach, Brett und Masala stellten sich zu beiden Seiten der hinteren Tür auf und die drei anderen Leibwächter postierten sich auf der anderen Seite des Wagens, um die Reporter im Blick zu haben. Whitlock nickte Masala zu, und der öffnete nun die Wagentür. Der Präsident stieg aus und winkte freundlich den Fotografen zu. Unaufhörlich leuchteten die Blitzlichter auf, und Whitlock hatte alle Mühe, sich über die vielen Kameras hinweg einen freien Blick zu verschaffen, um irgendwelche ungewöhnliche und vielleicht unheildrohende Bewegungen bemerken zu können.

Plötzlich stieß einer der zimbalesischen Leibwächter einen Warnruf aus und warf sich zwischen die Fotoreporter. Whitlock schleuderte im Bruchteil einer Sekunde den Präsidenten zu Boden, so daß die ihm geltende Kugel über ihn hinweg in die Wand des Gebäudes klatschte. Die Reporter stoben in Panik auseinander, als der Leibwächter den Schützen erreichen wollte. Ein zweiter Schuß krachte, und der Leibwächter brach zusammen, die Hände in den Leib gekrallt. Seine beiden Kollegen rissen ihre 38er Smith & Wessons heraus und rannten dem fliehenden Killer hinterher.

Der Fahrer des wartenden Fluchtwagens, eines blauen Ford, gab seinem Kumpan Feuerschutz mit einer Salve, die seine Verfolger zwang, sich zu Boden zu werfen. Ehe sie wieder auf den Beinen waren, hatte sich der Attentäter durch die offene Beifahrertür in den Wagen geschwungen, der sofort mit quietschenden Reifen davonraste.

Whitlock sprang auf eines der Polizeimotorräder, trat auf den Kickstarter, riß die schwere Maschine auf dem Hinterrad herum und nahm die Verfolgung des blauen Ford auf. Er schaltete den Polizeifunk ein und forderte unter Durchgabe der Beschreibung des Wagens und seiner Zulassungsnummer Verstärkung an. Der Ford bog scharf in die östliche 34. Straße ein, touchierte dabei den Bordstein und hätte um ein Haar ein Teenagerpärchen umgefahren, das gerade die Straße überqueren wollte. Dem Fahrer gelang es, den Wagen wieder unter Kontrolle zu bringen, er bog in die Second Avenue ein, spürte aber plötzlich, daß der Wagen dabei ins Schleudern geriet und trat in Panik auf die Bremse. Die Räder blockierten, der Ford schlitterte quer über die Straße und streifte seitlich einen entgegenkommenden Greyhound-Bus. Dann überschlug er sich und knallte auf dem Dach in die

Seite eines parkenden Lieferwagens. Der Fahrer war sofort tot – das Lenkrad hatte ihm die Brust zerquetscht.

Dem Killer gelang es, sich vom Anschnallgurt zu befreien und die Beifahrertür aufzustemmen. Herbeigeeilte Passanten streckten ihm die Hände entgegen, um ihm aus dem Wagen zu helfen, fuhren jedoch zurück, als er drohend seine Walther-Pistole auf sie richtete, während er sich mit der anderen Hand das Blut aus dem Gesicht wischte, das aus einer Platzwunde auf seiner Stirn drang.

Dann feuerte er blindlings auf Whitlock, der gerade in die Second Avenue einbog; dieser verlor die Herrschaft über die Maschine und stürzte schwer. Der Killer fuchtelte wild mit der Pistole, die Leute wichen zurück, und er rannte in eine schmale Seitenstraße hinein. Whitlock rappelte sich auf und stöhnte laut, als ihm ein stechender Schmerz durchs linke Bein fuhr. Er schaute hinunter – die Hose war zerfetzt, und aus einer Wunde dicht über dem Knie lief Blut. Es schmerzte höllisch, aber Whitlock war entschlossen, sich dadurch nicht von der Verfolgung des Attentäters abhalten zu lassen. Er zog seinen Browning und lief dem Mann nach, ohne sich um den Schmerz zu kümmern, der bei jedem Schritt sein Bein durchzuckte. In der Seitenstraße stellte er fest, daß sich diese in zwei Richtungen gabelte und von dem Killer keine Spur zu sehen war. Whitlock fluchte – der Kerl war ihm entkommen.

Da pfiff eine Kugel wenige Zentimeter über seinen Kopf hinweg, und er warf sich hinter einer Reihe von blechernen Mülltonnen in Deckung. Der Schuß war von links gekommen; Whitlock konnte den Schützen zwar nicht entdecken, wußte nun aber, wo er steckte – und konnte warten. Der Killer feuerte erneut, aber offensichtlich ohne sein Ziel zu sehen. Er ist in Panik, dachte Whitlock, und Panik führt immer zu Fehlern. Der Mann sprang plötzlich hinter einer eisernen Leiter hervor, und Whitlock zielte auf seine Beine – er wollte ihn lebend.

Da preschte aus der anderen Abzweigung ein Polizeiwagen und kam quietschend zehn Meter vor Whitlock zum Stehen – genau in seiner Schußlinie. Whitlock fluchte wütend und erhob sich. Ein Polizist stieg mit gezogenem Colt aus dem Wagen und schrie Whitlock zu, er solle seine Waffe fallen lassen. Dieser setzte zu einer Erklärung an, aber der Polizist zielte auf ihn und wiederholte seine Aufforderung. Whitlock schnaufte wütend und ließ den Browning zu Boden fallen.

Der Polizist stieß ihn mit dem Fuß beiseite und deutete auf seinen Wagen. »Beide Hände auf das Autodach – aber dalli!«

»Ich gehöre selbst zur Polizei, verdammt noch mal!« beteuerte Whitlock verzweifelt.

»Schon recht – aber jetzt die Hände aufs Dach!«

»Ich heiße Whitlock und bin Leiter des Sicherheitsteams für den zimbalesischen Präsidenten! Lassen Sie sich das doch von Ihrem Vorgesetzten bestätigen!«

Der Polizist wartete schweigend, bis Whitlock seine beiden Hände auf das Dach des Polizeiwagens gelegt hatte, und schob ihm dann mit der Fußspitze die Beine weiter auseinander. »Ich habe Befehl, einen bewaffneten Schwarzen festzunehmen, der hier stecken soll. Außer Ihnen sehe ich keinen – Sie vielleicht?«

»Weil Sie ihn entkommen ließen!« fuhr ihn Whitlock wütend an.

Der Polizist tastete Whitlock nach Waffen ab und griff dann nach seinen Handschellen. Whitlock erkannte seine Chance, fuhr herum und schlug den Mann mit einem Karatehieb zu Boden. Er warf den Colt auf den Vordersitz des Autos und verriegelte dessen Türen. Dann hob er seinen Browning auf und hastete zu der Stelle, wo er den Killer zuletzt gesehen hatte. Aber der war natürlich verschwunden. Da hörte Whitlock ein Geräusch – eine Mülltonne mußte umgekippt sein. Er lief in die Richtung, aus der er den Laut gehört hatte und konnte gerade noch sehen, wie der Attentäter über einen Zaun am Ende einer anderen Abzweigung kletterte. Whitlock feuerte bewußt über seinen Kopf hinweg, und das hatte den gewünschten Erfolg – der Mann ließ sich eiligst auf der anderen Seite des Zauns hinunterfallen und landete schmerzlich auf dem Rücken. Whitlock rannte zu dem Zaun, doch als er dort ankam, hatte der Killer schon die etwa zwanzig Meter lange Freifläche dahinter überwunden und verschwand in einem heruntergekommenen Lagerhaus. Whitlock kletterte über den Zaun, landete sicher auf beiden Füßen und sah die Walther-Pistole des Killers noch vor sich liegen, als er sich aufrichtete. Sie mußte ihm entfallen sein, als er gestürzt war. Whitlock zweifelte zwar daran, daß der Mann noch eine zweite Waffe bei sich hatte, näherte sich aber trotzdem vorsichtig dem Lagerhaus.

Er kam an eine offene Tür und warf einen Blick hinein. Es dauerte ein paar Sekunden, bis sich seine Augen an das Dämmerlicht gewöhnt hatten, dann sprang er durch die Tür und suchte sofort hinter einem verrosteten Container Deckung. Er schaute sich um und musterte das Gewirr von eisernen Stegen, die sich über ihm kreuz und quer durch das Lagerhaus zogen. Von dem Killer keine Spur. Whitlock schlüpfte hinter dem Container hervor und schlich langsam auf dem Zementfußboden weiter, den Browning fest in der Hand und mit größter Aufmerksamkeit die Umgebung musternd. Schließlich gelangte er zur anderen Seite des Raumes und verharrte einen Augenblick, um sich den Schweiß von der Stirn zu wischen, der ihm in die Augen drang. Wo zum Teufel mochte der Kerl stecken?

Plötzlich wehte ihm eine Staubschwade ins Gesicht, doch ehe er noch reagieren konnte, stürzte sich der Attentäter von einem Wandvorsprung herunter auf ihn. Beide Männer krachten schwer zu Boden, wobei Whitlock seinen Browning verlor. Der Killer holte zum Schlag mit einer verrosteten Eisenkette aus, aber Whitlock konnte sich zur Seite rollen, ehe die Kette an der Stelle aufschlug, an der er gerade noch gelegen hatte. Ein Fußtritt Whitlocks traf seinen Gegner am Bein, so daß er das Gleichgewicht verlor und gegen die Wand taumelte; die Kette klirrte zu Boden. Whitlock sprang auf und brachte einen Schlag an, der den Killer seitlich am Kopf erwischte; nach zwei weiteren harten Körpertreffern brach er in die Knie, die Hände in die Magengrube gekrampft. Dann sah er aus dem Augenwinkel den Browning liegen, griff blitzschnell danach und richtete sie auf Whitlock. Der schlug die Pistole ebenso schnell zur Seite und beide Männer rangen um den Besitz der Waffe, bis sie schließlich zu Boden polterte. Whitlock schleuderte den Killer gegen eine Plane, die in der Ecke des Lagerraums über irgend etwas gebreitet war, bückte sich nach dem Browning und richtete ihn auf seinen Gegner, ließ die Hand aber rasch sinken: der Mann war von den rostigen Zinken eines Gatters durchbohrt worden, das unter der Plane verborgen gewesen war.

Whitlock trat schwer atmend an den Attentäter heran, dessen Hemd blutdurchtränkt war. Er suchte nach dem Pulsschlag, ließ den Arm des Mannes aber achselzuckend fallen und schob seinen Browning in das Holster. Während er langsam auf die Tür zuging, hörte er in der Ferne eine erste Polizeisirene. Er wischte den Staub von einer Kiste, setzte sich darauf und wartete auf das Eintreffen der Beamten.

Kolchinsky saß schon wartend im Foyer, als Whitlock ins Hotel kam.

»Wie steht's mit dem Bein?« waren seine ersten Worte.

»Soweit in Ordnung«, antwortete Whitlock mit einem grimmigen Lächeln. »Mußte nicht mal genäht werden; aber sie haben mir vorsorglich eine Tetanusspritze verpaßt. Schönen Dank, daß Sie bei der hiesigen Polizei für mich alles erledigt haben; ich hatte mich schon mit dem Gedanken vertraut gemacht, eine Nacht in der Zelle verbringen zu müssen.«

Kolchinsky klopfte Whitlock auf die Schulter. »Kommen Sie, Moboto wartet schon auf Sie.«

»Wie geht es ihm denn?«

»Den Umständen entsprechend erstaunlich gut«, erwiderte Kolchinsky, während sie auf den Lift zugingen. »Man sollte nicht glauben, daß man gerade versucht hat, ihn umzubringen. Er tut, als sei nichts weiter geschehen.«

»Ja ja, das sieht ihm ganz ähnlich«, meinte Whitlock, als die Lifttür sich öffnete.

»Sie mögen ihn nicht sonderlich, stimmt's?«

»Nein, als Mensch tatsächlich nicht. Aber er ist offensichtlich ernsthaft entschlossen, die Demokratie in Zimbala einzuführen, und das allein schon lohnt unseren ganzen Einsatz.«

Der Lift brachte sie in das dreißigste Stockwerk, und beim Aussteigen wurden sie sofort von einem uniformierten Polizisten angehalten, der sie erst nach Vorzeigen ihrer Ausweise passieren ließ. Obwohl nur zehn Zimmer tatsächlich benutzt wurden, war aus Sicherheitsgründen das ganze Stockwerk von der zimbalesischen Delegation belegt worden.

Vor Mobotos Suite stand ein weiterer Polizist, und auch ihm mußten sie ihre Ausweise zeigen. Kolchinsky klopfte, und Masala öffnete einen Spaltbreit die mit einer Kette gesicherte Tür, hängte die Kette dann aus, führte sie in einen Wohnraum und zog sich diskret zurück.

Moboto war allein; er saß auf einem Sofa und war mit Unterlagen beschäftigt, die er aus dem Diplomatenköfferchen neben sich genommen hatte. Er schaute auf, nahm die Lesebrille ab, erhob sich und deutete auf das zweite Sofa im Raum. Kolchinsky setzte sich und fragte, ob er rauchen dürfe.

»Aber bitte«, antwortete Moboto und wandte sich dann an Whitlock. »Sie haben mir heute das Leben gerettet – ich danke Ihnen. Wie ich hörte, sind Sie bei der Verfolgung des Killers verletzt worden. Nicht ernstlich, darf ich hoffen?«

Whitlock schüttelte den Kopf. »Nur eine Fleischwunde am Bein beim Sturz vom Motorrad, nicht weiter schlimm. Aber um Ihren Begleiter tut es mir leid – tatsächlich war er es, der Ihnen das Leben gerettet hat.«

»Er starb, ohne wieder das Bewußtsein erlangt zu haben; wenigstens mußte er nicht leiden.« Moboto klappte die Bügel seiner Brille zusammen und legte sie dann auf den Kaffeetisch in der Mitte des Zimmers. »Kann ich Ihnen etwas zu trinken anbieten?«

»Danke, mir nicht«, antwortete Kolchinsky; auch Whitlock lehnte ab und setzte sich neben ihn.

»Wo ist Brett?« fragte er dann.

»Nebenan«, antwortete Moboto leichthin.

»Und Masala hält sich auch in einem anderen Zimmer auf. Das heißt also, daß Sie ohne unmittelbaren persönlichen Schutz sind ...«

»Die Hälfte der New Yorker Polizei steht draußen auf dem Korridor«, unterbrach ihn Moboto schroff, »und in jedem Nebenraum sitzt ein Leibwächter. Ich komme mir vor wie ein Gefangener!«

»Es ist unerläßlich, daß stets mindestens einer Ihrer Leibwächter bei Ihnen im gleichen Raum ist«, entgegnete Whitlock.

»Sogar wenn ich schlafe?«

»Sogar wenn Sie schlafen«, blieb Whitlock unerbittlich. »Diese Attentäter sind offensichtlich entschlossen, selbst ihr eigenes Leben zu riskieren, um Sie aus dem Weg zu räumen. Und das bedeutet, daß sie alles aufs Spiel setzen werden, um ihr Ziel zu erreichen.«

»Was genau wollen Sie damit sagen?«

»Ich meine damit, daß Sie auch hier in diesem Raum nicht sicher sind. Die Mörder könnten zum Beispiel durchs Fenster kommen ...«

»Aber wir sind hier im dreißigsten Stock, um Himmels willen«, unterbrach ihn Moboto und kicherte leise. »Mir scheint wirklich, Sie sind ein bißchen melodramatisch.«

»Nein, Sir, das ist er nicht«, sagte Kolchinsky fest. »C. W. hat absolut recht. Sie müssen jederzeit wenigstens einen Leibwächter an Ihrer Seite haben. Das hat ja der heutige Anschlag bewiesen.«

Moboto nahm den beiden Männern gegenüber Platz und seufzte tief. »Nun gut; Sie sind schließlich die Experten.«

Whitlock erhob sich. »Ich welchem Zimmer ist Brett?«

Moboto wies nach links. »Hier nebenan.«

Whitlock ging hinaus und klopfte an die Tür das danebenliegenden Zimmers. Als Brett sie öffnete, packte er ihn sofort am Kragen und schob ihn gegen die Wand. »Sie haben nebenan zu sein, statt hier auf Ihrem Arsch zu hocken und sich am Fernseher eine Sportsendung reinzuziehen!«

Brett machte sich aus Whitlocks Griff frei und starrte ihn wütend an. »Der Präsident hat mich hinausgeschickt. Was zum Teufel sollte ich denn machen?«

»Sie hätten ihm deutlich erklären sollen, daß es Ihre Aufgabe ist, an seiner Seite zu bleiben. Sie reden ihm nicht in seine Arbeit hinein – und er soll Ihnen nicht in Ihre reinreden. Man geht davon aus, daß Sie ein Profi sind. Also verhalten Sie sich auch wie einer!«

Brett schaute Whitlock zornig an, schnallte sich dann aber wortlos sein Schulterholster um, nahm seine Jacke und verließ das Zimmer. Whitlock folgte ihm in die Suite Mobotos. Dort zog sich Brett einen Stuhl heran und setzte sich schweigend in eine Ecke.

»Der Präsident wurde gerade aus Zimbala angerufen«, sagte Kolchinsky. »Sein Bruder wurde gekidnappt!«

»Was genau ist geschehen?« wandte sich Whitlock an Moboto.

»Er wollte sich mit einem Informanten treffen. Eine Stunde später teilte ein anonymer Anrufer dem stellvertretenden Chefredakteur mit, Remy sei von Ngunes Leuten entführt worden. Mehr wollte der Anrufer nicht sagen. Ich nehme an, daß Sie über Ngunes Flucht aus dem Gefängnis bereits informiert wurden?«

»So ist es«, bestätigte Whitlock. »Verfügt Ngune über die Möglichkeiten, einen Staatsstreich zu unternehmen?«

»Er hat die Leute und das Geld dafür«, räumte Moboto sachlich ein. »Die Leute sind die ehemaligen Mitglieder der Sicherheitspolizei. Und das Geld stammt von wohlhabenden Moslems im Süden des Landes. Viele von ihnen häuften unter der Regierung meines Vaters erhebliche Vermögen an – illegal, muß ich hinzufügen. Und sie wissen natürlich, daß die neue demokratische Freiheit, die ich meinem Land bringen will, zur Konfiszierung dieser Vermögen führen wird. Habgier kennt bekanntlich keine Grenzen, also werden sie vor nichts zurückschrecken, um ein neues diktatorisches Regime herbeizuführen, das sie ebenso beschützen wird, wie mein Vater das fünfundvierzig Jahre lang getan hat. Ich bin der einzige, der ihnen dabei im Wege steht. Das Volk aber sieht in mir einen neuen Messias – und ich kann es nicht enttäuschen.«

»Eines verstehe ich noch nicht«, sagte Whitlock nachdenklich. »Ihr Vater hat doch das Gesetz, das Sie zu seinem erblichen Nachfolger machte, aufgehoben, als ihm klar wurde, daß Sie nicht in seine Fußstapfen treten würden. Wie war es Ihnen trotzdem möglich, nach seinem Tod die Macht zu übernehmen?«

»Alle Macht lag bei meinem Vater persönlich. Er allein traf alle Entscheidungen, er machte die Gesetze. Seine Minister waren nur Jasager, bloße Marionetten. Und als er starb, hatten diese Marionetten niemanden mehr, der an ihren Fäden zog – und das versetzte sie in Panik. Diese Panik nutzte ich; aber ich mußte schnell handeln. Ngune war meine größte Bedrohung, denn er war der einzige Mann, dem mein Vater wirklich vertraute. Bei der Polizei und der Sicherheitspolizei hatte sich nichts verändert, und mit Hilfe der Polizei und des Großteils der Armee konnte ich eine Machtübernahme durch Ngune verhindern. Aber leider hatte ich die Stärke seiner Anhängerschaft unterschätzt. Dennoch möchte ich meinen Aufenthalt hier nicht abkürzen – das käme ihm nur gelegen. Das Volk würde dann denken, nun sei ich in Panik geraten, und das wäre ein schwerer Schlag für mein Ansehen.« Moboto erhob sich und trat zur Anrichte, um sich einen Whisky einzugießen. »Und nun entschuldigen Sie mich bitte, meine Herren – ich habe noch einiges zu erledigen, ehe ich schlafen gehe.«

»Aber natürlich«, entgegnete Kolchinsky und stand auf.

Whitlock ging zu Brett hinüber und sagte leise zu ihm: »Lassen Sie ihn nicht aus den Augen!«

»Geht klar«, versicherte Brett knapp.

Whitlock wünschte Moboto eine gute Nacht und folgte dann Kolchinsky hinaus auf den Korridor. »Ich würde mir wirklich wünschen, daß unsere eigenen Leute Mobotos persönlichen Schutz übernommen hätten. Da wäre mir entschieden wohler.«

Kolchinsky nickte grimmig. »Kann ich gut verstehen. Aber wir sind an Baileys Leute gebunden, ich kann da nichts machen. Tut mir leid.«

»Ich weiß«, erwiderte Whitlock und drückte auf den Aufzugknopf.

»Ich fahre noch ins Krankenhaus, um dort den Oberst über die Tagesereignisse zu informieren. Haben Sie Lust, mitzukommen?«

Whitlock zuckte mit den Schultern. »Warum nicht? Carmen ist noch nicht zu Hause, am Dienstag wird es immer spät bei ihr.« Dann warf er einen Blick auf seine Uhr. »Aber ist die Besuchszeit nicht längst vorbei?«

»Der Generalsekretär hat mit der Krankenhausleitung gesprochen, und widerstrebend hat man einer Ausnahmeregelung zugestimmt, was Besuche betrifft. Der Oberst hatte es zur Bedingung dafür gemacht, daß er überhaupt im Krankenhaus bleibt.«

Whitlock wechselte einen wissenden Blick mit Kolchinsky und forderte ihn mit einer Geste auf, vor ihm in den Lift zu treten.

Das Bellevue-Krankenhaus lag nur etwa zwei Meilen sowohl vom Hotel als auch vom UNO-Gebäude entfernt. Dort wurden die beiden Besucher zu einem Privat-Einzelzimmer im dritten Stock verwiesen.

Kolchinsky klopfte, und der Oberst rief laut: »Herein!«

Kolchinsky trat ein. Philpott saß im Bett, versteckt hinter einer Nummer der *New York Times*.

»Stellen Sie's einfach hin. Ich nehm's dann später!« grummelte Philpott hinter seiner Zeitung hervor.

»Ich bin's, Malcolm«, verkündete Kolchinsky.

Philpott ließ die Zeitung sinken und begrüßte sie mit einem schiefen Lächeln. »Entschuldigung, ich dachte, es sei wieder eine von diesen verdammten Krankenschwestern. Die rennen den ganzen Tag hier herum.« Er warf Whitlock einen Blick zu. »Wie ich sehe, hat er es geschafft, Sie auch herzuschleppen.«

Whitlock lächelte und zog sich einen Stuhl ans Bett. »Wie geht es Ihnen, Sir?«

»Ein bißchen schwach, aber ansonsten bestens.«

Kolchinsky setzte sich auf einen zweiten Stuhl und überreichte Philpott eine Tüte. »Aus dem Delikatessenladen an der 44. Straße.«

Philpott schaute hinein. »Trauben! Ach, und dabei hatte ich schon gehofft, es sei Tabak. Der Arzt hat mir meinen weggenommen.« Er legte die Tüte auf den Nachttisch und nahm seine leere Pfeife zur Hand. »Ich hab' so Lust auf einen Zug! C.W...«

»Kommt nicht in Frage«, unterbrach ihn Whitlock. »Von mir bekommen Sie keinen Tabak. Erholen Sie sich erst mal, dann können Sie auch wieder Pfeife rauchen.«

»Ich fühle mich doch schon viel besser. Eigentlich hätte ich heute vormittag auf eigene Faust abhauen sollen.« Er seufzte resigniert und fragte dann: »Irgendwelche Neuigkeiten in bezug auf Mike?«

Kolchinsky informierte ihn über die Tagesereignisse mit dem Höhepunkt des Anschlags auf Jamel Moboto.

»Ach du mein Gott«, murmelte Philpott, als Kolchinsky mit seinem Bericht fertig war. Dann schaute er Whitlock an. »Sie sind in Ordnung?«

»Ich habe mir das Bein aufgeschlitzt, als ich vom Motorrad stürzte. Nur schade um den schönen Anzug – meinem Schneider wird es das Herz brechen.«

»Hauptsache, daß Ihnen nicht mehr passiert ist. Gibt es schon Erkenntnisse über den Attentäter und seinen Komplizen?«

»Bisher noch nicht«, antwortete Kolchinsky. »Sie hatten keinerlei Ausweise bei sich, waren aber zweifellos Zimbalesen. Vermutlich ehemalige Mitglieder der Sicherheitspolizei. Ich habe der Polizei in Habane ihre Fotos und Fingerabdrücke gefaxt und hoffe, daß die dort bis morgen etwas herausbekommen haben.«

»Und was hatten Sie da vorhin über Bernard gesagt? Der sei CIA-Mitarbeiter?«

Kolchinsky nickte und öffnete seinen Aktenkoffer. Er holte das Duplikat der von Bailey übergebenen Unterlagen heraus und reichte es Philpott. »Steht alles hier drin. Ich lasse es Ihnen da – sicher anregende Lektüre vor dem Einschlafen.«

»Da bin ich ganz sicher«, zischte Philpott. »Hüten Sie sich vor diesem Bailey, Sergej. Sagen Sie ihm so wenig wie irgend möglich – und trauen Sie ihm keinen Schritt über den Weg.«

»Das war uns allen klar, sobald er bei uns auftauchte«, versicherte Kolchinsky mit einem Blick zu Whitlock.

»Und was diese beiden Gorillas betrifft ...«, setzte Whitlock an, schüttelte dann aber nur den Kopf.

»Was ist mit ihnen?« fragte Philpott.

»Sagen wir mal so – ich möchte jedenfalls von denen nicht beschützt werden«, antwortete Whitlock. »Wie ich Sergej schon im Hotel sagte, wäre es mir wirklich viel lieber, wenn wir unsere eigenen Leute zum persönlichen Schutz Mobotos zur Verfügung hätten. Da würde ich entschieden besser schlafen.«

»Ich habe es versucht, C. W.«, sagte Philpott mit bedauerndem Achselzucken. »Ich wollte Einsatzgruppe sieben als Leibwache einsetzen, dann hätten Sie mit Sabrina gemeinsam in Beirut tätig werden können. Aber der Präsident legte Wert darauf, daß die Angelegenheit als gemeinsame Aktion durchgeführt wird, und außerdem gelang es Bailey, ihn davon zu überzeugen, daß der persönliche Schutz von CIA-Leuten übernommen werden sollte. Ich konnte nichts dagegen tun und war froh, schließlich wenigstens durchsetzen zu können, daß Sie zum Leiter des Teams bestellt wurden. Ich weiß, daß Sie mich nicht enttäuschen werden, C. W. Aber haben Sie ein Auge auf Baileys Burschen. Wenn Präsident Moboto heute ermordet worden wäre, würde man uns steinigen!«

»Wir haben noch drei Tage vor uns, Sir. Und sie werden es noch einmal versuchen.«

»Darauf können Sie wetten. Und was war denn nun mit dieser Warnung, die Bernard hatte Bailey zukommen lassen wollen?«

»Ich sprach mit Bailey nach dem Anschlag auf Präsident Moboto«, erwiderte Kolchinsky. »Und der behauptet, Bernard habe sich nicht bei ihm gemeldet. Seine Theorie lautet, daß die beiden Männer ganz unabhängig handelten und den Anschlag auf eigene Faust unternahmen.«

»Klingt nicht sehr wahrscheinlich, oder?« meinte Whitlock.

»Natürlich nicht«, schnappte Philpott. »Aber wir haben es schließlich mit Bailey zu tun, nicht zu vergessen.«

Kolchinsky nickte und rieb sich müde die Augen. »Nun, heute können wir nichts weiter unternehmen. Ich bin ziemlich erledigt – war ein harter Tag.«

Whitlock stand auf. »Und drei weitere haben wir noch vor uns. Ob Sie mich wohl auf dem Heimweg an meiner Wohnung absetzen könnten, Sergej? Wenn ich die U-Bahn nehme, schlafe ich sonst vielleicht ein und lande an der Endstation.«

Kolchinsky klopfte Whitlock auf die Schulter. »Aber natürlich. Kommen Sie.«

Philpott schaute den beiden nach und starrte dann nachdenklich auf den Schnellhefter, den ihm Kolchinsky gebracht hatte. Er war sich beinahe sicher, daß Bailey etwas im Schilde führte – aber was? Der Gedanke ging ihm nicht aus dem Kopf, als er in den Unterlagen zu lesen begann.

Viertes Kapitel

Sabrina verhielt vor der Tür, klopfte an und trat ein. Der Mann hinter dem Schreibtisch mochte Anfang Vierzig sein, hatte einen dunklen Teint und einen dicken schwarzen Schnurrbart, der ihm an den Enden über die Mundwinkel hing.Er schaute von dem Briefbogen auf, den er gerade überflogen hatte, musterte sie genau von Kopf bis Fuß, lehnte sich dann zurück und blickte sie unter fragend hochgezogenen Augenbrauen an.

»Sind Sie Hauptmann Farouk?« fragte Sabrina.

»Hier steht es ja«, antwortete er in akzentfreiem Englisch und deutete auf sein Namensschild auf dem Tisch.

»Ja, wenn man Arabisch lesen kann«, sagte Sabrina lächelnd. »Ich hatte schon mit Ihnen telefoniert ...«

»Ach, richtig«, unterbrach Farouk sie und warf einen Blick auf den vor ihm liegenden Notizblock. »Miß Cassidy, nicht wahr?«

»Sabrina Cassidy«, antwortete sie und nannte den Namen, der auf ihrem jetzigen UNACO-Paß stand.

»Bitte nehmen Sie doch Platz, Miß Cassidy«, sagte Farouk und wies auf den Holzstuhl vor seinem Schreibtisch.

»Danke«, sagte sie und setzte sich.

»Sind Sie zum ersten Mal in Beirut?«

»Ja«, erwiderte sie wahrheitsgemäß. »Ich wußte nicht, wo ich mit meiner Suche nach Mike beginnen sollte, und daher rief ich bei der Polizei an, und die verwies mich an Sie. Man sagte mir, Sie seien zuständig für die Fahndung.«Sie spielte Nervosität vor, indem sie an ihrer Handtasche herumfingerte. »Um was für eine Fahndung handelt es sich denn? Was ist eigentlich geschehen?«

Farouk hob, Schweigen gebietend, die Hand. »Es wurde Haftbefehl gegen Michael Green erlassen.«

Das war der Name auf einem der falschen Pässe, die sich Graham bei der UNACO in New York beschafft hatte.

Sabrina lehnte sich vor. »Unter welcher Beschuldigung?«
»Mord!«
Sabrina fuhr zurück. »Um Himmels willen – Mord? Das kann ich nicht glauben. Sicher, Mike ist ein bißchen heftig, aber er würde niemals jemanden umbringen.«

Farouk schraubte die Kappe von seinem Füllfederhalter und zog den Notizblock zu sich heran. »Ich muß Ihnen ein paar Fragen stellen, Miß Cassidy.«

»Ja, natürlich«, sagte sie und täuschte wieder Nervosität vor. »Fragen Sie nur!«

»Sie berichteten mir am Telefon, er habe Sie in New York angerufen. Was genau sagte er da?«

»Alles, was er sagte, war, daß er in Schwierigkeiten sei und Geld brauche, um aus dem Land zu kommen. Dann brach die Verbindung ab.«

»Wissen Sie, was er hier wollte?«

»Ich erfuhr überhaupt erst durch seinen Anruf, daß er sich in Beirut aufhält«, seufzte sie. »Mike ist ein Einzelgänger. Es ist nicht das erste Mal, daß er unversehens allein wegfährt.«

»Und er hat eine eigene Firma in New York?« fragte Farouk weiter mit einem Blick auf seine Notizen.

»Spedition Whitaker«, sagte Sabrina. »Er ist der Inhaber.«

»Ja, ich weiß. Wir fanden ein paar Visitenkarten in seinem Hotelzimmer.« Farouk klopfte nachdenklich auf seinen Notizblock. »Was halten denn seine leitenden Mitarbeiter davon, wenn er einfach so verschwindet, ohne ihnen etwas zu sagen? Schließlich könnte irgendwas Wichtiges in der Firma passieren.«

»Sie sind inzwischen an sein unstetes Leben gewöhnt. Und schließlich ist er es, der ihre Gehälter zahlt. Was sollten sie da schon groß tun?«

»Kennen Sie irgendwelche Freunde, die er vielleicht in Beirut haben könnte?«

Sabrina schüttelte den Kopf. »Er hat nie welche erwähnt.«

»Russell Laidlaw vielleicht?«

Sie tat, als denke sie einen Augenblick nach.

Dann schüttelte sie wieder den Kopf. »Nein, der Name sagt

mir nicht das geringste. Ist das der Mann, der ermordet wurde?«

»Nein«, erwiderte Farouk. »Das war der letzte Mensch, mit dem Ihr Freund hier in Beirut gesprochen hat. Er diente früher in einer amerikanischen Sondertruppe, der Delta.«

»Wollen Sie damit etwa andeuten, daß Mike ebenfalls bei der Delta war?« Sie schüttelte ungläubig den Kopf. »Das kann ich mir nicht vorstellen – beim besten Willen nicht.«

»Ich will gar nichts andeuten, Miß Cassidy. Es ist lediglich seltsam, daß auch Laidlaw der Delta angehörte und daß der Ermordete, ein gewisser Barak, als Informant der Delta hier in Beirut bekannt war. Delta scheint ein gemeinsamer Nenner zu sein, finden Sie nicht?«

»Haben Sie diesen Laidlaw nach Mike gefragt?«

»Er behauptet, ihm zum ersten Mal in der Windorah-Bar begegnet zu sein; das ist ein kleines Lokal, das viel von Fremden besucht wird. Der Eigentümer bestätigte seine Geschichte – und damit stehen wir wieder am Anfang.«

»Können Sie nicht bei der Delta nachfragen?«

»Habe ich schon gemacht. Sie sagen, ein Michael Greene habe niemals für sie gearbeitet. Und allein diese Mitteilung hat mich sehr viel Überzeugungsarbeit gekostet.«

»Woher wissen Sie überhaupt, daß Mike in die Sache verwickelt ist? Hat ihn jemand beobachtet?«

»Seine Fingerabdrücke waren auf der Mordwaffe. Ich habe Interpol eingeschaltet, und die bestätigten mir, daß es seine Fingerabdrücke sind.«

»Interpol?« fragte Sabrina überrascht. »Heißt das etwa, daß er ein Strafregister hat?«

»Nicht unbedingt, aber die New Yorker Polizei hatte jedenfalls seine Fingerabdrücke.«

Bei der New Yorker Polizei waren Grahams Fingerabdrücke registriert. Das galt grundsätzlich für alle UNACO-Mitarbeiter; es war eine Vorsichtsmaßnahme für den Fall, daß einer von ihnen verletzt oder getötet wurde und keinen offiziellen Ausweis bei sich trug. Aber Fingerabdrücke eines Michael Green? Dann ging ihr ein Licht auf. Warum hatte sie nicht daran gedacht, als sie von Kolchinsky eingewiesen wurde? Die UNACO mußte der New Yorker Polizei die Erlaubnis gegeben haben, Grahams Fingerabdrücke für den von ihm angenommenen Namen zu bestätigen. Aber warum? Es ergab keinen Sinn. Sie hatten damit ihrem eigenen Mann etwas angehängt. Sie brauchte ein paar Antworten und war entschlossen, sie sich bei ihrem nächsten Gespräch mit Kolchinsky zu holen.

»Ist etwas, Miß Cassidy?« fragte Farouk, dem ihr nachdenklicher Gesichtsausdruck nicht entgangen war.

Sie fluchte innerlich, weil sie sich hatte ablenken lassen. »Entschuldigen Sie bitte, ich war nur so überrascht, daß bei der New Yorker Polizei seine Fingerabdrücke registriert sind. Ich hätte nie gedacht, daß er mal mit der Polizei zu tun hatte.«

»Er wurde wegen einer Trunkenheitsfahrt verurteilt.«

»Das wußte ich auch nicht«, erwiderte sie und lehnte sich vor, Farouk fest in die Augen blickend. »Aber trotzdem kann ich nicht glauben, daß Mike diesen Mann getötet hat. Das paßt einfach nicht zu seinem Charakter.«

»Nun, ehe er sich nicht freiwillig stellt, müssen wir davon ausgehen, daß er der Mörder ist. Und je länger er sich verborgen hält, desto schlechter sieht es für ihn aus.«

»Ich glaube, daß er irgendwo gegen seinen Willen festgehalten wird«, sagte sie.

»Vielleicht ist ihm auch schon die Flucht außer Landes gelungen. Interpol wurde jedenfalls von uns alarmiert.«

»Wie soll er denn aus dem Land gekommen sein, wenn er kein Geld hatte?« Sabrina schüttelte den Kopf. »Nein, alles deutet viel eher darauf hin, daß er irgendwo gegen seinen Willen festgehalten wird. Mike reist niemals ohne Bargeld und Kreditkarten. Warum also sollte er mich anrufen – es sei denn, beides wäre ihm abhanden gekommen? Vielleicht hat man ihn bestohlen?«

»Sie glauben offenbar wirklich daran, daß er unschuldig ist, nicht wahr?«

»Ja, das stimmt.« Sabrina stand auf. »Gibt es irgend etwas, womit ich ihm helfen kann?«

»Das ist jetzt Sache der Polizei, Miß Cassidy.« Farouk schraubte seinen Füller wieder zu und deutete damit auf

Sabrina. »Falls er mit Ihnen Verbindung aufnehmen sollte, sagen Sie ihm bitte, daß er mich unbedingt anrufen muß. Das wäre in seinem eigensten Interesse.«

»Ich bezweifle sehr, daß er mich anruft«, antwortete sie mit einem deprimierten Achselzucken. »Er weiß ja nicht einmal, daß ich hier bin.«

Farouk erhob sich und kam hinter dem Schreibtisch hervor, um ihr die Hand zu schütteln. »Vielen Dank, daß Sie hergekommen sind, Miß Cassidy.«

Sie nickte und ging zur Tür.

»Ach, noch etwas, Miß Cassidy.« Farouk wartete, bis sie sich umgedreht hatte. »Falls Sie dabei erwischt werden sollten, ihm bei der Flucht behilflich zu sein, werden Sie unter Anklage gestellt wegen Begünstigung eines gesuchten Kriminellen. Sie sollten daran denken.«

»Klar«, sagte sie und ging hinaus.

Laidlaw war von der Polizei nur wenige Stunden nach dem Mord an Barak festgenommen worden, und obwohl man ihn wieder und wieder im regelmäßigen Abstand von vier Stunden vernommen hatte, um ihn kleinzukriegen, war es ihm gelungen, strikt bei seiner Geschichte zu bleiben: Er hatte Graham (oder Green, wie er während der Befragung genannt worden war) in der Windorah-Bar kennengelernt. Sie hatten sich dort ein Weilchen unterhalten, und dann hatte er ihn zu seinem Hotel gefahren. Seither war er ihm nicht mehr begegnet. Er selbst konnte sicher sein, daß niemand ihn bei Baraks Haus gesehen hatte, sonst hätte man ihn nämlich gleich unter Anklage gestellt.

Nach sechsunddreißig Stunden war er schließlich wieder freigelassen worden. Er hatte, nach Hause zurückgekehrt, zu schlafen versucht, aber es war vergeblich. Ständig ging ihm die Stimme des Vernehmungsbeamten im Kopf herum, die Stimme dieses Farouk. Dessen Gesicht aber hatte er nicht sehen können. Bei jeder Vernehmung hatte er die Fragen gestellt, aber immer im Schutz einer grellen Tischlampe, die den Blick auf sein Gesicht verwehrte. Laidlaw hatte sich den Kopf zermartert, aber er konnte mit dem Namen des Mannes nichts anfangen. Warum war es dem Beamten so wichtig gewesen, nicht gesehen zu werden? Laidlaw war sich klar darüber, daß vielleicht seine Nerven infolge Schlafmangels überreizt waren. Es konnte einfach eine Taktik gewesen sein, um ihn zu zermürben: eine Stimme, aber kein Gesicht. Aber die Frage ließ ihn nicht los – wer war dieser Farouk?

Ärgerlich knautschte er sein Kopfkissen zusammen. Schlaf jetzt, verdammt noch mal, sagte er sich, und vergiß diesen Farouk. Aber der Schlaf wollte nicht kommen. Ständig hörte er diese vermaledeite Stimme und konnte sie nicht loswerden. Wütend schob er die Bettdecke weg und setzte die Füße auf den Boden. Dann streifte er sich die Haare aus dem Gesicht und warf einen Blick auf den Wecker auf dem Nachttischchen. Fünf Stunden war er nun schon zu Hause, und er hatte seither kein Auge zugetan. Alles wegen dieser verdammten Stimme. Er gähnte laut, stand auf und ging in die Küche. Aus dem Kühlschrank holte er sich ein Bier und den letzten Hühnerschlegel aus einer Packung, die er schon zu Beginn der Woche gekauft hatte. Er stopfte die leere Packung in der überquellenden Abfalleimer in der Ecke der Küche und setzte sich an den Tisch. Gerade als er die Bierflasche öffnen wollte, klingelte es an der Tür. Er schüttelte verzweifelt den Kopf und stand auf, um zu öffnen.

»Russell Laidlaw?«

»Ja, der bin ich«, knurrte Laidlaw. »Sie sind doch hoffentlich keine Reporterin, oder?«

»Mein Name ist Sabrina Cassidy. Ich bin eine Freundin von Mike.«

»Mike?«

»Mike Graham«, sagte Sabrina mit einer Spur von Gereiztheit in der Stimme. »Wir müssen miteinander reden!«

»Bitte, kommen Sie später noch einmal vorbei. Ich bin völlig fertig. Ich war sechsunddreißig Stunden in Polizeigewahrsam, und alles nur wegen Ihres Freundes Mike.«

»Ich fürchte, daß er in Schwierigkeiten ist«, sagte sie. »Bitte, wir müssen unbedingt miteinander reden!«

Laidlaw rieb sich müde die Augen, öffnete aber schließlich

die Tür und ließ die junge Frau herein. »Zum Teufel also, ich konnte ohnehin nicht schlafen.«

»Vielen Dank.«

»Schauen Sie sich bitte nicht um«, sagte Laidlaw. »Es ist nicht aufgeräumt – ich bin kein sonderlich häuslicher Typ.«

Sie folgte ihm in die Küche und nahm auf dem angebotenen Stuhl Platz.

»Möchten Sie ein Bier?« fragte er.

»Kaffee wäre mir lieber, wenn Sie einen haben.«

»Irgendwo muß welcher sein«, sagte er und setzte Wasser auf, ehe er in Schubladen zu wühlen begann. Er fand eine Büchse mit Fertigkaffee und schüttete einen gehäuften Löffel davon in die einzige saubere Tasse, die er auftreiben konnte. »Sie sagen, Sie seien eine Freundin von Mike. Heißt das, Sie arbeiten mit ihm zusammen?«

»So ist es«, antwortete sie.

Laidlaw öffnete die Bierflasche und nahm einen Schluck. »Und Sie sind hergekommen, um ihn zu finden? Na, da wünsche ich Ihnen viel Glück.«

»Sie haben ihn doch getroffen, nicht wahr?«

»Ja, ich traf ihn – in der Windorah-Bar in der Stadt. Wir redeten ein bißchen miteinander, und dann fuhr ich ihn zu seinem Hotel. Seither habe ich ihn nicht wieder gesehen.«

Sabrina stieß einen langen Seufzer aus. »Wie kann ich Sie bloß davon überzeugen, daß ich es ehrlich meine?«

Laidlaw goß das heiße Wasser in die Tasse, stellte sie vor Sabrina hin und schob eine Flasche mit Milch daneben. »Bitte bedienen Sie sich. Schauen Sie, Miß Cassidy, ich traf Ihren Freund ...«

»Ersparen Sie mir das«, unterbrach sie ihn heftig. »Sie waren beide zusammen bei der Delta. Bei einem Unternehmen in Libyen wurden seine Angehörigen von arabischen Terroristen gekidnappt, um ihn dazu zu bringen, den Angriff abzublasen. Die beiden Männer, die hinter der Entführung steckten, waren Salim Al-Makesh und Jean-Jacques Bernard. Al-Makesh wurde von den Israelis umgelegt, und Bernard soll angeblich vor eineinhalb Jahren durch eine Autobombe getötet worden sein. Mike aber fand offenbar heraus, daß

Bernard noch am Leben war, und deshalb kam er hierher, um ihn zu erwischen. Sie waren sein Kontaktmann. Das ist alles, was wir wissen. Ich bin hierhergeschickt worden, um herauszubekommen, was wirklich passiert ist, und um ihn in die Staaten zurückzubringen.«

Laidlaw zog sich einen Stuhl heran und setzte sich Sabrina gegenüber. »Carrie schenkte Mike zu Weihnachten eine Uhr. Was für ein Fabrikat war das?«

»Eine Piaget-Uhr, vergoldet. Und es war kein Weihnachts-, sondern ein Geburtstagsgeschenk. Zufrieden?«

Laidlaw nickte. »Zufrieden. Und wer sind die ›wir‹, von denen Sie sprachen?«

»Das darf ich Ihnen nicht sagen, so leid es mir tut.«

»Verdeckte Ermittlungen also, mit anderen Worten?«

»So in der Art, könnte man sagen«, erwiderte sie.

»Sind Sie seine Partnerin?«

Sabrina nickte. »Haben Sie ihm den Hinweis auf Bernard gegeben?«

»Ja; ich erkannte Bernard vor der amerikanischen Universitätsklinik und wußte, daß Mike auf einen Hinweis scharf war.«

»Und was spielte dieser Barak in der Sache für eine Rolle?«

»Barak war jahrelang Informant der Delta. Wenn einer Bernard ausfindig machen konnte, dann war er es. Bis ihm Mike eine Kugel in den Rücken schoß.«

»Mike hat ihn nicht umgebracht, das wissen Sie doch genau«, entgegnete sie scharf.

»Alles, was ich weiß, ist, daß Barak tot war, als ich in sein Haus kam. Dann sah ich, daß jemand mit Baraks Wagen davonfuhr. Und Mike war weg. Jetzt zählen Sie mal zwei und zwei zusammen.«

»Es muß eine Falle gewesen sein. Warum sollte er den einzigen Menschen umlegen, der ihn zu Bernard führen konnte? Das gibt doch keinen Sinn!«

»Ich war nicht dabei, als er in das Haus ging. Mike bestand darauf. Und ich weiß nicht, was die zwei miteinander besprachen.«

»Das weiß nur Mike. Und deshalb müssen wir ihn finden!«

»Nicht ›wir‹ – mich lassen Sie bei der Sache außen vor. Ich habe einmal was für ihn getan, und Sie sehen ja, was mir das eingebracht hat – sechsunddreißig Stunden im Gefängnis, alle vier Stunden Vernehmungen. Nein, Miß Cassidy, wenn Sie Mike finden wollen, müssen Sie ihn allein finden.«

»Ich finde mich ja noch nicht einmal in Beirut zurecht!«

»Dann nehmen Sie sich einen Führer. Es gibt genug davon, und sie sind nicht teuer.«

»Wenn es um Geld geht ...«

»Beleidigen Sie mich nicht, Miß Cassidy!« fiel er ihr schroff ins Wort.

Sie hob begütigend die Hand. »Entschuldigen Sie bitte, das hätte ich wirklich nicht sagen sollen. Ich brauche Ihre Hilfe, Mr. Laidlaw, und Mike ebenso. Wenn ihn die Polizei als erste aufspürt, wird er für den Rest seines Lebens verschwinden.«

»Und falls er Barak doch getötet hat? Falls er schuldig ist? Dann helfen Sie einem Mörder, sich der Gerechtigkeit zu entziehen.«

»Ich weiß nicht, wie gut Sie Mike kennen. Ich jedenfalls kenne ihn recht gut. Er ist ein erstklassiger Profi und würde niemals seine Karriere aufs Spiel setzen, indem er einem Zwei-Groschen-Spitzel eine Kugel in den Rücken jagt.«

»Mike hat sich verändert«, wandte Laidlaw ein und drehte die Bierflasche auf dem Tisch. »Es fiel mir gleich auf. Früher war er der ausgeglichenste Bursche, den ich kannte. Den brachte nichts aus dem Gleichgewicht. Aber das war vor dem Verlust seiner Angehörigen. Jetzt ist er verbittert, unberechenbar; ich wage sogar zu sagen: psychotisch. Tatsächlich teile ich Ihre Einschätzung nicht, Miß Cassidy; ich traue es ihm durchaus zu, daß er Barak in den Rücken schoß. Besonders wenn Sie bedenken, daß er auf der Jagd nach dem Mann war, der seiner Überzeugung nach seine Angehörigen entführte und höchstwahrscheinlich tötete. Nein, ich möchte mit Mike nichts mehr zu tun haben. Das würde nur Ärger bringen.«

Sabrina stieß ihren Stuhl zurück und stand mit funkelnden Augen auf. »Mike ist wenigstens nicht vor seiner Vergangenheit davongelaufen. Und wie sieht's da mit Ihnen aus? Sie verkriechen sich in diesem Loch und versuchen, diese Geschichte damals in Honduras zu verdrängen.« Sie bemerkte die Überraschung in seinem Gesicht. »O ja, ich weiß alles über Sie, Mr. Laidlaw! Ich habe im Flugzeug Ihre Personalakte gelesen, und ich weiß, warum sie bei Delta ausgeschieden sind. Deshalb glaube ich nicht, daß es Ihnen zusteht, ein Urteil über Mike zu fällen.«

»Raus jetzt!« stieß Laidlaw zwischen zusammengebissenen Zähnen hervor.

»Mit Vergnügen!« fauchte sie und ging zur Tür. Dort drehte sie sich nochmals um. »Und vergessen Sie nicht – Sie haben als erster Kontakt mit Mike aufgenommen. Sie sind daran schuld, daß er jetzt im Schlamassel steckt. Denken Sie bei Ihrem nächsten Bier mal darüber nach!«

Laidlaw verbarg sein Gesicht in den Händen. Einen Augenblick später schlug die Außentür zu. Plötzlich griff er zur Bierflasche und schmetterte sie gegen die Wand. Dann stürzte er wütend den Tisch um. Erst als er auch noch den Stuhl mit einem Fußtritt zur Seite befördert hatte, gewann er seine Beherrschung wieder, ging langsam ins Schlafzimmer und ließ sich auf das Bett fallen. Er verschränkte die Hände hinter dem Kopf und schloß die Augen. Wenige Minuten später sank er in Schlaf. Doch sein Schlaf war unruhig und brachte ihm keine Erholung.

»Sie schauen aus wie der Tod persönlich«, sagte Jenkins, als Laidlaw am Abend in die Windorah-Bar kam.

»Genauso fühle ich mich auch«, bekannte dieser und kletterte auf einen Barhocker. »Ein Bier, Dave.«

»Kommt sofort«, antwortete Jenkins, öffnete eine Flasche Budweiser und stellte sie vor Laidlaw hin. »Wo waren Sie denn gestern abend? Ich hätte einen Suchtrupp losgeschickt, wenn Sie heute abend wieder nicht hier aufgetaucht wären.«

»Schön, wenn man vermißt wird«, antwortete Laidlaw und nahm einen Schluck von seinem Bier.

»Na, und wo waren Sie dann gestern?«

Laidlaw zuckte die Schultern. »Ich hatte einfach keine Lust herzukommen. Ist das vielleicht strafbar?«

»Wenn es meinen Gewinn schmälert, durchaus«, gab Jenkins grinsend zurück und schob Laidlaw einen Bierfilz hin. »Was halten Sie von dem neuen Entwurf? Habe heute morgen ein paar Muster bekommen.«

»Wie bitte?« fragte Laidlaw verblüfft.

»Na, schauen Sie sich doch mal das Ding an!« antwortete Jenkins und verteilte vier weitere Bierfilze an die übrigen Gäste am Tresen.

Laidlaw warf einen Blick darauf, drehte ihn um und wollte ihn schon achtlos beiseite legen, als er die gekritzelte Nachricht entdeckte. Er schaute auf, doch Jenkins war schon eifrig in eine Diskussion mit einem anderen Gast vertieft. Also las er die Botschaft: Treppe hoch zu Zimmer vier. Zweimal klopfen, dann Pause, dann wieder zweimal.

»Interessant, nicht wahr?« sagte Jenkins, nahm Laidlaw den Bierfilz rasch wieder weg und ließ ihn unauffällig im Abfallkübel unter dem Tresen verschwinden. »Aber ich bin natürlich voreingenommen.«

Laidlaw nahm noch einen Schluck von seinem Bier, dann stand er auf und ging zur Treppe im Hintergrund des Raumes. Einen Augenblick blieb er stehen, die Hand schon auf dem Geländer. Was ging hier vor, zum Teufel? Er seufzte tief und begann die Treppe hinaufzusteigen. Die jetzige Windorah-Bar war einst ein kleines Familienhotel gewesen, das Jenkins vor sieben Jahren gekauft hatte. Im ersten Stock befanden sich zehn Zimmer. Jenkins hatte sich entschlossen, sie aufzugeben und sich auf den Betrieb der Bar zu konzentrieren. Die beiden ersten Zimmer hatte er in Toiletten umgewandelt, und die anderen standen nur für besondere Gäste zur Verfügung. Meist betraf das ausländische Journalisten, die zu betrunken waren, um noch nach Hause zu fahren. Jenkins berechnete nie etwas für diese Zimmer, und die Journalisten revanchierten sich dann durch entsprechende Bestellungen an der Bar.

Einen Augenblick blieb Laidlaw vor Zimmer vier stehen, blickte um sich, um sich zu vergewissern, daß niemand da war, und klopfte dann zweimal. Nach kurzer Pause klopfte er noch zweimal. Man hörte, wie innen ein Riegel zurückgeschoben wurde, dann öffnete sich die Tür einen Spaltbreit, und eine Hand zerrte ihn nach innen.

»Mike?« fragte Laidlaw verblüfft, als Graham hinter ihm die Tür wieder verriegelte.

»Du hast dir ja ganz schön Zeit gelassen. Wo zum Teufel bist du denn gestern abend geblieben?«

»Ich wurde in einer Mordsache vernommen!« fauchte ihn Laidlaw an. »Sechsunddreißig Stunden ohne Schlaf. Und alles deinetwegen! Du wirst mir einiges zu erklären haben!«

Graham ging auf das ungemachte Bett zu und setzte sich darauf. »Ich habe Barak nicht getötet.«

»Wo warst du denn dann, als ich ins Haus kam? Und wer ist mit Baraks Wagen weggefahren?«

Graham rieb sich das unrasierte Kinn und schaute zu Laidlaw auf. »Ich weiß nur, daß jemand mich niederschlug, als ich das Haus betrat. Als ich zu mir kam, lag ich in irgendeiner Seitengasse und weiß bis jetzt nicht, wo das war. Und außerdem war meine Beretta weg.«

»Die Polizei hat sie«, sagte Laidlaw kalt. »Es ist die Waffe, mit der Barak getötet wurde.«

»Weiß ich doch«, erwiderte Graham. »Warum zum Teufel glaubst du wohl, daß ich mich seit gestern hier verstecke? Als ich mein Bild auf der Titelseite der hiesigen Lokalzeitung sah, wußte ich, daß mich Probleme erwarten.«

»Und warum bist du hierhergekommen?«

»Zunächst bin ich zu deiner Wohnung gegangen, aber sie wurde schon von der Polizei überwacht. Außerdem kriegte ich mit, daß sie dein Telefon anzapften. Also konnte ich dich auch nicht anrufen. Und als nächstes fiel mir dann Dave ein. Er ist der einzige andere Bursche hier, dem ich trauen kann.«

Laidlaw trat ans Fenster und hob vorsichtig eine Ecke des Vorhangs an. Der Polizeiwagen, der ihm zur Windorah-Bar gefolgt war, stand noch immer gegenüber auf der Straße.

»Bist du hierher verfolgt worden?« wollte Graham wissen.

»Ja«, antwortete Laidlaw und ließ den Vorhang wieder fallen. »Aber das war ja zu erwarten. Beim Himmel, ich weiß noch immer nicht, was ich von deiner Geschichte halten soll.

Es macht einfach keinen Sinn. Wenn Bernard diesen Barak umgelegt hat, warum dann nicht auch dich? Was hatte er denn davon, dich in eine Falle laufen zu lassen?«

»Die Frage geht mir auch im Kopf herum, seit ich in dieser Gasse wieder zu mir kam.«

»Und?«

»Nichts und«, erwiderte Graham. »Wie du schon sagtest – es ergibt keinen Sinn. Wenn ich am Leben bin, bleibe ich doch weiterhin eine Bedrohung für ihn.«

»Und falls gar nicht Bernard hinter der Sache steckt?«

»Es muß Bernard sein. Aber, verdammt noch mal, ich möchte wirklich wissen, was das soll!«

Laidlaw schaute auf Graham hinunter. »Nicht nur die Polizei ist dir auf den Fersen. Dein Partner ist auch hier und sucht dich!«

Graham zog die Brauen hoch. »Mein Partner?«

»Nennt sich Sabrina Cassidy. Sieht aus wie ein Modell für Anzeigen – nur besser.«

Graham lächelte verhalten. »Das ist sie. Wann ist sie angekommen?«

»Keine Ahnung. Wir haben uns nicht sonderlich gut verstanden.«

»Kann mir schon vorstellen, was du damit meinst. Ich bin am Anfang unserer Zusammenarbeit auch nicht gut mit ihr ausgekommen. Wir waren wie Hund und Katze und haben gelegentlich immer noch Knatsch miteinander. Aber keine Frage – sie ist auf alle Fälle ein echter Profi.«

»Jedenfalls hält sie große Stücke auf dich, das kannst du mir glauben. Ich machte den Fehler, dich zu kritisieren, und sie brach wie ein Unwetter über mich herein.«

»Ja, sie kann sehr mütterlich sein. Das ist mitunter schon etwas lästig.«

»Mütterlich nennst du das?« sagte Laidlaw mit fragend hochgezogenen Brauen.

Ehe Graham sich eine Antwort zurechtlegen konnte, klopfte es zweimal an der Tür; nach kurzer Pause klopfte es noch zweimal.

»Das ist Dave«, meinte Graham. »Er wollte mal heraufschauen. Ich werde ihn bitten herauszufinden, wo Sabrina steckt.«

Graham schob den Riegel an der Tür zurück. Jenkins kam herein – doch ihm folgten zwei Araber in Jeans und Hemden mit offenem Kragen. Beide hielten drohend russische Makarev-Pistolen in der Hand.

»Tut mir leid, Mike«, sagte Jenkins mit einem verzweifelten Blick. »Sie erwischten mich unerwartet; sie hatten sich im Raum gegenüber versteckt.«

»Mund halten!« fauchte einer der Araber mit schwerem Akzent. »Sie Mike Graham?«

Graham nickte bedächtig. »Und wer seid Ihr? Bernards Schläger?«

»Hauptmann Farouk wollen Sie sehen«, erwiderte der Araber.

»Farouk heißt der Kerl, der mich vernommen hat«, zischelte Laidlaw.

»Wenn Sie nicht kommen, Mädchen sterben«, sagte der eine Araber, zog einen Paß aus der Tasche und warf ihn auf das Bett. »Hauptmann Farouk sagen, Sie anschauen. Er meinen ernst!«

Graham schaute in den Reisepaß und blickte dann Laidlaw an. »Es ist Sabrinas Paß.« Dann wandte er sich an den Englisch sprechenden Araber. »Wenn Sie oder dieser Farouk sie angerührt haben, zerreiße ich euch mit bloßen Händen!«

Das Gesicht des Arabers blieb ausdruckslos. »Mitkommen jetzt – alle!«

»Farouk will mich haben, lassen Sie die anderen gehen«, wandte Graham ein.

»Wenn nicht mitkommen, Mädchen sterben!«

»Als ob man zu einem Roboter spräche«, sagte Graham und schaute dann Laidlaw und Jenkins an. »Wir werden wohl machen müssen, was sie wollen. Tut mir leid.«

»Und was ist mit der Bar?« wollte Jenkins wissen.

»Bar geschlossen!«

»Geschlossen?« fragte Jenkins entsetzt.

»Wir haben geschlossen. Nehmen Hinterausgang. Und wenn Sie denken, uns angreifen, dann ...«

»Ja, wir wissen schon«, fiel Graham dem Araber ins Wort.
»Dann Mädchen sterben!« schloß dieser ungerührt.

Jenkins ging den anderen voraus in die nun leere Bar hinunter und öffnete den Durchgang hinter der Theke. Dann fragte er den Araber, der Englisch sprach: »Kann ich wenigstens abschließen?«

Der Mann nickte und befahl dann seinem Komplizen, Jenkins zu begleiten. Als die beiden zurückkamen, wies Jenkins allen den Weg hinaus auf die Gasse hinter der Bar. Dort stand ein schwarzer Lieferwagen. Jenkins schloß die Hintertür ab und steckte seine Schlüssel in die Tasche; dann band man ihm die Hände auf den Rücken und schob ihn hinter Graham und Laidlaw in den Wagen. Die Hecktüren wurden von außen abgeschlossen, und sie lagen im Dunkeln. Die beiden Araber stiegen vorn ein, der Wagen wurde angelassen und fuhr los.

»Mike, können Sie in meine Jackentasche greifen?« sagte Jenkins und stieß Graham mit dem Ellbogen an.

»Warum, in drei Teufels Namen?«

»Weil da meine Schlüssel drin sind«, erwiderte Jenkins. »Und am Schlüsselring hängt ein Schweizer Offiziersmesser. Deshalb fragte ich ja, ob ich noch die Bar abschließen dürfe. Wir könnten unsere Fesseln durchschneiden!«

»Tolle Idee, Dave, aber wir sollten das nicht riskieren.«

»Was meinen Sie damit?« entgegnete Jenkins. »Wenn wir uns befreit haben, könnten wir uns auf die beiden stürzen, wenn sie die Hecktür öffnen. Drei gegen zwei – das gibt uns doch eine gute Chance, sie zu überwältigen!«

»Ja, wenn wir sicher sein könnten, daß es nur um diese beiden geht. Aber wie, wenn noch andere da sind?«

»Nun, einen Versuch ist es doch wert, oder?« wandte Jenkins ein.

»Es geht nicht nur darum. Wir wissen nicht, wo Sabrina ist. Selbst wenn wir die beiden da vorn überwältigen, würden wir ihr Leben gefährden. Dieses Risiko möchte ich nicht eingehen.«

»Toll, dann bleiben wir also hier hocken wie eingesperrte Hühner im Käfig!«

»Wenn Sie aufhören würden, sich zu beklagen, Dave, könnte ich Ihnen ja sagen, was ich mir überlegt habe.«

»Sehr großzügig! Wer hat denn ...«

»Seien Sie jetzt mal still, Dave«, fuhr ihm Laidlaw über den Mund. Dann wandte er sich an den neben ihm liegenden Graham: »Also, was hast du im Sinn?«

»Wir lockern unsere Fesseln. Wenn wir dann wissen, daß Sabrina in Sicherheit ist, können wir losschlagen. Gut, auch das ist ein Wagnis, aber mir scheint es das beste, was uns unter diesen Umständen zu tun bleibt.«

»Ich hatte auch schon daran gedacht«, meinte Laidlaw. »Wollen hoffen, daß die beiden Typen da vorn keine telepathischen Fähigkeiten besitzen.«

»Auch das Risiko müssen wir eingehen«, sagte Graham grimmig.

Sie machten sich daran, ihre Fesseln so weit zu lockern, daß sie sich davon befreien konnten, sobald Graham das Signal dazu geben würde. Dann konnten sie nur noch abwarten.

Zwanzig Minuten später hielt der Lieferwagen an, aber man ließ den Motor laufen. Sie hörten, daß einer der Araber ausstieg und daß kurz darauf ein metallenes Tor geöffnet wurde. Der Wagen fuhr wenige Meter weiter und stoppte dann erneut, offenbar stieg der Araber nun wieder ein. Sie fuhren ein kleines Stück, der Wagen hielt erneut an, und nun wurde der Motor abgestellt. Diesmal stiegen beide Männer aus, und die Hecktüren öffneten sich.

Der Englisch sprechende Araber befahl ihnen herauszukommen. Jenkins kletterte als erster hinaus, Graham und Laidlaw folgten ihm, und die drei schauten sich um; sie befanden sich in einem großen, beleuchteten Hof, zu dessen Seiten sechs in Rot und Schwarz gestrichene Kühltransporter standen. Graham konnte die Aufschrift auf dem zunächst stehenden nicht lesen – sie war in Arabisch. Die beiden Araber sprachen kurz miteinander, dann ging der Englisch sprechende ein wenig zurück und richtete seine Waffe auf die drei Gefangenen. Sein Kumpan trat hinter Jenkins, zog an dessen Fesseln, fluchte ärgerlich und zurrte sie fester.

85

Graham und Laidlaw blieben bewegungslos stehen und wagten nicht, sich anzusehen. Auch ihre Fesseln wurden kurz überprüft, dann befahl der Englisch sprechende Araber »da hinein« und wies mit seiner Pistole auf die Tür hinter ihm.

Graham und Laidlaw wechselten einen erleichterten Blick und folgten Jenkins in einen weiß getünchten Gang. Sie kamen an eine Metalltür, einer der Araber öffnete sie, und gleich darauf befanden sie sich in einem großen Raum, an dessen Seiten hölzerne Hackbänke aufgereiht waren; von der Decke hingen auf Rollen laufende Metallhaken; alles war peinlich sauber. Der zweite Araber verschwand durch eine andere Tür und kam kurz darauf mit Sabrina zurück, der man ebenfalls die Hände auf den Rücken gebunden hatte. Er schubste sie auf einen neben der Tür stehenden Stuhl. Graham ging auf sie zu, aber der andere Araber bedrohte ihn mit seiner Pistole und befahl ihm stehenzubleiben.

»Bist du in Ordnung?« rief Graham ihr zu.

»Mir fehlt nichts. Ich wußte nicht, daß Farouk ...« Sie verstummte, als sie sah, wie Graham und Laidlaw an ihr vorbei den Mann anstarrten, der hinter ihr durch die Tür getreten war.

»Freut mich, Sie wiederzusehen, Mr. Graham. Es ist lange her ...«

Sabrinas Blick wanderte von Farouk zu Graham, und sie runzelte verwundert die Stirn. »Du kennst Farouk?«

»Farouk?« schnaubte Graham verächtlich. »Das ist Salim Al-Makesh!«

»Wie?« fragte Sabrina verblüfft. »Der wurde doch in Damaskus von israelischen Kommandotruppen getötet.«

»Das wollten sie uns offenkundig glauben machen«, erwiderte Graham, und seine Augen ließen Al-Makesh nicht los. »Und dafür gibt es nur eine einzige logische Erklärung – Sie arbeiten jetzt für die Israelis, nicht wahr?«

Al-Makesh kam näher, die Hände in den Hosentaschen, und nickte. »Mitmachen oder getötet werden, war die Frage – da fiel die Wahl nicht schwer.«

»So ist das also«, sagte Laidlaw und nickte. »Ich begriff nicht, warum Sie bei meiner Vernehmung nie Ihr Gesicht zeigten. Sie fürchteten, daß ich Sie sofort erkennen würde.«

»So ganz sicher war ich mir da nicht«, entgegnete Al-Makesh. »Ich habe mein Aussehen immerhin erheblich verändert, seit ich damals beim Schwarzen Juni war.«

»Und wer hat Barak umgelegt?« fragte Graham. »Sie oder Bernard?«

»Bernard«, versicherte Al-Makesh. »Ich hatte nichts damit zu tun. Als Barak ihm sagte, daß Sie in Beirut seien ...«

»Barak arbeitete für ihn?« unterbrach ihn Graham.

»Der arbeitete für jeden, der ihn bezahlte«, antwortete Al-Makesh mit verächtlichem Achselzucken. »Aber er hatte in den letzten Monaten zu trinken begonnen, und Bernard war zu dem Schluß gekommen, daß er ein Sicherheitsrisiko sei. Als er erfuhr, daß Sie in der Stadt waren, entwickelte er einen Plan, mit dem er Sie beide loswerden konnte: Er würde Barak töten und den Verdacht auf Sie lenken. Also betäubte er Sie, als Sie in Baraks Haus kamen, erschoß dann Barak mit Ihrer Waffe und schaffte schließlich Sie in eine entlegene Gasse. Ich sollte Sie dann dort festnehmen. Aber als ich hinkam, waren Sie verschwunden.«

»Aber warum hat Bernard mich nicht einfach umgelegt, als er die Gelegenheit dazu hatte?« wollte Graham wissen.

»Damit wir dann hier in Beirut die UNACO auf dem Hals haben?« Al-Makesh grinste, als Graham ihn überrascht anblickte. »Ich habe auch meine Quellen, genau wie Sie. Nun, wenn man Sie wegen Mordes verhaftete, mußte die UNACO äußerst zurückhaltend sein, um nicht ihre Tarnung zu gefährden. Sie konnte es sich nicht leisten, daß der Name UNACO die Titelseiten der Weltpresse ziert.«

»Aber ich hätte Sie doch sofort erkannt!« wandte Graham ein.

»Wer hätte Ihnen denn geglaubt? Vom israelischen Mossad wäre bestätigt worden, daß ich in Damaskus getötet wurde. Für meine Zeit beim Schwarzen Juni habe ich eine wasserdichte Tarnung. Die Behörden wären davon ausgegangen, daß sie schließlich unter dem Druck des Verlustes Ihrer

Angehörigen ausgerastet seien, und Sie wären vermutlich in einer Heilanstalt gelandet.«

»Aber ich hätte seine Aussagen bestätigen können«, mischte sich Laidlaw ein.

»Das hätte sich verhindern lassen – durch einen bedauerlichen Unfall zum Beispiel. Nachdem Bernards Plan aber schiefgegangen war, brauchte ich Sie lebend, um über Sie an Graham heranzukommen – und das hat ja auch geklappt, wie man sieht.«

»Steckt die CIA mit drin?« fragte Sabrina.

»Nein«, erwiderte Al-Makesh unumwunden. »Und der Mossad auch nicht.«

»Die CIA?« fragte nun seinerseits Graham verwundert Sabrina. »Was zum Teufel soll denn die mit der Geschichte zu tun haben?«

»Bernard arbeitet für sie«, gab Sabrina zurück.

»Wie bitte?« sagte Graham verblüfft.

»Es stimmt«, bestätigte Al-Makesh und machte eine weit ausholende Geste. »Das alles hier gehört Bernard. Es ist ein Fleischverarbeitungsbetrieb, erworben mit Schmiergeldern des CIA. Bernard ist jetzt ein ehrbarer Geschäftsmann.«

»Und wie haben die Israelis es fertiggebracht, Sie in die Polizei einzuschleusen?« fragte Sabrina.

»Ich war zwölf Jahre in Jordanien im Polizeidienst, bevor ich mich dem Schwarzen Juni anschloß. Daher war das gar nicht so schwer. Und so habe ich einen Job, der mir einerseits vertraut ist und mir andererseits Zugang zu Informationen verschafft, die für die Israelis wertvoll sind. Es ist eine perfekte Tarnung.«

»Und jetzt wollen Sie uns also umbringen, damit diese Tarnung nicht auffliegt«, schloß Laidlaw.

»Sie wissen einfach zuviel!«

»Wenn Sie uns töten, wird die UNACO aber wirklich in Beirut ausschwärmen«, warnte ihn Sabrina.

»Dieses Risiko muß ich jetzt eingehen. Aber selbst wenn sie kommen, werden sie keine Leichen finden. Morgen geht ein Rindfleischtransport nach Syrien ab – und da werden Sie dabei sein.« Al-Makesh deutete auf eine große Holzkiste in einer Ecke des Raums. »Man wird Ihre Leichen dort hineinpacken, dann wird der Behälter versiegelt und morgen auf einen der Kühllaster geladen. Hinter der Grenze geht er eben verloren; wer weiß, wie lange es dauert, bis man ihn findet?«

»Alles fein ausgedacht«, befand Graham ironisch. »Sie beide müssen wahnsinnig stolz auf sich sein.«

»Das ist alles meine Idee«, versicherte Al-Makesh. »Bernard weiß nicht einmal, daß Sie hier sind. Wir haben da ein Arrangement miteinander. Ich kann diese Halle benutzen, wenn ich jemanden aus dem Weg geschafft haben möchte. Und sein Betriebsführer sorgt dafür, daß die entsprechenden Behälter verladen und über die Grenze geschafft werden. Niemand stellt Fragen – alles geht ganz freundschaftlich.« Damit wandte er sich an den Englisch sprechenden Bewacher und rief ihm zu: »Also, Samir, du weißt, was zu tun ist!«

Graham war es inzwischen gelungen, seine Fesseln abzustreifen; er warf sich auf Samir und traf ihn mit einem Faustschlag seitlich am Kopf, so daß er gegen die Wand taumelte, wobei seine Makarev-Pistole zu Boden fiel. Graham schnappte sich die Waffe und erschoß damit den anderen Araber, der gerade seine Pistole auf Laidlaw richtete, der sich ebenfalls befreit hatte. Laidlaw riß seine 22er heraus, die man ihm nicht abgenommen hatte, obwohl er doch genau wußte, daß er nicht würde abdrücken können. Samir umklammerte Graham von hinten, während Al-Makesh seine Beretta hob, doch Graham befreite sich mit einem Ruck und schleuderte Samir auf Al-Makesh zu, der gerade abdrückte. Sein Schuß traf Samir mitten in die Brust. Sabrina war von ihrem Stuhl aufgesprungen und rammte Al-Makesh mit einem Schulterstoß, ehe er ein zweites Mal abdrücken konnte; seine Waffe scheppterte zu Boden. Graham richtete die Makarev auf Al-Makesh, der nach der Beretta grapschte; Haß brandete in ihm hoch, als er an seine Frau Carrie und den kleinen Mikey dachte, und er zog den Abzug durch, doch nichts geschah – Ladehemmung!

»Erschieß ihn!« schrie Graham zu Laidlaw hinüber, der auf die Pistole in seiner Hand starrte. »Schieß doch, Russ!«

Al-Makeshs Finger schlossen sich um die Beretta. Sabrina

griff ihn an, und er richtete die Waffe auf sie, doch ihr Fußtritt an sein Handgelenk lenkte den Schuß in die Decke. Graham riß Laidlaw die Waffe weg und schoß damit Al-Makesh durch den Kopf. Er war tot, noch ehe er zu Boden ging.

Graham packte Laidlaw am Hemd. »Verdammt noch mal, Russ, was sollte das? Der Kerl will uns alle erschießen, und du stehst da und schaust dir deine Pistole an! Was hast du für Schwierigkeiten?«

Sabrina mischte sich ein und stieß mit dem Ellbogen Graham an. »Mike, jetzt binde mich doch erst einmal los!«

Graham gab Laidlaw frei und löste Sabrinas Fesseln. Sie rieb sich die Handgelenke und fragte dabei: »Wer ist denn euer Freund?«

»Dave Jenkins, er betreibt die Windorah-Bar in der Stadt und hatte mich die beiden letzten Tage versteckt.«

Jenkins wartete, bis Laidlaw auch seine Fesseln gelöst hatte, und trat dann zu Graham, der ihn mit Sabrina bekannt machte. »Mike, Sie haben doch ganz bewußt meine Fesseln viel lockerer gemacht, als erforderlich gewesen wäre. Warum?«

»Schauen Sie, Sie sind schließlich Privatmann, und ich wollte nicht, daß Sie in den Kampf verwickelt werden. Abgesehen davon war es einfach Glück, daß er zuerst ihre Fesseln überprüfte und nicht viel daran auszusetzen hatte – so konnten wir ihn überlisten.« Graham blickte dann zornig Laidlaw an. »Deine Fesseln hätte ich wohl gar nicht zu lockern brauchen!«

»Du hast natürlich alle Veranlassung, sauer auf mich zu sein. Ich weiß ja, daß ich es dir hätte sagen müssen, aber ...« Er verstummte und schaute betreten auf seine Füße hinunter.

»Was sagen?« wollte Graham wissen. »Daß du eine Art von wiedergeborenem Pazifisten geworden bist?«

»Können wir darüber nicht später reden?« mischte sich Sabrina erneut ein. »Wir sollten wohl besser von hier verschwinden. Es könnte ja jemand die Schüsse gehört haben.«

»Da hat Al-Makesh sicher Vorsorge getroffen«, meinte Graham. »Der mußte doch vermeiden, daß die Behörden auf sein Treiben hier aufmerksam werden.«

»Das dürfte stimmen«, räumte Sabrina ein. »Und was geschieht mit den Leichen?«

Die werden den für uns vorgesehenen Platz einnehmen, wenn der Fleischtransport morgen nach Syrien abgeht«, meinte Graham.

»Aber wenn jemand nachschaut?« fragte Jenkins.

»Das wird niemand tun, wenn die Kiste erst einmal zu ist. Es wird keinen Zweifel daran geben, daß wir da drin sind. Also, an die Arbeit.«

Sie packten die Leichen der drei Männer in den Behälter, und Graham nagelte den Deckel darauf.

»Können wir jetzt gehen?« fragte Jenkins.

»Sicher, Dave«, antwortete Graham mit beruhigendem Lächeln.

»Wir müssen miteinander reden«, wandte sich Sabrina an Graham. »Allein!«

»Kommen Sie doch mit in die Windorah-Bar«, schlug Jenkins vor. »Da können Sie sich ungestört unterhalten.«

»Das ist ein guter Vorschlag, Dave«, erwiderte Graham und warf plötzlich einen bekümmerten Blick zu der vernagelten Kiste hinüber. »Meine Güte, die Autoschlüssel ...«

»Die sind hier«, sagte Sabrina und klingelte hinter Grahams Rücken damit. »Einer muß doch wenigstens aufpassen!«

»Wirklich – was würde ich nur ohne dich anfangen!« erwiderte Graham ironisch.

»Ja, tatsächlich – was wohl?« gab sie mit einem fragenden Blick zurück und ging zur Tür.

Jenkins öffnete nach ihrer gemeinsamen Rückkehr in die Windorah-Bar die Tür zu einem der Zimmer oben, ging zum Fenster, um die Vorhänge zu schließen, und schaltete dann das Licht ein. »Hat jemand Durst?« fragte er.

»Ein Kaffee wäre herrlich«, antwortete Sabrina und ließ sich in den neben dem Fenster stehenden Sessel fallen.

»Bitte zwei«, ergänzte Graham.

»Russell?«

»Für mich bitte ein Bier, Dave«, antwortete Laidlaw.

Jenkins verließ den Raum.

»Soll ich auch gehen?« fragte Laidlaw.

»Nicht bevor du mir erzählt hast, was zum Teufel passiert ist, daß du nicht mehr abdrücken kannst«, antwortete Graham, der inzwischen auf der Bettkante saß und zu Laidlaw hochblickte. »Also?«

Laidlaw schaute zu Sabrina hinüber. Sie wußte Bescheid; sie hatte ja seine Personalakte gelesen. Dann zog er sich einen hölzernen Stuhl heran und setzte sich. »Im vorigen Jahr wurden wir nach Honduras geschickt, um die Regierungstruppen bei der Niederwerfung eines Umsturzversuches durch kommunistisch gelenkte Rebellen zu unterstützen. Nach etwa einer Woche gingen uns Informationen darüber zu, daß der Leiter der Aufständischen sich zu einer Beratung mit seinen Unterführern in einem Gutshof am Rande von Choluteca treffen wollte, einer Stadt im Süden des Landes, im Rebellengebiet also. Wir erhielten den Befehl, dort einzudringen und möglichst viele schriftliche Unterlagen an uns zu bringen, aber keine Gefangenen zu machen. Warum, weiß ich auch nicht, aber so lautete jedenfalls die Order. Mit sechs Mann drangen wir ein und stießen auf keinerlei Wache – das hätte uns bereits stutzig machen müssen, aber Befehl ist Befehl. Drei von uns kamen von der Vorderseite, drei von hinten. Man hatte uns den Raum, in dem die Besprechung stattfinden sollte, genau bezeichnet, so daß wir nicht herumsuchen mußten. Wir warfen Betäubungsgranaten in den Raum und stürmten dann feuernd hinein.« Laidlaw rutschte unruhig auf seinem Stuhl hin und her und wischte sich den Schweiß vom Gesicht. »Es gab keine Aufständischen dort – nur vier Missionsschwestern und fünfunddreißig Kinder, keines über zehn, alle Kriegswaisen. Wir brauchten zwar nur ein paar Sekunden, bis wir das festgestellt hatten, aber da waren drei der Missionsschwestern und achtundzwanzig Kinder schon tot oder tödlich verletzt. Die vierte Missionsschwester und zwei der Kinder starben dann bald darauf im Krankenhaus, nur fünf Kinder überlebten – fünf von fünfunddreißig. Die Aufständischen schoben das Massaker den Regierungstruppen in die Schuhe, diese wiederum beschuldigten die Aufständischen. Es war einfach ein beliebiger Vorfall aus Mittelamerika – niemand nahm groß Notiz davon.«

Er rieb sich erschöpft das Gesicht. »Wir sechs wurden sofort zu psychiatrischer Behandlung in die Staaten zurückgeflogen. Mich hatte es am schlimmsten erwischt. Ich konnte keine Waffe mehr anrühren, ja mir brach schon der Schweiß aus, wenn ich im Fernsehen eine sah. Die anderen fünf sprachen auf die Behandlung an – im Gegensatz zu mir. Also wurde ich verabschiedet. Es vergingen weitere sechs Monate, bis ich eine Waffe wenigstens wieder in die Hand nehmen konnte. Aber den Abzug zu drücken war mir nicht möglich. Ich wollte heute diesen Hund wirklich niederschießen, Mike. Mein Hirn gab den Befehl dazu, aber mein Finger gehorchte nicht. Mir ist klar, daß ich es dir gleich hätte sagen müssen, aber es war mir auch bewußt, daß du mich dann weggeschickt hättest, und du brauchtest doch wenigstens einen Führer. Du hättest keine fünf Minuten überlebt, wenn ich dich allein auf Bernard losgelassen hätte; hier fackelt keiner lange.«

»Ja, ich weiß.« Graham stand auf und klopfte Laidlaw auf die Schulter. »Aber du hättest mir das wirklich früher sagen sollen, Kumpel, am besten gleich als wir uns trafen. Es hätte uns einiges an Problemen erspart.«

»Jetzt ist mir das schon klar«, erwiderte Laidlaw mit bedauerndem Achselzucken. »Aber wie ich schon sagte, fürchtete ich, daß du mich wegschicken würdest.«

»Ja, so schnell hätte ich auf dich schon nicht verzichtet«, meinte Graham mit einem schwachen Lächeln.

Die Tür ging auf, und Jenkins kam mit einem Tablett herein, das er auf das Nachttischchen stellte.

Laidlaw griff nach dem Bier und nahm einen Schluck. Dann schaute er Graham an. »Und jetzt gehen wir wohl besser?«

Sabrina nickte. »Ja, bitte – ich muß jetzt allein mit Mike reden.«

»Alles klar«, sagte Laidlaw und verließ mit Jenkins das Zimmer.

Graham schloß die Tür hinter den beiden und wandte sich dann an Sabrina. »Du bist gekommen, um mich zu holen, nicht wahr?«

»Genau.«

»Dann verschwendest du deine Zeit. Ich bin hier, um Bernard aufzuspüren, und genau das werde ich auch tun.«

Sie setzte sich und erläuterte ihm die ganze Angelegenheit, darum bemüht, nicht das mindeste auszulassen.

»Du willst also damit sagen, daß Bernard der einzige ist, der weiß, wann der Anschlag auf Moboto stattfinden soll?« fragte er schließlich, als sie geendet hatte.

Sabrina nickte. »Und wenn du ihm eine Kugel in den Leib jagst, bevor er diese Information an Bailey weitergegeben hat, ist Moboto so gut wie tot. Und damit wäre zweifellos die Rückkehr zur Diktatur in Zimbala verbunden. Möchtest du den Rest deines Lebens mit der Schuld daran verbringen?«

Graham fuhr sich mit den Händen über das Gesicht und dachte eine Weile nach, ehe er Sabrina wieder anschaute. »Ich schlage dir einen Handel vor!«

»Einen Handel?« fragte sie stirnrunzelnd.

»Du hilfst mir, Bernard zu finden ...«

»Vergiß es!« unterbrach sie ihn schroff.

»Jetzt hör mich doch erst einmal an, Sabrina. Wenn du mir hilfst, Bernard aufzuspüren, werde ich warten, bis er seine Information an Bailey weitergegeben hat, ehe ich ihn erledige. Tust du es nicht, werde ich Bernard ohne Rücksicht auf das, was Moboto zustoßen kann, jagen. Möchtest *du* dann mit einer solchen Last auf *deinem* Gewissen leben?«

»Ich mag einfach nicht glauben, was ich da höre«, antwortete sie. »Was ist denn in dich gefahren, Mike? Das ist doch keine Fernseh-Spielschau, bei der du mit einem Mitbewerber um den großen Preis konkurrierst. Hier geht es um das Leben eines Mannes, um die Zukunft eines Landes!«

»Wenn Bernard entkommt, nachdem er Bailey den entscheidenden Tip gegeben hat, wird ihm die CIA unzweifelhaft eine neue Identität verschaffen. Er könnte hingehen, wohin er wollte, und ich würde ihn niemals wiederfinden – niemals!«

»Laß es gut sein, Mike. Diese Blutrache zerstört dich. Du hast Barak nicht umgebracht; dafür kann ich mich verbürgen, wenn wir in die Staaten zurückgekehrt sind. Dafür, daß du hierhergekommen bist, wirst du eins auf den Deckel kriegen, aber damit ist die Sache dann ausgestanden. Aber wenn du Bernard umlegst, schmeißen sie dich aus der UNACO raus, und außerdem mußt du damit rechnen, daß du wegen Mordes angeklagt wirst. Willst du das denn wirklich?«

»Was ich will, ist Bernard, basta. Und wenn sie mich rausschmeißen ...« Er verstummte und zuckte mit den Schultern. »Das sind jedenfalls meine Bedingungen, Sabrina. Du kannst sie annehmen oder ablehnen.«

»Mach, was du willst, Mike«, sagte sie schroff, erhob sich und ging zur Tür. »Ich habe versucht, vernünftig mit dir zu reden. Aber ich hätte wissen müssen, daß das sinnlos ist. Ich muß jetzt Sergej anrufen und ihm vom Stand der Dinge berichten.«

Graham packte sie am Arm, als sie die Klinke heruntersdrückte. »So hilf mir doch, Sabrina. Ich will doch auch nicht, daß Moboto etwas zustößt. Aber ich muß trotzdem diesen Bernard erwischen, verstehst du denn das nicht? Das bin ich doch Carrie und Mikey schuldig!«

Sabrina schüttelte Grahams Hand ab und ging hinaus zu dem Telefonapparat, der auf dem Gang an der Wand hing. Von unten aus der Bar konnte sie Jenkins und Laidlaw miteinander reden hören; gut, daß wenigstens die beiden beschäftigt waren. Sabrina wählte die Geheimnummer, wies sich gegenüber Sarah in der UNACO-Zentrale aus und gab mit der Bitte um sofortigen Rückruf die Nummer durch, unter der sie hier zu erreichen war. Sie hängte ein und trommelte mit den Fingern auf dem zerfledderten Telefonbuch, während sie auf den Anruf wartete. Graham erschien im Türrahmen, doch bevor er etwas sagen konnte, klingelte es. Sie nahm den Hörer ab, gab nochmals ihren Identifizierungscode durch und wurde dann mit Kolchinsky verbunden.

»Sabrina?«

»Ja, am Apparat«, bestätigte sie.

»Sie haben mich gerade noch erwischt – ich wollte soeben gehen. Neues in bezug auf Michael?«

Sabrina schaute zu Graham hinüber, noch immer unentschlossen, was sein Ultimatum betraf. Es war ihr klar, daß sie sich einen dicken Rüffel einhandeln würde, wenn sie ihm half, oder daß man sie sogar suspendierte. Aber wenn sie ablehnte, wäre Mobotos Leben bedroht. Sie mußte sich entscheiden. Dann dachte sie an das Foto von Carrie und Mikey, das Mike immer in seiner Brieftasche trug. Was wäre das für eine Gerechtigkeit, wenn man Bernard entkommen ließe?

»Sabrina, sind Sie noch dran?« bellte Kolchinsky. »Tut mir leid, Sergej, die Verbindung ist schlecht!« log sie.

»Komisch, hier scheint sie tadellos. Ich hatte gefragt, ob es etwas Neues von Michael gibt?«

»Nein, noch nicht. Warum hat man ihn in die Pfanne gehauen?«

»Wie?« fragte Kolchinsky überrascht.

»Sie wissen genau, wovon ich rede, Sergej. Ich sprach heute nachmittag mit dem Polizeibeamten, der mit dem Fall betraut ist. Er sagte mir, die New Yorker Polizei habe Mike anhand seiner Fingerabdrücke identifiziert. Aber dort ist er nur als Graham registriert. Sein hier benutzter Paß aber lautet auf Green. Wie können die ohne entsprechende Information der UNACO die Fingerabdrücke zugeordnet haben?«

»Wir hatten keine andere Wahl«, räumte Kolchinsky schließlich ein. »Wenn die Polizei von Beirut noch weiter herumgestochert hätte, wer weiß, was denen sonst noch alles klargeworden wäre? Wir mußten die Organisation schützen.«

»Und was ist, wenn Mike festgenommen wird? Wird die UNACO ihn dann in einem Beiruter Gefängnis verrotten lassen, nur um sich zu schützen?«

»Er hat es sich selbst zuzuschreiben – es war kein offizieller Einsatz.« Dann seufzte er tief. »Natürlich würden wir ihn nicht im Gefängnis schmoren lassen: Wir würden ihn rausholen – wie auch immer. Aber lassen Sie's nicht so weit kommen, Sabrina. Finden Sie ihn und bringen Sie ihn zurück.«

»Das ist leichter gesagt als getan. Alle meine Nachforschungen haben bisher nichts erbracht.«

»Ich empfehle eine Änderung Ihrer Taktik. Er ist doch hinter Bernard her, oder? Wenn Sie nun Bernard als erster aufspüren, bräuchte Graham ihm nicht mehr nachzujagen – er würde zu Ihnen kommen. Und dann könnten Sie ihn abfangen, ehe er ihn erwischt.«

»Und wie soll ich Ihrer Meinung nach Bernard aufspüren? Nach Baileys Unterlagen sind seine Leibwächter Fundamentalisten der Hisbollah. Die würden wohl kaum sehr sanft mit einer Frau umgehen, die ihre Nase in ihre Angelegenheiten steckt, meinen Sie nicht?«

»Die sind als Leibwächter nur im Libanon zuständig. Er ist aber letzte Nacht unter dem Namen Alain Devereux nach Habane geflogen.«

»Nach Zimbala? Warum das?«

»Weiß ich auch nicht. Bailey hat es mir heute morgen gesagt. Und der hat es auch nur zufällig erfahren, weil einer seiner dortigen Mitarbeiter Bernard am Flughafen in Beirut erkannte.«

»Also hat er in bezug auf den Anschlag noch immer keinerlei Informationen an Bailey weitergegeben?«

»Kein Wort bisher. Wir sind jetzt an einem kritischen Punkt der Angelegenheit, Sabrina. Und daher müssen Sie unbedingt Michael davon abhalten, sich an Bernard heranzumachen.«

»Ich werde die nächste Maschine nach Zimbala nehmen«, versicherte sie ihm. »Wer ist in Zimbala Kontaktperson für mich?«

»Wir haben dort keine. Bailey schlug vor, einer seiner Leute an der Botschaft könne mit Ihnen zusammenarbeiten, aber ich habe das abgelehnt. Ich möchte nicht, daß die CIA sich in die Angelegenheiten einmischt. Man wird aber dafür sorgen, daß Sie in einem Schließfach am Flughafen Ihre Hotelreservierung, Geld, Landkarten und Stadtpläne finden – das Übliche eben. Ich habe auch gebeten, daß eine Beretta für Sie dabei ist. Der Schlüssel für das Fach liegt am Informationsschalter für Sie bereit. Davon abgesehen, sind Sie auf sich selbst gestellt.«

»Ist schließlich nicht das erste Mal«, murmelte Sabrina.

»Rufen Sie mich an, sobald Sie dort sind. Ich hoffe, ich kann Ihnen bis dahin schon mehr über Bernard sagen.«

»Wie geht's dem Oberst?«

»Gut, ich habe ihn heute morgen besucht.«

»Meine besten Wünsche für ihn, wenn Sie ihn wieder besuchen!«

»Sag' ich ihm gerne. Und passen Sie gut auf sich auf, Sabrina!«

»Darauf können Sie sich verlassen.« Sabrina hängte ein und sah zu Graham hinüber, der im Türrahmen lehnte. »Bernard ist letzte Nacht nach Zimbala geflogen!«

»Ich habe das Gespräch im wesentlichen mitgekriegt. Wieso hast du jetzt plötzlich deine Meinung geändert?«

»Was hätte es denn für einen Sinn gehabt, Sergej zu sagen, daß ich dich gefunden habe? Du wärst ja doch nicht mit mir zurückgekommen, und ich hätte ständig hinter dir herrennen müssen. So weiß ich wenigstens, wo du jeweils bist. Und ich kann dafür sorgen, daß Bernard seine Informationen an Bailey weitergibt, ehe du ihn dir schnappst.« Sie lächelte ihn schief an. »Naja, so etwa werde ich jedenfalls argumentieren, wenn ich wieder zurück bin. Ob es mich vor der Suspendierung rettet, bezweifle ich trotzdem.«

»Warum sollte man dich denn suspendieren? Ich habe dir doch gar keine andere Wahl gelassen. Du hast getan, was dir unter den gegebenen Umständen richtig schien – daraus kann dir der Oberst keinen Vorwurf machen. Was war das übrigens mit den ›besten Wünschen‹? Ist er etwa krank?«

»Ach ja, das scheine ich ganz vergessen zu haben bei all dem Wirbel, entschuldige.«

Beide kehrten in das Zimmer zurück, und dort berichtete sie ihm von dem Herzanfall Philpotts und seinem derzeitigen Aufenthalt im Bellevue-Krankenhaus, wo er noch ein paar Tage zur Beobachtung bleiben solle.

»Er kann ja manchmal wirklich ein knurriges altes Fossil sein, aber ich hoffe trotzdem, daß ihn die Sache nicht zur vorzeitigen Pensionierung zwingt. Es wäre nicht mehr dasselbe ohne ihn.«

»Der Arzt muß darüber entscheiden, ob er seinen Dienst wieder aufnimmt. Aber soweit ich bisher gehört habe, sieht alles ganz gut aus.« Sie deutete auf die Tür. »Ja, und jetzt gehe ich wohl besser ins Hotel zurück, um zu packen.«

»Und wie erfahre ich, wo du in Zimbala untergekommen bist? Du wirst ja sicher vor mir dort sein.«

»Wir brauchen doch nicht getrennt zu reisen. Die UNACO hat niemanden in Zimbala, und so wird Sergej auch nicht erfahren, daß wir zusammenarbeiten.«

»Aber Bernard kann das herausbekommen. Denk daran, daß er schließlich nicht weiß, was heute abend passiert ist. Soweit es ihn betrifft, bin ich weiter eine Bedrohung für ihn. Und das bedeutet, daß er bestimmt Leute am Flughafen postiert, die mich aufs Korn nehmen, sobald ich ankomme.«

»Und wie sieht's bei mir aus? Nachdem Al-Makesh wußte, daß wir zur UNACO gehören, weiß das Bernard bestimmt auch. Er wird bestimmt davon ausgehen, daß wir zusammenarbeiten, um ihn aufzuspüren.«

Graham schüttelte den Kopf. »Er wird den wahren Grund kennen, weshalb du nach Beirut beordert wurdest.«

»Aber wieso denn? Sergej sagte, Bernard sei seit Tagen nicht in Verbindung mit Bailey getreten, also sicher nicht, seit C. W. und ich unsere Aufträge erhielten.«

»Al-Makesh wußte doch, warum du tatsächlich nach Beirut kamst. Bailey mußte nichts weiter tun, als dem Mossad den Grund deines Aufenthalts hier mitzuteilen; die informierten dann Al-Makesh, und der wieder Bernard. Woher sonst sollte denn Al-Makesh wissen, daß wir von der UNACO sind? Doch nicht von einem Spitzel an der nächsten Straßenecke. Nur der Mossad kommt in Frage.« Graham setzte sich auf das Bett und schaute zu ihr auf. »Bernard wird dafür sorgen, daß du keine Probleme bekommst. Du bist doch sein Schutzengel – diejenige, die mich davon abhalten soll, ihm gefährlich zu werden. Nein, mach dir mal keine Sorge, du wirst in Zimbala völlig sicher sein.«

»Und wie willst du hinkommen?«

»Weiß ich noch nicht so genau. Höchstwahrscheinlich fliege ich in eines der Nachbarländer und versuche während der

Nacht die Grenze zu überqueren. Und damit sind wir wieder bei meiner Frage – wie erfahre ich, wo du in Zimbala steckst?«

»Ich werde ein Schließfach am Flughafen benutzen ...« Sabrina brach mit einem Seufzer ab. »Tut mit leid, ich vergaß ganz, daß du dich dort nicht sehen lassen kannst.«

»Laß den Schlüssel dafür trotzdem dort. Es wird mir schon was einfallen.«

»Unter welchem Namen wirst du reisen?«

Graham überlegte kurz. »Michael Green geht ja nicht mehr. Ich nehme den Paß auf den Namen Miles Grant.«

»Also, dann hinterlege ich den Schlüssel für dich am Informationsschalter.« Sie schaute auf ihre Uhr. »Wie gesagt, ich muß jetzt ins Hotel und vor dem Schlafengehen noch alle Reisevorbereitungen treffen.«

»Bis bald in Zimbala also!«

Sabrina ging zur Tür, blieb dort noch einen Augenblick stehen und schaute sich mißtrauisch nach Graham um. »Ich hab' für dich meinen Kopf auf den Block gelegt, Mike. Sei jetzt bitte nicht voreilig und versuch nicht, dich wieder allein an Bernard heranzumachen.«

»Würde ich doch nie«, antwortete er und breitete die Hände in einer scherzhaften Unschuldsgeste aus. Dann wurde sein Gesicht ernst. »Wir haben eine Vereinbarung getroffen – und ich halte mich daran!«

»Na gut«, erwiderte sie mit einem raschen Lächeln und verließ den Raum.

Graham ging in sein eigenes Zimmer zurück und zog dort eine Reisetasche unter dem Bett hervor. Von unten aus der Bar konnte er Sabrina mit den beiden Männern reden hören, dann herrschte Stille. Er begann seine Sachen zusammenzusuchen und in der Tasche zu verstauen.

»Poch, poch«, sagte plötzlich Laidlaw von der offenen Tür her.

»Komm nur rein, Russ«, meinte Graham, ohne sich umzudrehen.

»So, es geht also wieder auf Reisen. Und wohin diesmal, oder darfst du das nicht sagen?«

»Na, du kennst doch die Regeln«, erwiderte Graham.

»Du jagst weiter Bernard nach, nicht wahr?«

Graham zog den Reißverschluß seines Kulturbeutels zu und legte ihn obenauf in die Reisetasche. »Vielleicht.«

»Ob du da nicht einen Helfer brauchen könntest?«

Graham fuhr herum und wollte zunächst den Kopf schütteln, erwog aber dann kurz das Für und Wider. Er brach ins Unbekannte auf – allein. Und genaugenommen wußte er nicht einmal, wohin er ging. Im Grunde konnte er jemanden mit Laidlaws Erfahrungen gut brauchen. Er selbst beherrschte keinerlei Fremdsprachen, Laidlaw dagegen konnte, wie er wußte, Französisch, eine der zimbalesischen Staatssprachen. Allerdings war er im Augenblick wieder offiziell für die UNACO im Einsatz; Laidlaw dagegen war ein Außenseiter, ein Außenseiter zudem, der nicht in der Lage war, in einer kritischen Situation von seiner Waffe Gebrauch zu machen. Eine harte Nuß!

»Was weißt du über Zimbala?«

»Kleines afrikanisches Land, grenzt an den Tschad und Niger. Jahrzehntelang unter Diktatorenregime ...«

Graham hob rasch die Hand. »Reicht schon! Also, ich will mich mit Sabrina in Zimbala treffen. Sie fliegt direkt hin, ich aber kann das nicht riskieren. Bernard hat bestimmt schon seine Spitzel informiert, die nach mir Ausschau halten. Also muß ich entweder in den Tschad oder nach Niger fliegen und dann mit dem Auto über die Grenze. Aber ich spreche weder Französisch noch Arabisch und müßte den Taubstummen spielen. Das wiederum könnte Aufmerksamkeit erregen und Bernard alarmieren.«

»Also möchtest du, daß ich dich nach Zimbala bringe?«

»Du sprichst doch Französisch?«

»Und Arabisch auch«, ergänzte Laidlaw und fügte mit einem etwas schiefen Lächeln hinzu: »Das wäre ja wie in alten Zeiten.«

»Ich möchte lediglich, daß du mich nach Habane bringst. Dort will ich mich mit Sabrina treffen. Dann stelle ich dich frei.« Graham registrierte sofort die Enttäuschung in Laidlaws Augen. »Was wäre denn, wenn es zu einem Feuergefecht käme? Dann bist du ein Sicherheitsrisiko. Und ich will nicht deinen Tod auf dem Gewissen haben, Russ. Dafür haben wir schon zuviel gemeinsam erlebt.«

Laidlaw nickte mit grimmigem Gesicht. »Versteh' schon, Mike. Also, ich werde dich nach Habane bringen.«

»Danke«, sagte Graham knapp.

»Komm mit, wir werden uns drunten die Flugverbindungen raussuchen.« Laidlaw ging zur Tür, drehte sich dort aber wieder um, ein dünnes Lächeln um die Mundwinkel. »Ist schließlich nicht das erste Mal, daß ich dir zu Hilfe komme und dich aus einem Schlamassel heraushole.«

»Weiß Gott nicht!« bestätigte Graham gutgelaunt, griff nach seiner Tasche und folgte, die Zimmertür hinter sich schließend, Laidlaw auf den Gang hinaus.

Fünftes Kapitel

Whitlock lenkte seinen weißen BMW in die Einfahrt zur Tiefgarage unter dem Wohnblock in Manhattan und parkte ihn dort neben dem roten Porsche Carrera seiner Frau Carmen. Er schaltete nach einem Blick auf die Uhr das Radio aus – es war kurz nach halb sieben, und er unterdrückte ein Gähnen. Es war ein langer Tag gewesen: zwölf Stunden mit Moboto, davon acht im Gebäude der Vereinten Nationen, wo der Präsident und sein Gefolge den Tag verbracht hatten.

Mobotos Rede vor der Generalversammlung hatte ihn beeindruckt. Es war eine geschliffene und leidenschaftliche Ansprache gewesen, in welcher Moboto versprochen hatte, als neues Staatsoberhaupt von Zimbala die Prinzipien der Demokratie zu achten. Eines hatte ihn dabei jedoch überrascht – mit keinem Wort hatte Moboto seinen Vater erwähnt oder den Versuch gemacht, die schlimmen Verbrechen zu entschuldigen, die unter dessen Regime begangen worden waren. Das hatte so gewirkt, als ob er diesen Zeitabschnitt völlig verdrängt habe und einzig und allein von der Zukunft sprechen wolle.

Die Rede war von den Delegierten gut aufgenommen worden, und man hatte gleich anschließend einstimmig beschlossen, nach sechs Monaten eine Abordnung nach Zimbala zu schicken, die sich dort ein Bild der Verhältnisse machen solle mit dem Ziel, dem Land eventuell wieder die Vollmitgliedschaft in den Vereinten Nationen zu gewähren. Die seit Gründung der Vereinten Nationen 1945 bestehende Mitgliedschaft war 1956 aufgehoben worden, da sich damals Alphonse Moboto geweigert hatte, einer UNO-Delegation Zutritt zu gewähren, die schwere Anklagen wegen Völkermordes unter seinem Regime untersuchen sollte. Den heutigen Beschluß wertete Jamel Moboto als großen Erfolg, da er dringend eine volle Wiederaufnahme seines Landes in die

Völkergemeinschaft wünschte. Whitlock wußte, daß bereits zwei Botschafter westlicher Staaten Besuche in Zimbala angekündigt hatten, sobald die Mitgliedschaft in der UNO sichergestellt war. Zweifellos ein historischer Tag für die Zukunft des Landes, und das war der zurückhaltenden Diplomatie Jamel Mobotos zu verdanken. Whitlocks Abneigung gegen ihn war im Laufe des Tages zunehmend schwächer geworden. Offensichtlich war es ihm Ernst mit seinem Bestreben, eine Veränderung in seinem Land herbeizuführen, in dem unter der Herrschaft seines Vaters Zehntausende von Menschen gefoltert oder ermordet worden waren. Die beiden Männer begegneten einander zwar weiterhin mit einer gewissen Zurückhaltung, doch auf jeden begann die Professionalität des anderen Eindruck zu machen – und das war immerhin ein Anfang.

Whitlock hatte noch während des für den Abend vorgesehenen Banketts im UNO-Gebäude seinen Dienst versehen wollen, doch Kolchinsky hatte ihm bedeutet, es für heute genug sein zu lassen. Widerstrebend hatte er also den Heimweg angetreten. Am nächsten Tag wollte Moboto das Afrikanisch-Amerikanische Institut an der Östlichen 47. Straße besuchen und anschließend eine Oberschule im Herzen von Harlem. Am dritten Tag schließlich wurde er als Gast auf einer Großveranstaltung für Wirtschafts- und Finanzleute erwartet. Zwei Tage also in aller Öffentlichkeit – ein Alptraum für ein Sicherheitsteam. Aber dafür wurde er nun einmal bezahlt, und nach Mobotos Rede vor der Vollversammlung war er entschlossener als je zuvor, dessen Sicherheit zu gewährleisten. Moboto war ein Mann mit Sendungsbewußtsein, eine Art von Messias, der die Zukunft Zimbalas verkörperte ...

Ein plötzliches Klopfen gegen das Fenster an der Fahrerseite schreckte Whitlock aus seinen Gedanken. Er wandte den Kopf und atmete auf, als er den Mann erkannte, der hereinschaute. Es war Joshua Marshall, Parkwächter seit Fertigstellung des Wohnblocks vor achtzehn Jahren. Er war in den Slums von Harlem aufgewachsen; Ende der fünfziger Jahre war er ein vielversprechender Mittelgewichtsboxer gewesen. Übermäßiger Alkoholgenuß hatte seiner Karriere ein Ende bereitet – aber seit zwanzig Jahren war er nun völlig trocken.

Whitlock ließ die Scheibe herunter und klopfte sich auf die Brust. »Sie hätten ja fast einen Herzanfall bei mir ausgelöst, Joshua!«

»Und ich hab' dagegen gefürchtet, Sie hätten bereits einen – Sie haben sich nicht gerührt, seit Sie geparkt haben!«

»Ich war nur in Gedanken, das ist alles.« Whitlock zog den Zündschlüssel ab und stieg aus. »Seit wann ist meine Frau zurück?«

Joshua kratzte sich nachdenklich am Kopf. »'ne Stunde, würde ich sagen. Sie schien es sehr eilig zu haben.«

»So?« sagte Whitlock und schloß den Wagen ab. »Sagte sie etwas?«

»Sie hat mich nicht gesehen.«

»Also danke, Joshua.«

Der Mann tippte an seine Mütze und schlenderte zu seinem Wächterhäuschen zurück.

Whitlock schob seine Karte ein, um den Aufzug herunterzuholen, und wippte dabei nachdenklich mit dem Fuß. Warum mochte Carmen so in Eile gewesen sein? Sie war doch sonst immer ruhig und gelassen. Stimmte irgendwas nicht? Die Lifttüren öffneten sich, und Whitlock lächelte flüchtig dem Pärchen zu, das ausstieg; dann drückte er auf den Knopf für den siebten Stock. Dort stieg er aus und eilte unruhig, den Wohnungsschlüssel schon in der Hand, den mit blauem Teppichboden ausgelegten Gang hinunter. Die Wohnungstür führte direkt in ein Wohnzimmer. Dort stand Carmen am Fenster, während ihre Schwester mit ineinander verkrampften Händen und roten Augen auf der Couch saß. Sie hatte sichtlich geweint, und Whitlock wußte sofort, daß etwas mit Rosie passiert sein mußte.

»Gott sei Dank, daß du da bist«, sagte Carmen, als er die Tür hinter sich schloß.

»Was ist passiert?« fragte Whitlock, während seine Blicke zwischen den Schwestern hin und her wanderten. »Irgendwas mit Rosie?«

Rachel kämpfte mit den Tränen und antwortete: »Sie ist weg!«

»Was genau heißt ›weg‹?«

»Sie hatte einen fürchterlichen Krach mit Eddie und stürmte aus dem Haus«, erwiderte Rachel. »Und wir wissen nicht, wo sie hin ist.«

Whitlock setzte sich. »Wann ist denn das passiert?«

»Vor ungefähr zwei Stunden. Eddie war gerade von der Arbeit nach Hause gekommen, und dann ging in der Küche gleich der Streit los, und sie rannte davon. Ich bin außer mir vor Sorge, C. W. Sie hat nichts als Jeans und ein T-Shirt an und keinen Cent bei sich. Bestimmt ist sie wieder zum Times Square gelaufen, wo sie sich während der letzten Monate meist herumgetrieben hat.«

»Dabei war es eine ausdrückliche Auflage für ihre Haftverschonung, daß sie dem Times Square fernbleibt, bis über ihren Fall verhandelt wird«, fügte Carmen hinzu.

Whitlock rieb sich müde die Augen. »Wo ist Eddie jetzt?«

»Er sucht sie«, antwortete Rachel. »Aber was den Times Square betrifft, weiß er von nichts.«

»Kennst du ein Lokal dort oder so was, wo sie sich schon öfter aufgehalten hat?« fragte Whitlock.

Rachel schüttelte den Kopf. »Sie hat uns ja nie was erzählt!«

Whitlock stand auf. »Ich geh' besser gleich mal hin.«

»Das hat jetzt wenig Zweck«, wandte Carmen ein. »Du weißt ja nicht, wo Eddie schon war. Der ruft alle zwanzig Minuten an und fragt nach dir.«

»Wann hat er zuletzt angerufen?«

»Vor etwa zehn Minuten«, entgegnete Carmen nach einem Blick auf ihre Uhr.

»Dann zieh' ich mich erst mal um«, meinte Whitlock.

»Bist du nicht hungrig?« fragte Carmen. »Ich habe einen Auflauf in der Röhre, du könntest gerne was davon haben, ehe du gehst.«

»Nein danke, ich hatte einen reichlichen Lunch. Ich esse später was.«

»Bitte, bring sie zurück, C. W.«, flehte Rachel.

Whitlock nickte grimmig und ging aus dem Zimmer.

Rosie Kruger hielt sich im ›Rollercoaster‹ auf, ihrem Lieblingslokal an der Westlichen 43. Straße, kaum hundert Meter vom Zentrum des Times Square entfernt. Sie hatte die blaßblauen Augen ihres Vaters, aber das lange schwarze Haar und der honigfarbene Teint waren Erbteil der Mutter. Mit ihren sechzehn Jahren wäre sie gut auch für zwanzig durchgegangen. Kenny Doyle, der achtundzwanzigjährige Barkeeper im ›Rollercoaster‹, kannte zwar ihr wahres Alter, doch das hatte ihn noch nie davon abgehalten, ihr einen Drink zu spendieren. Sie betrachtete ihn als guten Freund und war sofort hergekommen, nachdem sie aus der elterlichen Wohnung abgehauen war. Er hatte Verständnis dafür, denn er selbst war mit fünfzehn in Chicago von zu Hause fortgelaufen und trug noch heute die Narben von den Schlägen, die ihm sein Vater verabreicht hatte, als seine Eltern entdeckten, daß er schwul war. Er hatte nie wieder Kontakt mit ihnen aufgenommen – seiner Ansicht nach hatte er keine Eltern mehr.

Rosie fühlte das gleiche, was ihre Eltern betraf. Ihr Vater stand dicht am Rand des Alkoholismus, eine bemitleidenswerte Figur, die sich dem Leben nur mit einer Flasche in der Hand gewachsen fühlte. Sie wußte, daß er dicht davor stand, seinen Job zu verlieren. Sehr viel auszumachen schien ihm das aber nicht – seine Selbstachtung hatte er schon vor Jahren verloren, und ihre Mutter war zu schwach, um ihn vom Trinken abzuhalten. Achtzehn Monate lang war es an Rosie gewesen, den betrunkenen Vater allabendlich ins Bett zu bringen, weil ihre Mutter sich in eine Affäre mit ihrem geschiedenen Chef geflüchtet hatte. Die war nur zu Ende gegangen, weil er sich entschlossen hatte, zu seiner Frau zurückzukehren. Nein, es war nicht nur ihr Vater, der seine Selbstachtung verloren hatte.

Rosie konnte sich noch gut an das erste Mal erinnern, als sie zu Drogen gegriffen hatte; das war an dem Tag gewesen, als sie durch eine ihrer Klassenkameradinnen von dem Verhältnis ihrer Mutter erfahren hatte. Mit ein paar Freundinnen hatte sie sich in der Toilette einen Joint geteilt und sich dabei gewünscht, daß der leichte Rauschzustand, der ihr Bewußtsein umnebelte, niemals enden möge. Eine Woche später hatte sie sich bereits selbst den Stoff bei einem Dealer am Times Square beschafft, und von da an machte es ihr die Aufgabe leichter, den Vater ins Bett zu schaffen. Seit gut einem Jahr rauchte sie regelmäßig Haschisch und beschaffte es sich, sobald sie dafür genug Geld mit ihrem Wochenendjob bei McDonald's verdient hatte.

Vorgestern aber war alles schiefgelaufen. Sie hatte sich mit ihrem Lieferanten am üblichen Ort getroffen, aber gerade in dem Augenblick, als er ihr die Ware übergeben wollte, waren sie von drei Polizisten in Zivil festgenommen worden, die sie von einem Privatwagen auf der anderen Straßenseite aus beobachtet hatten. Sie waren durchsucht, mit Handschellen gefesselt und abgeführt worden. Die erniedrigendste und schlimmste Nacht ihres Lebens war gefolgt, und sie hatte sich nie glücklicher gefühlt, ihre Mutter zu sehen, als am Morgen danach. Nichts wünschte sie sich sehnlicher, als endlich aus dieser Zelle befreit zu werden, die nach Urin und Erbrochenem stank. In den wenigen Stunden nach ihrer Heimkehr hatte sie dann endlich zum erstenmal seit fast zwei Jahren offen mit ihrer Mutter gesprochen; ja, es herrschte sogar ein gewisses Verständnis zwischen ihnen. Doch dann war ihr Vater heimgekommen und hatte nichts anderes getan, als sie mit Vorwürfen zu überschütten und ihr vorzuwerfen, sie bringe Schande über die Familie. Was sie dabei so aufregte, war das zweierlei Maß, das hier offenbar galt. Nein, sie konnte nicht zu Hause bleiben – nicht bei ihm. Natürlich war ihr ebenso klar, daß sie gegen die Bedingungen ihrer Haftverschonung verstieß, wenn sie sich hier im ›Rollercoaster‹ aufhielt, aber sie war überzeugt davon, daß nichts passieren würde, wenn sie sich unauffällig verhielt. Kenny würde schon aufpassen ...

»Was möchtest du trinken, Schätzchen?«

Rosie fuhr herum und zuckte zurück vor der Alkoholfahne des Mannes hinter ihr; er trug einen grauen Anzug und hatte seine Krawatte gelockert, sie schätzte ihn auf Anfang Dreißig.

»Du bist richtig hübsch«, stellte er fest und streckte die Hand aus, um ihr übers Haar zu streichen.

»Pfoten weg«, fauchte sie und wich ihm aus.

»Lassen Sie das Mädchen in Ruhe«, befahl Doyle hinter dem Tresen.

Der Mann warf Doyle einen abschätzigen Blick zu, murmelte etwas und verzog sich.

»Vielen Dank«, sagte Rosie und tätschelte Kennys Hand.

»Schon gut«, meinte der und schob ihr einen Whisky hin.

»Ich hab' aber überhaupt kein ...«, wandte sie ein.

»Drinks gehen heute abend auf Kosten des Hauses«, beruhigte er sie.

»Warum nur sind die nettesten Jungs immer schon vergeben – oder so wie du nicht an Mädchen interessiert ...«

»Du bist viel zu jung, um so zynisch zu sein«, entgegnete Doyle. »Eines Tages findest du schon noch den richtigen.«

»Und was dann? Ihn meinen prächtigen Eltern vorstellen?« gab sie mit gespieltem Entsetzen zurück.

Doyle kicherte und wandte sich dann einem anderen Gast zu. Rosie schaute sich um; es war nicht viel los, noch nicht. Aber schon in einer Stunde würde es hier anders zugehen. Sie wollte gerade nach ihrem Drink greifen, als sie aus dem Augenwinkel auf der gegenüberliegenden Straßenseite den weißen BMW entdeckte – den gleichen Wagen, den auch ihr Onkel hatte. Rosie hielt den Atem an, als sich die Fahrertür öffnete; tatsächlich stieg Whitlock aus, und einen Augenblick später folgte ihm aus der Beifahrertür Eddie Kruger.

»Kenny!« zischte Rosie und winkte den Barkeeper zu sich.

»Was ist los?« fragte Doyle.

»Dort drüben steht mein Onkel, und mein Vater ist auch dabei«, erwiderte Rosie und wies zu dem Wagen hinüber, vor dem sich Kruger und Whitlock unterhielten.

Doyle zog einen Schlüsselbund aus der Tasche, machte einen Schlüssel davon los und gab ihn Rosie. »Der ist für die Hintertür. Du kennst sie doch?«

»Die neben der Herrentoilette?«

Er nickte. »Sie führt auf eine Hintergasse. Warte dort und mach dir keine Sorgen – ich werde die beiden schon los. Wenn die Luft rein ist, schicke ich jemanden raus, der nach dir ruft.«

Mit ängstlichen Blicken über die Schulter, als erwarte sie jeden Augenblick, entweder ihren Vater oder ihren Onkel hinter sich zu sehen, lief Rosie einen langen Gang hinunter und schlüpfte schließlich durch die Tür, die sie mit zitternden Händen aufgeschlossen hatte. Draußen empfing sie ein beißender Wind, und sie rieb sich die Arme, als sie sich den Weg durch Haufen alter Zeitungen bahnte, um sich schließlich hinter eine Blechtonne zu ducken und den Blick auf die Hintertür zu heften. Sie wußte, daß Doyle sein Bestes tun würde, um sie zu schützen – aber was, wenn die beiden doch die Gegend absuchen wollten? Der Wind pfiff durch die Gasse und wehte Zeitungen gegen ihre Beine; sie drängte sich näher an die Wand, vor der Kälte Schutz suchend. Ein streunender, halbverhungerter Köter tauchte am Ende der Gasse auf. Er schnupperte und kam auf die Tonne zu; als er Rosie sah, verhielt er kurz, begann dann aber wie wild an der Tonne zu kratzen. Plötzlich schoß eine Ratte aus einem Loch in der Wand der Tonne, und Rosie unterdrückte einen Schreckensschrei. Die Ratte rannte auf einen der Zeitungsstapel zu, dicht gefolgt von dem Hund, der wild an den Zeitungen riß. Die Ratte flüchtete erneut, den Hund hinter sich, die Gasse hinunter auf der Suche nach einem Unterschlupf. Rosie wandte ihre Aufmerksamkeit wieder der Hintertür zu und zog scharf den Atem ein, als sie dort jemand stehen sah – es war der Mann im grauen Anzug, der sie vorhin angequatscht hatte. Er schaute zu der Tonne herüber, aber Rosie war sich nicht sicher, ob er sie gesehen hatte oder nicht.

»Du kannst jetzt rauskommen!« rief ihr der Mann zu und winkte. »Die beiden sind weg!«

Rosie rührte sich nicht. Warum hatte Kenny ausgerechnet ihn geschickt? Oder hatte er das gar nicht getan – hatte der Mann vielleicht ihr Gespräch belauscht? Sie war beunruhigt, sehr beunruhigt sogar.

»Ich weiß doch, daß du hinter der Tonne steckst!« rief der Mann herüber und machte einen Schritt auf sie zu. »Ich sagte doch, daß sie weg sind!«

Rosie stand auf; die Augen vor Angst geweitet, spürte sie

die Kälte nicht mehr. Der Mann streckte die Hand nach ihr aus, sie drückte sich gegen die Wand und verschränkte die Arme vor der Brust. Das Lächeln des Mannes war beängstigend; Rosie öffnete die Lippen, konnte aber nichts sagen – ihre Lippen waren so trocken wie ihre Kehle. Der Mann blieb vor ihr stehen, griff nach ihren Armen und zwang sie herunter. Rosie wollte davonlaufen, doch die Beine versagten ihr den Dienst; sie wollte schreien, brachte aber keinen Ton heraus. Grinsend sah der Mann sie an und schob seine Hand unter ihr T-Shirt.

»Lassen Sie das Mädchen los!«

Der Kerl fuhr herum und entdeckte einen zweiten Mann, der lautlos aus der Bar aufgetaucht war. Er trug verblichene Jeans, ein weißes Hemd und eine schwarze Lederjacke. Eine feine Narbe verlief der Länge nach über seine linke Wange.

»Hauen Sie schleunigst ab und halten Sie sich hier raus!« entgegnete der Mann im grauen Anzug drohend.

Bernard schaute Rosie an. »Gehen Sie nur rein; ihr Vater und ihr Onkel sind weg.«

»Einen Teufel wirst du tun!« schrie der andere und packte sie am Arm. Rosie zerkratzte ihm das Gesicht mit den Fingernägeln, der Mann jaulte auf und torkelte gegen die Wand. Rosie riß sich los und lief auf Bernard zu.

»Hinein!« befahl er mit einer Kopfbewegung.

Rosie sah ihn kurz an und rannte dann durch die Tür in die Bar.

»Das wirst du mir bezahlen, du Dreckskerl«, zischte der Mann durch die Zähne und wischte sich mit dem Handrücken das Blut vom Gesicht.

Bernard schenkte ihm nur einen verächtlichen Blick, ließ seine Zigarette zu Boden fallen und trat mit dem Fuß die Glut aus. Der andere holte zu einem Schlag aus, doch Bernard wich leichtfüßig zur Seite und traf seinen Gegner mit einem schweren Nierenhaken. Der taumelte gegen die Wand und brach nach zwei weiteren Haken Bernards in die Knie. Bernard packte ihn bei den Haaren und knallte seinen Kopf gegen die Wand, worauf der Mann leblos zusammensackte. Ohne ihn eines weiteren Blicks zu würdigen, wischte Bernard die Hände aneinander und ging zur Hintertür zurück; sie öffnete sich in dem Augenblick, als er zur Klinke greifen wollte. In der Türöffnung stand Doyle, in der rechten Hand einen Baseballschläger.

»Alles in Ordnung«, beruhigte ihn Bernard. »Der rührt das Mädchen heute abend nicht mehr an.«

Doyle warf einen Blick auf die zusammengesunkene Gestalt. »Schweinehund; ich wollte ihm gerade den Schädel einschlagen, nachdem mir Rosie gesagt hatte, was passiert war.«

»Sie kennen ihn?«

»Hab' ihn nie vorher gesehen«, erwiderte Doyle und hielt die Tür für Bernard auf. »Vielen Dank, daß Sie ihr zu Hilfe gekommen sind. Die meisten Leute hier hätten schleunigst weggeschaut.«

»Ihr Mädchen?« erkundigte sich Bernard, als sie wieder am Tresen standen.

»Eher eine Bekannte – eine gute Bekannte.«

Die Kellnerin, die hinter der Theke Doyle vertreten hatte, schaute fragend auf den Baseballschläger.

»Ich brauchte ihn nicht zu benutzen«, sagte Doyle und verstaute den Schläger wieder unter der Theke. »Dieser Herr hier hatte sich der Sache schon angenommen.« Dann schaute er Bernard an. »Das mindeste, was ich tun kann, ist, Ihnen einen Drink zu spendieren.«

»Höchstens eine Cola light«, erwiderte Bernard und schwang sich auf den Barhocker neben Rosie. »Geht's Ihnen wieder gut?«

Sie nickte. »Ich weiß nicht, wie ich Ihnen danken soll. Wenn Sie nicht gekommen wären ...« Sie verstummte, weil sie mit den Tränen kämpfen mußte.

»Möchten Sie noch einen Drink?« fragte er und deutete auf ihr leeres Glas.

»Ja bitte«, entgegnete sie leise und schaute ihm zum ersten Mal richtig ins Gesicht. »Ich weiß nicht einmal Ihren Namen!«

»Marc Giresse«, stellte sich Bernard mit dem Namen vor, der diesmal in dem Paß stand, den er gerade verwendete.

»Ich heiße Rosie Kruger.« Sie drehte sich zu Doyle um, der die Cola brachte. »Vielen Dank, daß du Mr. Giresse hinausgeschickt hast!«

»Ich habe ihn nicht hinausgeschickt«, erwiderte Doyle. »Ich wollte doch gerade selbst rausgehen.«

Rosie und Doyle schauten gleichzeitig Bernard an.

»Ich saß am Tisch hinter Ihnen«, sagte er zu Rosie. »Und ich sah, wie der Mann Sie anmachte. Als er Ihnen dann auf den Gang hinaus folgte, schien es mir sicherer, ihm nachzugehen, damit Ihnen nichts passiert.«

»Und woher wußten Sie etwas von meinem Vater und meinem Onkel?«

»Ich habe Ihr Gespräch mitgehört«, bekannte Bernard. »Entschuldigen Sie – es ist eine schlechte Angewohnheit. Ich neige besonders dazu, wenn ich mich langweile.«

»Ich bin weiß Gott froh, daß Sie es taten!« entgegnete Rosie lächelnd.

Doyle warf einen raschen Blick zu dem Tisch hinter Rosie. Dort saß ein Pärchen Anfang der Zwanzig. Er kannte die beiden zwar nicht, hätte aber schwören können, daß sie seit mindestens einer Stunde dort hockten. Und außerdem saßen sie auf den einzigen beiden Stühlen an dem Tisch. Doyle sah stirnrunzelnd Bernard an, wandte sich aber ab, als jemand vom anderen Ende der Theke nach ihm rief.

»Noch einen Drink für die Dame, sobald Sie Zeit haben«, sagte Bernard zu Doyle, als dieser wegging.

»Ja, gleich«, antwortete Doyle und kümmerte sich zunächst um den anderen Gast.

»Giresse?« fragte Rosie überlegend. »Ist wohl französisch?«

Bernard nickte.

»Sie hören sich aber nicht französisch an – und so aussehen tun Sie auch nicht. Ihr Teint ist doch eher dunkel.«

»Mein Vater war Franzose. Ich bin in Tarabulus geboren.«

»Und wo ist das?« wollte Rosie wissen.

»Im Libanon.«

Verschmitzt lächelte sie ihn an. »Sie sind doch hoffentlich kein Terrorist!«

»Ihr Amerikaner belustigt mich immer wieder«, erwiderte

Bernard. »Alle werden fein säuberlich eingeteilt: als Russe muß man einfach Kommunist sein, Als Kolumbianer Drogendealer, als Libyer oder Libanese Terrorist!«

»Aber ich habe doch nur Spaß gemacht«, versicherte Rosie.

»Das weiß ich – aber ich wünschte nur, ich könnte das gleiche von Ihren Politikern sagen.« Bernard nahm einen Schluck von seiner Cola und fügte hinzu: »Ich bin nur ein einfacher Geschäftsmann – Fleischbranche. Leider sehr viel weniger interessant als ein Terrorist – tut mir aufrichtig leid!«

»Aber kennen Sie vielleicht irgendwelche Terroristen?«

»Ach, im Libanon trifft man alle Arten von Leuten«, antwortete Bernard und wischte mit einer vagen Handbewegung das Thema vom Tisch. »Aber zu Ihnen – fast könnte man Sie für eine kleine Ausreißerin halten?«

Seine direkte Frage traf Rosie unvorbereitet. An diesem Punkt wurde sie normalerweise verschlossen wie eine Auster; sie hatte es sich zum Prinzip gemacht, den Leuten so wenig wie nur irgend möglich über sich selbst zu verraten. Ihre wahren Gedanken wollte sie mit niemandem teilen, selbst nicht mit ihren Schulfreundinnen, die sich an ihre Art gewöhnt hatten. Doch Bernard imponierte ihr irgendwie. Sie hatte den Eindruck, ihm trauen zu können – und wirklich getraut hatte sie bisher noch niemals jemandem.

»Tut mir leid, ich wollte Sie nicht aushorchen«, sagte Bernard, der ihren nachdenklichen Gesichtsausdruck bemerkte.

»Sie horchen mich nicht aus«, versicherte sie mit einem raschen Lächeln. »Schätze, ich bin wirklich eine Ausreißerin – ich bin nämlich gerade heute von zu Hause weggelaufen!«

»Das ist ein Neubeginn«, sagte Bernard und hob sein Glas. »Willkommen im Club!«

»Sind Sie auch ein Ausreißer?« fragte sie neugierig.

Er nickte.

»Wußte ich's doch – ein Gleichgesinnter«, sagte sie leise zu sich selbst.

»Wie bitte?«

»Ach, nichts«, erwiderte sie und schaute hoch, als Doyle ihren Whisky brachte. »Mr. Giresse ist auch ein Ausreißer – wie klein die Welt doch ist.«

»Wirklich sehr klein«, sagte Doyle knapp und stellte das Glas vor Rosie hin. Er schaute Bernard scharf an. Irgend etwas an dem Mann gefiel ihm nicht – er traute ihm nicht. Und sein Instinkt hatte ihn bisher selten getrogen. »Woher kommen Sie?«

»Aus Beirut«, antwortete Bernard und hielt Doyles Blick stand. Dann lächelte er und fragte: »Was kostet das?«

»Rosies Getränke gehen heute abend auf mich«, antwortete Doyle rasch.

»Nein, bitte, ich bestehe darauf«, sagte Bernard, zog eine Fünf-Dollar-Note aus der Tasche und legte sie auf die Theke. »Und einen Drink für Sie selbst!«

»Danke, lieber nicht«, erwiderte Doyle, ließ die Banknote liegen und wandte sich einem anderen Gast zu.

»Was ist denn mit Ihrem Freund los?« fragte Bernard und steckte den Geldschein wieder ein.

Rosie zuckte mit den Schultern. »Er ist eben manchmal so; vielleicht kein Wunder, wenn man all die Typen hier Abend für Abend bedienen muß.«

»Nun ja«, grinste Bernard und fügte dann ernst hinzu: »Wissen Sie überhaupt schon, wo Sie heute nacht bleiben?«

»Ich hatte gehofft, daß Kenny mich für ein paar Tage unterbringen könne, bis ich mit meinen Eltern alles geklärt habe. Aber leider geht es nicht, er hat schon jemand bei sich. Aber ich habe noch zwei Freundinnen, bei denen ich's mal probieren werde.«

»Und wenn es auch bei denen nicht klappt?«

Sie hob die Schultern. »Dann werde ich schon irgendwo eine billige Absteige finden. Ein paar Dollar habe ich noch – aber verraten Sie's Doyle nicht; ihm habe ich gesagt, ich sei blank.«

»Das ist doch verrückt, Sie können doch nicht um diese Zeit allein in New York herumrennen. Hören Sie, ich habe ein Gästezimmer, das ich Ihnen überlassen könnte.«

»Schönen Dank, aber ...« Rosie verstummte für einen Augenblick und fuhr dann fort: »Ich meine, ich kenne Sie doch sozusagen überhaupt nicht.«

»Geht mir ja auch nicht anders«, erwiderte Bernard und

nagte an seiner Unterlippe. »Ich mache Ihnen einen Vorschlag: Sie rufen Ihre Freundinnen an und fragen, ob Sie dort unterkommen können. Falls es nicht geht, kommen Sie entweder mit in meine Wohnung, oder ich gebe Ihnen das Geld für ein Zimmer und setze Sie vor einem Hotel ab.«

»Warum tun Sie das?«

»Ich bin von meinem Vater aufgezogen worden und habe meine Mutter nie gekannt. Er starb, als ich vierzehn war, und ich riß nach Beirut aus, um nicht in ein Waisenhaus gesteckt zu werden. In der ersten Nacht dort machten sich drei Männer an mich heran; ich entwischte ihnen, aber das hier« – dabei deutete er auf die feine Narbe auf seiner Wange – »habe ich als Andenken behalten. So etwas würde Ihnen sicher nicht gut stehen. Was passieren kann, haben Sie ja heute bei der Mülltonne gesehen – Sie sollten wirklich nicht noch mehr riskieren.«

Sie dachte kurz über seine Worte nach und warf dann einen Blick zu dem Münzfernsprecher in der Ecke des Lokals. »Haben Sie ein wenig Kleingeld?«

Bernard kramte Münzen aus seinem Geldbeutel und reichte sie ihr auf der offenen Handfläche hin. »Genügt das?«

Rosie nickte und ging zum Telefon hinüber. Bei der ersten Nummer, die sie wählte, meldete sich niemand; bei der zweiten erklang eine Männerstimme. »Scheint nicht zu klappen«, murmelte sie und hängte wieder ein. Als sie sich umwandte, stand Doyle vor ihr.

»Hier, nimm das«, sagte er und drückte ihr eine Zehn-Dollar-Note in die Hand.

»Wofür ist das?«

»Geld für das Taxi zu meiner Wohnung. Du kannst heute nacht dort bleiben!«

»Aber der Junge, der gerade bei dir wohnt?«

»Der wird das schon verstehen«, antwortete Doyle.

»Hast du ihn angerufen, um ihm zu sagen, daß ich komme?«

»Ich hab's versucht, hab' ihn aber nicht erreicht.«

»Vielen Dank für dein Angebot, Kenny, aber das geht einfach nicht bei euch beiden – das ist zu kompliziert.«

»Aber wieso denn?« wandte Doyle ein. »Du kannst doch auf dem Sofa pennen!«

»Nein, wirklich – ich finde, es geht einfach nicht«, beharrte sie und steckte ihm den Schein in die Tasche.

»Wo willst du denn dann unterschlüpfen?«

»Ach, irgendeine Matratze werd' ich schon auftun«, meinte sie, um ihn zu beruhigen.

»Ich hab' mitgekriegt, daß dieser Libanese dir angeboten hat, mit in seine Wohnung zu kommen. Tu das bloß nicht, Rosie, irgendwas ist faul an dem Kerl.«

»So, was denn?« forschte sie.

»Genauer kann ich dir das auch nicht sagen. Mehr so ein ganz bestimmtes Gefühl.«

»Ach, wirklich?« fauchte sie ihn an. »Er hat sich von Anfang an sehr anständig benommen – nach solchen Leuten kannst du hier lange suchen!«

»Du wirst Probleme mit ihm kriegen, Rosie!«

Sie schüttelte ärgerlich den Kopf. »Du benimmst dich schon so komisch, seit er das erste Wort mit mir gewechselt hat. Was ist los mit dir, Kenny? Bist du nicht vielleicht bloß eifersüchtig darauf, daß wir uns so gut verstehen?«

»Eifersüchtig?« erwiderte Doyle ungläubig. »Jetzt wach aber mal auf, Rosie – ich mach' mir einfach Sorgen um dich, das ist alles.«

»Das kannst du bleiben lassen. Ich kann mich durchaus selbst um mich kümmern!« Sie drehte sich auf dem Absatz um und ging zu Bernard zurück. »Wenn Ihr Angebot für ein Bett noch gilt, würde ich es gern annehmen!«

»Aber sicher«, antwortete Bernard.

»Also gehen wir!«

Bernard schaute sie mit großen Augen an. »Jetzt gleich? Aber es ist doch erst halb neun!«

»Dann gehen wir irgendwo anders hin«, entgegnete sie mit einem kurzen Blick auf Doyle, der gerade wieder hinter den Tresen trat. »Hier ist es plötzlich sehr frostig geworden!«

Bernard zuckte mit den Schultern. »Gut, wenn Sie die Führung übernehmen – ich bin fremd hier in der Gegend!«

»Ich kenne jede Menge Lokale«, erwiderte sie und wandte sich mit einem letzten wütenden Blick auf Doyle zum Gehen.

Bernards Blicke folgten ihr. Alles hatte sich weit über seine kühnsten Hoffnungen hinaus entwickelt. Es war ihm zunächst einmal lediglich darum gegangen, ihre Spur aufzunehmen für den Fall, daß er nach dem Anschlag auf Moboto eine Geisel brauchte. Whitlocks Nichte – die perfekte Waffe, um der UNACO einen Strich durch die Rechnung zu machen. Sein amerikanischer Kontaktmann – dessen richtigen Namen kannte er nicht, nur den Decknamen ›Seevogel‹ – hatte ihm gesagt, wo sie zu finden wäre.

Nein, besser hätte es wirklich nicht laufen können. Er schob die Cola zurück und kletterte von seinem Barhocker. Dabei bemerkte er, daß Doyle ihn beobachtete. Er gestattete sich ein schmales Lächeln der Befriedigung, schob eine Fünf-Dollar-Note unter Rosies Glas und folgte ihr zum Ausgang.

Whitlock schloß die Wohnungstür hinter Eddie und Rachel Kruger und ließ sich dann niedergeschlagen auf das Sofa fallen.

»Du hast dich redlich bemüht, C. W.«, sagte Carmen und massierte ihm die Schultern.

»Aber es war nicht genug, oder?« entgegnete Whitlock. »Wir sind in jedem Lokal innerhalb einer Meile rund um den Times Square gewesen – aber nichts!«

»Vielleicht ist das ja auch ein gutes Zeichen. Vielleicht hat sich jemand um sie gekümmert und ihr ein Bett für die Nacht beschafft.«

»Ich würd' mir's wirklich wünschen«, meinte Whitlock. Dann stand er auf und trat auf den Balkon hinaus, von wo er den Blick über das nächtliche New York schweifen ließ.

»Es ist fast Mitternacht, C. W.«, sagte Carmen von der Tür her. »Wir müssen beide früh raus morgen.«

»Ich weiß«, erwiderte Whitlock, machte aber keine Anstalten, von der Brüstung zurückzutreten.

»Ihr habt wirklich alles getan, um sie zu finden. Jetzt muß sie selbst auf sich aufpassen.«

»Ich bin immer noch der Meinung, daß wir lieber die Polizei hätten rufen sollen!«

»Das haben wir doch schon besprochen. Eddie und Rachel waren dagegen, und wir müssen das respektieren; es ist schließlich ihre Tochter und nicht unsere.«

»Wenn es unsere wäre, würde sie nicht in solch einer Geschichte stecken«, entgegnete Whitlock.

»Bist du da ganz sicher?«

Whitlock drehte sich um und schaute sie scharf an, entschloß sich dann aber, das Thema fallenzulassen.

»Komm jetzt, gehen wir ins Bett!«

»Na gut, Schatz«, antwortete Whitlock leise, kam ins Zimmer zurück und schloß die Schiebetür hinter sich.

Robert Bailey war von Sicherheit förmlich besessen. Ins Büro fuhr er mit einem kugelsicheren Mercedes 500 SL, wobei er täglich die Fahrtroute änderte. Seine persönlichen Leibwächter waren stets bewaffnet, und auch seine Frau und seine beiden noch nicht zwanzigjährigen Töchter wurden von einem bewaffneten Chauffeur herumgefahren. Sein Haus im Washingtoner Vorort Georgetown hatte er zu einer regelrechten Festung ausgebaut. Die Oberkante der Umfassungsmauer um das Grundstück war mit Stacheldraht gesichert, und bewaffnete Hundeführer patrouillierten Tag und Nacht um das Gebäude. Jeder Raum – ausgenommen sein Privatbüro – wurde von Fernsehkameras über eine Kontrollzentrale im Untergeschoß ständig überwacht.

Das Privatbüro war ein schallisolierter, fensterloser Raum am Ende des Korridors im zweiten Stock. Die einzige Zugangsmöglichkeit bildete eine Stahlschiebetür, die sich nur durch die Eingabe einer Kennziffer in eine Tastatur an der Wand daneben öffnen ließ – und diese Kennziffer änderte Bailey fast jeden Tag. Niemand, noch nicht einmal seine eigenen Familienangehörigen, hatte Zugang zu dem Raum. Er enthielt seinen persönlichen Computer, der mit dem Pentagon und der CIA-Zentrale in Langley verbunden war. Damit standen ihm Hunderte von Geheimdateien zur Verfügung, die von der CIA über Jahre hinweg aufgebaut worden waren und Angaben enthielten, mit denen man ein halbes Dutzend europäischer Regierungen stürzen konnte, falls sie jemals in die falschen Hände gerieten. Mit dem Gedanken daran hatte Bailey noch zusätzliche Maßnahmen entwickelt für den Fall, daß trotz aller Sicherheitsvorkehrungen es doch jemandem gelingen sollte, alle anderen Sperren zu überwinden. Der Computer konnte nur mit einem Zugangscode in Betrieb genommen werden, den allein Bailey kannte. Bei Eingabe eines falschen Codes würde sich ein in der Decke des Raums eingebauter Behälter mit Nervengas öffnen, das innerhalb von zehn Sekunden tödlich wirkte. Aber er hatte auch an eine Sicherheitsmaßnahme gedacht für den Fall, daß er vielleicht selbst einmal irrtümlich einen falschen Code eingeben würde (schließlich war er auch nur ein Mensch!): das tödliche Gas aktivierte sich erst dann, wenn *zweimal* der falsche Code eingegeben wurde.

Bailey gab den Geheimcode ein und lehnte sich mit einem Gähnen zurück – es war immerhin ein Uhr nachts. Er war erschöpft, denn er war nun seit siebzehn Stunden auf den Beinen. Seine Frau und seine Töchter waren längst zu Bett gegangen; sie hatten sich an seine unregelmäßigen Arbeitszeiten gewöhnt. Aber sie alle verstanden seinen Ehrgeiz, innerhalb der nächsten fünf Jahre Leiter des CIA zu werden. Und er wußte außerdem, daß er dafür die Unterstützung des Präsidenten und der meisten wichtigen republikanischen Abgeordneten im Kapitol hatte. Es war nur noch eine Frage der Zeit.

Bailey gab eine weitere Codenummer ein, und kurz darauf erschien eine Datei auf dem Bildschirm; sie war überschrieben mit ›Jean-Jacques Bernard‹. Bailey löschte sämtliche Daten und ersetzte sie durch eine einzige Zeile in Großbuchstaben: ZU ELIMINIEREN NACH DER ERMORDUNG VON JAMEL MOBOTO.

Sechstes Kapitel

Sabrina verließ Beirut am folgenden Morgen mit einer Boeing 747 der staatlichen ugandischen Fluglinie, die auf dem Flug nach Kampala in Habane und Khartum zwischenlanden würde. Die Maschine war nur knapp halbvoll; nach sechs Stunden landete sie auf dem Internationalen Flughafen Habane. Außer Sabrina stiegen lediglich sieben weitere Personen aus. Sie wurden von einer freundlichen Bodenstewardeß begrüßt und von ihr mit einem Kleinbus zum nur knapp fünfhundert Meter entfernten ovalen Flughafengebäude gefahren. Es war erst kürzlich neu gestrichen worden, und noch hing der strenge Geruch frischer Farbe in der Luft. Bewaffnete Soldaten hielten im Innenraum Wache, und eine gewisse Spannung war nicht zu verkennen, als die kleine Gruppe der Reisenden sich vor der Paßkontrolle aufreihte. Der Beamte dort blätterte Sabrinas Paß durch und fragte sie mit starkem Akzent in Englisch:

»Was ist der Zweck Ihres Besuches in Zimbala, Miß Cassidy?«

»Ich bin Journalistin«, antwortete sie mit einem Lächeln. »Und Ihr Land verspricht im Augenblick interessante Nachrichten!«

»Und wie lange gedenken Sie zu bleiben?«

»Das hängt vom Chefredakteur meines Blattes ab, aber ich denke, so etwa eine Woche.«

Der Mann drückte einen Stempel in ihren Paß und reichte ihn zurück. »Ihr Visum gilt für zehn Tage. Wenn Sie länger bleiben wollen, müssen Sie es verlängern lassen.«

»Schönen Dank«, erwiderte sie und steckte den Paß in die Tasche ihres Wildlederblousons.

»Wünsche angenehmen Aufenthalt«, sagte der Beamte mit einem schwachen Lächeln und winkte dem nächsten Besucher.

Sie griff nach ihrem leichten Reisekoffer und ging zum

Informationsschalter, um dort den für sie hinterlegten Schließfachschlüssel zu holen. Die Schließfächer befanden sich am anderen Ende des Terminals, sie öffnete das Fach, zu dem ihr Schlüssel gehörte, und fand darin eine schwarze Reisetasche. Diese enthielt eine Beretta in einem Boyd-Schulterholster und einen großen Umschlag. Sabrina öffnete ihn und entnahm ihm ein Fax mit ihrer Hotelreservierung, die für das International galt. Sabrina schrieb Name und Anschrift des Hotels auf einen Zettel, legte diesen in das Fach und verschloß es wieder. Dann ging sie zum Informationsschalter, bat dort um einen Umschlag, legte den Schlüssel hinein, klebte den Umschlag zu, schrieb MILES GRANT darauf und übergab ihn der Stewardeß mit der Bemerkung, daß ein gewisser Miles Grant ihn später abholen würde.

Mit ihrem Koffer in der Hand ging sie hinaus, um sich ein Taxi zu suchen. Sie setzte ihre Sonnenbrille auf und schritt auf ein Taxi zu, das direkt gegenüber dem Eingang parkte, einen weißen Toyota. Der Fahrer stieg aus, verstaute ihren Koffer auf dem Rücksitz und fragte:

»Wohin, Miß?«

»Zum International«, antwortete sie.

Der Fahrer runzelte kurz die Stirn, nickte dann aber. »Heißt International erst, seit Präsident tot. Schon viele Jahre gebaut, früher Alphonse-Moboto-Hotel!«

»Das läßt tief blicken«, murmelte sie.

Der Fahrer schloß die Tür hinter ihr, setzte sich hinter das Steuer und fuhr zum Ausgang des Flughafengeländes.

Ein hellblauer Cortina, der auf dem Parkplatz gestanden hatte, folgte ihm sofort in vorsichtigem Abstand. Zwei Männer saßen darin, die beide blaue Overalls trugen. Der Fahrer war Gordon Gubene, ein ehemaliger Sergeant der Sicherheitspolizei; er hatte den Lieferwagen gesteuert, in dem man nach seiner Befreiung aus dem Gefängnis Ngune abtransportiert hatte. Neben ihm saß Thomas Massenga, der eine schwarze Ledermütze und eine Sonnenbrille trug. Er öffnete das Handschuhfach und nahm eine Walther P5 heraus. Längst hatte er es aufgegeben, die Menschen zu zählen, die er während seiner siebzehnjährigen Tätigkeit für die Sicherheitspolizei umgebracht hatte. Es waren sicher Dutzende – Männer, Frauen, Kinder; niemals hatte er einen Unterschied gemacht.

Massenga schob die Pistole in die Tasche seines Overalls und griff nach dem Umschlag auf dem Armaturenbrett. Er hatte ihn am Vortag von einem Mann am Flughafen erhalten, den er nur als ›Columbus‹ kannte. Im Umschlag befand sich ein Foto Sabrinas. ›Columbus‹ hatte ihm gesagt, sie sei Angehörige eines Teams, das die Attentäter ausschalten sollte, bevor sie mit ihrem Anschlag auf Jamel Moboto Erfolg hätten. Sie müsse beseitigt werden, bevor sie in Zimbala irgend etwas herausbekommen könne. Massenga hatte sich das Gesicht der jungen Frau fest eingeprägt, aber jetzt hatte er das erstemal Gelegenheit, das Foto mit der Wirklichkeit zu vergleichen; und fand, daß sie erheblich besser aussah als auf dem Foto. Aber für Sentimentalitäten hatte er jetzt keine Zeit – sie war der Feind, und er würde sie umlegen, sobald sie ihren Bestimmungsort erreicht hatte.

Sabrina fielen sofort die zahlreichen Mietwohnungsblocks auf, welche die Straßen ins Zentrum von Habane säumten – einheitlich in den Ausmaßen, in jeweils gleichem Abstand voneinander, unansehnlich und alle in deprimierendem Grau gestrichen.

»Gibt's denn hier keine Einfamilienhäuser?« fragte sie schließlich.

»Häuser nicht hier«, antwortete der Fahrer, ohne die Augen von der Straße abzuwenden. »Andere Seite von Stadt. Teure Häuser für reiche Leute.«

»Aber das wird sich ja jetzt wohl alles ändern, nachdem Alphonse Moboto tot ist?«

Der Fahrer zuckte mit den Schultern. »Nix Geld für bauen Häuser!«

»Deswegen ist Jamel Moboto ja nach Amerika gefahren, oder? Damit er Geld für den Aufbau des Landes bekommt.«

»Jamel Moboto guter Mann. Nicht böse wie Vater.«

Sabrina nickte und wurde sich plötzlich klar darüber, daß ihr Gespräch wohl seinen Horizont überstieg. Sie fragte sich, ob er überhaupt wußte, daß Jamel Moboto gerade in Amerika war – wahrscheinlich nicht.

»Woher Sie kommen, Miß?«

»Aus Amerika«, antwortete sie.

»Chicago?« meinte er.

»Nun, das liegt auch in Amerika. Aber ich komme aus New York!«

»Ah – ›Yankees‹!« fiel ihm ein.

»Richtig – Sie mögen Baseball?«

Er nickte. »Sehen Baseball an Fernsehen. Und Football – meine Mannschaft ›Chicago Bears‹!«

»Ich habe einen Bekannten, der Football-Profi war; der spielte als Quarterback bei den ›New York Giants‹.«

»Fester Freund von Sie?« fragte er aufgeregt.

»Nein, eben ein guter Bekannter«, beschied sie ihn mit einem amüsierten Lächeln und fragte sich, was wohl Graham dazu sagen würde, wenn man ihn als ihren »festen Freund« bezeichnete.

»Er noch spielen?«

Sie schüttelte den Kopf. »Nein, er wurde in Vietnam am Arm verwundet und konnte deshalb nicht mehr spielen.«

»Vietnam?« fragte der Mann stirnrunzelnd. »Wie heißen Mannschaft?«

Sabrina wollte gerade zu einer Erklärung ansetzen, entschied sich dann aber dafür, es dabei zu belassen. Das würde nur zu weiteren Mißverständnissen führen.

Militär beherrschte mehr und mehr die Szene, je näher sie dem Zentrum kamen. Abgesehen von Straßensperren, die von mit M-16-Gewehren bewaffneten Soldaten besetzt waren, standen fast an jeder Straßenecke drohend alte M-41-Panzer. Es war hier die gleiche Spannung zu spüren wie draußen am Flughafen. Die meisten der Soldaten, an denen sie vorbeikamen, waren noch nicht zwanzig, und ihre jungen Gesichter waren von der Ungewißheit der Situation geprägt.

Sie hatten wohl kaum eine Chance gegen die schwerbewaffneten und gut ausgebildeten ehemaligen Mitglieder der Sicherheitspolizei, die sich dem Vernehmen nach im Süden des Landes sammelten. Aber alles, was die UNACO darüber erfahren hatte, war nur Gerede von Leuten in und um Kondese. Vieles davon war sicher Propaganda, bewußt verbreitet von Ngune und seinen Unterbefehlshabern. Auch die Kopie des Berichts eines in den Tschad geflüchteten Deserteurs war eingegangen. Dieser gab an, daß die Truppen bei weitem nicht so stark seien, wie von den westlichen Geheimdiensten befürchtet. Außerdem herrsche ein erbitterter interner Kampf unter den Befehlshabern darum, wer in Ngunes Kabinett aufgenommen werde, wenn der erst einmal an der Macht sei. Es wäre dabei bereits so weit gekommen, daß Ngune einen Unterführer habe hinrichten lassen, weil der bei einem Streit einen Kollegen getötet hatte. Bei der UNACO war man sich bewußt, daß der Deserteur sehr gut auch nur ein Agent sein konnte, den man losgeschickt hatte, um Jamel Moboto in falscher Sicherheit zu wiegen. Aber andererseits konnte natürlich auch stimmen, was er sagte. Was sollte man mehr als die Entwicklung abwarten? Moboto war bisher nicht auf das Angebot eingegangen, der Entsendung einer UNO-Friedenstruppe nach Zimbala zuzustimmen, und beharrte auf seiner Einschätzung, daß seine eigenen Truppen sehr wohl in der Lage seien, einen Aufstand Ngunes und seiner Leute niederzuschlagen. Sabrina teilte seinen Optimismus nicht und war besorgt.

»Hotel!« verkündete der Taxifahrer.

»Wie?« fragte Sabrina, aus ihren Gedanken aufgeschreckt.

»Hotel!« wiederholte der Mann und machte eine hinweisende Handbewegung.

Das International erwies sich als ein kastenförmiger Bau in Weiß und Gold; sichtlich nichts Besonderes. Dabei war es als das beste Hotel der Stadt bekannt – wie mochten dann erst die anderen sein! Der Taxifahrer parkte den Wagen vor dem Eingang, und ein Türsteher trat heran, um die Wagentür für Sabrina zu öffnen. Er zog die Mütze und schnippte mit den Fingern einen Träger herbei, der sich um Sabrinas Koffer kümmerte. Was an Äußerlichem fehlt, machen sie wohl durch Service wett, dachte Sabrina und nahm ein paar Scheine aus dem für sie hinterlegten Umschlag, um den Taxifahrer zu entlohnen.

»Vielen, vielen Dank«, sagte er überschwenglich. »Wenn Sie wollen wohin, ich Sie immer fahren. Ich heiße Harris. Leute von Hotel mich kennen!«

Sabrina nickte und blickte ihm nach, als er in sein Taxi stieg und davonfuhr. Hatte sie ihm ein zu großzügiges Trinkgeld gegeben? Hatte er sie vielleicht schon beim Fahrpreis ordentlich geschröpft? Sie beschloß, sich auf ihrem Zimmer genauer über den Wechselkurs zu informieren.

Der hellblaue Cortina rollte langsam am Hotel vorbei. Unmittelbar vor dem Eingang zog Massenga die Pistole und richtete sie auf Sabrina.

»Runter!« schrie plötzlich jemand, doch bevor Sabrina reagieren konnte, stieß man sie grob zu Boden – im gleichen Augenblick, als Massenga feuerte.

Die Kugel schlug in die Wand, und Massenga fluchte wütend, weil er keinen zweiten Schuß anbringen konnte: Sabrina hatte sich sofort hinter einem der beiden dicken Betonpfeiler in Deckung gerollt, die zu beiden Seiten den Eingang flankierten. Massenga schrie Gubene etwas zu, und der beschleunigte sofort und raste davon.

Der Türsteher, der sich hinter dem anderen Pfeiler in Sicherheit gebracht hatte, sprang auf und rannte zu Sabrina hinüber. Er zog sie hoch und schaute sie besorgt an. »Ist alles in Ordnung?«

Sie verzog das Gesicht und rieb sich den aufgeschürften Ellbogen. »Soweit schon; ich hoffe, das war nicht eine traditionelle zimbalesische Empfangszeremonie!«

»Rebellen«, antwortete der Portier und spuckte wütend aus. »Jetzt schießen sie schon auf Touristen!«

Sabrina wirbelten die Gedanken durch den Kopf. Warum hatte jemand hier und jetzt sie umzubringen versucht? Wer außerhalb der UNACO wußte überhaupt, daß sie hier in Zimbala war? Sie stellte diese Frage erst einmal zurück und wandte sich dem Mann zu, der ihr die Warnung zugerufen und sie dann zu Boden gerissen hatte. Es war ein kleiner Mann in den Vierzigern mit einem schmalen Gesicht und einer Nickelbrille. Sie wollte sich gerade bei ihm bedanken, als der Geschäftsführer des Hotels auftauchte und auf sie zueilte. Der Türsteher schien in Suaheli zu erklären, was vorgefallen war, und der Hotelmanager setzte zu einem Schwall von Entschuldigungen an, den jedoch Sabrina mit rasch erhobener Hand unterbrach.

»Sie können ja nichts dafür«, sagte sie lächelnd.

»Sind Sie verletzt?«

»Nein, mir ist nichts passiert.«

Der Geschäftsführer bat sie mit einer Handbewegung in die Empfangshalle und geleitete sie zur Rezeption. »Sicher würden Sie jetzt gerne auf Ihr Zimmer gehen, aber ich muß Sie bitten, erst das Anmeldeformular auszufüllen. Ich hoffe, Sie haben Verständnis dafür.«

Sie ärgerte sich zwar, erledigte aber die notwendigen Formalitäten.

»Ich gebe Ihnen sofort Bescheid, wenn die Polizei da ist, Miß Cassidy«, sagte der Geschäftsführer, nachdem der Mann am Empfang dem Kofferträger ihren Zimmerschlüssel ausgehändigt hatte.

»Meinetwegen brauchen Sie nicht die Polizei zu rufen. Ich sagte Ihnen doch schon, daß mir nichts passiert ist!«

»Es ist aber gesetzlich vorgeschrieben!«

»Nun, Sie wissen ja, wo ich zu finden bin. Und jetzt entschuldigen Sie mich bitte.«

»Gewiß«, antwortete der Mann, verbeugte sich kurz und zog sich dann in sein Büro zurück, um die Polizei zu benachrichtigen.

Sabrina konnte sich nun endlich dem Mann mit der Nickelbrille zuwenden. Sie streckte ihm die Hand hin: »Sabrina Cassidy. Ich bin Ihnen zu großem Dank verpflichtet – Sie haben mir das Leben gerettet!«

»Joseph Moredi«, stellte er sich vor und schüttelte kräftig ihre Hand. Dann zog er sie vom Empfangsschalter weg. »Wir müssen miteinander reden!«

»Worüber?«

Er warf einen kurzen Blick auf den Träger, der neben Sabrina wartete. »Nicht hier. Können wir auf Ihr Zimmer gehen?«

»Ich weiß wirklich zu schätzen, was Sie für mich getan

haben, aber ich bin doch ein wenig mitgenommen. Könnten Sie nicht vielleicht ...«

»Bitte, Miß Cassidy«, unterbrach er sie. »Es ist wichtig!«

»Also gut«, sagte sie schließlich, als sie den dringlichen Ausdruck in seinen Augen sah.

Sie fuhren mit dem Aufzug in den vierten Stock, wo sie der Träger in ein großes, geschmackvoll eingerichtetes Zimmer mit anschließendem Bad führte, dessen Fenster auf die Hauptstraße hinausgingen. Sabrina gab dem Träger ein Trinkgeld, nachdem er ihren Koffer auf die Gepäckablage gelegt hatte, und er verschwand.

»Ich weiß, wer sie töten wollte, Miß Cassidy!«

»Es ist ja wohl von Rebellen die Rede«, erwiderte Sabrina.

»Sein Name ist Massenga, Thomas Massenga. Er war stellvertretender Leiter der Sicherheitspolizei während der letzten fünf Jahre vor Auflösung der Behörde.« Er ging zum Fenster und wandte sich dort zu Sabrina um. »Diese ›Rebellen‹, wie Sie sie nennen, pflegen sich Touristen durchaus nicht am Flugplatz an die Fersen zu heften, um sie dann vor dem Eingang zu ihrem Hotel zu erschießen. Massenga hat ein hohes persönliches Risiko auf sich genommen, indem er sich so weit hervorwagte. Ich weiß nicht, für wen Sie arbeiten, aber Ihre Bemühungen müssen offenkundig etwas mit den Brüdern Moboto zu tun haben. Das ist der einzige Grund, aus dem heraus Massenga versucht haben kann, Sie aus dem Weg zu räumen – damit Sie nicht der Wahrheit auf den Grund kommen.«

»Das ist ja alles höchst interessant, Mr. Moredi ...«

»Miß Cassidy, Ihr Leben ist in Gefahr«, knurrte er ärgerlich; dann hob er entschuldigend die Hand. »Verzeihen Sie, ich wollte Sie nicht so anfahren. Ich habe volles Verständnis dafür, daß Sie Ihre Tarnung aufrechterhalten wollen. Und ich kann mir auch sehr gut vorstellen, was Ihnen jetzt im Kopf herumgeht. Sie denken vielleicht, daß ich mit Massenga zusammenarbeite und daß der Vorfall vor dem Hotel nur dazu dienen soll, daß ich mich in Ihr Vertrauen einschleiche. Glauben Sie mir, das ist nicht der Fall. Aber ich kann nicht verlangen, daß Sie meinen Worten einfach so Glauben schenken. Jamel Moboto wird sich für mich verbürgen – wir waren zusammen in Oxford. Ich bin sicher, daß Ihre Organisation ihn in New York erreichen kann. Veranlassen Sie, daß man Ihnen eine Frage übermittelt, die nur der wahre Joseph Moredi beantworten kann. Und dann rufen Sie mich bitte unter dieser Nummer an.« Er zog eine Visitenkarte aus der Tasche und legte sie auf die Garderobe. »Wir könnten einander helfen, Miß Cassidy. Bitte, rufen Sie mich an.«

Sabrina wartete, bis er gegangen war, und las dann seine Visitenkarte. ›Joseph Moredi, Stellvertretender Chefredakteur *La Voix*‹ – Remy Mobotos Blatt. Wenn er tatsächlich der war, für den er sich ausgab, konnte er in Zimbala eine wertvolle Hilfe für sie sein. Es gab nur einen Weg, das herauszufinden. Sie setzte sich auf die Bettkante und wählte die Nummer der UNACO-Zentrale in New York.

Massenga stieg aus dem Wagen, den Gubene in der Garage des Hauses geparkt hatte, das ihnen als Unterschlupf diente, und knallte wütend die Tür zu. Gubene wartete, bis er hinausgestiefelt war, ehe er selbst ausstieg und die Fahrertür abschloß. Einen Augenblick später hörte er, wie Massenga die Haustür öffnete und zuckte zusammen, als sie gegen die Wand knallte. Dann war Stille. Gubene atmete tief aus, schloß das Garagentor und ging den schmalen Gehweg zum Haus hinauf. Zaghaft drückte er die Haustür auf und ging hinein. Drinnen hockte Massenga zusammengesunken auf der Kante des Sofas, seine Hand lag auf dem Telefonhörer.

»Möchtest du einen Drink?« fragte Gubene teilnahmsvoll mit einer Handbewegung zu der Vitrine in einer Ecke des Raums.

Doch Massenga schüttelte den Kopf und starrte auf das Telefon. »Was soll ich ihm bloß sagen?«

»Die Wahrheit«, antwortete Gubene knapp und ging selbst zu der Vitrine, um sich einen Whisky einzugießen.

»Daß wir's vermasselt haben?« fragte Massenga und ließ sich an die Rückwand des Sofas zurücksinken. »Der wird uns in der Luft zerreißen, das weißt du doch genau!«

»Du konntest doch nicht voraussehen, was geschehen ist. Sie könnte tot sein, wenn nicht dieser Mann eingegriffen hätte. Es war nicht dein Fehler.«

»Und warum sagst du das nicht Ngune?«

»Du bist schließlich der einzige, der seine Nummer hat«, entgegnete Gubene mit einem Achselzucken und ging dann hinaus, leise die Tür hinter sich schließend.

Massenga wählte die Nummer, die er sich eingeprägt hatte, und Ngune meldete sich sofort am anderen Ende der Leitung. Massenga berichtete ihm, was sich vor dem Hotel zugetragen hatte.

»Sie lebt also noch?« fragte Ngune, als Massenga geendet hatte.

»Ja, Sir«, murmelte Massenga.

»Und wer war dieser Ritter in schimmernder Rüstung?« erkundigte sich Ngune sarkastisch und hörbar bemüht, sich zu beherrschen.

»Ich konnte ihn kaum erkennen«, mußte Massenga einräumen. »Es ging alles so schnell!«

»Du enttäuschst mich schwer, Thomas. Ich dachte, auf dich könnte ich mich in einer so wichtigen Sache verlassen!«

»Aber ich konnte doch nicht vorhersehen, daß der auftaucht, Sir!« verteidigte sich Massenga.

»Ich brauche keine Entschuldigungen, sondern Ergebnisse!« schnarrte Ngune wütend. »Und wenn ich sie von dir nicht erwarten kann, muß ich eben jemanden anderen finden, der sie bringt – verstanden?«

»Ja, Sir.«

»Krieg heraus, wer der Kerl war, und ruf mich dann an!«

»Soll ich ihn umlegen?«

»Wenn es nicht zuviel verlangt ist«, antwortete Ngune hämisch.

»Ich kümmere mich darum, Sir!«

»Das hoffe ich, Thomas. Falls ich jemand anderen nach Habane schicken müßte, würde das natürlich deine Chancen, nach meinem Machtantritt neuer Chef der Sicherheitspolizei zu werden, erheblich schmälern. Denk gefälligst daran!«

»Gewiß, Sir, ich denke daran ...« Massenga verstummte, als er hörte, daß Ngune bereits aufgelegt hatte, schob das Telefon zur Seite und ging zu der Vitrine hinüber, um sich einen Whisky einzugießen. Er hatte das Gefühl, daß ihm eine lange Nacht bevorstand.

Sabrina machte sich gerade mit dem Stadtplan vertraut, als es an die Tür klopfte. Sie nahm die Beretta vom Nachttischchen und warf einen Blick durch den Spion in der Tür. Draußen stand der Mann mit der Nickelbrille. Sie öffnete.

»Kommen Sie herein«, sagte sie mit einer Handbewegung.

Er trat ein, und sie schloß die Tür hinter ihm. Sein Lächeln verschwand, als er die Beretta in ihrer Hand sah. »Sie brauchen sie nicht, glauben Sie mir!«

»Nur wenn Sie wirklich Joseph Moredi sind. Und das weiß ich noch nicht, oder?«

Er schluckte nervös und nickte zögernd. »Konnten Sie mit Jamel Moboto sprechen?«

»Nicht persönlich; aber ein Kollege hat das für mich erledigt.«

»Und haben Sie eine entsprechende Frage an mich?«

Sie nickte.

»Also, dann könnten wir das jetzt hinter uns bringen.« Unruhig sah er die auf seinen Magen gerichtete Waffe an.

»Als Sie beide damals in Oxford waren, besuchten Sie gemeinsam ein Rugby-Spiel. Welche Mannschaften spielten?«

»Ich habe nie in meinem Leben einem Rugby-Spiel zugeschaut. Ein *Fußballspiel* haben wir zusammen besucht. Die Heimmannschaft war Arsenal. Aber wer war der Gegner?« Er überlegte angestrengt. »Sie waren nicht aus London. Ihre Hemden waren schwarz und weiß gestreift.« Plötzlich schnalzte er mit den Fingern. »Newcastle!«

Sabrina ließ die Waffe sinken. »Ich bin froh, daß Ihre Antwort richtig ist.«

»Na, und ich erst!« meinte Moredi mit einer Handbewegung zu der Beretta hin. »Aber warum sprachen Sie von einem Rugby-Spiel ...?« Dann brach er mit einem verstehenden Lächeln ab. »Ah, ich begreife – eine Fangfrage!«

»Eine zusätzliche Vorsichtsmaßnahme«, bestätigte sie und wies dann auf einen Sessel in der Zimmerecke. »Bitte, nehmen Sie doch Platz, Mr. Moredi!«

»Vielen Dank«, entgegnete er und ließ sich in den Sessel sinken.

Sabrina legte die Pistole wieder auf das Nachttischchen und setzte sich auf das Bett. »Eines begreife ich noch immer nicht – woher konnte Massenga wissen, daß ich mit dieser Maschine komme?«

»Ganz offensichtlich hat er einen Tip erhalten, aber von wem, kann ich auch nicht sagen.« Er hob die Schultern. »Habe ich recht mit meiner Vermutung, daß Ihre Nachforschungen etwas mit den Brüdern Moboto zu tun haben?«

»Ja, aber ich darf Sie nicht über Details informieren.«

»Dafür habe ich Verständnis.« Moredi beugte sich vor und stützte die Arme auf seine Knie. »Jamel und Remy Moboto sind seit über zwanzig Jahren Freunde von mir. Und jetzt sind beide in Gefahr. Ich würde alles tun, um ihnen zu helfen, wirklich alles!«

»Sie sagten vorhin, Massenga hätte mich zu töten versucht, um zu verhindern, daß ich der Wahrheit auf die Spur komme. Was genau meinen Sie mit ›Wahrheit‹?«

»Ich kenne selbst auch nur einen Teil davon. Remy allein weiß wirklich Bescheid. Und ihn hat man im Laufe des Tages entführt.«

»Massenga?«

»Er selbst, oder jemand, den er beauftragt hat. Massenga war Ngunes rechte Hand während der letzten fünf Jahre. Ein anonymer Anrufer hat mir mitgeteilt, Remy befinde sich in der Hand der Rebellen.«

»Haben Sie irgendeine Vorstellung, wo man ihn versteckt halten könnte?«

»Aus ziemlich zuverlässiger Quelle habe ich einen Hinweis darauf, daß man ihn im Branco-Gefängnis in Kondese festhält, im Süden des Landes.«

»Wieviel hat Remy Moboto Ihnen erzählt, bevor er gekidnappt wurde?«

»Nur, daß er einer Geschichte auf der Spur ist, bei der es

um die Ermordung seines Bruders gehen soll. Es muß eine große Sache sein, das behauptete er jedenfalls. Beteiligt sein sollen Ngune, Massenga und ein dritter Mann, der den eigentlichen Anschlag auszuführen hat.«

»Hat er einen Namen genannt?«

Moredi schüttelte den Kopf. »Er wußte, um wen es ging, aber er wollte es mir nicht sagen. Jedenfalls nicht, bevor er den Beweis in Händen hatte, um die Sache veröffentlichen zu können. So ist Remy eben – er hält seine Karten stets verdeckt. Er war unterwegs zu einem Treffen mit einem Informanten, der ihm den endgültigen Beweis liefern sollte. Und bei dieser Gelegenheit ist er dann entführt worden.«

»Und dieser Informant?«

»Man hat Blutspuren in seinem Wagen gefunden, aber von ihm selbst fehlt jede Spur.«

»Also ist Remy persönlich der einzige Schlüssel zu dieser ganzen Geschichte?«

Moredi nickte. »Er kennt nicht nur den Namen des Killers, sondern weiß auch, wo und wann das Attentat stattfinden soll.«

»Sagt der Name Bernard Ihnen irgend etwas?« wollte Sabrina wissen.

Moredi nagte nachdenklich an seiner Unterlippe, schüttelte dann jedoch den Kopf. »Nein, nicht daß ich wüßte. Wer ist das?«

»Das darf ich Ihnen leider auch nicht sagen«, erwiderte Sabrina entschuldigend. »Jedenfalls im Augenblick noch nicht.«

»Ich verstehe.«

Nun nagte Sabrina gedankenvoll an ihrer Lippe. »Warum durchsucht denn nicht die Armee dieses Branco-Gefängnis, um festzustellen, ob man dort Remy Moboto festhält?«

»Kondese liegt im Rebellengebiet. Da traut die Armee sich nicht hin. Die warten lieber hier im Norden darauf, daß Ngune den ersten Schritt macht.«

»Es ist also eine Pattsituation!«

»Im Augenblick schon. Aber Jamel will seine Generale zu einer Beratung versammeln, sobald er aus Amerika zurück ist. Er möchte Ngune und seinen Aufständischen einen vernichtenden Schlag versetzen, bevor sie auf Habane vorrücken können. Das ist zweifellos auch einer der Gründe, warum Ngune Jamel aus dem Weg räumen will. Er hofft, daß dann die Armee meutert.«

»Käme es dazu?«

»Ja«, bestätigte Moredi unumwunden. »Die Armee ist bereits jetzt in Auflösung begriffen. Viele Soldaten hatten Freunde und Verwandte bei der Sicherheitspolizei; jetzt stehen sie sich auf verschiedenen Seiten gegenüber. Wird also die Armee tatsächlich Ngunes Leute beim Marsch auf Habane stoppen? Oder laufen die Soldaten zu denen über? Niemand weiß darauf wirklich eine Antwort. Das macht alles so schwierig – Zimbala gleicht im Augenblick einem Pulverfaß, das jeden Moment explodieren kann. Da fehlt nur ein winziger Funke. Daher muß Jamel die Aufständischen gleich am Anfang schlagen. Denn wenn Ngune erst einmal auf Habane marschiert, dann sprühen die Funken. Und wer immer dann gewinnen wird, wird in einem Land leben, das vom Blut vieler Unschuldiger besudelt ist. Das möchte Jamel vermeiden – er hat unter dem Regime seines Vaters genug Blutvergießen erlebt.«

»Ich begreife immer noch nicht, warum Massenga heute versucht hat, mich umzubringen. Wenn Remy Moboto der einzige ist, der wirklich weiß, um was es geht, wieso soll denn dann ich eine Bedrohung für die Rebellen sein? Remy haben sie doch – und damit halten sie die Asse in der Hand, und nicht wir!«

»Offensichtlich nehmen sie an, daß Sie hergekommen sind, um ihn aufzuspüren. Und das würde all ihre Absichten gefährden.«

Sabrina knautschte ein Kissen gegen die Wand und lehnte sich dagegen. »Wie lange beobachten Sie Massenga schon?«

»Wie kommen Sie darauf?«

»Wie hätten Sie denn sonst am Hotel sein können, als er mich töten wollte?«

Moredi lächelte. »Sie sind ganz schön clever! Ich weiß nicht, wie lange er schon in Habane ist. Vor zwei Tagen suchte uns ein Informant auf und berichtete uns, er habe Massenga gesehen. Wir haben die Sache überprüft, und ich schickte ein paar Reporter los, um ihm auf den Fersen zu bleiben. Ich glaube nicht, daß er weiß, daß er beobachtet wird.«

»Und warum informieren Sie nicht die Polizei über Massenga?«

»Dafür gibt es zwei Gründe. Erstens einmal: wenn man Massenga einbuchtet, könnte das Remys Leben gefährden. Zweitens: es gibt Polizisten, die mit Ngune sympathisieren. Sie würden ihm wahrscheinlich einen Tip geben, und er würde Massenga herausholen. So aber besteht immerhin die Möglichkeit, daß er uns zu Remy führt. Zugegeben, das ist ein Schuß ins Blaue, aber wir müssen es riskieren.« Moredi machte eine Pause, um sich die Lippen zu befeuchten. »Ich habe ihn beobachtet, seit er zum Flughafen fuhr. Das ist übrigens schon das zweitemal in den letzten beiden Tagen, daß er dort hinfuhr. Gestern traf er im Flughafengebäude jemanden, der aus Beirut gekommen war – so um die Mittagszeit. Sie unterhielten sich etwa eine Stunde lang, und dann flog der Mann wieder ab. Seinen Namen konnte ich nicht herausbekommen – nur, daß er einen Flug mit der Pan Am nach New York über Marokko und die Bermudas gebucht hatte.«

»Beschreiben Sie ihn!«

»Groß, gutaussehend, schwarze Haare, schwarzer Schnurrbart.«

»Und eine Narbe«, fügte Sabrina hinzu und ließ dabei einen Finger über ihre linke Wange gleiten.

»Richtig«, bestätigte Moredi überrascht. »Woher wissen Sie das?«

Sabrina sprang auf. »Ich muß sofort ein dringendes Telefongespräch führen – allein!«

»Aber selbstverständlich«, erwiderte Moredi und erhob sich. »Ich gehe an die Bar hinunter und hole mir ein Bier. Möchten Sie auch etwas?«

»Ja, danke, eine Cola light!«

Moredi ging hinaus.

Sabrina rief in der UNACO-Zentrale Kolchinsky an und gab ihm durch, was ihr Moredi soeben berichtet hatte.

»Also hat Bernard in Habane Massenga getroffen«, stellte er fest. »Ich finde das nicht sonderlich verdächtig. Es ist ja bekannt, daß er mit denen zusammenarbeitet, das wissen Sie doch. Das gehört zu seiner Tarnung.«

»Das kann schon sein, Sergej, aber ist es nicht doch ein recht merkwürdiger Zufall, daß Massenga mich ausgerechnet einen Tag nach seinem Treffen mit Bernard zu beseitigen versuchte?«

»Sie messen diesem Zusammentreffen zuviel Bedeutung bei, Sabrina.«

»Aber das würde den Anschlag auf mich heute nachmittag erklären. Wie sonst sollte denn Massenga davon erfahren haben, daß ich nach Zimbala komme?«

»Immerhin eine Möglichkeit, das muß ich zugeben«, räumte Kolchinsky ein.

»Und was ist mit diesem dritten Mann, den Remy Moboto erwähnte? Das muß Bernard sein!«

»Warum *muß* das Bernard sein?« wandte Kolchinsky ein. »Was könnte denn die CIA für ein Interesse daran haben, Moboto umzubringen?«

»Wer sagt denn, daß die CIA dahintersteckt? Es könnte sich doch um eine persönliche Abmachung zwischen Ngune und Bernard handeln.«

»Der damit Bailey aufs Kreuz legt? Da würde er nicht alt genug werden, um das dafür eingenommene Geld auszugeben.«

»Versetzen Sie sich doch einmal in die Lage Bernards, Sergej. Zweifellos hat ihm Bailey eine neue Identität zugesagt, wenn die Geschichte erledigt ist. Aber Bernard ist ja nicht blöde – der weiß doch genau, daß ihn die CIA dann nie wieder beschäftigen wird. Was kann er also groß verlieren, wenn er ein Privatgeschäft mit Ngune macht?«

Eine kurze Pause folgte, in der Kolchinsky über Sabrinas Worte nachdachte. Dann sagte er: »Sie unterstellen Bailey auch, daß er ihn eher umbringen lassen wird als ihm eine neue Identität zu verschaffen?«

»Ja – denn er weiß einfach zu viel!«

»Aber Sie haben auch nicht den Zipfel eines Beweises für Ihre Theorie.«

»Nun, Remy Moboto hat ihn – davon bin ich inzwischen überzeugt!«

»Den aber haben sie entführt.«

»Er wird in Kondese festgehalten.«

»Kommen Sie bloß nicht auf dumme Gedanken, Sabrina!« fauchte Kolchinsky. »Ihr Auftrag lautet, Michael zu finden, und keineswegs, irgendwo im Rebellengebiet nach Remy Moboto herumzuschnüffeln. Sie gehen auf keinen Fall nach Kondese – das ist ein Befehl!«

»Ja, Sergej«, erwiderte Sabrina wütend.

»Ich glaube überhaupt, daß es besser wäre, wenn Sie die nächste erreichbare Maschine nehmen und zurückkommen würden. Schließlich ist Bernard inzwischen hier, wenn Moredi recht hat. Und Michael wird ihm dicht auf den Fersen sein.«

»Ich werde die nötigen Maßnahmen treffen.«

Ein Klopfen an der Tür war zu hören.

»Ich muß aufhören, Sergej – Moredi ist wieder da. Wenn es vor meinem Abflug zu irgendwelchen neuen Entwicklungen hier kommen sollte, rufe ich Sie nochmals an. Ansonsten sehen wir uns in New York.«

»In Ordnung. Wiedersehen, Sabrina!«

Sie legte auf, ging zur Tür und warf einen Blick durch das Guckloch. Draußen stand Moredi, und sie öffnete.

»Fertig?« fragte er.

»Gerade eben«, antwortete sie und ließ ihn herein.

Er reichte ihr eine Cola-Büchse. »Und was geschieht jetzt?«

»Erst mal gar nichts«, antwortete sie und öffnete die Büchse. »Jedenfalls nicht, ehe ich etwas von meinem Kollegen gehört habe.«

»Und wo ist dieser Kollege?«

»Ich habe nicht die leiseste Ahnung«, sagte sie, trat ans Fenster und schaute auf die Straße hinunter. »Aber hoffentlich setzt er sich bald mit mir in Verbindung. Die Zeit läuft uns davon – und zwar schnell.«

»Doch nicht schon wieder eine Straßensperre!« stöhnte Graham, als die Militärstreife in Sicht kam. »Die dritte innerhalb von drei Meilen!«

»Es ist immerhin die Straße zum Flugplatz, und sie wollen kein Risiko eingehen«, knurrte Laidlaw und stoppte den weißen Toyota hinter einem rostigen blauen Fiat.

Graham steckte den Kopf aus dem Seitenfenster und zählte acht Fahrzeuge, die vor ihnen standen. Verzweifelt hob er die Arme; sie konnten nichts tun als warten.

Es war Laidlaws Idee gewesen, sich als Priester zu verkleiden. Die Kleidung hatte er sich, unter dem Vorwand, er brauche sie für ein Kostümfest am nächsten Abend, bei einem Bekannten ausgeliehen, der in West-Beirut ein kleines Theater betrieb. Sie hatten diese Verkleidung am Morgen angelegt, ehe sie zum Flughafen gefahren waren, um dort zu einem Direktflug nach N'djamena, der Hauptstadt des Tschad, zu starten. Am dortigen Flugplatz hatte Laidlaw den Toyota gemietet, und sie waren die achtzig Meilen bis zur Grenze nach Zimbala gefahren, wo sie ein für zehn Tage gültiges Visum erhalten hatten wie vorher Sabrina. Mehrfach waren sie auf der Hauptstraße nach Habane von Militärpatrouillen angehalten, aber immer durchgewinkt worden, nachdem man sie als Priester erkannt hatte. Aufgrund der Stärke des jetzigen Militäraufgebots nahmen sie an, daß dies wohl die letzte Straßensperre vor dem Flughafen wäre.

Man winkte den Fiat vor ihnen durch, und Laidlaw ließ den Motor an und fuhr bis zum Schlagbaum vor. Ein bewaffneter Soldat trat an den Wagen.

»Pässe«, verlangte er in gutturalem Englisch.

»Ich spreche Ihre Landessprache«, erklärte Laidlaw in Suaheli und reichte ihm die Pässe.

Der Mann war überrascht, in seiner Sprache angesprochen zu werden und lächelte erfreut, ehe er die Fotos in den beiden Pässen mit den Gesichtern der Männer im Fahrzeug verglich. »Was wollen Sie am Flugplatz, Hochwürden?«

»Wir wollen einen Freund abholen«, antwortete Laidlaw und fügte nach einem Blick auf seine Uhr hinzu: »Er soll in fünfundzwanzig Minuten landen.«

Der Soldat klappte die Pässe wieder zu und reichte sie zurück. »Danke, Hochwürden.«

»Alles Gute, mein Sohn«, antwortete Laidlaw.

Der Soldat wollte gerade Weisung geben, den Schlagbaum zu öffnen, als er den befehlshabenden Offizier vor der Tür der kleinen Wellblechhütte am Straßenrand sah. Er nahm sofort Habtachtstellung ein.

Der Offizier kam herüber; er trug die Rangabzeichen eines Oberst, mochte in den Vierzigern sein und hatte eine ausgesprochen dunkle Hautfarbe. Der Oberst trat an den Toyota heran und schaute durch das Fenster der Beifahrertür herein. »Ihre Pässe bitte«, sagte er zu Graham.

»Pater Grant spricht leider kein Suaheli«, erklärte Laidlaw mit entschuldigendem Lächeln. »Er ist nur für ein paar Tage hergekommen.«

Der Oberst ließ sich von Laidlaw die Pässe geben und blätterte sie langsam durch. »Steigen Sie bitte beide aus«, befahl er dann, plötzlich ins Englische wechselnd.

»Irgendwelche Probleme?« erkundigte sich Laidlaw.

»Steigen Sie erst mal aus«, wiederholte der Oberst.

Sie folgten dem Befehl, und der Offizier griff in den Wagen und zog den Zündschlüssel ab. Dann winkte er zwei Soldaten und übergab einem von ihnen die Wagenschlüssel. Rasch sprach er auf die beiden in Suaheli ein, und sie liefen zum Heck des Wagens.

»Was hoffen Sie denn im Kofferraum zu finden?« fragte Laidlaw, nun ebenfalls in Englisch.

Der Oberst antwortete nicht und wartete das Öffnen des Kofferraums ab. Einer der Soldaten rief ihm etwas zu. Der Oberst trat an den geöffneten Kofferraum und winkte dann Laidlaw zu sich; dessen Augen weiteten sich erschrocken, als er neben den beiden Reisetaschen zwei AK-47-Sturmgewehre und eine Handgranate liegen sah.

»Wir wissen nicht das geringste davon«, versicherte Laidlaw und schaute hilfesuchend Graham an.

»Das war nicht drin, als wir den Wagen mieteten!« schnaubte Graham.

»Sie sind beide verhaftet«, sagte der Oberst und deutete

auf einen Jeep, der am Straßenrand geparkt war. »Steigen Sie dort ein!«

»Das ist unerhört!« rief Graham. »Wir möchten Ihren Vorgesetzten sprechen!«

»Ich bin hier der Befehlshaber«, erwiderte der Oberst und bellte einen Befehl, woraufhin fünf Soldaten ihre Gewehre auf Laidlaw und Graham anlegten. »Sie können wählen – entweder steigen Sie freiwillig ein, oder man wird Ihnen Handschellen anlegen und Sie hineinwerfen. Es liegt ganz bei Ihnen!«

Laidlaw warf Graham einen hilflosen Blick zu; er schluckte seine Wut hinunter und kletterte auf die Rückbank des Jeep. Laidlaw schaute zu den Soldaten hinüber und folgte ihm widerstrebend. Ein Soldat legte noch ihre Reisetaschen in den Jeep, und seine beiden Kameraden, die die Waffen im Kofferraum des Toyota entdeckt hatten, stiegen als Bewacher mit ihren Gewehren im Anschlag ebenfalls mit ein. Der Oberst gab Befehl, den Toyota zur Seite zu fahren, stieg dann vorne neben den Fahrer in den Jeep und wies diesen an, zum Flugplatz zu fahren.

Nach einer kurzen Strecke auf der Straße zum Flughafen deutete der Oberst auf ein kleines, davon abzweigendes Sträßchen, der Fahrer nickte und bog ein.

»Aber das ist doch nicht der Weg zum Flugplatz!« schrie Laidlaw, den Lärm des Motors übertönend.

Der Oberst schaute ihn kurz an, blieb aber eine Antwort schuldig.

»Wo zum Teufel bringen Sie uns hin?« fragte Graham, verstummte aber, als sich ein Gewehrlauf in seine Magengrube bohrte.

Der Fahrer verringerte die Geschwindigkeit und hielt dann hinter einem abgestellten weißen Isuzu-Geländelieferwagen.

Grahams Gedanken rasten. Was ging hier vor? Sollten sie hier erschossen und ihre Leichen dann mit dem Lieferwagen abtransportiert werden? Aber warum? Und wie waren die Waffen in den Kofferraum des Toyota gekommen? Hatten die Soldaten selbst sie hineingelegt? Aber das alles ergab keinen Sinn. Gerade wollte er Laidlaw ein Zeichen geben, einen Angriff auf ihre Bewacher zu riskieren, als sich die Beifahrertür des Lieferwagens öffnete und Sabrina ausstieg. Moredi folgte auf der Fahrerseite, und beide kamen auf den Jeep zu.

»Ist denn heutzutage gar nichts mehr heilig?« sagte Sabrina mit einem Blick auf die priesterliche Gewandung lächelnd zu Graham.

Der kletterte behende und ungehindert aus dem Jeep. »Was zum Teufel spielt sich denn hier ab?«

»Sag' ich euch gleich«, erwiderte sie und winkte zunächst einmal Moredi heran, um ihn Graham und Laidlaw vorzustellen.

Moredi schüttelte beiden die Hand und sprach dann kurz mit dem Oberst; der gab seinen Leuten entsprechende Befehle, und der Fahrer des Jeeps wendete und fuhr zur Hauptstraße zurück.

Moredi trat mit dem Oberst wieder zu den anderen und stellte ihn vor. »Dies ist Oberst David Tambese, einer der wenigen Offiziere, denen ich mein Leben anvertrauen würde. Er war auf der Militärakademie von Sandhurst zur gleichen Zeit, als Jamel Moboto und ich gemeinsam in Oxford studierten.«

»Sie nehmen es mir nicht übel, hoffe ich«, sagte Tambese und schüttelte Graham die Hand.

»Nur, wenn Sie mir endlich sagen, was hier gespielt wird«, entgegnete dieser.

Tambese schaute Sabrina an, und diese nickte. »Joseph teilte mir mit, daß Sie am Informationsschalter des Flughafens eine Botschaft abholen wollten und bat mich zugleich, Ausschau nach Leuten Ngunes zu halten, die dort sein könnten. Mindestens vier haben wir gesehen. Also mußten wir Sie abfangen, ehe Sie den Flughafen erreichten.«

»Aber warum haben Sie denn die Männer nicht festgenommen?« wollte Laidlaw wissen.

Tambese schaute ihn an und antwortete: »Das wäre glatter Selbstmord gewesen. Jeder Versuch, sie zu erwischen, hätte zu einem Blutbad geführt. Die würden wild um sich schießen, und wer weiß, wie viele Unschuldige dabei umgekommen wären. Eine ganz neue Art von Terror, die Ngune in den letzten Tagen auszuüben versucht. Mit zwei solchen Selbstmordkommandos hatten wir schon im Stadtzentrum zu tun, und allein dabei gab es vierzehn unschuldige Opfer. Wir müssen warten, bis diese Männer es aufgegeben haben, und dann versuchen, ihren Wagen in einen Hinterhalt zu locken. Es ist die einzige Möglichkeit, sie unschädlich zu machen.«

»Woher wußten Sie überhaupt, Oberst, daß diese Leute hier auf mich warten?«

»Wir wußten das nicht«, erwiderte Oberst Tambese. »Aber wir konnten nach dem Anschlag auf Miß Cassidy keinerlei Risiko eingehen ...«

»Was ist passiert?« fiel ihm Graham rasch ins Wort.

»Erzähl' ich dir später«, beschwichtigte ihn Sabrina.

»Wie konntest du den Zeitpunkt erraten, zu dem wir hier ankommen würden?« wollte er von ihr wissen.

»Konnte ich gar nicht – sicher war ich nur, daß du früher oder später am Flughafen eintreffen mußtest. Ich gab Oberst Tambese das Foto von dir, das ich zur Vorlage bei der libanesischen Polizei in Beirut noch bei mir hatte, damit er dich aufhalten könne, bevor du den Flughafen erreichst.«

»Die drei Männer im Jeep sind Soldaten, auf die ich mich verlassen kann«, fuhr Tambese fort. »Die meisten anderen an der Straßensperre sind noch nicht lange eingezogen worden, und wir wissen noch nicht so recht, wo ihre Sympathien liegen. Ich mußte dafür sorgen, daß Ihre Festnahme realistisch ablief – Verhaftung von Touristen ohne ersichtlichen Grund paßt nicht so recht ins Bild von einem neuen Zimbala. Daher ließ ich die beiden Gewehre und die Handgranate in Ihren Kofferraum legen. Ngune wird bestimmt prompt erfahren, daß Sie festgenommen worden sind.«

»Und das heißt wiederum, daß er annimmt, Sie beide wären in Gewahrsam, zumindest für den Augenblick«, ergänzte Moredi.

»Mein Gefühl, daß ihr mit all dem etwas im Schilde führt, täuscht mich doch sicher nicht«, meinte Graham, während seine Blicke zwischen Moredi und Sabrina hin und her wanderten.

»Richtig«, bestätigte Sabrina. »Wir wollen nach Kondese, um dort Remy Moboto ausfindig zu machen.«

Graham zog Sabrina auf die Seite und sagte leise: »Und was ist mit Bernard? Du denkst doch an unser Abkommen?«

»Du brauchst nicht zu flüstern«, antwortete sie. »Sie wissen Bescheid, was Bernard angeht.«

»Und weshalb ist Remy Moboto so wichtig?« fragte Graham.

»Er weiß, wo und wann der Anschlag auf seinen Bruder stattfinden soll. Das ist der Grund, weshalb man ihn entführt hat.«

»Und wie paßt Bernard in die Geschichte?«

»Ngune und sein Stellvertreter Massenga sind offenbar die beiden Köpfe, die hinter der ganzen Sache stecken. Aber nach Remy Mobotos Angaben gibt es da einen dritten Mann, den eigentlichen Killer. Und nach allem, was Joseph mir berichtet hat, muß das Bernard sein. Ich glaube, daß das ganze Gerede von einem Attentäter-Team aus ehemaligen Sicherheitspolizisten nichts als ein Ablenkungsmanöver ist, um die Behörden auf eine falsche Fährte zu locken.«

»Aber einen Beweis dafür, daß dieser dritte Mann tatsächlich Bernard ist, hast du nicht?«

»Nein, es ist bisher nur ein begründeter Verdacht. Und es gibt nur einen Menschen, der die Wahrheit kennt.«

»Remy Moboto«, schloß Graham.

»Wir müssen ihn finden, Mike. Schnellstens!«

»Wie lange brauchen wir denn nach diesem Kondese?«

Moredi meinte, das sei unter Umständen innerhalb weniger Stunden zu schaffen.

»Na, worauf warten wir dann?« sagte Graham, nahm seine Reisetasche und ging zu dem Lieferwagen.

Siebtes Kapitel

»Guten Morgen!«

»Guten Morgen!« antwortete Rosie, die gerade aus dem Badezimmer kam.

»Gut geschlafen?« fragte Bernard.

»Wunderbar, danke«, bestätigte sie. »So gut habe ich lange nicht mehr geschlafen.«

»Prächtig!« Bernard schlüpfte in eine Lederjacke. »Ich muß mich beeilen. Im Kühlschrank finden Sie was zu essen, bitte bedienen Sie sich. Außerdem habe ich zwanzig Dollar auf den Küchentisch gelegt, vielleicht könnten Sie was fürs Abendessen beschaffen.«

»Muß ich dabei auf was achten?« fragte sie zögernd.

»Nichts Schweinernes oder so, meinen Sie wohl? Nein, ich bin kein Moslem. Ich bin zwar katholisch getauft, habe mich aber von der Religion abgewandt, als mein Vater starb. Kaufen Sie irgendwas, Pizza oder Hamburger, was immer Sie wollen.«

»Und wann kommen Sie zurück?«

»Na, Sie können sich ja vielleicht vorstellen, wie solche Geschäftsbesprechungen verlaufen, die nehmen manchmal kein Ende. Es kann leicht sechs werden.« Bernard öffnete die Wohnungstür, drehte sich dort aber noch einmal um. »Das Geld ist für Nahrungsmittel und nicht für Hasch. Wenn die Polizei Sie noch einmal in der Nähe eines Dealers erwischt, sind Sie dran.«

»Ich weiß«, antwortete sie.

»Ich schau' mal, ob ich ein bißchen Stoff beschaffen kann, einverstanden?«

»Einverstanden!« versicherte sie lächelnd. »Und, Marc ...«

»Ja?«

»Danke für alles!«

Bernard winkte ihr kurz zu und verließ die Wohnung.

Rosie machte sich ein Frühstück zurecht und wechselte

dann das weite weiße T-Shirt, das Bernard ihr geliehen hatte, gegen ihre Jeans und ein hellblaues T-Shirt, das ebenfalls von Bernard stammte. Sie rollte die Ärmel hoch und ging in die Küche zurück, um sich noch eine Tasse Kaffee zu machen, setzte sich dort an den Tisch und dachte, die Kaffeetasse in beiden Händen, über den vergangenen Abend nach.

Bernard war mit ihr, nachdem sie den ›Rollercoaster‹ verlassen hatten, in ein Restaurant gegangen und hatte dort für sie das gewaltigste Steak bestellt, das ihr je vorgesetzt worden war. Sie hatte es heißhungrig verschlungen, da sie seit gut sechsunddreißig Stunden so gut wie nichts gegessen hatte; anschließend schaffte sie noch eine Portion Eis. Bei einem Dealer in der Nähe des Bryant Park hatte Bernard etwas Hasch besorgt, dann waren sie in seine Wohnung gefahren und hatten sich dort stundenlang unterhalten – nun ja, gesprochen hatte fast nur sie. Er hatte geduldig zugehört, während sie sich alles von der Seele redete. Es war, als ob sie eine schwere Last von den Schultern laden könne. Sie fühlte sich vollkommen gelöst in seiner Gegenwart. Bernard erinnerte sie sehr an. C. W. – das war der einzige Mensch sonst, mit dem sie über ihre Schwierigkeiten reden konnte. Der hätte ihr natürlich Vorhaltungen gemacht, daß sie einfach mit einem fremden Mann gegangen war. Aber so etwas tat sie ja nicht ständig. Im Gegenteil, das war überhaupt das erste Mal. Und sie hätte es auch nicht getan, wenn ihr irgendwelche Bedenken gekommen wären. Ihr gutes Gefühl war auch völlig bestätigt worden. Sie fragte sich, ob C. W. das wohl verstehen würde. Sie mußte ihn anrufen, damit er ihren Eltern Bescheid geben konnte ...

In Rosies Gedanken schrillte die Türklingel. Ihr erster Gedanke war, daß Marc vielleicht zurückgekommen wäre, weil er etwas vergessen hatte, vielleicht seine Schlüssel. Bei ihrer Mutter passierte das ständig. Sie stellte die Tasse auf den Tisch und wollte gerade aufstehen, als ihr ein anderer Gedanke durch den Kopf schoß – konnte das nicht auch die Polizei sein? Hatte man sie bis zu dieser Wohnung hier verfolgt? Aber wie? Außerdem war sie hier am Murray Hill, meilenweit weg vom Times Square. Das war kein Verstoß gegen die Bedingungen der Haftverschonung. Gestern abend allerdings – da war sie am Times Square gewesen. Hatte die Polizei diesbezüglich einen Tip bekommen? Aber von wem? Von Kenny vielleicht? Nein, der konnte doch nicht wissen, wo sie war.

Es klingelte wieder, und Rosie stand auf, ging zur Wohnungstür und öffnete sie einen Spaltbreit, wobei sie jedoch die Kette eingehängt ließ.

»Rosie?« Die Stimme kannte sie.

»Kenny?« fragte sie verblüfft durch den schmalen Spalt.

»Kann ich reinkommen, oder sollen wir uns wirklich so unterhalten?«

Rosie klinkte die Kette aus und öffnete die Tür. »Woher weißt du denn, daß ich hier bin?«

»Ich habe dir jemand vom ›Rollercoaster‹ aus nachgeschickt«, antwortete Doyle und drückte sofort die Hände gegen die Tür, als Rosie sie wieder zuwerfen wollte. »Hab' ich doch nur getan, weil ich mir Sorgen um dich machte!«

»Du hast mir also nachspionieren lassen«, fauchte sie und versuchte immer noch, die Tür wieder zu schließen. »Hau ab, Kenny. Hau ab und laß mich in Frieden!«

»Rosie, ich muß mit dir reden, bitte!«

»Nein!« schrie sie. »Hau ab!«

»Wenn du weiter so rumschreist, wird gleich einer der Nachbarn die Polizei rufen. Möchtest du das etwa?«

Rosie hörte auf, gegen die Tür zu drücken und ließ ihn herein. »Also dann sag schon, was du mir sagen wolltest, und verschwinde wieder. Ich versteh' nicht, daß du dich so verhältst, Kenny. Wir waren doch schließlich Freunde.«

»Das sind wir noch!«

»Das überleg dir lieber noch mal!« gab sie wütend zurück.

»Rosie, an dem Kerl ist einfach was faul.«

»Du willst doch wohl nicht wieder davon anfangen?«

»Ich bin einfach besorgt um dich, um Himmels willen. Der Bursche hat dich gestern abend beschützt, zugegeben. Aber das ist doch noch kein Grund, sich ihm derart an den Hals zu werfen!«

»An den Hals werfen?« fragte sie erstaunt.

»Genau das hast du getan, und du weißt das sehr gut. Du konntest ja kein Auge mehr von ihm lassen. Du lebst in einer Traumwelt, Rosie, merkst du das nicht?« Doyle schüttelte den Kopf. »Mach die Augen auf, Rosie. Hier ist die wirkliche Welt. Du kriechst mit ihm zusammen ...«

Rosie schlug ihm ins Gesicht. »Keine Rede davon! Er hat mich nicht angerührt, seit wir uns trafen!«

Doyle betupfte sich mit der Hand den Mundwinkel; seine Lippe blutete. »Ich habe mich wirklich bemüht, Rosie. Aber du willst einfach nicht zur Besinnung kommen, stimmt's? Nun, du wirst deine Erfahrungen machen müssen – auf die harte Tour, fürchte ich. Wir sehen uns mal wieder. Paß auf dich auf!«

Rosie sah Doyle nach, wie er in den Lift stieg, und wischte sich dann eine Träne von der Wange. Warum hatte sie ihn geschlagen? Sie hatte doch noch nie in ihrem Leben jemanden geschlagen. Und er war doch ihr bester Freund. Sie wußte ja, daß er wirklich nur versuchte, sie zu beschützen. Er war immer wie ein großer Bruder für sie gewesen ... Warum nun wollte er nicht begreifen, daß sie ihre Freiheit brauchte, auch die Freiheit, sich ihre Freunde selbst auszusuchen? Wie schade, daß er Marc nicht mochte. Bestimmt würde er aber trotzdem zu ihr halten, würde für sie da sein, wenn Marc fort wäre. Er würde immer für sie da sein – das war das Besondere an ihm. Dann könnten sie auch wieder miteinander reden. Aber bis dahin mußte sie um den ›Rollercoaster‹ einen weiten Bogen machen.

Rosie schloß die Tür und kehrte in die Küche zurück, wo sie ihren Kaffee austrank. Sie spülte ab und ging dann ins Wohnzimmer; dort nahm sie die Zeitung zur Hand, in der Bernard gelesen hatte. Auf der ersten Seite stand der Bericht über den Mordversuch an Jamel Moboto vor dem United Nations Plaza. Aber sie hatte keine Lust, das zu lesen – um Politik kümmerte sie sich nicht. Sie blätterte die Seiten um, fand aber nichts, was sie interessiert hätte. Also faltete sie die Zeitung wieder zusammen, legte sie auf einen Beistelltisch und warf einen Blick auf ihre Uhr – kurz vor zehn. Sie hatte keine Lust, den ganzen Tag in der Wohnung herumzusitzen

– es gab nicht einmal einen Fernseher hier. Sie ging wieder in die Küche und wollte gerade die zwanzig Dollar einstecken, als sie es sich anders überlegte; nein, die waren nur dafür da, um etwas zu essen zu kaufen. Sie kehrte ihre Taschen um und fand sechs Dollar und ein paar Cent; das würde für ein Sandwich um die Mittagszeit reichen. Rosie steckte das Geld wieder ein, nahm von einem Tischchen im Flur den Reserveschlüssel für die Wohnung und verließ sie.

Kenny Doyle sah von einem gegenüberliegenden Eingang aus, in dem er sich versteckt hatte, wie Rosie das Haus verließ. Er wartete, bis sie außer Sichtweite war, und stieg dann die Treppen zu dem verglasten Eingang des Gebäudes hoch. Rasch schaute er sich um und trat in die Eingangshalle; sie war leer. Er fuhr in den dritten Stock hinauf und ging zur Tür der Wohnung. Wieder schaute er sich sichernd um und stellte befriedigt fest, daß er allein war. Mit einer Kreditkarte, die er vorsichtig zwischen Tür und Rahmen schob, gelang es ihm, den Schloßbolzen zurückzuschieben, und die Tür öffnete sich.

Nachdem er kurz gelauscht hatte, betrat Doyle die Wohnung und schloß leise die Tür hinter sich. Er warf einen kurzen Blick in das Wohnzimmer und öffnete dann eine weitere Tür; sie führte in ein Schlafzimmer; und auf dem ungemachten Bett dort lag zusammengeknüllt das T-Shirt, das Rosie am vorherigen Abend getragen hatte.

Auch die nächste Tür führte in ein Schlafzimmer; dort war das Bett mit militärischer Präzision gemacht worden. Er ging zum Kleiderschrank und prüfte dessen Tür; sie war unverschlossen, und er öffnete einen Flügel. In den Fächern dort lagen, säuberlich aufeinandergestapelt, frisch gebügelte und exakt gefaltete Kleidungsstücke. Hinter der zweiten Türhälfte hingen zwei Paar Jeans neben einer schwarzen Flanellhose und einem grauen Jackett aus mattglänzendem Stoff. Dann bückte er sich und öffnete den Reißverschluß der auf dem Boden des Schranks stehenden Reisetasche; sie war leer. Er verschloß die Tasche wieder und entdeckte dann den gegen die Rückseite des Schranks gelehnten Aktenkoffer.

Doyle holte ihn heraus und legte ihn vor sich auf den Boden. Er wischte sich den Schweiß von der Stirn und warf einen ängstlichen Blick über die Schulter wie ein Schuljunge, der sich gerade verbotenerweise eine Zigarette anzünden will. Mit feuchten Händen probierte er die Verschlüsse. Sie ließen sich nicht öffnen – aha, ein Zahlenschloß. Er drehte den Koffer, um sich die Ziffern anzusehen – sie standen alle auf Null.

»Eins-neun-sechs-sieben!«

Doyle fuhr beim Klang der Stimme in seinem Rücken herum. In der Türöffnung stand Bernard, in der Hand eine Automatik.

»Bitte, nur weiter«, sagte Bernard und deutete mit der Pistole auf den Aktenkoffer. »Die Zahlenkombination ist Eins-neun-sechs-sieben: 1967, Gründungsjahr der PFLP.«

»Wie?« fragte Doyle, dessen Augen magisch von der Pistole angezogen wurden.

»Niemals von der PFLP gehört?«

Doyle schluckte nervös und schüttelte den Kopf.

»PFLP – Volksfront zur Befreiung Palästinas!«

»Sie sind ein Terrorist!« stieß Doyle hervor.

»Ich höre lieber ›Revolutionär‹. Aber jetzt nicht mehr – ich bin sozusagen freiberuflich tätig.«

»Wie konnten Sie wissen, daß ich hier bin?« stammelte Doyle.

Bernard deutete auf das kleine Empfangsgerät, das er am Gürtel trug. »Es schaltete sich im gleichen Augenblick ein, als Sie den Kleiderschrank öffneten.« Er sah die Zweifel in den Augen Doyles. »Ich war nur in der Wohnung nebenan. Die beiden Wohnungen sind durch eine Geheimtür in der Wohnzimmerwand miteinander verbunden; daher konnten Sie mich auch nicht kommen hören. Tatsächlich glaubte ich, es sei Rosie, die herumschnüffle.«

»Was haben Sie mit ihr vor?«

»Gar nichts«, entgegnete Bernard wegwerfend und deutete erneut mit seiner Pistole auf den Aktenkoffer. »Sie haben ihn immer noch nicht geöffnet. Sie wollten doch wohl wissen, was drin ist?«

Doyles Hände zitterten, als er die Ziffern einstellte. Er legte seine Daumen neben die Verschlüsse und hielt mit einem Blick auf Bernard inne. Er atmete stoßweise, und der Schweiß rann ihm in Bächen über das Gesicht.

»Es ist kein Zünder dran, falls Sie das befürchten sollten«, sagte Bernard. »Stünde ich sonst vielleicht hier?«

Doyle wischte sich mit dem Handrücken den Schweiß von der Stirn, klappte die Verschlüsse hoch und schlug den Deckel des Aktenkoffers auf. Drinnen lagen in den vorgeformten Mulden einer Schaumstoffumhüllung die Teile eines Spezialgewehrs mit Zielfernrohr. »Ein Gewehr. Das hätte ich mir denken können.«

»Ein Galil-Scharfschützengewehr, genauer gesagt. Sie mögen zwar unsere Feinde sein, aber die Israelis bauen jedenfalls die besten Waffen der Welt. So, ist Ihre Neugierde jetzt befriedigt, kleiner Schwuler?«

Die höhnische Bemerkung brachte Doyle in Fahrt. Er stürzte sich auf Bernard, der jedoch wich Doyles Hieb aus und versetzte ihm seinerseits einen brutalen Handkantenschlag gegen den Halsansatz. Doyle brach zusammen und versuchte noch, vor dem Sturz gegen die Wand mit den Händen sein Gesicht vor dem Aufprall zu schützen. Bernard zog gelassen einen Schalldämpfer aus der Tasche und schraubte ihn auf die Pistolenmündung. Er schaute auf Doyle hinunter, der mit hängendem Kopf auf den Knien lag und sich den Hals massierte.

»Na, kleiner Schwuler?« sagte Bernard und stieß Doyle mit dem Fuß an.

Doyle schaute langsam hoch. Bernard lächelte kalt und schoß ihm durch den Kopf.

Kolchinsky las gerade eine Akte durch, als die Gegensprechanlage ertönte. »C. W. ist hier, Mr. Kolchinsky!«

»Schicken Sie ihn rein, Sarah«, entgegnete Kolchinsky und öffnete mit seiner Fernbedienung die Tür.

»Guten Morgen, Sergej«, grüßte Whitlock beim Eintreten.

»Guten Mittag, wenn schon«, antwortete Kolchinsky nach einem Blick auf seine Uhr. »Es ist eine Minute nach zwölf!«

Whitlock zuckte mit den Schultern. »Wegen einer Minute streite ich mich nicht.«

»Setzen Sie sich«, sagte Kolchinsky und wies auf das schwarze Ledersofa. »Ich dachte, Sie sollten heute vormittag den Präsidenten in das Afrikanisch-Amerikanische Institut begleiten?«

»Der Besuch wurde abgeblasen.« Whitlock nahm Platz. »Er hatte den ganzen Vormittag über Besprechungen. Mir kann es nur recht sein. Je weniger er von New York sieht, desto lieber ist es mir.«

»Und was ist mit seinem Besuch in Harlem heute nachmittag?«

»Bei dem bleibt es – leider. Er soll um zwei Uhr beginnen. Deshalb dachte ich, ich nutze die Gelegenheit und schaue inzwischen mal bei Ihnen rein. Was Neues über die beiden Attentäter?«

»Nicht das geringste. Ich habe heute vormittag nochmals mit den zuständigen Stellen in Zimbala telefoniert. Es scheint, daß die dortige Sicherheitspolizei jede Menge von Unterlagen vernichtet hat, ehe Jamel Moboto sie auflöste. Dazu gehören zahlreiche Personalakten. Sie haben mir versprochen, sich wieder mit mir in Verbindung zu setzen, sobald sie etwas herausgefunden haben.« Kolchinsky schob einen Schnellhefter über den Schreibtisch. »Das kam heute morgen vom Labor im Untersuchungszentrum. Es ist der Bericht über die Schießerei vor dem United Nations Plaza. Größtenteils reine Routinesachen. Lediglich ein Detail fiel mir auf – Seite zwei, dritter Absatz. Lesen Sie mal und sagen Sie mir, was Sie davon halten.«

Whitlock schlug die genannte Seite auf, las die betreffende Passage durch und schaute dann Kolchinsky an. »Ich sehe schon, was Sie meinen. Obwohl der Killer höchstens zwanzig Meter von Moboto entfernt war, schoß er um mindestens einen Meter an seinem Ziel vorbei. Stimmen die entsprechenden Messungen?«

»Die Polizei konnte von mehr als einem halben Dutzend Pressefotos ausgehen, als es darum ging, Mobotos Standort festzulegen.«

Whitlock schlug den Hefter wieder zu und legte ihn auf den Schreibtisch zurück. »Dann muß der Killer entweder bewußt danebengeschossen haben – oder er war ein lausiger Schütze.«

»Es gibt keinen Sinn«, fuhr Whitlock nachdenklich fort. »Kein Killer, der nur halbwegs sein Geld wert ist, hätte so danebengeschossen; nicht aus dieser Entfernung.«

Kolchinsky schilderte kurz, was Sabrina ihm inzwischen über einen ›dritten Mann‹ mitgeteilt hatte.

»Wenn Bernard dieser mysteriöse ›dritte Mann‹ ist, warum setzte man dann nicht ihn auf die Ermordung Mobotos an? Warum dann all der Aufwand mit der Zusammenstellung eines Mörderteams aus ehemaligen Sicherheitspolizisten?« Er brach ab und schaute Kolchinsky fragend an. »Nur Köder?«

»Das habe ich mich auch schon gefragt. Aber Köder wofür? Wir wissen schließlich, daß Bernard gar nicht im Lande war, als der Anschlag stattfand – da war er in Beirut.«

Whitlock stand auf und trat ans Fenster. Er nagte nachdenklich an seiner Unterlippe und drehte sich dann wieder zu Kolchinsky um. »Wenn nun dieser ›dritte Mann‹ aber tatsächlich bei dem Mordversuch an Moboto am Tatort gewesen wäre?«

»Zur Unterstützung?«

»Nein, als eigentlicher Mörder. Der Schütze in der Menge war nur ein Köder zur Ablenkung.«

Kolchinsky klopfte auf den Schnellhefter. »Die Kugel, die man aus der Wand geholt hat, stammte aus einer Neun-Millimeter-Parabellum. Genau die Waffe, die man dem Schützen aus der Hand schlug.«

»Richtig«, sagte Whitlock kopfnickend. »Und er schoß weit am Ziel vorbei. Das deckt sich mit dem Bericht.«

»Warum aber hat dann dieser ominöse ›dritte Mann‹ Moboto nicht erschossen?«

»Weil er offensichtlich keinen sauberen Schuß anbringen konnte.« Whitlock trat zum Schreibtisch und schaute auf Kolchinsky hinunter. »Ich weiß, daß das nur eine kühne These ist, Sergej, aber sie ist logisch, erkennen Sie das nicht?

Der ›Köder‹ zieht unsere Aufmerksamkeit auf sich und schießt vorbei; damit verschafft er dem wahren Mörder die Gelegenheit, in der anschließenden Verwirrung Moboto tatsächlich umzulegen. Aber, wie ich schon sagte, der wahre Killer hatte dann keine Gelegenheit zu einem sauberen Schuß, und die Chance für mehr als einen hatte er in der Situation ohnehin nicht.«

»Wenn Ihre Theorie stimmt, warum hat dann aber der erste Schütze nicht wenigstens ebenfalls versucht, Moboto zu treffen? Warum soll er denn absichtlich vorbeigeschossen haben?«

»Weil sie unbedingt den Tod Mobotos wollten. Wer wäre wohl zuverlässiger – ein Mann in der Menge, nur mit einer Handfeuerwaffe, oder ein anderer, der vielleicht mit einem Scharfschützengewehr lauerte und freien Blick auf die ganze Szene hatte? Was, wenn der erste Schütze Moboto nur verwundet hätte? Im Krankenhaus wären sie nie wieder an ihn herangekommen – da wäre er strenger bewacht gewesen als Fort Knox.«

»Wenn Ihre Theorie stimmt, kann Bernard niemals dieser ›dritte Mann‹ gewesen sein.«

»Und warum nicht?« konterte Whitlock.

»Weil er, wie ich Ihnen sagte, da noch in Beirut war.«

»Dafür haben wir nur Baileys Wort. Sie meinten doch, ein CIA-Mitarbeiter habe Bernard am Flughafen gesehen. Vielleicht wurde er von Bernard bestochen, genau das zu sagen? Wenn er nun die ganze Zeit über hier gewesen wäre?«

Kolchinsky starrte nachdenklich auf den Schnellhefter. »Wenn Sie recht haben sollten, müssen wir mit dem nächsten Mordversuch heute nachmittag rechnen. Es ist die einzige Gelegenheit, bei der sich der Präsident wieder in der Öffentlichkeit zeigt.«

»Ich bin genau der gleichen Meinung. Daher möchte ich noch mehr Polizeischarfschützen zur Absicherung des Geländes um die Schule einsetzen.«

»Wie viele?«

Whitlock rief sich den Lageplan ins Gedächtnis und sagte dann: »Ein Dutzend, um sicherzugehen.«

Kolchinsky machte sich eine Notiz auf seinem Block. »Ich regle das mit dem Polizeipräsidenten.«

»Gut, ich gehe jetzt besser wieder ins Hotel zurück. Rufen Sie mich bitte an, wenn Sie mit ihm gesprochen haben.«

Kolchinsky nickte und öffnete für Whitlock die Tür. Nachdem er sie wieder geschlossen hatte, griff er zum Telefon.

»Hallo?« meldete sich Bernard gleich beim ersten Klingeln des Telefons.

»Seevogel hier«, sagte eine Stimme.

»Hier Columbus«, nannte Bernard seinen Decknamen.

»Whitlock ist dahintergekommen«, berichtete ›Seevogel‹. »Geben Sie Plan A auf; gehen Sie nicht nach Harlem heute nachmittag!«

»Und was ist mit Sibele und Kolwezi?«

»Schicken Sie sie los, als ob nichts wäre. Die beiden sind entbehrlich. Und außerdem wird das Whitlock davon überzeugen, daß er recht hatte.«

»Bleibt Plan B.«

»Richtig«, bestätigte ›Seevogel‹.

»Was ist mit dem Gewehr?«

»Ich schicke nachher jemand vorbei, um es abzuholen. Keine Sorge, wir werden keine Probleme damit haben, es an den Sicherungsposten vorbeizubringen.«

Bernard legte den Hörer auf und lächelte. Jetzt hing das Gelingen des Anschlags auf Moboto von ihm ab. So hatte er es gern.

Rogers saß vor der Tür zu Mobotos Suite und las in einer Zeitschrift, als die Lifttüren sich öffneten und Whitlock auf den Korridor trat. Die beiden uniformierten Polizisten am Aufzug überprüften seinen Ausweis und ließen ihn dann passieren.

Rogers legte die Zeitschrift auf ein Tischchen und stand auf. »Die sind immer noch bei ihrer Besprechung«, meldete er Whitlock.

Whitlock schaute gereizt auf seine Uhr. »Wie stellt er sich das denn vor? Er weiß doch, daß er bereits in einer Stunde eine Rede in der Schule halten soll. Die Presseleute stehen schon überall im Foyer herum und warten auf sein Erscheinen.«

»Und hoffen, daß diesmal Blut fließt«, ergänzte Rogers zynisch.

»Kein Zweifel«, bestätigte Whitlock. »Wenn er vor einer halben Stunde fertig gewesen wäre, hätten wir den Pressefritzen aus dem Weg gehen können.«

Die Tür öffnete sich, und Masala in seiner ganzen Größe kam heraus. »Der Herr Präsident ist in fünf Minuten fertig.«

Whitlock wartete, bis der zimbalesische Gesandte und sein Gefolge gegangen waren, ehe er die Suite betrat. »Kann ich bitte kurz mit dem Präsidenten sprechen?« wandte er sich an Masala.

»Er kleidet sich gerade um«, kam die schroffe Antwort.

»Gibt es irgendein Problem?« fragte Moboto von der Tür seines Schlafzimmers her.

»Es könnte eines geben, Sir«, antwortete Whitlock.

»Dann kommen Sie besser herein«, meinte Moboto und verschwand in seinem Schlafzimmer.

Moboto band sich vor dem Spiegel gerade eine rote Seidenkrawatte um, als Whitlock eintrat. »Was also könnte sich zu einem Problem auswachsen?«

Whitlock schluckte den Ärger über Mobotos sarkastischen Ton hinunter. »Wir hatten doch vereinbart, daß Sie – um der Presse ausweichen zu können – schon vor einer halben Stunde fertig sein sollten.«

»Die Besprechung ging eben länger, als ich vorhersehen konnte«, erwiderte Moboto und blickte dabei im Spiegel Whitlock an.

»Nun, jetzt haben wir jedenfalls die Presse in Scharen auf dem Hals. Wir müssen Sie durch die Hintertür aus dem Hotel schmuggeln.«

Moboto war fertig mit seiner Krawatte und wandte sich zu Whitlock um. »Vielleicht wollen Sie mir auch noch eine Papiertüte über den Kopf stülpen, damit mich nur ja niemand erkennt.«

»Nichts vor alledem wäre nötig, wenn wir uns rechtzeitig

auf den Weg gemacht hätten«, gab Whitlock zurück und konnte den Ärger in seiner Stimme nicht mehr unterdrücken.

»Sie reden schon genau wie mein Vater. Bei dem mußte auch alles mit militärischer Präzision ablaufen. Er lebte streng nach der Uhr – das Wort Flexibilität war ihm völlig unbekannt.« Moboto hob die Hand, ehe Whitlock etwas erwidern konnte. »Lassen Sie mich eines klarstellen, Clarence. Ich werde dieses Hotel durch den Haupteingang verlassen. Und wenn wieder ein Mörder in der Menge steckt, hoffen wir eben, daß Sie genauso schnell sind wie beim letzten Mal. Ich werde mich jedenfalls dem Terror nicht beugen, indem ich durch irgendwelche Hintertüren hinausschlüpfe. Ist das klar?«

Whitlock nickte wortlos.

Moboto zog sich die Jacke an und steckte sich eine Nelke ins Knopfloch. »Ich bin fertig. Können wir gehen?«

Noch ehe Whitlock antworten konnte, meldete sich der Piepser an seinem Gürtel. Er schaltete ihn aus und lief ins Wohnzimmer, wo ein abhörsicheres Telefon installiert worden war, rief in der UNACO-Zentrale an und gab Sarah seine Codenummer; sie stellte das Gespräch sofort zu Kolchinsky durch.

»Bailey hat gerade angerufen«, sagte Kolchinsky. »Bernard hat sich bei ihm gemeldet.«

»Endlich«, erwiderte Whitlock. »Hat er gesagt, wo der Anschlag stattfinden soll?«

»Beim Besuch der Schule.«

»Und wo dort?«

»Es gebe dafür keinen genauen Plan, aber jedenfalls solle der Anschlag nach Bernards Angaben außerhalb des Gebäudes erfolgen.«

»Was wieder zu einem zweiten Attentäter passen würde.«

»Vielleicht«, entgegnete Kolchinsky. »Wie beim letzten Mal ist es wieder ein Zweierteam, der Killer und sein Fahrer. Als Fluchtwagen soll ein roter Buick mit der Zulassungsnummer 472 ENG verwendet werden.«

»Das hilft uns schon mal weiter«, meinte Whitlock und schrieb sich die Nummer auf.

»Ich habe kein gutes Gefühl dabei, C. W.; passen Sie bloß gut auf.«

»Darauf können Sie sich verlassen«, versicherte Whitlock.

»Und halten Sie mich auf dem laufenden.«

»Mach' ich«, versprach Whitlock und legte auf.

»Nun?« fragte Moboto.

Whitlock berichtete ihm, was Kolchinsky ihm mitgeteilt hatte.

»Jetzt wissen wir wenigstens, wo wir dran sind«, meinte Moboto.

»Ich hoffe, Sie haben recht«, erwiderte Whitlock leise und folgte Moboto zur Tür.

Der Mercedes, in dem der Präsident saß, fuhr zwischen zwei Polizeiwagen, und den Schluß der kleinen Kolonne bildete ein weiterer Mercedes. Whitlock saß vorne im Präsidentenwagen, und viele Gedanken schossen ihm durch den Kopf. Hatte er wirklich alles berücksichtigt, als er heute morgen die Sicherheitsmaßnahmen für den Besuch der Schule organisierte? Gab es irgendeine Schwachstelle? Er hatte mit dem Leiter des Polizei-Einsatzteams noch einmal die Situation anhand von Karten und Plänen erörtert. War dabei nichts übersehen worden? Wenn jetzt, nachdem man sie vor einem zweiten Anschlag ausdrücklich gewarnt hatte, Moboto etwas zustoßen sollte, würden Köpfe rollen – allen voran sein eigener. Vor dem Aufbruch nach Harlem hatte er über Funk noch die Zulassungsnummer des roten Buick durchgegeben. Zugleich hatte er strikten Befehl erlassen, nur im äußersten Notfall zu schießen. Für einen Fall, der wie dieser soviel Fragen offenließ, brauchte man einen Gefangenen, den man verhören konnte. Aber vor allem dieser Bernard – wie paßte der in das Puzzlespiel? War er tatsächlich der ›dritte Mann‹? Und wenn ja, arbeitete er dann im Auftrag der CIA, oder versuchte er, die aufs Kreuz zu legen? War er vielleicht für Ngune tätig? So viele Fragen, auf die er keine Antwort wußte! Das machte ihm zu schaffen. Und ebenso wie Kolchinsky hatte auch er ein ungutes Gefühl, was Mobotos Besuch in Harlem betraf ...

»Sind Sie verheiratet, Clarence?« fragte Moboto vom Fond

her. »Mir wird plötzlich bewußt, daß ich nichts von Ihnen weiß, was die Zeit nach Oxford betrifft.«

Whitlock gefiel es durchaus nicht, daß Moboto ihn mit ›Clarence‹ anredete. Aber er konnte nichts dagegen tun. Kolchinsky hatte von Moboto erfahren, daß Whitlock ihn am Flugplatz geduzt und schlicht mit seinem Vornamen angesprochen habe, und hatte daraufhin Whitlock in dieser Angelegenheit zu sich zitiert. Er hatte hervorgehoben, daß Moboto nicht nur Gast des Landes, sondern obendrein ein sehr wichtiger sei, und zugleich betont, daß er selbst doch nicht beleidigt zu sein brauche, wenn der Präsident ihn mit dem Vornamen anrede. Whitlock mußte einräumen, daß das stimmte – wobei ihm ›Clarence‹ noch nie gefallen hatte.

»Ja, seit sieben Jahren. Und meine Frau arbeitet sogar hier in Harlem.«

»Tatsächlich? Als was denn?«

»Sie ist Kinderärztin.«

»Wie interessant«, behauptete Moboto, ohne daß das überzeugend klang. »Haben Sie Kinder?«

»Nein.«

Wieder Schweigen im Wageninneren ...

»Jetzt sind wir in Harlem«, sagte Whitlock, als der Mercedes hinter dem Polizeifahrzeug in die Lenox Avenue einbog.

Moboto schaute durch die getönten Fenster hinaus. »Das sieht aber alles recht trostlos und deprimierend aus!«

»Ist es auch, das dürfen Sie mir glauben. Armut ist hier weitverbreitet wegen der hohen Arbeitslosigkeit. Die jungen Leute greifen zu Drogen, und um sich durchzuschlagen werden sie kriminell. Man mag kaum glauben, daß dies Amerika ist, das Land freier Menschen.«

»Ich würde gerne mit ein paar Leuten sprechen«, meinte Moboto nachdenklich. »Fahrer, halten Sie mal bitte an.«

Der Fahrer warf Whitlock einen unsicheren Blick zu, doch der schüttelte den Kopf.

»Wir werden nicht anhalten, bevor wir an der Schule sind.«

»Aber warum nicht?« fragte Moboto. »Das sind doch Ihre Leute, Clarence!«

»Wir sind zwar ebenfalls Schwarze, Sir, aber wir gehören

nicht hierher. Und man mag hier keine Außenstehenden. Können Sie es den Leuten verdenken, bei all dem Schmutz rundum? Das ist alles, was ihnen Amerika bisher beschert hat. Ich werde stets bitter, wenn ich nach Harlem komme. Aber die wollen meine Anteilnahme hier gar nicht, die wollen Anteilnahme von niemandem. Sie möchten einfach in Ruhe gelassen werden, um selbst ihre Probleme lösen zu können.«
Whitlock warf Moboto über den Rückspiegel einen Blick zu. »Es war gar nicht einfach, Ihren Besuch hier in Harlem zu organisieren, das dürfen Sie mir glauben. Die Regierung mußte regelrechte Verhandlungen mit den Sprechern der einzelnen Volksgruppen führen, damit der Konvoi hier durchfahren kann. Wir sind gewissermaßen im Herrschaftsbereich bestimmter Banden und sind sozusagen in ihr Revier eingedrungen. Wenn unser Besuch nicht von den Leuten, die hier was zu sagen haben, abgesegnet worden wäre, könnten wir sicher nicht unbelästigt durch diese Straßen fahren.«

»Aber die Polizeiwagen würden die Leute doch wohl abschrecken?«

Der Fahrer lächelte verhalten.

»Diese Banden haben keine Angst vor der Polizei – eher umgekehrt«, erläuterte Whitlock. »Sie haben vielleicht auch schon festgestellt, daß alle Polizisten in den Begleitfahrzeugen Schwarze sind. Die stammen alle hier aus Harlem, und man kennt sie hier.«

Moboto verstummte.

Die Menge der Zuschauer, die sich vor der Schule versammelt hatte, wurde von einem Polizeikordon vom Haupteingang zurückgehalten. Ein Teil war sicher an der Person des Besuchers tatsächlich interessiert, ein anderer durch den Medienrummel angelockt worden, den das Attentat auf den Präsidenten ausgelöst hatte. Die Schulkinder, welche die Zufahrtsstraße zur Schule säumten, waren mit kleinen Fähnchen in den zimbalesischen Landesfarben ausgerüstet worden und schwenkten diese eifrig, sobald die kleine Wagenkolonne in Sicht kam.

Moboto lächelte und winkte den Kindern zu, als sein Wagen an ihnen vorbeifuhr. Whitlock jedoch schenkte ihnen keine Beachtung, sondern musterte die angrenzenden Gebäude. Er konnte Scharfschützen der Anti-Terror-Abteilung auf den Dächern erkennen; schwarze Schirmmützen schützten ihre Gesichter vor dem hellen Sonnenlicht. Er hatte veranlaßt, daß jedes Gebäude im Umkreis von sechshundert Metern um die Schule durchsucht und bewacht wurde, auch wenn ihm klar war, daß er damit erheblichen Unmut bei den dafür eingesetzten Polizeikräften ausgelöst hatte, zumal diese in der Mehrheit Weiße waren; aber das hatte sich nun einmal nicht vermeiden lassen, und seine erste Pflicht war es schließlich, Moboto zu schützen.

Der Mercedes fuhr hinter dem ersten Polizeiwagen durch ein Gittertor in dem Zaun um das Schulgelände und rollte anschließend noch an die zweihundert Meter bis zum Haupteingang, vor dem der Rektor und eine Abordnung von Repräsentanten des Stadtbezirks Aufstellung genommen hatten. Whitlock stülpte die Kopfhörer über, durch die er mit dem Einsatzleiter der Polizei verbunden war, stieg aus und wartete, bis aus dem zweiten Wagen Rogers und Masala zu ihm getreten waren. Erst dann öffnete er die Tür für Moboto.

Der Rektor trat auf Moboto zu, als dieser ausstieg, und streckte begrüßend die Hand aus. Er hieß den Gast willkommen und begann, ihm die fünf Vertreter des Stadtbezirks vorzustellen, die für diesen Besuch ausgewählt worden waren. Whitlock und Rogers warfen sich besorgte Blicke zu. Warum konnten diese Vorstellungen nicht im Inneren des Gebäudes stattfinden? Hier vor dem Haupteingang bot Moboto ein erstklassiges Ziel. Whitlock setzte seine Sonnenbrille auf und schaute zum Dach des nächststehenden Gebäudes hinüber; er konnte dort zwei Angehörige einer Anti-Terror-Einheit erkennen. Der Schweiß trat ihm auf die Stirn – Bernard hatte schließlich mitgeteilt, daß der Anschlag außerhalb des Gebäudes stattfinden sollte. Daher hatte er ja auch Moboto veranlaßt, auf die vorgesehene Begrüßung der Volksmenge draußen zu verzichten. Das hätte wirklich geheißen, das Schicksal herauszufordern. Blieb immer noch ein möglicher Scharfschütze – falls es tatsächlich einen solchen gab. Und falls das Bernard wäre – wieso hatte er dann Bailey über den Anschlag informiert? Nichts von alledem ergab einen Sinn. Aber es war jetzt nicht die richtige Zeit, sich über Bernards Beteiligung den Kopf zu zerbrechen.

Ein weiteres Mal schaute er um sich, dann wandte er sich wieder Moboto zu, der gerade mit dem letzten der fünf Abgesandten bekannt gemacht wurde. Whitlock winkte Masala, der seinen Posten an der Tür einnahm und darauf wartete, daß die kleine Gruppe hineinging; dann wandte er sich an die Polizisten, die einen Kordon um den Haupteingang gebildet hatten, und wiederholte nochmals seine schon bei der Einsatzbesprechung nachdrücklich eingeschärfte Weisung, daß niemand sonst eingelassen werden dürfe, wenn Moboto erst einmal im Inneren des Gebäudes wäre. Er befahl ihnen außerdem, in ständigem Kontakt mit den übrigen Polizeibeamten rund um die Schule, auf dem Gelände und auch innerhalb des Gebäudes selbst zu bleiben und ihn sofort zu informieren, wenn etwas Unvorhergesehenes geschehen würde, auch wenn das noch so nebensächlich scheine. Er legte den größten Wert darauf, den oder die Attentäter zu erwischen, ohne daß ein Schuß fiel; es galt, den Fehlschlag der Maßnahmen anläßlich des Anschlags vor dem Hotel wettzumachen. Da klopfte Rogers ihm auf die Schultern – es war Zeit, hineinzugehen. Whitlock hatte sich Gedanken gemacht wegen des Einsatzes von Rogers – er würde der einzige Weiße in der Aula sein. Schließlich hatte er sich entschlossen, ihn mit der Bewachung der Tür an der Rückwand der Bühne zu beauftragen. Dort wäre er den Blicken verborgen durch die dicken roten Vorhänge auf drei Seiten der Bühne. Whitlock warf einen letzten Blick um sich und folgte dann Moboto.

Walter Sibele hatte acht Jahre bei der zimbalesischen Sicherheitspolizei gedient, ehe diese von Jamel Moboto aufgelöst worden war. Gerne hatte er die Chance ergriffen, dem Vier-Mann-Team anzugehören, das zur Ermordung Mobotos nach Amerika geschickt worden war. Massenga hatte ihnen eingeschärft, daß sie die Sache nicht als Racheakt betrachten dürften, sondern ihre Aufgabe ganz nüchtern und professionell anpacken müßten. Sie hatten ihre Rollen ungefähr eine Woche lang auf einer Farm in der Nähe von Kondese eingeübt, als Massenga ganz überraschend mit einem Mann aufgetaucht war, den keiner von ihnen je vorher gesehen hatte und den er ihnen als ›Columbus‹ vorstellte. Es hätte eine Änderung des ursprünglichen Plans gegeben, ›Columbus‹ sei nun Leiter ihres Teams und würde selbst Moboto aus dem Weg räumen. Sie stellten Massengas Autorität zwar nicht in Frage, hatten aber doch gewisse Vorbehalte gegen diesen Neuankömmling – der mußte erst einmal beweisen, was er konnte. Am zweiten Tag hatte er den Fehdehandschuh aufgenommen: wenn einer von ihnen besser schießen könne als er, solle der Betreffende nicht nur neuer Teamchef werden, sondern auch derjenige sein, der Moboto töten würde. Selbstverständlich hatten sie die Herausforderung angenommen, aber keiner von ihnen war an seine Leistungen herangekommen, weder im Umgang mit Pistolen noch mit Gewehren. Das war der Wendepunkt, und als die vier schließlich nach Amerika flogen, gab es nichts mehr, was sie nicht für ihn getan hätten.

Nachdem nun die beiden anderen tot waren, mußten Kolwezi und er ›Columbus‹ zeigen, daß sie ihres Auftrags würdig waren, selbst wenn das ihren Tod bedeuten sollte. Sie waren bereit zu sterben – wenn nur Moboto ausgeschaltet wurde. Dann käme Ngune an die Macht, und sie wären die Märtyrer des neuen Regimes in Zimbala. Kamen sie aber mit dem Leben davon, würde Ngune sie öffentlich wegen ihrer Tapferkeit auszeichnen. Wie auch immer – Moboto mußte sterben.

Natürlich war Sibele durchsucht worden, als er das Gebäude betrat, und man hatte die Nummer seiner Einladungskarte sorgfältig mit der entsprechenden Liste verglichen. Die Einladungskarte selbst hatte man im St.-Nicholas-Park sozusagen ganz offiziell von einem Kartenschwarzhändler erworben. Es waren nur fünfhundert Einladungskarten gedruckt worden, und Moboto hatte Wert darauf gelegt, daß dreihundertfünfzig davon frei verkauft wurden. Der Erlös sollte Kindern in Harlem zugute kommen. Wenn nach dem ursprünglichen Plan alle Einladungskarten an die Minderheit wohlhabender Schwarzer in New York gegangen wären, hätte Sibele keine Chance gehabt, hier hereinzukommen. So hatte Moboto selbst, welche Ironie des Schicksals, seinen Tod organisiert. Die Mordwaffe, eine Beretta, war schon vor einer Woche durch einen Hausmeister eingeschmuggelt worden, der dafür fürstlich entlohnt worden war. Der Hausmeister hatte gewartet, bis die Toiletten von der Polizei durchsucht worden waren, und hatte die Waffe dann unter einem Spülkasten mit Klebeband befestigt. Wenige Minuten später hatte sich Sibele die Waffe geholt und sie auf seinem Rücken in den Gürtel gesteckt. Dann hatte er sich frühzeitig einen Platz nahe der Bühne gesucht und wartete nun schon eine volle Stunde. Moboto war inzwischen angekommen, das wußte er. Jetzt konnte es nur noch wenige Minuten dauern, bis er in der Aula erschien...

Die Doppeltür am Eingang der Halle wurde aufgestoßen, und als erstes tauchte Masala auf, der riesige Leibwächter. Hinter ihm kam der Schulrektor herein, dem Moboto folgte. Die meisten Anwesenden erkannten ihn sofort aufgrund seines Auftritts im Fernsehen, und alle verfolgten, wie er in Begleitung der kleinen Delegation den Mittelgang hinunterging und die Treppe zur Bühne hochstieg. Der Rektor wies auf einen Sessel, der neben dem Rednerpult stand, und mit einem Lächeln nahm Moboto Platz. Anschließend setzten sich auch die übrigen, wobei der Sessel neben Moboto für den Rektor frei blieb. Für Whitlock und Masala waren Stühle im Hintergrund aufgestellt worden. Whitlock warf einen Blick hinter den Vorhang; Rogers gab ihm mit hochgehaltenem Daumen ein Zeichen, daß alles in Ordnung sei, warf durch einen Spalt im Vorhang rasch einen Blick auf das Auditorium und ging dann auf seinen Platz neben der Hintertür zurück.

Der Rektor trat an das Rednerpult, ließ den Blick über die Versammlung der Gäste schweifen und räusperte sich kurz. »Ich darf Sie zunächst alle sehr herzlich hier willkommen heißen. Eigentlich hatte ich eine schöne Rede vorbereitet, in der ich Ihnen unseren berühmten Gast vorstellen wollte, aber dank der vorzüglichen Arbeit der amerikanischen Presse wird ja kaum noch jemand hier sein, der nicht die gesamte Lebensgeschichte Präsident Mobotos kennt.«

Gelächter erhob sich, nur Moboto blickte unbewegt zu Boden.

»Präsident Moboto hat sich freundlicherweise bereit erklärt, Fragen zu beantworten, die Sie vielleicht nach seiner Ansprache an ihn stellen wollen. Und so darf ich Sie ohne weitere Verzögerung bitten, mit einem herzlichen Applaus den neuen Präsidenten Zimbalas, Jamel Moboto, hier in Harlem willkommen zu heißen!«

Das war das Stichwort für Sibele. Während Beifall aufbrandete, zog er die Beretta und sprang auf. Die Frau neben ihm schrie laut. Masala stieß den Rektor beiseite und riß Moboto zu Boden, um ihn hinter das Rednerpult in Deckung zu ziehen, ehe Sibele überhaupt schießen konnte. Frauen und Kinder schrien, Stühle wurden umgeworfen, und die Menge drängte in Panik zu den Ausgängen. Whitlock hatte seinen Browning in der Hand, wagte aber nicht, auf Sibele zu schießen, aus Furcht, vielleicht einen Unbeteiligten zu treffen. Sibele warf einen Blick zur Galerie hinauf, die wegen Renovierungsarbeiten geschlossen war. Kein Zeichen von ›Columbus‹ – wo steckte er nur? Er hatte doch gesagt, daß er dort sein würde; etwas mußte schiefgegangen sein. Sibele wandte sich wieder dem Podium zu; er war nun auf sich selbst gestellt. Whitlock hatte gerade die Vorderkante der Bühne erreicht, als Sibele die Waffe auf ihn richtete und schoß. Die Kugel traf Whitlock in den Arm, und der Browning fiel ihm aus der Hand. Sibele rannte auf die Stufen zu, die zur Bühne hinauf führten, da tauchte hinter dem Vorhang Rogers auf und feuerte zweimal auf Sibele, als dieser gerade die oberste Stufe erreicht hatte. Die Kugeln trafen Sibele in die Brust, der von der Bühne auf die erste Reihe von Stühlen stürzte und einige davon umriß. Rogers sprang von der Bühne und stieß die Beretta mit dem Fuß außer Reichweite von Sibeles ausgestreckter Hand. Dann drückte er Sibele den Lauf seines Smith & Wesson ins Genick und fühlte nach dem Puls.

»Nun?« fragte Whitlock von der Bühne her und preßte die Hand auf seinen verletzten Arm.

»Tot«, meldete Rogers und runzelte besorgt die Stirn. »Sind Sie in Ordnung?«

Whitlock nickte und lief zu dem am Boden liegenden Präsidenten. »Sind Sie wohlauf, Sir?«

»Mir ist nichts passiert«, bestätigte dieser und erhob sich. Dann entdeckte er erschrocken Whitlocks blutdurchtränkten Ärmel. »Sie verlieren eine Menge Blut! Sie müssen sofort ins Krankenhaus!«

»Ein glatter Durchschuß. Sieht viel schlimmer aus, als es ist.«

Der Rektor und die Abgesandten des Stadtbezirks kamen verstört hinter dem Vorhang hervor. »Wie konnte der Mann mit einer Pistole hereinkommen?« keuchte der Rektor. »Ich dachte, die Polizei hätte jeden durchsucht, der heute ins Gebäude kam!«

»Das tat sie auch«, versicherte Whitlock. »Da muß jemand dahinterstecken, der schon im Gebäude war.«

Zwei von den Schüssen alarmierte Polizisten kamen von draußen hereingelaufen.

»Rufen Sie einen Krankenwagen!« schrie Rogers ihnen zu. »Und schließen Sie die Türen. Die Presse erhält auf keinen Fall Zutritt, ehe die Leiche weggeschafft ist!«

»Zu Befehl, Sir«, erwiderte der eine der beiden Polizisten und schloß mit seinem Kollegen die Türen von außen.

Whitlock band sich selbst ein Taschentuch um den Arm, musterte die nun verlassene Aula und wandte dann seine Aufmerksamkeit der Galerie zu. Warum hatte Sibele wohl hinaufgeschaut? Vielleicht versteckte sich dort der ominöse Scharfschütze? Aber vor dem Eingang zur Galerie stand doch ein uniformierter Polizist.

»Sie haben das also auch gesehen,« sagte Masala hinter ihm.

Whitlock nickte.

Ein lautes Klopfen an der Tür war zu hören, und atemlos stürzte ein Polizist herein. Er warf einen kurzen Blick auf die Leiche Sibeles und lief dann auf Whitlock zu. »Wir haben Sie zu erreichen versucht, Sir, aber Sie antworteten nicht!«

Whitlock schaute auf den Empfänger an seinem Gürtel

hinunter und stellte fest, daß das Kabel zum Kopfhörer sich gelöst hatte, wahrscheinlich bei seinem Sturz. Dann blickte er den Polizisten an. »Also, was ist?«

»Eine unserer Einheiten hat den Fluchtwagen mit dem Fahrer darin ein paar Blocks von hier eingekreist. Man wartet auf Ihre Anweisungen!«

Whitlock wandte sich an Rogers. »Gehen Sie sofort dahin! Wir brauchen den Mann lebend. Bläuen Sie das den Leuten dort ein. Wenn sie schon schießen müssen, dann dürfen sie ihn allenfalls kampfunfähig machen, aber nicht töten!«

»Bin schon unterwegs«, erwiderte Rogers und sprang von der Bühne.

»Warten Sie, ich komme mit«, sagte Masala und schaute, um dessen Einverständnis bittend, Moboto an.

»Ja, gehen Sie mit«, sagte dieser. »Und denken Sie an das, was Mr. Whitlock sagte – er darf nicht getötet werden!«

Masala nickte und folgte Rogers. Draußen wurden sie sofort von Presseleuten umringt, aber keiner der beiden sagte ein Wort, während sie sich ihren Weg durch die ihnen entgegengereckten Mikrofone bahnten. Rogers schärfte lediglich dem uniformierten Polizisten am Eingang nochmals ein, daß niemand von der Presse ins Gebäude gelangen dürfe, und ging dann mit Masala auf das Außentor zu, vor dem sich eine noch größere Menschenmenge versammelt hatte, nachdem das Gerücht von der Schießerei nach außen gedrungen war. Ein Mann der betreffenden Anti-Terror-Einheit wartete schon.

»Also, wie ist die Lage?« fragte ihn Rogers.

»Wir konnten ihn in einer Seitenstraße stellen; der Wagen entspricht samt Zulassungsnummer genau der Beschreibung, aber wir haben uns dem Wagen noch nicht genähert. Der Mann sitzt drin.«

»Also, gehen wir«, sagte Rogers.

Die drei Männer liefen die kurze Strecke zu der Straßenecke, wo sich bereits Neugierige um Polizeiwagen versammelt hatten, die zur Blockierung mitten auf der Straße standen. Ein weiteres Polizeifahrzeug war zum gleichen Zweck bereits am anderen Ausgang der Straße postiert worden, und auf den Dächern der Häuser, die die Straße säumten, wartete ein gutes Halbdutzend von Mitgliedern der Anti-Terror-Abteilung, die ihre Gewehre auf den roten Buick richteten. Der Leutnant, der die Einheit befehligte, erwartete die Ankömmlinge ungeduldig. Rogers teilte mit, was Whitlock befohlen hatte, und der Leutnant leitete die Anweisungen sofort an seine Leute weiter.

»Was schlagen Sie vor?« fragte er dann.

»Ich werde versuchen, mit ihm zu reden«, antwortete Rogers.

»Es könnte eine Bombe im Auto eingebaut sein«, befürchtete der Leutnant.

Rogers zuckte mit den Schultern. »Das muß ich riskieren. Je länger wir ihn schwitzen lassen, desto größer ist die Gefahr, daß er durchdreht. Und wir brauchen ihn lebend, Sie wissen ja.«

Der Leutnant nickte.

Rogers trat vor den Polizeiwagen und zog sich die Jacke aus. Dann nahm er seine Waffe aus dem Schulterholster, hob sie hoch, damit der Mann im Buick sie sehen konnte, und reichte sie Masala.

»Sind Sie übergeschnappt?« fragte der Leutnant verblüfft. »Wenn der Sie nun niederschießt?«

»Falls er es tun sollte – erschießen Sie ihn bloß nicht, machen Sie ihn lediglich kampfunfähig!«

Der Leutnant seufzte ergeben, ging dann zum Wagen und gab durch, daß Rogers es unbewaffnet versuchen würde. Rogers schritt langsam auf den roten Buick zu, die Arme vom Körper weggestreckt. Er blieb vor dem Wagen stehen und machte dem Mann darin ein Zeichen, das Fenster der Fahrertür zu öffnen. Kolwezi wischte sich den Schweiß von der Stirn und kurbelte das Fenster herunter. Dann richtete er seine Walther auf Rogers und befahl ihm, bis auf zwei Schritt näherzukommen. Rogers tat dies und warf dabei einen Blick auf das Dach des nächsten Hauses. Der Scharfschütze dort oben war etwa fünfzig Meter weit entfernt – also außer Hörweite.

»Wir können reden – niemand kann uns hören«, sagte Rogers auf Arabisch. »Sibele ist tot.«

»Und Moboto?«

»Bisher nicht.«

»Was ist mit Columbus?«

»Er konnte nicht in das Gebäude gelangen«, log Rogers. »Es war zu streng bewacht. Leider bestand keine Möglichkeit, Sibele darüber zu informieren, bevor der drin war; er hatte keine Chance.«

»Zweimal schon haben wir versagt«, meinte Kolwezi bitter. »Und Moboto lebt unbehelligt, genau wie während der Herrschaft seines Vaters.«

»Keine Sorge, euer Tod wird nicht vergeblich gewesen sein. Morgen wird Moboto sterben.«

»Durch Columbus?«

Rogers nickte und schaute dann zu Masala und dem Leutnant hinüber. »Man nimmt an, daß ich hier versuche, Sie zur Aufgabe zu bewegen.«

»Gehen Sie, mein Freund!«

Rogers drehte sich auf dem Absatz um und schritt wieder auf den Polizeiwagen zu.

Kolwezi aber schob ruhig den Lauf seiner Waffe in den Mund, drückte die Mündung gegen den Gaumen und zog den Abzug durch.

Carmen hatte ihre Sprechstundenhilfe gebeten, hinter ihr abzuschließen, und war rasch in das Krankenhaus geeilt, nachdem ihr Mann sie von dort aus angerufen hatte. Obwohl sein Arm dick bandagiert war, hatte er ihr versichert, daß es nichts Ernsthaftes sei. Zwar schmerzte die Wunde, aber er wollte sie mit seiner Lüge beruhigen. Der Arzt hatte ihm ein Rezept für Schlaftabletten mitgegeben, und sie waren auf dem Weg in die Wohnung noch bei einer Apotheke vorbeigefahren. Whitlock hatte einen leichten Imbiß zu sich genommen und war dann zu Bett gegangen, fest entschlossen, am nächsten Morgen wieder seinen Dienst anzutreten.

Carmen war gerade beim Abspülen, als das Telefon klingelte. Sie trocknete sich rasch die Hände ab und ging dann an den Nebenanschluß in der Küche.

»Carmen?«

»Rosie, du?« fragte Carmen verblüfft.

»Ja, ich«, bestätigte Rosie.

Auf die Anreden mit ›Tante‹ und ›Onkel‹ hatte sie auf deren Vorschlag frühzeitig verzichtet. ›Onkel Clarence‹ hatte Whitlock ganz scheußlich gefunden, und daher sprach auch sie ihn nur mit ›C. W.‹ an.

»Rosie, wo steckst du denn?« fragte Carmen besorgt. »Deine Eltern sterben fast vor Angst um dich. Du mußt unbedingt deine Mutter anrufen ...«

»Nein«, unterbrach Rosie sie entschlossen. »Deswegen rufe ich ja gerade bei dir an. Sag du ihr bitte, daß es mir gut geht. Ich werd' sie in ein paar Tagen anrufen.«

»Wo wohnst du denn?«

»Bei einem Freund.«

»Warum kommst du nicht zu uns, um ein paar Tage hier zu bleiben?« schlug Carmen vor. »Deine Eltern würden nur herkommen, wenn du das ausdrücklich willst. Aber sie wüßten dann doch wenigstens, daß du in Sicherheit bist.«

»Nun ...«, antwortete Rosie zögernd. »Ich ruf' dich morgen in der Praxis an, und dann können wir was ausmachen.«

»Versprichst du mir das?«

»Ja, sicher. Und jetzt ist mein Geld alle. Ich ruf' dich dann wieder an, einverstanden?«

»Einverstanden.«

Carmen legte auf und fragte sich, ob ihr Mann wohl von dem Telefonat etwas mitbekommen hatte. Sie schaute ins Schlafzimmer – er schlief tief und fest. Lächelnd schloß sie die Zimmertür und ging wieder in die Küche, um ihren Abwasch zu beenden.

Rosie kaufte eine Pizza in der Pizzeria direkt neben der Telefonzelle und ging in die Wohnung zurück. Gleich als sie die Wohnungstür aufschloß, sah sie Bernards Lederjacke auf einem Stuhl hängen. Er saß gerade vor dem Radio im Wohnzimmer und hörte Nachrichten.

»Wann sind Sie denn gekommen?« fragte sie von der offenen Tür her.

»Vor vielleicht zwanzig Minuten«, antwortete Bernard lächelnd.

»Wie war der Tag?«

»Fragen Sie lieber nicht«, erwiderte er und deutete auf die Schachtel in ihrer Hand. »Was ist drauf auf der Pizza?«

»Schinken und Pilze. Ist das recht?«

»Bestens; ich sterbe vor Hunger.« Bernard machte auf dem Kaffeetisch Platz für die Pizza. »Und wie verlief der Tag für Sie?«

»Ich verließ das Haus heute morgen, bald nachdem Sie gegangen waren«, antwortete sie und öffnete die Schachtel. »Und ich war weg bis jetzt.«

»Und wo waren Sie?« erkundigte sich Bernard.

»Ich bin mit der Untergrundbahn zur Fifth Avenue gefahren und habe mir dort den ganzen Tag Schaufenster angeschaut. Groß was anderes kann man ja nicht machen mit fünf Dollar in der Tasche.«

Bernard lächelte und nahm sich ein Stück von der Pizza.

»Ich hab' noch kurz meine Tante angerufen, ehe ich soeben die Pizza gekauft habe.«

»Ihre Tante?« fragte Bernard argwöhnisch.

»Meine Tante Carmen, ja. Sie schlug vor, daß ich hier ausziehen und von morgen an einige Tage bei ihnen bleiben solle. Ich halte das für eine gute Idee. Nicht daß ich nicht zu schätzen wüßte, was Sie für mich getan haben, bestimmt nicht. Aber sie ist schließlich eine Familienangehörige. Ich wünschte mir bloß, meine Eltern hätten auch so viel Verständnis für mich wie meine Tante und mein Onkel.«

»Und morgen möchten Sie dann dort wohnen?«

»Ja, ich denke schon – wir sind immer gut miteinander ausgekommen. Ist etwas nicht in Ordnung dabei?«

»Aber nein, ich halte das auch für eine gute Idee. Und ich selbst muß ohnehin in wenigen Tagen nach Beirut zurück.« Bernards Gedanken überschlugen sich – Carmen, Whitlocks Frau. Wenn Rosie dort einziehen würde, könnte er seine Geisel abschreiben, und das konnte die Dinge erheblich komplizieren. Verdammt, warum hatte sie mit dem Anruf nicht noch einen Tag gewartet? Dann hätte er gewußt, ob er sie brauchte oder nicht. Jetzt mußte er eben improvisieren, das war die einzige Möglichkeit.

Es klingelte an der Tür.

Bernard runzelte die Stirn. Konnte das der Mann sein, der das Gewehr abholen sollte? So früh hatte er mit dem eigentlich nicht gerechnet, und er erwartete auch keinen anderen Besucher. Er wischte sich die Hände an einer Papierserviette ab, stand auf und ging zur Tür. Draußen standen zwei Polizeibeamte.

»Guten Abend«, sagte einer von ihnen und tippte an seine Mütze. »Sind Sie Marc Giresse?«

Bernard nickte bedächtig. »Ja – und was gibt's denn?«

»Können wir hereinkommen?«

»Aber sicher«, antwortete Bernard und öffnete die Tür, um sie eintreten zu lassen.

»Mein Name ist Deacon«, stellte sich der Beamte vor, der ihn nach seinem Namen gefragt hatte. »Und das ist mein Kollege Cummings.«

Bernard registrierte mit einem raschen Blick, daß ihre Abzeichen echt waren. »Sie haben mir noch immer nicht gesagt, worum es sich eigentlich handelt.«

Deacon setzte gerade zum Sprechen an, als Rosie aus dem Wohnzimmer kam. Er schaute sie an und fragte: »Sind Sie Rosie Kruger?«

Sie schaute mit großen, angstgeweiteten Augen Bernard an und antwortete leise: »Ja.«

»Kennen Sie einen Kenneth Doyle?«

»Aber sicher«, bestätigte sie und schaute besorgt auf. »Ist ihm etwas zugestoßen?«

»Ich hatte gehofft, daß einer von Ihnen beiden mir das sagen könnte.« Deacon zog einen zusammengefalteten Zettel aus der Tasche und hielt ihn hoch. »Mr. Doyle hat diese Nachricht bei einem Freund hinterlassen. Er teilt darin mit, daß er an diesem Vormittag hierherkommen wollte, um Sie zu treffen, Miß Kruger. Und er schrieb weiter, daß sein Freund für den Fall, daß er bis vier Uhr heute nachmittag nichts von ihm gehört hätte, mit diesem Zettel zur Polizei gehen solle. Das hört sich seltsam an, nicht wahr?«

»Aber es gibt doch sicher eine logische Erklärung dafür«, wandte Bernard ein und mußte ein Gefühl der Furcht, das sich in seinem Magen breitzumachen begann, niederkämpfen.

»Wußten Sie, Mr. Giresse, daß Miß Kruger erst sechzehn Jahre alt ist? Und daß sie von daheim weggelaufen ist?«

»Ja, das wußte ich«, gab Bernard zu. »Sie hat es mir selbst erzählt. Und das war auch einer der Gründe dafür, daß ich ihr für die Nacht ein Bett beschafft habe. Sie ist zu jung, um sich nachts auf der Straße herumzutreiben.«

»Wessen Bett?« fragte Cummings und schaute von Bernard zu Rosie.

»Was fällt Ihnen ein!« fauchte Rosie. »Marc hat mich nicht angerührt!«

»Nur ruhig, Rosie«, beschwichtigte Bernard mit erhobener Hand.

»Ist Mr. Doyle heute vormittag hier vorbeigekommen?« wandte sich Deacon an Rosie.

Sie nickte. »Er hatte was gegen Marc. Er sagte, er traue ihm nicht und drängte mich, die Wohnung zu verlassen. Ich habe ihn aber weggeschickt. Marc hat sich mir gegenüber wirklich anständig benommen, seit ich hier bin!«

»Ging Doyle wieder?« wollte Cummings wissen.

»Ja.«

»Ist er vielleicht zurückgekommen?« bohrte Cummings weiter.

»Das weiß ich nicht. Ich bin selbst bald nach ihm weggegangen und erst vor wenigen Minuten zurückgekommen.«

»Haben Sie ihn vielleicht getroffen?« fragte Deacon nun Bernard.

»Ich war den ganzen Tag außer Haus«, antwortete dieser. »Es tut mir leid, daß ich Ihnen nicht weiterhelfen kann, aber ich habe ihn nur ein einziges Mal gesehen, und das war im ›Rollercoaster‹, wo er arbeitete.«

»Haben Sie es denn schon im ›Rollercoaster‹ versucht?« fragte Rosie.

»Wir haben schon an allen seinen üblichen Aufenthaltsorten nachgeforscht, Miß Kruger. Aber er scheint einfach verschwunden zu sein. Und alle seine Bekannten sagen, daß das gar nicht zu ihm passe.«

»Das stimmt«, bestätigte Rosie. »Kenny hat immer gern Leute um sich. Ich kann mich nicht entsinnen, daß er irgendwann mal allein gewesen wäre.«

»Sie sagten, er habe Mr. Giresse nicht getraut«, sagte Cummings. »Warum?«

»Kenny fühlte sich als mein Beschützer. Er war wie ein großer Bruder für mich und immer mißtrauisch gegenüber neuen Leuten, die ich kennenlernte, besonders gegenüber Männern. Ich kann wirklich nicht sagen, warum er Marc nicht mochte. Er meinte einfach, für sein Gefühl stimme etwas mit ihm nicht.«

»Sie kommen wohl besser beide mit zur Wache«, befand Deacon.

»Soll das heißen, daß Sie uns einsperren wollen?« fragte Bernard.

»Nein«, entgegnete Deacon. »Wir müssen Ihnen dort lediglich noch weitere Fragen stellen.«

»Geht in Ordnung«, sagte Bernard zu Rosie. »Wie ich schon sagte, wird es sicher für alles eine logische Erklärung geben. Holen Sie Ihren Mantel!«

»Aber ich habe doch keinen dabei«, antwortete sie.

»Dann nehmen Sie meine Jacke«, sagte er und wies auf den Stuhl. »Ich kann mir doch sicher ein anderes Jackett aus dem Schlafzimmer holen?«

Deacon nickte und begleitete Bernard ins Schlafzimmer; dort blieb er an der Tür stehen. Bernard öffnete den Kleiderschrank und nahm ein Jackett vom Bügel. Dann griff er unter den Hemdenstapel und zog dort seine Pistole hervor, auf deren Lauf noch der Schalldämpfer steckte. Sein erster Gedanke war, sich umzudrehen und Deacon niederzuschießen. Doch das würde Cummings alarmieren, also mußte er beide zusammen erwischen. Er verbarg die Waffe in seiner Hand unter der über den Arm gelegten Jacke, schloß den Kleiderschrank und ging auf Deacon zu. Jetzt hatte er auch Cummings im Blick, der an der Wohnungstür lehnte. Aber Rosie stand in der Schußlinie. Er fluchte innerlich. Was, wenn

Cummings die Tür öffnete, ehe Rosie aus der Schußlinie war? Eine Schießerei außerhalb der Wohnung konnte seine Tarnung auffliegen lassen. Er hatte noch keinen Entschluß fassen können, als Cummings nach der Türklinke griff. Bernard mußte seine Karten ausspielen, selbst wenn Rosie bei der Schießerei in Mitleidenschaft gezogen würde. Ein Verlust seiner Tarnung wog weit schwerer als der Ausfall Rosies als möglicher Geisel. Er hob die Waffe unter dem Jackett und schoß Deacon durch den Kopf. Rosie schrie auf, als Deacon gegen die Wand taumelte und dann mit dem Gesicht voran schwer auf den Boden schlug. Cummings stieß sie instinktiv beiseite und versuchte noch, seinen Colt aus dem Holster zu ziehen, als ihn schon Bernards Schuß traf. Er wurde gegen die Tür geworfen, und die Überraschung stand noch in seinen weit geöffneten Augen, als er leblos zu Boden sank. Bernard ließ das Jackett fallen und richtete die Automatik auf Rosie, die sich, die ineinandergekrampften Hände unter dem Kinn, gegen die Wand gekauert hatte. Entsetzt schaute sie ihn an.

»Bitte, töten Sie mich nicht«, wimmerte sie und schüttelte langsam den Kopf.

»Ich werde Sie nicht töten. Sie sind viel zu wertvoll für mich!«

Bernard hielt die Waffe weiterhin auf sie gerichtet, während er sich davon überzeugte, daß die beiden Polizeibeamten tot waren. Zufrieden befahl er ihr, aufzustehen. Starr vor Angst erhob sie sich.

»Sie hätten doch lieber auf Ihren Freund Kenny hören sollen, nicht wahr?«

»Was haben Sie mit ihm gemacht?« fragte sie, auf das Schlimmste gefaßt.

»Er kehrte hierher zurück, nachdem Sie gegangen waren. Mir scheint, er wollte ein bißchen Detektiv spielen. Aber da hat er sich wohl übernommen. Schade, er hat es bestimmt gut gemeint.«

»Sie haben ihn also erschossen, nicht wahr?«

»Was denn sonst«, bestätigte er mit einem wegwerfenden Achselzucken.

Rosie kämpfte mit den Tränen. Warum hatte sie nicht auf

Kenny gehört? Er hatte auf der ganzen Linie recht gehabt. Sie hatte tatsächlich in einer Traumwelt gelebt. Und jetzt war sie kopfüber auf den Boden der Tatsachen zurückgeworfen worden. Sie wünschte sich verzweifelt, in ihre alte Welt zurückkehren zu können, wo sie sich sicher gefühlt hatte. Aber sie wußte, daß das nicht möglich war – niemals wieder. Dann kam ihr schlagartig die niederschmetternde Erklärung, daß sie zumindest teilweise an Kennys Tod schuld war. Wenn sie auf ihn gehört hätte, wäre er noch am Leben. Und in diesem Augenblick der Wahrheit schlug ihre Angst in Wut um. Sie stürzte sich auf Bernard und wünschte sich dabei fast, daß er abdrücken würde. Aber Bernard sprang zur Seite; aus dem Augenwinkel konnte sie noch wahrnehmen, wie er die Pistole hob. Er hieb sie ihr auf den Hinterkopf, und Dunkelheit brach über sie herein.

Achtes Kapitel

Sabrina schaute zu den Myriaden von Sternen hoch, mit denen der nächtliche Himmel bestückt war, als wäre eine Unzahl funkelnder Diamanten auf schwarzem Samt ausgebreitet, und vermochte kaum zu glauben, daß das der Himmel war. Was alles lag wohl noch hinter dieser Schönheit? Obwohl als Katholikin erzogen, hatte sie sich doch nie als besonders religiös empfunden; heute besuchte sie gerade einmal im Jahr gemeinsam mit ihren Eltern eine Messe, und zwar an Weihnachten – und auch dies eigentlich nur ihren Eltern zuliebe. Sie lächelte. Warum beschäftigte sie sich mit religiösen Dingen immer gerade dann, wenn sie im Einsatz war? Ein unterbewußter Versuch, der ewigen Verdammnis zu entfliehen? Sie verdrängte diesen Gedanken und konzentrierte sich statt dessen auf ihr Vorhaben.

Sie hatten sich entschlossen, zu fünft den Weg nach Kondese anzutreten. Tambese hatte sie davon überzeugt, daß der Versuch, sich Verstärkung zu holen, nur die Aufständischen aufmerksam gemacht hätte. Sabrina hatte heimlich mit Graham darüber diskutiert, ob es sinnvoll sei, Moredi und Laidlaw mitzunehmen. Aber Moredi kannte sich im Branco-Gefängnis aus, denn er war einst als Häftling dort eingesessen, und Laidlaw war bei der Delta berühmt gewesen wegen seiner Fähigkeit, stets den besten Weg für das Eindringen in eine Anlage und auch für den Rückzug zu finden. Beide waren also unentbehrlich, sollten aber der eigentlichen Sturmgruppe nicht angehören. Zufrieden mit dieser Regelung, hatte Sabrina dem Plan zugestimmt.

Tambese hatte dann ein Waffensortiment aus den Beständen der Kasernen zusammengestellt und eine zivile Cessna bei einer Privatfirma in der Hauptstadt gemietet. Damit wären sie nicht nur entsprechend schneller, sondern könnten auch die Straßensperren der Rebellen vermeiden, die überall auf den Zugangsstraßen nach Kondese errichtet worden waren. Moredi hatte eine Landung bei einer Farm in unmittelbarer Nähe von Kondese arrangieren können, die Matthew Okoye gehörte, einem persönlichen Freund der Brüder Moboto. Er war einer der wohlhabendsten Geschäftsleute des Landes, und Ngune hatte klugerweise strenge Weisung erlassen, ihn nicht zu belästigen, als die Rebellen sich in und um Kondese einrichteten. Er wußte, wie wichtig es war, sich mit Leuten wie Okoye gutzustellen. Sie waren die Zukunft Zimbalas, gleichgültig, wer die Macht innehatte.

Sie waren nicht viel mehr als eine Stunde geflogen, und nachdem Tambese mit der Cessna auf dem kleinen Privatflugplatz gelandet war, hatte man sie zur Farm gefahren. Nach dem Abendessen hatten sich Okoye und seine Frau diskret zurückgezogen, damit sie in dem geräumigen Wohnzimmer ihr Vorhaben diskutieren konnten. Aber da Details erst zu klären waren, wenn ihnen die Grundrisse des Gefängnisses vorlagen, die ihnen auf die Farm gebracht werden sollten, war Sabrina auf die Veranda getreten, um etwas frische Luft zu schnappen.

Hinter ihr öffnete sich die Tür.

Sie drehte sich um und lächelte Graham zu, der ebenfalls auf die Veranda kam. »Es ist so friedlich hier draußen. Schau dir den Himmel an – nicht eine einzige Wolke, nur Sterne, so weit das Auge reicht. Und dort hinten kann man die Lichter von Kondese erkennen. Ist das nicht wunderbar?«

»Ja, wirklich. In solchen Augenblicken kann man nachempfinden, woher Keats die Inspiration für seine ›Geheime Rose‹ oder Hopkins die für seine ›Sternhelle Nacht‹ bezog.«

»Du verstehst es immer wieder, mich zu überraschen, Mike Graham«, sagte Sabrina mit erstauntem Kopfschütteln. »Es ist mir völlig neu, daß du Gedichte liest!«

Lächelnd setzte er sich auf die Stufe neben sie. »Ich bin damit aufgewachsen. Meine Mutter hatte meterweise Gedichtbände, alle in schönstem Leder: Keats, Wordsworth, Browning, Shelley und wie sie alle heißen. Jeden Freitag abend kamen ihre Eltern zum Abendessen, und im Anschluß daran mußte ich aus einem der Bände vorlesen. Das blieb so, bis ich dreizehn oder vierzehn war.«

»Liest du auch heute noch Gedichte?«

»Nur, wenn ich meine Mutter im Altersheim in Santa Monica besuche. Sie hat all die Bände bei sich in einem Regal stehen. Weil sie nicht mehr gut sieht, lese ich ihr dann oft ihre Lieblingsgedichte vor.«

»Das ist das erste Mal, daß du etwas aus deiner Kinderzeit erzählst, weißt du das?«

»Na, und du weißt jetzt wohl auch, warum. Stell dir doch mal einen Zehnjährigen in Anzug und Schlips vor, der seinen Großeltern Grays ›Elegie auf einem Dorffriedhof‹ vorliest. Aber Mutter meinte es gut, und das ist es, was zählt.«

Sabrina kicherte. »Da wäre ich doch zu gerne dabeigewesen!«

»Glaub' ich kaum«, erwiderte Graham. »Du hättest dann nämlich bestimmt ebenfalls vorlesen müssen.«

»Ich weiß, daß du große Stücke auf deine Mutter hältst. Aber über deinen Vater sprichst du so gut wie nie. Ich will ja nicht neugierig sein, aber gibt es einen bestimmten Grund dafür?«

»Ich hatte nie ein enges Verhältnis zu meinem Vater. Wir hatten einfach nicht viel Gemeinsames, das war es wohl. Er ging nie mit mir zu Spielen der Giants oder der Yankees. Ich mußte mich immer von den Vätern anderer Kinder mitnehmen lassen, bis ich alt genug war, allein hinzugehen. Es war wirklich nicht schön. Mit elf begann ich dann selbst, Football zu spielen. Aber er kam natürlich nie, um mich spielen zu sehen, nicht ein einziges Mal. Meine Mutter interessierte sich auch nicht für Football, aber trotzdem kann ich mich nicht erinnern, daß sie je ein Match versäumte, wenn ich in New York spielte.«

»Kam dein Vater denn nicht einmal, als du für die Giants spieltest?«

»Er starb sieben Monate zuvor, ehe ich dort anfing. Aber ich glaube trotzdem nicht, daß er gekommen wäre – warum sollte er mit einer lebenslangen Gewohnheit brechen?«

Die Bitterkeit war nicht zu überhören, und Sabrina entschloß sich, das Thema fallenzulassen. Aber sie war erstaunt über seine plötzliche Mitteilsamkeit. Noch vor einem Jahr hätte er sofort jeglicher Frage nach seiner Vergangenheit einen Riegel vorgeschoben. Begann er tatsächlich, die Barrieren abzubauen, die er selbst seit dem Verlust seiner Angehörigen um sich errichtet hatte? Oder war es der Gedanke an die bevorstehende Abrechnung mit dem Mann, der sie auf dem Gewissen hatte? Was überhaupt würde wohl geschehen, wenn er Bernard Auge in Auge gegenüberstand? Würde er ihn niederschießen, oder würde er ihn der Obrigkeit übergeben? Es war ihr bewußt, daß sie diese Frage nicht beantworten konnte – genauer gesagt, sie verdrängte sie ...

»Ihr beiden sitzt aber traulich hier beisammen«, meinte Laidlaw von der Tür her.

»Was zum Teufel willst du denn damit sagen?« brauste Graham auf und sprang sofort hoch.

»Ich mach' doch nur Spaß«, begütigte Laidlaw und zwinkerte Sabrina zu.

Die schüttelte leicht den Kopf – was für ein Trottel! Nun, er kannte wohl Graham nicht so gut wie sie. Die geringste Andeutung auf etwas über die Zusammenarbeit im Dienst Hinausgehendes zwischen ihnen brachte ihn sofort auf die Palme – daran jedenfalls hatte sich eindeutig nichts geändert.

»Was willst du damit andeuten?« schnaubte Graham.

»Mensch, Mann, jetzt mach mal halblang. Ich sagte doch schon, daß es nur ein Spaß war.« Laidlaw schaute erst Sabrina und dann Graham an. »Außerdem ist es mir doch egal, wenn sich zwischen euch was anbahnt ...«

Graham packte Laidlaw am Hemd und preßte ihn gegen die Wand. »Wir arbeiten zusammen, Punkt und aus. Ist das klar?«

Laidlaw machte sich frei und strich sein Hemd glatt. »Die Grundrisse sind da«, sagte er knapp und ging ins Haus zurück.

»Warum nur können ein Mann und eine Frau nicht zusammenarbeiten, ohne daß gleich was anderes unterstellt wird?« meinte Graham.

Sabrina nickte nur mit aufeinandergepreßten Lippen und folgte ihm ins Haus hinein.

Laidlaw trat auf Graham zu. »Entschuldige – war nicht so gemeint.«

»Laß gut sein«, erwiderte Graham und ging zu Moredi und Tambese hinüber, die auf einem Sofa saßen und die Pläne vor sich auf dem Tisch ausgebreitet hatten.

»Bitte setzen Sie sich«, sagte Tambese und wies auf das zweite Sofa, das auf der anderen Seite des Tisches stand.

Graham wartete, bis alle Platz genommen hatten, und wandte sich dann an Laidlaw. »Was meinst du dazu?«

Dieser drehte den Lageplan zu sich herum und schaute fragend Moredi an. »Sie meinten, der Außenzaun stehe unter Strom?«

Moredi nickte. »Ich kann zwar nicht sagen, wie hoch die Spannung ist, aber sie ist jedenfalls tödlich. Ein Gefangener erlitt einen tödlichen Stromschlag, als er während meines Aufenthalts dort den Zaun zu überklettern versuchte.«

»Ein Entkommen ist unmöglich«, versicherte auch Tambese. »Ich hörte Berichte über Leute, die sich bei ihrer Einlieferung losrissen und gegen den Zaun warfen, um den Folterungen bei der Vernehmung zu entgehen. Sie können sich also vorstellen, wie man die Sicherheitspolizei einschätzte.«

»Wo ist der Hauptschalter für den Strom?« erkundigte sich Laidlaw.

Tambese wies auf eine quadratische Fläche in der Mitte des Gebäudes. »Hier ist die Zentrale. Aber sie liegt unter der Erde, und der einzige Zugang ist durch ein Gitter geschützt. Die Eingangstür selbst besteht aus armiertem Stahl und kann nur von innen geöffnet werden. Da gibt's kein Reinkommen.«

»David war einer der Offiziere, die nach dem Tod Alphonse Mobotos die Übergabe des Gefängnisses veranlaßten«, erläuterte Moredi.

»War dies das erstemal, daß Sie in diesem Gefängnis waren?« erkundigte sich Sabrina.

Tambese nickte. »Solange das Branco-Gefängnis von der Sicherheitspolizei beaufsichtigt wurde, war sowohl der regulären Polizei als auch der Armee jeglicher Zutritt dort verwehrt.«

»Wurde denn der Elektrozaun nach Auflösung der Sicherheitspolizei nicht außer Betrieb gesetzt?« wollte Graham wissen.

»Das schon«, bestätigte Tambese. »Aber es machte natürlich keinerlei Schwierigkeiten, ihn wieder einzuschalten.«

»Ob das tatsächlich geschehen ist, wissen Sie aber nicht?« fragte Sabrina.

»Doch, nach den uns vorliegenden Auskünften aus Kondese soll er wieder in Betrieb sein«, antwortete Tambese.

»Kann man nicht die Stromzufuhr von außen unterbinden?« meinte Graham.

Tambese schüttelte den Kopf. »Das würde nicht funktionieren, selbst wenn wir in das Kraftwerk eindringen könnten. Die haben in der Anlage ihren eigenen Generator.«

»Und wie sieht's mit dem Eingang aus?« fragte nun Laidlaw, ohne von den Plänen aufzublicken.

»Das Haupttor hier ist der einzige Eingang.« Moredi deutete mit dem Finger auf die entsprechende Stelle.

»Aus was für Material?« wollte Laidlaw wissen.

»Armierter Stahl.«

Laidlaw nagte nachdenklich an den Lippen, während er weiterhin den Grundriß musterte.

»Wie viele von Ngunes Leuten halten sich im Gefängnisareal auf?« wandte sich Graham an Tambese.

»Wir gehen von fünfundzwanzig aus.«

»Und was ist mit dem Rest seiner Truppen?« fragte Sabrina.

»Das möchte ich selbst gerne wissen«, seufzte Tambese. »Kleinere Gruppen befinden sich in und um Kondese, sie patrouillieren im Stadtzentrum und haben Straßensperren errichtet. Unsere Anhänger haben die Gegend erkundet, seit die Aufständischen Kondese besetzt haben, konnten aber bisher nichts herausfinden. Es ist geradezu unheimlich – die müssen hier irgendwo ein Truppenlager haben, aber wir konnten es bisher noch nicht ausfindig machen.«

»Und wenn es einfach ein Bluff ist und Ngune gar nicht über so viele Truppen verfügt, wie er behauptet?«

»Der Gedanke ist uns auch schon gekommen, Mr. Graham.

Aber was würden ihm Panzer und Flugzeuge ohne Besatzungen nützen? Und wir wissen, daß er beides hat.«

»Und warum zerstört man die nicht?« fragte Sabrina verblüfft.

»Weil sie sich im Tschad befinden. Wenn unsere Truppen die Grenze überschreiten würden, könnte das internationale Verwicklungen mit sich bringen. Und das ist das letzte, was wir uns leisten wollen, nachdem wir jetzt vor der baldigen Wiederaufnahme in die Vereinten Nationen stehen. Wir haben offizielle Beschwerde bei der Regierung des Tschad eingelegt, aber die behauptet, das Kriegsgerät sei Bestandteil des eigenen Waffenarsenals. Zwar stimmt das formal, aber wir wissen aus zuverlässiger Quelle, daß Ngune einen Deal mit der Regierung des Tschad gemacht hat, demzufolge sie ihm bei einem versuchten Staatsstreich diese Panzer und Flugzeuge unter der Bedingung überläßt, daß Ngune die Besatzungen dafür stellt. Für den Augenblick also eine Pattsituation.«

»Und wenn auch dieses Truppenlager im Tschad wäre?« meinte Sabrina.

Tambese schüttelte den Kopf. »Nein, das haben wir überprüft. Und für so etwas ist die Regierung des Tschad auch zu vorsichtig. Wenn sie Ngunes Leuten sicheren Unterschlupf gewähren würde, hätten wir einen Beweis in Händen, um sie förmlich zu beschuldigen.«

»Das ist's!« rief Laidlaw plötzlich. »Der Abwasserkanal!«

»Wie?« fragte Sabrina und starrte Laidlaw verblüfft an.

»So kommen wir rein – durch den Abwasserkanal. Hier ist die Einstiegsluke!« Dabei zeigte er auf den Grundriß.

»Aber die ist doch garantiert entsprechend verriegelt«, wandte Graham ein.

»Bekommen wir mit einem Schneidbrenner auf«, versicherte Laidlaw.

»Was die Posten auf den Wachtürmen doch sicher bemerken würden«, konterte Graham.

Doch Laidlaw lächelte siegessicher. »Keineswegs. Wenn der Maßstab auf dem Plan hier stimmt, liegt der Einstieg nur ein paar Meter hinter der Mannschaftsunterkunft. Und deshalb kann man ihn von den Wachtürmen aus nicht sehen!«

»Und was ist mit den Männern in der Unterkunft?« fragte Sabrina.

»Wenn wir so gegen drei heute nacht eindringen, schlafen die alle«, beruhigte Laidlaw und wandte sich dann an Tambese. »Sind Sie sicher, daß um diese Zeit die Männer auf den Wachtürmen die einzigen Wachen sind? Patrouilliert niemand auf dem Gelände?«

Tambese schüttelte den Kopf. »Dazu besteht kein Anlaß – von den Wachtürmen aus ist das ganze Gelände zu überblicken.«

»Also, gehen wir davon aus, daß wir den Deckel über der Einstiegsluke aufschweißen können«, sagte Graham, den Blick auf den Lageplan geheftet. »Und wie kommen wir dann von der Mannschaftsunterkunft zum Zellenblock?«

»Als erstes müssen wir natürlich die Wachen ausschalten. Alles, was wir dazu brauchen, ist ein Scharfschützengewehr mit Schalldämpfer.« Laidlaw schaute wieder Tambese an. »Können Sie uns das beschaffen?«

»Wir werden es nicht brauchen«, meinte Sabrina, an Tambese gewandt. »Wir haben doch die Uzis, die Sie aus Habane mitgebracht haben; die sind ja auch mit Schalldämpfern ausgerüstet.«

»Das ist zu riskant«, wandte Laidlaw ein. »Die Wachtürme sind an die zweihundert Meter von der Mannschaftsunterkunft entfernt. Und wenn wir die Wachen nicht mit einem einzigen Schuß erledigen, würde das so gut wie sicher die ganze Aktion gefährden. Und daher brauchen wir ein Gewehr mit Nachtsicht-Zielfernrohr. Der erste Schuß muß sitzen.«

»Ich werde eines beschaffen«, versprach Tambese.

»Also, die Wachen wären ausgeschaltet. Und wie geht's dann weiter?« erkundigte sich Graham.

»Dann gehen wir in den Zellenblock und suchen dort nach Remy Moboto«, antwortete Laidlaw lässig.

Graham fuhr sich verblüfft mit den Fingern durch das Haar. »Aber es ist doch sicher irgendein Zaun oder eine Mauer zwischen den beiden Gebäuden?«

»Soweit ich hier sehe, keineswegs«, erwiderte Laidlaw und wies auf die beiden auf dem Plan eingezeichneten Rechtecke.

»Das ist nicht San Quentin, Mr. Graham«, warf Moredi ein und verschränkte die Hände in seinem Schoß. »Da gibt es keine Kantine, in der die Häftlinge ihr Essen einnehmen können. Und es gibt auch keinen Gefängnishof, in dem die Gefangenen herumlaufen und sich die Beine vertreten. Das Branco-Gefängnis ist eine Welt für sich – das war das erste, was ich nach meiner Einlieferung begreifen mußte.

Ich war acht Wochen dort. Und wie alle politischen Gefangenen wurde ich an Händen und Füßen gefesselt und in eine kleine dunkle Zelle gesteckt. Die einzige Gelegenheit, aus der Zelle zu kommen, war die, daß man mich über den Gang in einen fensterlosen Raum schleppte, wo man mich verhörte und quälte. Und in der Zelle selbst ging während der Nacht fast jede Stunde ein grelles Licht in der Decke an, und mir wurde befohlen, Habtachtstellung einzunehmen. Wenn ich zu erschöpft war, um auf die Beine zu kommen, kamen sie in die Zelle, um mich zu schlagen. Hatte ich Glück, nahmen sie dazu nur einen Stock oder eine Peitsche; wenn nicht einen Knüppel mit Nagelspitzen darin oder einen Strang Stacheldraht. Wegen meiner gefesselten Hände und Füße war ich völlig hilflos. Und weil es nicht einmal einen Abortkübel gab, lagen wir in unseren eigenen Exkrementen. Ging dann so alle paar Tage der Gestank selbst den Wachen auf die Nerven, kamen sie mit einem Wasserschlauch und spritzten die Zellen aus.« Moredi lächelte Graham traurig an. »Sie begreifen jetzt wohl, warum wirklich weder Zaun noch Mauer zwischen den Gebäuden erforderlich waren – wir liefen nirgendwohin.«

Graham nickte mit grimmigem Gesicht, entgegnete aber nichts – alles, was er hätte sagen können, hätte lahm geklungen angesichts dessen, was Moredi ihnen soeben geschildert hatte.

»Ich kann Ihnen in groben Zügen den Zellenblock beschreiben«, fuhr Moredi fort, »aber hineingehen kann ich dort nie wieder – nicht nach dem, was ich dort durchgemacht habe.«

»Das können wir verstehen«, versicherte Sabrina teilnahmsvoll.

»Wollen wir also nach Mr. Laidlaws Plan vorgehen?« fragte Tambese nach längerem Schweigen.

»Versuchen sollten wir es jedenfalls«, antwortete Graham. »Aber wir können nicht blindlings an die Sache rangehen. Wir müssen das schon noch genauer überprüfen.«

»Einverstanden«, erklärte Laidlaw und schaute wieder Tambese an. »Könnten Sie vielleicht Pläne des Abwassersystems rund um das Gefängnisareal beschaffen?«

»Nicht, ohne Verdacht zu erregen«, erwiderte dieser. »Den Lageplan des Branco-Gefängnisses konnte ich nur besorgen, weil mir einfiel, daß wir eine Kopie davon im Hauptquartier in Habane hatten. Ein Plan der Abwasserkanäle aber findet sich nur hier im Rathaus, und das ist natürlich verschlossen.«

»Wir brauchen aber einen solchen Plan«, beharrte Laidlaw und schaute vom einen zum anderen. »Ohne ihn sind wir aufgeschmissen!«

»Womit uns nur eine Möglichkeit bleibt«, schloß Graham. »Wir müssen ins Rathaus einbrechen, um ihn uns zu beschaffen.«

»Aber wir kämen nie an den Straßensperren vorbei!« gab Sabrina zu bedenken.

»Abgesehen davon, daß eine Ausgangssperre über die Stadt verhängt wurde – von sechs Uhr abends bis sechs Uhr morgens«, ergänzte Moredi.

»Da bleibt uns nur eine Alternative – wir müssen die Widerstandsorganisation gegen Ngune mit einschalten«, sagte Tambese und stand auf. »Entschuldigen Sie – ich muß Matthew Okoye holen.«

»Aber können Sie denn nicht Kontakt mit dieser Widerstandsorganisation aufnehmen, ohne Okoye da mit reinzuziehen?« fragte Graham, während Tambese schon zur Tür ging.

»Bestimmt nicht«, antwortete dieser. »Er ist nämlich ihr Leiter.«

Simon Nhlapo kletterte hinter das Lenkrad des Krankenwagens und ließ den Motor an, während sein Kollege Joe Vuli neben ihm auf dem Beifahrersitz Platz nahm. Er schaltete die Sirene ein und lenkte den Wagen auf die verlassene Straße.

Seit achtzehn Jahren war er Krankenpfleger am Staatlichen Krankenhaus Kondese. So hieß es jetzt; bis vor kurzem war es das Margaret-Moboto-Krankenhaus gewesen, benannt nach Alphonse Mobotos Frau, die vier Jahre nach der Einweihung im Jahre 1972 gestorben war. Bereits wenige Tage nach dem Tod seines Vaters hatte Jamel Moboto die Namensänderung verfügt, so wie jetzt das frühere Alphonse-Moboto-Krankenhaus Staatliches Krankenhaus Habane hieß.

Nhlapo war im Grunde ein eher unpolitischer Mensch, aber wie viele der Suahelis in und um Kondese verkörperte Jamel Moboto für ihn die Zukunft Zimbalas. Daher hatte er auch nicht verstanden, daß die neue Regierung die Einnahme Kondeses durch Ngune und seine Schlächter zugelassen hatte. Er dachte gern an die Tage zurück, wo am Abend reges Leben in Kondese geherrscht hatte. Jetzt waren die Straßen verödet, und man sah nur die Patrouillen von Ngunes Leuten, im Stadtzentrum unterwegs auf der Suche nach jemandem, der verrückt genug war, sich nicht an das Ausgangsverbot zu halten. Die Zuwiderhandlung war mit Todesstrafe bedroht. Massenga hatte auch die Polizei aufgelöst, und daher waren die einzigen Fahrzeuge, die man nach der Sperrstunde noch auf der Straße sehen konnte, die der Besatzer. Sie mußten mit deutlich sichtbaren Sonderausweisen an der Windschutzscheibe gekennzeichnet sein. Ansonsten galt die einzige Ausnahme für Krankenwagen.

Ursprünglich hatte es am Krankenhaus Befürchtungen gegeben, daß Ngune dort ihm genehme Ärzte einsetzen würde, aber er hatte den Verwaltungsdirektor davon überzeugt, daß er nicht die Absicht habe, sich irgendwie in die Krankenhausangelegenheiten einzumischen, sofern das Personal sich an die von ihm erlassenen Regeln hielte. Viele befolgten diese Anordnung; einige aber, darunter Vuli und er selbst, hatten sich dafür entschieden, sich einer Widerstandsbewegung anzuschließen, als die Stadt von den ehemaligen Sicherheitspolizisten besetzt worden war. Es war das erste Mal, daß er sich einer Untergrundbewegung angeschlossen hatte, und er tat es einfach aus der Überzeugung heraus, daß es jetzt an der Zeit sei, der Brutalität Ngunes und seiner Sicherheitspolizei

Widerstand entgegenzusetzen. Wenn Ngune erst an die Macht kam, wäre das Land wieder in der Hand eines korrupten Diktators. Alles wäre wieder so wie früher – und das mußte verhindert werden. Aber Nhlapo wußte auch, was ihm drohte, wenn er als Widerstandskämpfer gefaßt wurde; man hatte das bei der ersten Zusammenkunft allen offen gesagt. Man würde ihn ins Branco-Gefängnis schleppen und ihn dort erst foltern und dann töten. Schon in der kurzen Zeit seit der Besetzung Kondeses durch Ngunes Leute waren Dutzende unter deren Händen gestorben. Zwar gab es schon seit drei Wochen Gerüchte, daß Regierungstruppen zum Einmarsch in die Stadt bereitstünden, doch nichts hatte sich bisher getan. Und allmählich begann die Bevölkerung Kondeses zu verzweifeln ...

Nhlapo trat auf die Bremse, als die erste der zahlreichen Straßensperren in der Stadt in Sicht kam. Sie bestand aus einer großen Rolle Stacheldraht, die über die ganze Straßenbreite reichte. Vier Männer standen daneben, alle in Jeans und T-Shirts, und alle ausgerüstet mit Kalaschnikows. Einer von ihnen trat an die Fahrertür, die Waffe schußbereit in der Hand.

»Wohin wollen Sie?« fragte er.

»Es gab auf der M3 einen Unfall«, antwortete Nhlapo. »Ein Wagen ist von der Straße abgekommen.«

Der Mann nickte, denn er hatte die gleiche Meldung schon von der Notrufzentrale im Krankenhaus bekommen. Trotzdem wurde das Fahrzeug nach Waffen oder Schmuggelware durchsucht, aber nichts dergleichen gefunden.

Befriedigt trat der Mann wieder an das geöffnete Fenster der Fahrertür. »Sie haben freie Fahrt bis zur letzten Straßensperre am Stadtrand!«

»Ich kenne die Regeln inzwischen«, knurrte Nhlapo.

Der Mann nickte seinen Kameraden zu, und sie zogen den Stacheldraht so weit zur Seite, daß der Krankenwagen durchfahren konnte. Nhlapo legte den Gang ein und fuhr los. An den folgenden vier Straßensperren winkte man sie durch, doch an der fünften wurde das Fahrzeug nochmals durchsucht, ehe man die Weiterfahrt gestattete.

Nach kurzer Fahrt erreichte Nhlapo die M3. Sie lag gespensterhaft verlassen. Die meisten Straßenlampen waren von den Mitgliedern der Widerstandsbewegung zerstört worden, damit sie im Schutz der Dunkelheit Überfälle auf die Streifen der Rebellen durchführen konnten. Ausgebrannte Fahrzeuge der Aufständischen am Straßenrand zeugten vom Erfolg dieser Unternehmungen. Mehr als dreißig von Ngunes Männern waren dabei schon getötet worden, ehe dieser verfügt hatte, seine Truppen aus dem Umland hinter die Stadtgrenze zurückzuziehen. Außerdem hatte er die Straßensperren am Stadtrand durch zusätzliche Waffen und Mannschaften verstärkt, um jeden Versuch der Widerstandsbewegung zum Eindringen in Kondese zu vereiteln. Doch eine Folge von Festnahmen und Exekutionen während der beiden letzten Wochen hatte die Widerstandsbewegung geschwächt und demoralisiert. Ein Angriff auf Kondese ohne Unterstützung durch Regierungstruppen wäre ihnen völlig unmöglich gewesen. Und diese schienen entschlossen, Ngune den ersten Zug machen zu lassen ...

Vuli deutete auf eine Gestalt in einiger Entfernung, die durch das Schwenken eines weißen Tuches ihre Aufmerksamkeit auf sich zu lenken versuchte. Nhlapo schaltete die Sirene aus, fuhr an den Straßenrand und hielt wenige Schritte vor dem Mann an.

»Hatten Sie im Krankenhaus angerufen?« fragte er, nachdem er ausgestiegen war.

»Ja«, antwortete Tambese und steckte das Tuch ein.

»Das hier ist ein gefährliches Straßenstück«, sagte Nhlapo.

»Besonders nachts«, meinte Tambese.

»Oder bei Regen«, ergänzte Vuli und vervollständigte damit die Parole, die sie mit Okoye vereinbart hatten, als dieser sie im Krankenhaus angerufen hatte. Sie kannten Tambeses Namen nicht, und er kannte nicht die ihren. Es war eine Vorsichtsmaßnahme für den Fall einer Festnahme durch die Sicherheitspolizei; so konnte der mögliche Schaden wenigstens begrenzt werden.

»Worum geht es?« fragte Nhlapo.

»Sie müssen uns an den Straßensperren vorbeibringen. Mehr brauchen Sie nicht zu wissen.«

»Wie viele sind Sie?«

»Drei«, antwortete Tambese und pfiff durch die Finger. Laidlaw erschien als erster: er trug eine schwarze Arzttasche bei sich, die ihm Okoyes Frau, die Ärztin war, geliehen hatte. Vuli stöhnte erschrocken auf, als dann Graham und Sabrina auftauchten. Frau Okoye hatte über eine Stunde gebraucht, um sie als Opfer eines Autounfalls herzurichten. Ihre Gesichter und die Kleidung waren mit Schafsblut beschmiert worden, die Gesichter hatte man sorgfältig so bemalt, daß es wie die Spuren »schwerer Prellungen« aussah.

»Das ist alles nur Make-up«, beruhigte Tambese Vuli und Nhlapo.

»Sieht aber verdammt realistisch aus«, fand Vuli.

»Um so besser«, meinte Tambese. »Es muß echt wirken an den Straßensperren.«

Graham trat zu Laidlaw. »Dein Auftrag ist klar?«

Laidlaw schluckte seinen Ärger hinunter und nickte. »Den Wagen zur Farm zurückbringen und dort auf euren Anruf warten. Aber ich bin immer noch der Meinung, daß ihr mich brauchen könntet ...«

»Nein!« unterbrach ihn Graham rasch. »Wir haben das ausdiskutiert, Russ. Ich möchte auf der Farm unbedingt jemand haben, auf den ich mich verlassen kann und der New York benachrichtigt, falls irgendwas schiefgeht.«

»Aber Moredi ist doch dort!« wandte Laidlaw ein.

»Der weiß nicht, daß Sabrina und ich für die UNACO tätig sind, im Gegensatz zu dir. Falls du bis Tagesanbruch nichts von uns gehört hast, rufst du die Nummer an, die ich dir gegeben habe.«

»Und verlange jemanden namens C. W. Ja, weiß ich schon.«

»Fertig, Mr. Graham?« drängte Tambese.

Graham nickte.

Laidlaw reichte die Arzttasche Tambese und schaute dann Graham nochmals ernst an. »Du paßt aber auf dich auf, ja?«

»Ja«, brummte Graham und ging zu dem Krankenwagen.

»Und was ist damit?« fragte Sabrina und wies auf die Reisetasche, die sie in der Hand trug. Sie enthielt die drei Berettas, drei Uzis mit Schalldämpfern, Reservemunition und die Holster, die Tambese aus der Kaserne in Habane beschafft hatte. Okoye hatte in der Zwischenzeit dafür gesorgt, daß ein Scharfschützengewehr mit Schalldämpfer und ein Schneidbrenner von einem Mitglied der Widerstandsbewegung für sie zum Rathaus geschafft worden war.

Graham blickte Tambese fragend an. »Tja, wo bringen wir das Zeug unter?«

»Wir können es nicht einfach so in den Wagen legen«, befand dieser. »Das würden sie bestimmt sehen.«

»Was also schlagen Sie vor?« fragte Sabrina.

Tambese kletterte in den Krankenwagen. »Geben Sie mir die Tasche!«

Sabrina reichte sie ihm, und er zog den Reißverschluß auf. Dann schüttete er den Inhalt auf eine der Tragbahren, zog die Decke von der anderen und begann, die Waffen und die Munition sorgfältig in der Mitte der beiden Liegen zu verteilen, ehe er die Decken wieder darüberzog.

»Wir sollen also drauffliegen?« vergewisserte sich Graham. Tambese nickte.

»Aber das wird doch das erste sein, wo sie nachschauen!« protestierte Graham.

»Wenn Sie Einheimische wären, sicher«, erwiderte Tambese. »Aber Sie sind Ausländer und geben sich obendrein als Journalisten aus. So etwas macht gerade jetzt einen ganz wesentlichen Unterschied!«

Graham kletterte in den Wagen. »Warum soll das einen Unterschied machen?«

»Weil ich behaupten werde, daß Sie beide in der Nähe Kondeses von Regierungstruppen überfallen worden sind. Man wird ganz scharf drauf sein, einen Pressecoup daraus zu machen, indem man Ihnen die bestmögliche ärztliche Betreuung angedeihen läßt. Und das setzt auch voraus, daß der Krankenwagen freie Fahrt zum Krankenhaus erhält. Eine solche Chance werden sie sich doch nicht entgehen lassen!«

»Und wenn sie nicht darauf hereinfallen?« fragte Graham.

»Dann haben wir Pech gehabt«, antwortete Tambese lakonisch und streckte Sabrina die Hand hin, um ihr in den Wagen zu helfen. Er wies Vuli in Suaheli an, jegliches Gespräch ihm zu überlassen und an die gläserne Trennscheibe zu klopfen, sobald sie sich der ersten Straßensperre näherten. Vuli nickte, schloß dann die Hecktüren und stieg vorne ein.

Nhlapo ließ den Motor an und wischte sich dabei einen Schweißtropfen von der Stirn. »Gott helfe uns, wenn sie diese Waffen finden!«

Vuli schaute ihn an und schüttelte langsam den Kopf. »Ich fürchte, dann kann uns nicht mal der helfen ...«

Nhlapo schluckte nervös, wendete dann den Wagen und fuhr zurück nach Kondese.

Als die Straßensperre in Sicht kam, klopfte Vuli heftig an die Glastrennscheibe. Nhlapo bremste, und einer der Rebellen trat in die Straßenmitte und winkte den Krankenwagen an die Seite. Vuli griff nach dem Klemmbrett auf dem Armaturenbrett. Dort war der »Unfallbericht« angeheftet, den er nach den Notizen, die Tambese vor der Abfahrt von der Farm aufgeschrieben hatte, rasch angefertigt hatte. Von Ngune war nämlich Weisung ergangen, daß ein solcher Bericht immer dann anzufertigen sei, wenn ein Krankenwagen einen Auftrag außerhalb der Stadtgrenzen auszuführen hatte. Schon das Umland wurde von den Rebellen als Niemandsland betrachtet, was bereits als erheblicher Erfolg der Widerstandsbewegung zu betrachten war.

Der Krankenwagen hielt wenige Meter vor der Sperre aus Stacheldraht an. Ein von Einschüssen gezeichneter Walker-Panzer stand am Straßenrand neben einem geplünderten Kiosk. Auf dem Turm saß ein Mann in einem verblichenen Adidas-T-Shirt, neben sich die Kalaschnikow. Vuli erkannte auch die Vorderfront eines gepanzerten Ferret-Mannschaftswagens, der halb in einer Seitenstraße versteckt war. Von einem ehemaligen Soldaten, der sich der Widerstandsbewegung angeschlossen hatte, wußte er, daß beide Fahrzeuge veraltet waren, und es gab auch das Gerücht, daß die rings um die Stadt verteilten Walker-Panzer vom Typ M41 gar nicht über die notwendige Armierung verfügten, um wirklich im Kampf eingesetzt werden zu können. Sie waren nicht viel mehr als ein Bluff. Trotzdem wurden sie stets schwer bewacht, und alle Bemühungen der Widerstandsbewegung, einen davon in die Hand zu bekommen, waren bisher vergeblich gewesen.

Der Mann, der den Krankenwagen zur Seite gewunken hatte, trat an die Beifahrertür heran; sein Klopfen gegen die Scheibe riß Vuli aus seinen Gedanken, und er öffnete das Fenster.

»Aussteigen, beide!« befahl der Mann.

Nhlapo und Vuli stiegen aus, und ein zweiter Mann begann sofort die Fahrerkabine nach Waffen zu durchsuchen, die man dort vielleicht versteckt haben könnte, während das Fahrzeug außerhalb ihres Einflußbereichs gewesen war.

»Den Bericht!« forderte der erste und schnippte dabei mit den Fingern. »Her damit!«

Vuli gab dem Mann das Klemmbrett.

»Amerikaner?« fragte der und schaute Vuli fragend an.

Vuli nickte. »Journalisten.«

»Hecktür öffnen!« kam der Befehl.

Nhlapo ging um den Wagen herum und öffnete die Hecktür. Er hatte Mühe, seine Überraschung zu verbergen. Graham hatte nun eine Sauerstoffmaske auf dem Gesicht, während am Arm Sabrinas, die mit auf die Seite gesunkenem Kopf dalag, der Schlauch eines Infusionstropfers befestigt war.

Der Mann blickte von Graham zu Sabrina und begegnete dann Tambeses kaltem Blick. »Und wer sind Sie?«

»Dr. Moka«, schnarrte Tambese. »Ich wohne in der Nähe des Unfallorts und wurde dorthin gerufen.«

»Die beiden sind Amerikaner?«

»Journalisten. Beide aus New York.«

»Sind sie schwer verletzt?«

Tambese nickte grimmig. »Sie wurden von einer Streife der Regierungstruppen beschossen. Eine der Kugeln traf die Frau. Sie lenkte den Wagen, das konnte sie mir gerade noch sagen, ehe sie das Bewußtsein verlor. Es sieht aus, als ob sie mit dem Kopf gegen die Windschutzscheibe geprallt wäre, als das Auto gegen einen Baum fuhr. Der Mann hat eine schwere Gehirnerschütterung. Beide brauchen schnellstens ärztliche Behandlung im Krankenhaus.«

»Sobald wir den Wagen durchsucht haben«, kam die scharfe Antwort, als ob der Mann befürchte, daß hier vor seinen Kameraden seine Autorität in Frage gestellt werde.

»Die Frau droht zu verbluten«, fauchte Tambese und wies auf die Tropfinfusion. »Sie stirbt, wenn sie nicht innerhalb der nächsten Stunde medizinisch versorgt wird. Und falls sie stirbt, werde ich Sie persönlich für ihren Tod verantwortlich machen. Oberst Ngune würde von der internationalen Presse zerrissen. Ich glaube kaum, daß er Ihnen dafür besonders dankbar wäre!«

Ein Ausdruck der Furcht war bei der Erwähnung des Namens Ngune auf das Gesicht des Mannes getreten. Er warf einen Blick auf Sabrina und flüsterte dann mit seinen Kameraden, die sich inzwischen um das Heck des Wagens versammelt hatten.

»Also, wo liegt das Problem?« schrie Tambese. »Diese Frau hier muß sofort ins Krankenhaus geschafft werden!«

Die Augen des Mannes huschten noch einmal über das Transportabteil des Krankenwagens, dann riß er Vuli das Klemmbrett aus der Hand und zeichnete den Unfallbericht ab. Tambese atmete unmerklich auf. Das war die Genehmigung, die sie brauchten.

»An wie vielen Straßensperren müssen wir noch anhalten, bevor wir im Krankenhaus sind?« fragte Tambese den Mann noch.

»Man wird Sie nicht wieder anhalten«, kam die Antwort.

»Danke«, erwiderte Tambese. »Das kann dieser Frau das Leben retten.«

Der Mann befahl Vuli, die Türen zu schließen. Tambese sank in seinen Sitz zurück, als die Türen zufielen, und wischte sich über das Gesicht. Weder Graham noch Sabrina wagten sich zu rühren, ehe der Krankenwagen anfuhr und die Sirene wieder eingeschaltet wurde.

»Geschafft«, sagte Tambese.

Graham setzte sich auf und riß die Sauerstoffmaske herunter. Er blinzelte, während er sich das Rückgrat rieb. »Meine Güte, die Rückenschmerzen bringen mich um!«

Sabrina löste die Infusionskanüle von ihrem Arm und grinste Tambese an. »Ich weiß ja nicht, was Sie sagten, aber Sie hörten sich jedenfalls ungeheuer eindrucksvoll an.«

»Meine Mutter starb in einem solchen Krankenwagen«, erwiderte Tambese nach einer kurzen, nachdenklichen Pause leise. »Ich habe mir wohl die damalige Situation im Unterbewußtsein vorgestellt.«

»Entschuldigung«, murmelte Sabrina verlegen.

»Es ist schon sehr lange her«, entgegnete Tambese.

»Haben wir freie Fahrt bis in die Stadt bekommen?« fragte Graham in das plötzliche Schweigen hinein.

»Völlig freie Fahrt«, bestätigte Tambese und fügte hinzu: »Ich sagte Ihnen ja, daß die darauf hereinfallen!«

»Was haben Sie ihnen denn eigentlich vorgemacht?« wollte Sabrina wissen.

Tambese übersetzte ihnen den Inhalt seines Gesprächs.

»Entscheidend war offenbar die Erwähnung von Ngunes Namen«, stellte Graham fest.

»Ja, das war sicherlich wesentlich. Seine Untergebenen leben in ständiger Angst vor ihm.«

»Das kann ich mir denken«, meinte Sabrina grimmig.

Vuli schob die gläserne Trennwand zur Seite und hob befriedigt den Daumen hoch. »Wo wollen Sie abgesetzt werden?« fragte er dann Tambese in Suaheli.

»Fahren Sie zum Krankenhaus. Wir packen's von dort aus an«, beschied ihn Tambese.

Vuli nickte und schob die Scheibe wieder zu.

»Was ist mit den beiden Männern?« erkundigte sich Sabrina. »Wird sich Ngune nicht an sie halten?«

»Die müssen natürlich untertauchen. Die Widerstandsbewegung wird sie aus Kondese herausschmuggeln.«

Der Krankenwagen fuhr nun langsamer, und Tambese versuchte, mit beiden Händen das Gesicht abgeschirmt, sich durch die Trennscheibe hindurch zu informieren.

»Was ist?« fragte Graham besorgt.

»Wir nähern uns dem Krankenhaus«, antwortete Tambese, ohne sich umzublicken.

»Gott sei Dank. Und was nun?«

»Machen Sie sich fertig«, antwortete Tambese und schob dann erneut die Trennscheibe auf. »Fahren Sie zur Rückseite«, wies er in Suaheli Nhlapo an. »Ich sag' Ihnen dann, wo Sie halten sollen!«

Nhlapo nickte und stellte die Sirene ab. Graham und Sabrina zogen die blutdurchtränkte Kleidung aus; darunter kamen schwarze Overalls zum Vorschein. Nachdem sie sich eine schwarze Wollmütze über den Kopf gezogen hatte, nahm Sabrina eine Tube mit dunkler Tarnungscreme aus der Tasche, drückte ein bißchen davon in ihre Handfläche und reichte sie dann an Graham weiter. Der beschmierte sich damit Gesicht und Hände und bot die Tube dann mit einer Geste Tambese an, der grinsend abwinkte. Graham zuckte mit unbewegter Miene die Schultern und warf die Creme auf eine der Tragbahren.

Tambese, nun ebenfalls in schwarzem Overall, schaute angestrengt durch die Trennscheibe und hielt Ausschau nach einer Reihe von Mülltonnen, die ihm von Okoye als Kennzeichen für die Stelle genannt worden war, an der sie aussteigen sollten. Als sie in Sicht kamen, befahl er Nhlapo, dort anzuhalten. Graham verteilte die Waffen und machte aus der Munition drei gleich hohe Stapel. Die Waffen wurden geladen, die Reservemagazine verschwanden in den Patronentaschen an ihren Gürteln. Nachdem er seine Beretta im Holster verstaut hatte, klopfte Tambese wieder leicht an die Trennscheibe zur Fahrerkabine. Nhlapo vergewisserte sich, daß niemand zu sehen war, und schickte Vuli nach hinten zum Wagenheck. Auch dieser blickte sich nochmals sichernd um und öffnete erst dann einen Flügel der Hecktüre. Nachdem Graham und Sabrina herausgesprungen waren, folgte auch Tambese, und Vuli schloß die Tür wieder.

»Lassen Sie die Kleidung verschwinden und sorgen Sie dafür, daß niemand Fingerabdrücke findet!« wies Tambese Vuli an.

»Das wird nicht nötig sein«, antwortete dieser. »Wir zünden den Krankenwagen ohnehin an – so lautet unser Auftrag.«

»Gut, und vielen Dank für die Unterstützung!«

»Viel Glück!« erwiderte Vuli mit einem kurzen Lächeln und ergänzte: »Jetzt aber schleunigst weg, ehe jemand kommt!«

Tambese schwang sich rasch über die niedrige Mauer, hinter der Graham und Sabrina schon auf ihn warteten. »Das Rathaus liegt nur etwa zweihundert Meter von hier entfernt die Straße hinunter«, flüsterte er. Dann ließ er den Blick über die verlassene Straße gleiten und fragte: »Bereit?«

Beide nickten und folgten Tambese die Böschung hinunter zum Gehsteig an der Straße; Tambese verhielt kurz, um auf Motorengeräusche zu lauschen – Stille. Sie liefen gebückt ein Stück die Straße entlang und verbargen sich dann in einem Torbogen. Von hier aus konnten sie schon das Rathaus sehen, einen mächtigen Bau noch aus dem neunzehnten Jahrhundert, errichtet zu Zeiten der französischen Herrschaft. Tambese wollte gerade weitereilen, als das sich nähernde Geräusch eines Fahrzeugs zu hören war. Sie warfen sich in dem Durchgang flach auf den Boden, ihre Uzis im Anschlag. Ein schwarzer Toyota-Pickup kam vorbei, in dem vorne zwei Männer saßen, während ein dritter auf der Ladefläche stand, die Arme auf das Dach der Fahrerkabine gestützt. Eine Sterling-Maschinenpistole hing ihm über der Schulter, in der Hand hielt er eine Weinflasche. Am Ende der Straße stoppte der Wagen, der Fahrer schaltete in den Leerlauf, als ob er überlegen müsse, nach welcher Seite er jetzt abbiegen solle. Dann gab er plötzlich Gas, und mit quietschenden Reifen verschwand der Wagen um die Kurve.

Tambese erhob sich und gab nach einem prüfenden Blick die Straße hinunter Graham und Sabrina mit erhobenem Daumen ein Zeichen. Sie rannten die rund hundert Meter zum Rathaus und verhielten gerade, um wieder zu Atem zu kommen, als erneut Motorengeräusch zu hören war, das näher kam. Tambese wies auf ein kleines Gebüsch an der Seite des Gebäudes, und sie verbargen sich rasch dahinter, ehe der Toyota erneut in Sicht kam.

Der Mann auf der Ladefläche schrie dem Fahrer etwas zu, und der lenkte den Wagen vor die Vorderfront des Gebäudes. Dort sprang der Mann herunter und warf die leere Weinflasche in den Rinnstein. Der Fahrer fluchte, als Glassplitter gegen die Seite des Wagens schlugen. Der andere aber grinste ihn nur an und streckte mit einer verächtlichen Geste den Mittelfinger einer Hand hoch; dann ging er mit unsicheren Schritten auf das Gebüsch zu.

Unwillkürlich zog sich Sabrina etwas tiefer ins Gestrüpp zurück und stieß dabei gegen einen Arm. Neben sich sah sie Graham, der zusammengekauert die Uzi im Anschlag hielt. Sein Arm konnte das nicht gewesen sein. Sabrina drehte sehr langsam und sehr widerwillig den Kopf, um festzustellen, wem dieser Arm gehörte. Im Busch hinter ihr hing eine Leiche. Das Gesicht, aus nächster Nähe nahezu weggeschossen, war bedeckt von Hunderten wimmelnder Maden. Ein Schrei stieg in ihrer Kehle auf, doch Graham verschloß ihr mit grobem Zugriff den Mund, bevor ein Ton über ihre Lippen kommen konnte. Er hatte mitbekommen, wie sie gegen die Leiche stieß, und ihre Reaktion vorhergesehen.

Der Mann, der an einen nahen Baum pinkelte, hatte nichts von den Geräuschen bemerkt, die durch sein Pfeifen übertönt wurden. Als er sein Geschäft beendet hatte, ging er zum Wagen zurück, weiter vor sich hinpfeifend. Der Fahrer ließ den Motor an und fuhr davon. Innerhalb weniger Sekunden lag wieder Stille über der verlassenen Straße.

»Alles in Ordnung?« fragte Graham und legte Sabrina leicht die Hand auf den Arm.

Sabrina nickte schuldbewußt.

Tambese führte sie etwas zur Seite. Sie hatten beschlossen, daß Sabrina zusammen mit Tambese ins Rathaus eindringen sollte, während Graham indessen nach dem nächstgelegenen Einstieg in das Kanalsystem suchte. In zwanzig Minuten wollte man sich vor dem Gebäude wieder treffen.

»Runter!« stieß Sabrina hervor, als plötzlich ein Paar Scheinwerfer aufleuchteten.

Sie duckten sich, und kurz darauf fuhr ein Jeep an der

Vorderfront des Rathauses vorbei; an der nächsten Kreuzung bog er in eine Seitenstraße ein.

»Ist das alles, was die tun?« fragte Graham und stand zögernd wieder auf.

Tambese nickte. »Aber es zeigt doch Wirkung, wie Sie gesehen haben. Man weiß einfach nie, wann sie auftauchen. Und auf der Jagd nach Mitgliedern der Widerstandsbewegung fahren sie ohne Licht. Aber in dieser Gegend ist damit nicht zu rechnen. Die Widerstandsbewegung beschränkt ihre Überfälle auf die Außenbezirke der Stadt.« Er schaute Sabrina an. »Können wir?«

»Ich bin bereit«, bestätigte sie.

»Uhrenvergleich«, befahl Tambese und wartete, bis der Sekundenzeiger seiner Uhr auf der Zwölf stand. »Zehn Uhr zweiundvierzig!«

»Paßt«, bestätigte Graham.

»Stimmt«, befand auch Sabrina.

»In zwanzig Minuten also«, sagte Tambese zu Graham und verschwand um die Ecke des Gebäudes.

Sabrina folgte ihm. Sie duckten sich, als sie an einer Reihe von Erdgeschoßfenstern vorbeikamen, die auf eine weiträumige Gartenanlage hinausgingen. Dort stand das Gras knöchelhoch, und die Beete waren von Unkraut überwuchert.

Tambese hielt neben einer stählernen Leiter an, die an der Seitenfront des Gebäudes befestigt war. Er bückte sich und hielt unter dem danebenstehenden Busch Ausschau nach der Reisetasche, die nach Okoyes Angaben hier von Mitgliedern der Widerstandsbewegung für sie versteckt worden war. Die Tasche war da, Tambese öffnete den Reißverschluß und vergewisserte sich über den Inhalt: ein tragbarer Schneidbrenner, Isolierhandschuhe, Azetylen- und Sauerstoffflaschen, ein kleiner Kanister mit Kohlendioxid, eine starke Taschenlampe, eine Rolle Seil und ein De-Lisle-Karabiner. Tambese reichte die Taschenlampe Sabrina und warf sich selbst die Seilrolle über die eine, die Uzi über die andere Schulter. Dann kletterte er auf das flache Dach hinauf. Von oben warf er einen Blick über die umliegenden Straßen, dann winkte er auch Sabrina herauf, die ihm schnell auf das Dach folgte.

»Dort ist das Oberlicht«, sagte sie und wies auf ein großes Glasfenster in der Mitte der Dachfläche.

Tambese ging hinüber und warf, mit beiden Händen die Augen abschirmend, einen Blick hindurch.

»Nun?« fragte Sabrina hinter ihm.

»Matthew hatte recht; das ist eine Art Archivraum. Da müssen Tausende von Akten gelagert sein.«

»Und wie groß ist der Abstand zum Boden?«

»So an die zehn Meter, schätze ich«, antwortete Tambese und nahm das zusammengerollte Seil von der Schulter. »Das hier sind zwölf Meter – hoffe ich zumindest.«

»Na, ich auch«, meinte Sabrina und deutete auf die Fahnenstange hinter ihr. »Den Rest werden wir brauchen, damit wir es hier befestigen können.«

Tambese rollte das Seil auf und band das eine Ende an die Fahnenstange. Er zog kräftig am Seil, um die Stabilität des Fahnenmastes zu erproben; aber dieser war solide in Zement eingelassen. Erneut schaute er sich um – die Straßen drunten lagen weiterhin verlassen da. Dann kroch er wieder zu dem Oberlicht zurück. »Es sollte nicht lange dauern, bis ich es aufbekomme.«

Sabrina schob die Finger unter den Rahmen und hob ihn an.

»Ja, war denn offen?« fragte Tambese erstaunt.

Sie hob ein kleines Taschenmesser hoch. »Das Holz ist im Lauf der Jahre verfault. Es war nicht sonderlich schwer, die Verriegelung zu lösen.«

Tambese lächelte, öffnete das Fenster und warf das Seil hinunter; es reichte bis kurz über den Boden. Mit einer Handbewegung forderte er Sabrina auf, als erste hinunterzuklettern; sie tat es, die Uzi über der Schulter, und landete lautlos auf dem Boden. Tambese folgte ihr, und Sabrina schlich zur Tür, die sie einen Spaltbreit öffnete; der Korridor war leer. Als Signal für ihren Begleiter hob sie den Daumen und beobachtete dann weiter den Gang draußen.

Tambese zog Okoyes Zeichnung aus der Tasche, um sich damit zu orientieren. Er war umgeben von Regalen, alle voller Stapel mit staubbedeckten Akten. Die interessierten ihn nicht – aber die Schubfachschränke längs der Wand. Sie enthielten Grundrisse und Blaupausen zu allen Baumaßnahmen in und um Kondese während der letzten zwanzig Jahre. Okoyes Verbindungsmann hatte mitgeteilt, daß die gesuchten Pläne für das Kanalsystem unter den Registriernummern zwischen 350 und 400 zu finden sein müßten. Tambese trat an den ersten Schrank und stellte erleichtert fest, daß jede Schublade mit Zehnereinheiten bezeichnet war und nicht, wie er zunächst befürchtet hatte, mit Einzelzahlen. So fand er rasch den richtigen Schrank und zog die Schublade mit der Kennziffer 350 auf. Die Blaupausen lagen säuberlich zusammengerollt in einer Reihe hintereinander; jede Rolle trug einen kleinen Aufkleber mit der jeweiligen Registriernummer. Tambese fluchte leise – ohne näheren Hinweis mußte er jetzt jede Rolle aufwickeln. Doch als er die erste zur Hand nahm, entdeckte er auf dem Boden der Schublade ein Verzeichnis mit den Nummern der hier aufbewahrten Rollen und daneben Vermerke darauf, was die entsprechenden Pläne jeweils zeigten. Er ließ den Finger über die Liste gleiten – nein, hier fand er das Gesuchte nicht.

»Es kommt jemand!« zischelte Sabrina.

Tambese warf ihr einen scharfen Blick zu und bedeutete ihr mit einer Geste, die Tür zu schließen. Sie tat es und stellte sich wartend daneben. Tambese nahm die Uzi von der Schulter und richtete sie auf die Tür. Er war überzeugt davon, daß von der Straße aus sie niemand hatte sehen können, und Okoyes Mittelsmann hatte diesem außerdem versichert, das Alarmsystem sei bei der Besetzung des Gebäudes durch die Sicherheitspolizei zerstört worden. Wie also sollte man sie entdeckt haben? Tambese gewann rasch die Überzeugung, daß das Erscheinen eines Wächters mit ihnen nichts zu tun haben konnte. Ging er vielleicht in einen anderen Raum? Es war schließlich ein sehr langer Korridor.

Plötzlich wurde die Türklinke von draußen niedergedrückt. Sabrina hob die Uzi. Draußen hörte man das Klirren von Schlüsseln, dann öffnete sich die Tür langsam. Aber es kam niemand herein. Doch hoch über ihnen war ein typisches metallisches Klicken zu hören und eine Stimme befahl ihnen in Suaheli, die Waffen fallen zu lassen. Tambese schüttelte den Kopf, als er sah, wie Sabrina die Uzi fester packte. Er drehte sich langsam um und warf einen Blick zum Oberlicht. Dort stand ein Mann und richtete die Kalaschnikow auf Tambese; er wiederholte seine Aufforderung. Tambese ließ seine Uzi fallen; ein zweiter Mann kam durch die Tür und entwaffnete rasch Sabrina.

»Ich hätte ihn erwischen können!« zischte sie Tambese zu.

»Ich auch, aber um welchen Preis? Der andere hätte das Feuer eröffnet. Und selbst wenn wir auch ihn erledigt hätten, wären durch die Schießerei sämtliche Patrouillen hier in der Gegend alarmiert worden. Und eine Schießerei in der Innenstadt ist das letzte, was wir brauchen können.«

Sabrina schwieg, denn sie wußte, daß er recht hatte. Hoffentlich hatte Graham gesehen, wie der Mann auf das Dach stieg. Graham war im Augenblick ihre letzte Chance. Tambese rief etwas zu dem Mann auf dem Dach hinauf in der Hoffnung, daß Graham die Stimmen hören könne. Der Wächter grinste und deutete auf die Wand neben der Tür.

»Es ist ein Infrarot-Detektor in die Wand neben der Tür eingebaut«, übersetzte Tambese für Sabrina. »Deshalb haben sie uns entdeckt.«

»Okoye hat nichts von irgendwelchen Detektoren gesagt«, flüsterte Sabrina zurück.

»Die wurden erst nach der Übernahme durch die Sicherheitspolizei eingebaut. Sie wollten damit Wachen einsparen.«

Der Wachposten hinter Tambese befahl ihm, den Mund zu halten. Er schaute zu seinem Kameraden am Oberlicht hinauf, und während ihres Gesprächs wurde Tambeses Gesicht immer grimmiger.

»Was ist los?« flüsterte Sabrina ihm zu.

»Sie diskutieren darüber, was mit uns geschehen soll. Der dort droben meint, wir sollten wegen Verletzung des Ausgangsverbots sofort erschossen werden. Der andere hier schlug dagegen vor, im Branco-Gefängnis anzurufen und Ngune Bescheid zu sagen.«

Wieder wurde Tambese zum Schweigen aufgefordert. Der Wächter zog Sabrina die Mütze vom Kopf, so daß ihr die

Haare auf die Schultern fielen. Er rief seinem Kameraden etwas zu, und die beiden Männer lachten.

»Was haben sie gesagt?« fragte Sabrina.

»Das verrate ich Ihnen lieber nicht«, antwortete Tambese.

Zur Strafe bekam er einen Stoß mit der Kalaschnikow in den Rücken und stürzte zu Boden. Der Wächter zielte mit seiner Waffe auf ihn, den Finger um den Abzug gekrümmt. Sabrina riß das Bein hoch und traf ihn mit einem Fußstoß am Handgelenk, so daß die Kalaschnikow zu Boden polterte. Der Mann am Oberlicht richtete den Lauf seiner Waffe auf Sabrinas Rücken, und Tambese war klar, daß er selbst niemals seine Uzi erreichen würde, ehe er abdrückte. Daher sprang er Sabrina an und riß sie zu Boden. Der Mann auf dem Dach öffnete plötzlich den Mund, ein Streifen Blut lief ihm über das Kinn, er stürzte durch das Oberlicht und schlug mit einem dumpfen Knall vor ihnen auf den hölzernen Dielen auf. Auf seinem Rücken sah man zwei Einschüsse. Tambese und der zweite Wächter griffen gleichzeitig nach der zu Boden fallenden Kalaschnikow, doch der Wachmann erwischte sie als erster, holte aus und traf mit dem Kolben Tambese seitlich am Kopf. Der Oberst taumelte zurück wie ein angeschlagener Boxer, der einen schweren rechten Haken erwischt hat, und sofort ging der Mann auf Sabrina los, die ihre Uzi zu erreichen versuchte. Als er die Waffe hob, um den Kolben auf Sabrina niedersausen zu lassen, nahm er gerade noch eine Bewegung über sich wahr. Dann trafen ihn schon zwei Schüsse Grahams in die Brust; sie schleuderten ihn gegen die Wand, und er sank leblos zu Boden.

Graham kauerte an der Kante des Oberlichts. »Alles in Ordnung da drunten?«

Sabrina hob ihre Uzi auf und schaute zu Graham hoch. »Wo hast du denn bloß so lange gesteckt?«

»Das nennst du wohl Dankbarkeit, was?« erwiderte Graham.

»Haben Sie einen Einstieg gefunden?« erkundigte sich Tambese und massierte behutsam seine Wange.

»Ja, mit einiger Schwierigkeit. Der nächste liegt erst ein paar Straßen weiter. Deshalb habe ich so lange gebraucht –

und auch, weil ich mich vor einem halben Dutzend Streifenwagen verstecken mußte. Haben Sie die Pläne inzwischen?«

»Noch nicht«, bekannte Tambese. »Aber es kann nicht mehr lange dauern.«

Sabrina türmte ihr Haar hoch und stülpte sich die Mütze darüber. Dann hing sie sich die Uzi wieder um und kletterte auf das Dach hinauf. Tambese durchsuchte die anderen Schubladen, bis er die benötigten Pläne gefunden hatte, schob diese dann vorne in seinen Overall und kletterte ebenfalls auf das Dach zurück. Graham holte das Seil ein, und Sabrina schloß das Fenster über dem Oberlicht wieder.

»Wie lange wird es dauern, bis man die beiden findet?« fragte sie mit einem letzten Blick in den Raum darunter.

»Die nächste Schicht tritt ihren Dienst erst morgens um sechs an. Bis dahin sind wir längst über alle Berge.«

Graham löste das Seil von dem Flaggenmast, hängte es sich zusammengewickelt um die Schulter und stieg hinter Sabrina und Tambese die Leiter hinunter.

»Wie weit ist denn das Gefängnis von hier entfernt?« erkundigte sich Sabrina, als sie unten angelangt waren.

»Ungefähr fünf Kilometer in östlicher Richtung«, informierte der Oberst, zog die Pläne aus dem Overall und steckte sie in die Tasche. »Wir schauen sie uns an, wenn wir erst einmal in der Kanalisation sind. Dort haben wir dann wenigstens erst einmal Ruhe vor diesen dauernden Streifen.« Er ließ sich von Graham das Seil geben und verstaute es ebenfalls in der Reisetasche. »Gehen wir?«

Graham nickte und sprintete dann los, um sich nach etwa hundert Metern in den Schutz einer niedrigen Hecke am Ende des Gartens zu werfen. Er vergewisserte sich, daß die Straße verlassen lag, und winkte dann den beiden anderen zu. Sie liefen zu ihm und warfen sich ebenfalls hinter der Hecke nieder. Graham wollte gerade aufstehen, um weiterzulaufen, als man das Geräusch eines sich nähernden Wagens hörte. Sie drückten sich flach auf den Boden, bis sich das Motorengeräusch wieder entfernte. Graham richtete sich auf und warf einen Blick über die Hecke, dann nickte er den anderen zu und lief zu dem Gartentor hinüber, das sich quietschend öffnete. Graham winkte Sabrina und Tambese heran, überquerte vor ihnen die Straße und bog in einen schmalen Fußweg ein, der zwei Querstraßen miteinander verband. Am Ende des Weges angelangt, hob Graham die Hand und warf zunächst einen vorsichtigen Blick über die Straße, an der sie nun angelangt waren; sie lag verlassen da. Dann wies Graham auf den Kanaldeckel in der Mitte der Straße, etwa fünfzig Meter von ihnen entfernt.

Tambese stellte die Reisetasche ab und rieb sich die Handflächen an den Stellen, wo die Griffe der schweren Tasche Spuren hinterlassen hatten. Er wollte sie gerade wieder aufnehmen, als Sabrina ihn am Ärmel zupfte und mit dem Finger auf ihre Brust tippte. Sie nahm jetzt die Tasche, die wirklich schwer war. Kein Wunder, sagte sie sich – allein schon die Azetylen- und Sauerstoffflaschen wogen einiges. Graham schaute sich nach ihnen um und huschte auf die Straße hinaus, sorgsam darauf bedacht, sich an den Häuserfronten zu halten für den Fall, daß er um Deckung zu nehmen in einen Hausgang schlüpfen müsse.

Sie waren noch etwa zwanzig Meter vom Einstieg in das Kanalsystem entfernt, als überraschend ein Mann aus dem Schatten eines Fußwegs auftauchte, der auf der gegenüberliegenden Seite auf die Straße mündete. Tambese erkannte in ihm sofort den Kerl, der in den Büschen am Rathaus sein Wasser abgeschlagen hatte. Er führte schon wieder eine Flasche zum Mund, warf sie aber dann weg, als er sie sah und riß die Kalaschnikow von der Schulter. Doch da traf ihn schon Tambeses Schuß. Graham rannte hinüber und suchte nach dem Pulsschlag, schüttelte dann jedoch sofort den Kopf.

»Sie hatten doch gesagt, daß die nie zu Fuß unterwegs sind«, meinte Sabrina, an Tambese gewandt, als sie vor der Leiche standen.

»Tun sie auch nicht«, erwiderte dieser grimmig.

»Was heißt, daß seine Kameraden schnellstens nach ihm suchen werden«, schloß Graham.

»Wir müssen die Leiche verstecken«, sagte Sabrina und schaute sich nach einem passenden Platz dafür um.

Graham schnippte mit den Fingern. »Der Abwasserkanal!«

»Ich mache den Deckel auf«, sagte Tambese und lief schon zu dem Einstieg hinüber.

Graham wischte sich den Schweiß von der Stirn und schaute die Straße hinauf und hinunter. Jeden Augenblick konnte der Toyota auftauchen oder auch irgendeine andere Streife. Er griff dem Toten unter die Arme, Sabrina nahm die Beine, und gemeinsam schleiften sie ihn zu der Stelle, wo sich Tambese noch immer abmühte, den Kanaldeckel zu öffnen.

»Jetzt machen Sie doch!« zischte Graham.

»Ich tue mein Bestes!«

Graham ließ die Leiche fallen und kauerte sich neben Tambese. Gemeinsam schafften sie es schließlich, den Kanaldeckel herauszuheben und neben den Einstiegsschacht zu legen. Sabrina schob die Leiche an die Kante, und Graham half ihr dabei, sie hinabzuwerfen. Mit lautem Klatschen schlug sie drunten im Wasser auf – dann herrschte Stille. Tambese warf einen Blick in das Dunkel unter sich. In die Wand waren Sprossen eingelassen, die zum Kanal hinunterführten. Er schob sich in die Öffnung und begann den Abstieg bis zu einem Sims; scheußlicher Gestank schlug ihm entgegen. Graham stieg als nächster in den Schacht.

Sabrina wollte den beiden gerade folgen, als ihr die Tasche einfiel. Sie rannte zur Einmündung des Fußwegs hinüber und wollte die Reisetasche an sich nehmen, als sie das Geräusch eines sich rasch nähernden Fahrzeugs hörte. Es war ihr klar, daß sie niemals rechtzeitig die Einstiegsluke würde erreichen können, und so gab sie mit Gesten Graham zu verstehen, daß er schleunigst den Deckel wieder über die Öffnung schieben solle. Graham schaffte das gerade noch, ehe der Wagen in die Straße einbog.

Sabrina drückte sich in den Schatten des Fußwegs, die Tasche in der einen Hand, die Uzi in der anderen. Sie duckte sich hinter einige blecherne Mülltonnen und hielt sich eine Hand vor Mund und Nase, um sich vor dem durchdringenden Gestank der Abfälle zu schützen. Der Toyota hielt direkt vor dem Eingang des Fußwegs an, und der Fahrer rief den Namen des getöteten Mannes. Der zweite Mann deutete mit einer ärgerlichen Geste auf die Reste der zerbrochenen Flasche und stieg aus. Der Fahrer reichte ihm eine Taschenlampe, und Sabrina kauerte sich zusammen, als der Lichtstrahl durch die Dunkelheit tastete. Er traf die unmittelbar vor ihr stehende Mülltonne und schnitt einen hellen Kreis aus der dunklen Fläche.

Da sah Sabrina sie – eine große, dicke Ratte, die wenige Zentimeter von ihrem Fuß entfernt an einem Stück schimmeligen Brots nagte. Sie zog scharf den Atem ein und wagte sich nicht zu rühren, als der Lichtstrahl weiter über die Mülltonnen wanderte. Die furchtbare Erinnerung an ein Kindheitserlebnis überfiel sie. Damals war sie unbeabsichtigt in einen Keller eingeschlossen worden, und zwei Stunden lang hatte sie in der Dunkelheit nichts um sich herum gehört als das unablässige Trippeln der Ratten. Verblieben war ihr davon tief eingewurzelte Furcht vor allen Nagetieren – eine Angst, die sie bei einem Einsatz in Jugoslawien fast das Leben gekostet hätte. Sie war voll Panik aus der Deckung gelaufen, die eine große Kiste ihr und Graham bot, als sie die Ratten in der Kiste sah. Graham hatte ihr das Leben gerettet, indem er sie zu Boden reißen konnte, einen Sekundenbruchteil, bevor eine Kugel sie traf.

Der Mann knipste endlich die Taschenlampe aus und ging zum Wagen zurück, sprach kurz mit dem Fahrer und kletterte wieder auf den Beifahrersitz. Der Fahrer fluchte ärgerlich, ließ dann den Motor an und fuhr davon. Sabrina wartete, bis das Motorengeräusch sich in der Ferne verloren hatte, und stand auf. Die plötzliche Bewegung verscheuchte die Ratte, die in einem Loch in der Wand hinter ihr verschwand. Sabrina war in Schweiß gebadet. Noch immer jagten Ratten ihr Angst ein, doch dieses Mal hatte sie sich beherrschen können. Und das hatte ihr das Leben gerettet. Sie nahm die Tasche wieder auf und ging vorsichtig zur Straße, die nun verlassen dalag. Sabrina lief zu dem Kanaldeckel hinüber und klopfte dagegen. Er hob sich und Grahams Gesicht tauchte auf.

»Alles in Ordnung?« fragt er besorgt.

Sie nickte nur und reichte ihm die Tasche. Er gab sie an Tambese weiter und drückte sich dann an die Wand, um Sabrina vorbeizulassen, die bis zu dem Mauerabsatz hinunterkletterte. Dort holte sie die Taschenlampe aus der Tasche und schaltete sie ein. Das erste, was sie im Schein der Lampe sah, war eine tote Ratte, die im Wasser schwamm.

»Es gibt eine Menge davon hier unten«, sagte Tambese hinter ihr.

»Ach, ich kann damit leben«, antwortete sie gleichgültig.

Graham lächelte ein wenig und schob den Kanaldeckel wieder über das Einstiegsloch.

Neuntes Kapitel

Carmen schaute erstaunt hoch, als Whitlock ins Wohnzimmer trat. »Wieso bist du auf, C. W.? Diese Schlaftabletten hätten dich doch bis morgen früh außer Gefecht setzen müssen!«

»Ich hab' sie ja gar nicht genommen«, entgegnete er und ließ sich in seinen Lieblingssessel fallen.

»Das ist doch nicht zu glauben«, erwiderte sie, klappte das Buch zu, in dem sie gelesen hatte und legte es auf das Tischchen, das neben ihr stand. »Du brauchst doch Ruhe. Warum, glaubst du wohl, habe ich den Arzt um ein so starkes Beruhigungsmittel gebeten?«

»Ich habe Bereitschaftsdienst, Carmen. Was geschieht bei einem Notfall? Schlimm, wenn ich bis morgen früh außer Gefecht wäre.«

Carmen schüttelte verzweifelt den Kopf. »Dein Arm liegt in der Schlinge, um Himmels willen. Wem könntest du so nützen? Ich weiß, daß das ein Schock für dich sein muß, aber die UNACO wird tatsächlich auch ohne dich funktionieren. Nimm jetzt diese Tablette und geh wieder ins Bett!«

»Hör bitte auf zu schimpfen, Carmen, ich bin in Ordnung«, behauptete er, zog jedoch scharf die Luft ein, als er unversehens mit seinem Arm gegen die Sessellehne stieß.

»Ja, ich sehe es!« Carmen stand auf. »Also, wenn du schon nicht auf mich als deine Frau hören willst, dann hör wenigstens auf mich als Ärztin.«

»Ich bin doch keiner von deinen Kinder-Patienten!« gab er gereizt zurück.

»Nein, leider nicht! Die sind nämlich vernünftig genug, auf mich zu hören, wenn ich ihnen sage, daß sie ihre Medizin nehmen sollen!« Sie schnappte sich ihr Buch und verschwand damit in der Küche.

Whitlock ging zur Bar hinüber, goß sich einen kleinen Whisky ein und setzte sich wieder in seinen Sessel. Er war durchaus in Versuchung gewesen, die Schlaftabletten zu nehmen, und wäre es nur gewesen, um seinem Schuldgefühl zu entfliehen; einem Schuldgefühl, das auf seine Unaufrichtigkeit zurückging. Es hatte eingesetzt, als Sabrina ihn aus Zimbala angerufen hatte, damit er Moboto veranlasse, sich für Joseph Moredi zu verbürgen. Dann hatte sie nochmals angerufen und Auskünfte über Oberst David Tambese verlangt. Er hatte sich insgeheim die notwendigen Informationen aus einem Computereintrag in der Kommandozentrale beschafft, und als Gegenleistung für seine Hilfe hatte sie ihm anvertraut, daß sie und Graham gemeinsam Remy Moboto ausfindig machen wollten. Dabei hatte Kolchinsky ihr doch ausdrücklich verboten, nach Kondese zu gehen; es mußte also ihr Geheimnis bleiben.

Whitlock war hin und her gerissen. Sabrina handelte gegen eine ausdrückliche Weisung. Und damit riskierte sie ihre Suspendierung. Und er war in die Sache verwickelt, weil er eine Information darüber für sich behalten hatte. Aber beide waren seine Kollegen, und er hatte sein Wort gegeben, Kolchinsky nichts zu verraten. Zunächst hatte er das Gefühl gehabt, das Richtige zu tun. Aber das Schuldgefühl hatte sich ausgebreitet wie ein langsam wirkendes Gift und lag ihm nun schwer auf der Seele. Er wußte, daß er nur Kolchinsky anzurufen brauchte, um sein Gewissen zu entlasten. Aber er hatte nun einmal sein Wort gegeben. Nein, er mußte zu den beiden stehen, selbst wenn ihm das schaden würde. Noch immer war er Mitglied der Einsatzgruppen; in die Leitungsebene würde er erst zum Ende des Jahres überwechseln. Loyal mußte er sich vor allem gegenüber Graham und Sabrina verhalten. Das beruhigte zwar sein Gewissen nicht, aber er konnte sich doch sagen, daß seine Haltung gerechtfertigt war. Aber wenn die beiden es vermasselten ...

Aus seinen Gedanken riß ihn das Klingeln des Telefons.

»C. W.?«

»Ja, Sergej?« sagte Whitlock, der sofort Kolchinskys Stimme erkannte.

»Wie geht's dem Arm?«

Whitlock warf einen Blick zur Küchentür hinüber. »Danke,

das geht schon wieder. Was ist los? Sie werden mich sicher nicht nur anrufen, um nach meinem Arm zu fragen.«

»Nein«, gab Kolchinsky zu. »Es geht um Rosie, Ihre Nichte.«

»Woher wissen Sie denn überhaupt was von dieser Nichte?« fragte Whitlock kopfschüttelnd.

»Das möchte ich jetzt nicht am Telefon besprechen. Ich schicke Ihnen einen Wagen. Er kann in etwa zwanzig Minuten bei Ihnen sein.«

»Ist ihr was passiert, Sergej?« fragte Whitlock.

»Weiß ich nicht«, antwortete Kolchinsky.

»Das wissen Sie nicht?« schnaubte Whitlock. »Jetzt seien Sie doch nicht so verdammt zugeknöpft!«

Kolchinsky seufzte tief. »Also: ein T-Shirt mit ihrem Namen drauf wurde in einer Wohnung im Stadtbezirk Murray Hill gefunden. Drei Leichen lagen auch in der Wohnung, zwei davon waren die von Polizisten. Aber Rosie war nicht da. Mehr weiß ich im Augenblick auch nicht; ich bin gerade auf dem Weg dorthin.«

»Wem gehört die Wohnung?«

»Wissen wir nicht, noch nicht jedenfalls«, mußte Kolchinsky zugeben. »Wir treffen uns dann dort, C. W. Und sagen Sie auf keinen Fall den Eltern etwas, ehe wir herausbekommen haben, was sich da tatsächlich abgespielt hat!«

»Klar«, murmelte Whitlock, legte auf und schaute zu seiner Frau hinüber, die das Gespräch von der offenen Küchentür aus verfolgt hatte. »Ich muß weg!«

»Es geht um Rosie, nicht wahr?«

Whitlock nickte und stand auf.

»Was ist mit ihr?«

»Das will ich ja gerade herausbekommen«, erwiderte Whitlock und drückte beruhigend Carmens Arm, ehe er im Schlafzimmer verschwand.

Als Whitlock ankam, war die Straße von der Polizei abgesperrt; der Fahrer hielt unmittelbar neben Kolchinsky an, der wenige Schritte von einer rasch wachsenden Menschenmenge entfernt stand, die sich hinter dem Polizeikordon drängelte. Es hatte sich bereits das Gerücht verbreitet, daß es in dem Haus drei Tote gegeben habe, und jetzt wollten die Leute sehen, wie die Leichen herausgetragen und zu den beiden wartenden Krankenwagen gebracht wurden.

Kolchinsky öffnete eine der hinteren Türen des Wagens, und Whitlock stieg aus. Der Fahrer, der schon vorher von Kolchinsky die Weisung erhalten hatte, daß er auf Whitlock zu warten habe, suchte einen Parkplatz. Whitlock drückte den verletzten Arm eng an die Brust, als er hinter Kolchinsky auf die Menge zuging. Ein Polizist, der von seinem Vorgesetzten Befehl erhalten hatte, Kolchinsky und seinen Begleiter in das Gebäude zu führen, machte ihnen den Weg frei.

Sobald sie außer Hörweite waren, packte Whitlock Kolchinsky am Arm. »Ich muß einiges von Ihnen erfahren, ehe wir da reingehen. Zunächst einmal – wie kam überhaupt die Polizei darauf, wegen Rosie mit Ihnen Kontakt aufzunehmen?«

»Wir haben Unterlagen über alle Verwandte der UNACO-Mitglieder im In- wie im Ausland. Eine Liste der betreffenden Namen bekamen Interpol, das FBI und die Leitung der New Yorker Polizei. Wir können uns da keinerlei Risiken leisten, C. W.«

»Das ist Verletzung des Datenschutzes und der bürgerlichen Rechte!« wandte Whitlock ein.

»Ersparen Sie mir bitte Belehrungen, C. W. Es ist gleichermaßen in deren Interesse wie in unserem. Wenn Familienangehörige in Schwierigkeiten mit dem Gesetz kommen, müssen wir davon erfahren, um zu verhüten, daß die Organisation in irgendeiner Weise tangiert wird. Und in gewissen Fällen haben wir auch unsere Drähte, um aus dem gleichen Grund zu veranlassen, daß man mal ein Auge zudrückt.«

»Und wer hat Zugang zu diesen Unterlagen?«

»Jacques Rust von der Europazentrale in Zürich, der Oberst und ich. Sie sind absolut vertraulich, und deshalb wurde bisher keinem Mitarbeiter davon etwas mitgeteilt. Sie sind eine Ausnahme. Am Ende des Jahres werden Sie ja, wenn Sie dann in das Führungsteam kommen, sowieso Zugang dazu bekommen. Und daher habe ich Ihnen das jetzt auch gesagt.«

»Und falls ich dann doch nicht Mitglied des Leitungsteams werden will?« konterte Whitlock.

»Sie wollen – sonst wären Sie jetzt nicht hier, oder?« stellte Kolchinsky mit verhaltenem Lächeln fest.

»Werden diese Verwandten etwa auch überwacht?«

»Falls wir das für nötig halten sollten, schon.«

»Rosie etwa?«

»Nein«, versicherte Kolchinsky, und sie gingen die Stufen zum Eingang hinauf.

Ein Polizist öffnete die Glastüre für sie, und in der Eingangshalle drückte Kolchinsky auf den Knopf für den Fahrstuhl. »Im Rückblick muß ich sagen, daß ich das hätte veranlassen sollen. Dann hätte das hier, wer weiß, vielleicht verhindert werden können. Ich wußte bis heute abend nicht einmal davon, daß sie sich nicht an die Auflagen für ihre Haftverschonung gehalten hat. Ich dachte, sie sei in der Obhut der Eltern.«

Sie stiegen in den Aufzug, und Kolchinsky drückte auf den Knopf für den dritten Stock.

»Wußten Sie vielleicht, daß sie hier war?« fragte er plötzlich.

»Nein, ich wußte nur, daß sie sich nicht bei den Eltern aufhielt. Sie ist an dem gleichen Tag abgehauen, als sie entlassen und den Eltern übergeben wurde. Dann hatte sie einen Streit mit ihrem Vater. Wir beide gingen gemeinsam los, um am Times Square nach ihr zu suchen, wo sie üblicherweise herumhängt, aber wir konnten sie nicht finden. Wenn wir die Polizei eingeschaltet hätten, wäre der Bruch der Auflagen herausgekommen, und das hätte so gut wie sicher eine Verurteilung bedeutet statt einer möglichen Einstellung des Verfahrens.«

»Ich hatte darüber schon mit dem Polizeichef gesprochen. Sie wäre ohne Bestrafung davongekommen, trotz des Verstoßes gegen die verhängten Auflagen. Aber das war vor dieser Geschichte hier – es liegt jetzt nicht mehr in meinen Händen, C. W.; tut mir leid.«

Whitlock nickte verbissen, entgegnete aber nichts. Der Fahrstuhl hielt im dritten Stock, und Kolchinsky wies sich gegenüber einem Polizisten aus, der ihm sagte, wo er den auf ihn wartenden Polizeichef finden könne. Kolchinsky bedankte sich und ging in die Wohnung voraus. Whitlock blieb dort im Flur stehen und warf einen Blick auf die Leichen der beiden Polizisten, ehe er hinter Kolchinsky ins Wohnzimmer trat. Der Mann, der dort in einem Sessel saß, mochte Anfang Fünfzig sein; er hatte dünnes braunes Haar und ein zerfurchtes, ledriges Gesicht.

»Hallo, Sergej, wie geht's Ihnen?« fragte der Mann mit einer überraschend sanften Stimme.

Kolchinsky schüttelte die ihm entgegengestreckte Hand. »C. W. Whitlock – Polizeidirektor Sean Hagen«, machte er dann bekannt und ergänzte: »C. W. ist für uns tätig – und außerdem Rosies Onkel.«

»Freut mich, Sie kennenzulernen, Sir«, sagte Whitlock und schüttelte Hagen ebenfalls die Hand.

Der wies auf das Sofa ihm gegenüber. »Wollen Sie nicht Platz nehmen?«

»Was ist vorgefallen, Sean?« fragte Kolchinsky, nachdem er sich gesetzt hatte.

Hagen rieb sich müde das Gesicht mit beiden Händen und erzählte dann von dem Zettel, den Doyle bei seinem Freund hinterlassen und den dieser dann zur Polizei gebracht hatte, als Doyle tatsächlich bis vier Uhr nicht wieder aufgetaucht war.

»Und die beiden Polizisten kamen also hierher, um sich nach Doyle umzuschauen?« erriet Kolchinsky.

Hagen nickte. »Sie wurden kaltblütig erschossen, Sergej. Keiner von ihnen hatte auch nur die Chance, seine Waffe zu ziehen. Beide waren verheiratet und hatten Kinder.« Er sah Whitlock an. »Ich will ihren Mörder haben, und ich werde jeden Stein umdrehen, um ihn zu finden!«

»Aber Sie nehmen doch wohl nicht an, daß Rosie sie erschossen hat?« fragte Whitlock verblüfft. »Eine sechzehnjährige Halbwüchsige, die noch nie in ihrem Leben eine Waffe auch nur in der Hand hatte?«

»Ruhe, C. W.«, beschwichtigte Kolchinsky und legte die Hand auf Whitlocks Arm.

»Nein, ich glaube nicht, daß Ihre Nichte geschossen hat, Mr. Whitlock«, versicherte Hagen. »Alle drei Morde waren eindeutig Profi-Arbeit.«

»Wer ist das dritte Opfer?« wollte Kolchinsky wissen. »Doyle?«

»Genau. Aber er starb schon mehrere Stunden vor den beiden Polizisten. Er muß im Flur erschossen worden sein, denn wir fanden dort Blutspuren auf dem Teppichboden; dann schleifte man seine Leiche ins Schlafzimmer und versteckte sie unter dem Bett.«

»Wie sieht's mit Fingerabdrücken aus?« erkundigte sich Whitlock.

»Einige haben wir schon gesichert, aber die einzigen, die bisher eindeutig identifiziert werden konnten, stammen von Ihrer Nichte. Ich habe ein Team angesetzt, das sich rund um die Uhr um die Identifizierung der übrigen bemüht.«

»Falls Sie Hilfe brauchen können ...«

»Nein«, unterbrach Hagen Kolchinskys Angebot. Er seufzte tief. »Besten Dank – aber wir werden schon allein damit zurechtkommen.«

»Keine sonstigen Hinweise?« fragte Whitlock.

»Nur ein einziger – eine Nachbarin sah, daß Ihre Nichte mit einem großen, schlanken Mann das Haus verließ. Näher beschreiben konnte sie ihn nicht, denn er trug eine dunkle Brille, einen Schlapphut und eine Lederjacke, deren Kragen er hochgeschlagen hatte. Ansonsten bisher nichts weiter – und das bestätigt meine Vermutung, daß hier ein Profi am Werk war. Es könnte ein Killer im Auftrag eines der Drogenkartelle gewesen sein, wer weiß? Ihre Nichte ist doch mit Drogen erwischt worden, oder?«

»Ein bißchen Hasch hat sie geraucht, das ist alles. So wie Sie das sagen, klingt es, als ob sie eine Großdealerin für eines der Kartelle gewesen wäre!«

»Drogen sind Drogen«, beharrte Hagen.

»Dann müssen Sie auch Nikotin und Alkohol verbieten!« fauchte Whitlock, stand auf und trat ans Fenster.

Auch Hagen erhob sich. »Sie müssen mich jetzt bitte entschuldigen, Sergej; ich habe in zwanzig Minuten eine Pressekonferenz.«

Kolchinsky ging mit Hagen zur Tür. »Bitte haben Sie Verständnis für C. W., Sean. Er ist natürlich erregt und in Sorge. Rosie und er hatten immer ein besonders enges Verhältnis. Vielleicht steht er ihr sogar näher als der eigene Vater.«

»Ich rufe Sie an, sobald wir Näheres wissen«, versprach Hagen, schüttelte Kolchinsky die Hand und verschwand in der Küche, um dort mit seinen Mitarbeitern zu sprechen.

»Wir können wohl auch wieder gehen«, sagte Whitlock hinter Kolchinsky. »Ich wüßte nicht, was wir hier noch tun sollten.«

»Nachdem Sie sich so mit dem Polizeichef angelegt haben, natürlich nicht«, fuhr ihn Kolchinsky ärgerlich an. »Was ist denn bloß in Sie gefahren?«

»Gehen wir«, antwortete Whitlock, ohne darauf einzugehen, und war bereits auf dem Weg zum Aufzug.

»C. W., so warten Sie doch!« rief ihm Kolchinsky nach und eilte hinter ihm her.

Schweigend fuhren die beiden Männer mit dem Fahrstuhl nach unten.

»Hagen und ich haben unterschiedliche Ziele, Sergej«, sagte Whitlock schließlich, als sie auf die Haustür zugingen. »Er ist auf der Jagd nach einem Polizistenmörder; ich dagegen will Rosie finden. Sie muß irgendwo hier in der Gegend stecken und wird sich garantiert zu Tode ängstigen. Derjenige, der Doyle und die beiden Polizisten getötet hat, wird sie ja wohl kaum mir nichts, dir nichts laufen lassen, oder? Sie ist schließlich Zeugin. Ich habe auch schon überlegt, ob sie vielleicht bereits tot sein könnte, aber ich glaube das inzwischen nicht mehr. Warum sollte er sie wegbringen und dann töten, wenn er das auch hier schon hätte erledigen können? Nein, ich glaube, er braucht sie für irgendwas. Warum sonst sollte er sie mitgenommen haben? Ich mache mir große Sorgen um sie, Sergej, sehr große Sorgen!«

Kolchinsky legte seinem Mitarbeiter beruhigend die Hand auf den Arm und öffnete die Haustür für ihn. Mit einem kurzen »Kein Kommentar!« schüttelte er einen Reporter ab, der sich auf ihn stürzte, und bahnte dann für sich und Whitlock einen Weg durch die wartende Menge bis zu dem Platz, wo der Fahrer auf sie wartete; er befahl ihm, den Wagen zu holen.

»Ich halte Sie über jede neue Entwicklung auf dem laufenden, C. W.«, versicherte Kolchinsky. »Aber es gibt hier tatsächlich für uns beide heute abend nichts mehr zu tun. Und außerdem braucht Ihr Arm dringend Ruhe.«

»Ach, so schlimm ist das nicht«, wehrte Whitlock ab.

»Und warum haben Sie dann jedesmal geflucht, wenn jemand dagegenstieß, als wir uns durch die Leute drängelten?« meinte Kolchinsky lächelnd. »Natürlich schmerzt er, und Sie müssen ihn ruhigstellen. Beauftragen Sie für morgen Rogers mit der Leitung der Sicherheitsmaßnahmen. Es ist der letzte Programmpunkt des Präsidenten vor seinem Rückflug, und das Trade Center ist weithin bekannt für seine eigenen strengen Sicherheitsmaßnahmen.«

»Ich muß dort sein«, beharrte Whitlock starrköpfig.

»Sie haben doch schon sämtliche Maßnahmen für das Sicherheitsteam festgelegt; da brauchen Sie doch wirklich nicht persönlich hin.«

»Ich bin verantwortlich für die Sicherheit Mobotos bis zu seinem Abflug morgen, und damit basta.«

Kolchinsky zuckte hilflos mit den Schultern. »Es hat wohl keinen Sinn, mit Ihnen zu streiten. So, da kommt gerade Ihr Fahrer.«

Whitlock griff in die Innentasche seiner Jacke und holte eine Zeitung heraus. »Lassen Sie sie bitte mal von unseren Burschen im Labor auf Fingerabdrücke untersuchen.«

»Wie bitte?« fragte Kolchinsky verblüfft.

»Die war seitlich in das Sofa gerutscht. Ich hab' sie eingesteckt, als Sie mit Hagen zur Tür gingen. Einige Fingerabdrücke sind sicherlich dabei verwischt worden, aber man wird bestimmt trotzdem welche identifizieren können, selbst wenn es nur die von Rosie sind.«

Kolchinsky nahm die Zeitung behutsam an sich. »Das ist aber gegen die Vorschriften – das wissen Sie doch.«

»Auch nicht mehr, als Angaben über Verwandte von UNACO-Mitarbeitern zu speichern«, erwiderte Whitlock ungerührt. »Haben Sie Rosies Fingerabdrücke zum Vergleich?«

»Nein, aber die kriege ich problemlos. Und jetzt fahren Sie bitte nach Hause.«

»Aber Sie müssen mich sofort anrufen, wenn die Leute im Labor was gefunden haben«, forderte Whitlock und stieg dann ein.

Kolchinsky schloß die Tür hinter ihm und klopfte kurz auf das Wagendach. Er schaute dem davonfahrenden Mercedes nach, der bald vom abendlichen Verkehrsstrom verschluckt wurde. Dann stieg er in seinen eigenen Wagen und fuhr ebenfalls davon.

Rosie erwachte mit fürchterlichen Kopfschmerzen. Sie lag auf einem Einzelbett in einem kleinen Zimmer, das nur eine Kommode, einen Sessel und ein kleines Waschbecken neben dem Fenster enthielt. Die Vorhänge waren zugezogen. Vorsichtig schwang sie die Beine aus dem Bett und setzte sich auf, das Gesicht in die Hände gelegt. Als sie den noch immer in ihrer Kleidung hängenden Chloroformgeruch spürte, kam schrecklich die Erinnerung zurück: die beiden toten Polizisten, Kenny, schließlich der Schlag auf den Hinterkopf.

Als sie in der Wohnung dort wieder zu sich gekommen war, hatte der Mann, den sie unter dem Namen Marc Giresse kannte, seine Sachen gepackt; eine Reisetasche und ein Aktenkoffer standen neben der Wohnungstür. Er saß vor ihr, an die Wand gelehnt und die Knie hochgezogen, und beobachtete sie, die Waffe locker in der Hand. Dann hatte er ihr gesagt, daß sie nun zusammen auf die Straße hinuntergehen würden, wo schon ein Wagen auf sie warte. Bei jedem Versuch, Aufmerksamkeit zu erregen, würde er sie erschießen – er habe schließlich nichts mehr zu verlieren.

Er hatte die Waffe unter seiner Jacke verborgen und mit der anderen Hand den Aktenkoffer genommen, während sie die Reisetasche tragen mußte. Den Lauf seiner Automatik drückte er ihr in die Rippen, bis sie an dem vor dem Haus geparkten Wagen angelangt waren. Der Fahrer war ein Schwarzer, den sie niemals vorher gesehen hatte. Die beiden Männer redeten in einer ihr unbekannten Sprache miteinander, dann schob man sie auf den Rücksitz des Wagens, und ein chloroformgetränkter Lappen wurde ihr auf das Gesicht gedrückt. Das war das letzte, woran sie sich erinnern konnte. Sie wußte weder, wo sie hier war, noch wie lange schon. Kopfschmerzen quälten sie. Sie knipste das Lämpchen neben dem Bett an, stand dann auf und tappte zur Tür. Sie war verschlossen. Dann ging sie ans Fenster und zog die Vorhänge auf. Geschlossene Fensterläden versperrten den Blick. Rosie versuchte, das Fenster zu öffnen, doch es war ebenfalls irgendwie verriegelt worden. Sie rüttelte daran, aber vergeblich. Dann schaute sie sich nach etwas um, mit dem sie die Scheibe einschlagen könnte – nichts. Niedergeschlagen ließ sie sich aufs Bett fallen und hatte Mühe, die Tränen zurückzuhalten. Plötzlich hörte Rosie, wie ein Schlüssel in das Schloß der Tür geschoben wurde, die sich gleich darauf öffnete. Bernard trat ein und setzte sich in den Sessel.

»Wo bin ich hier?« fragte Rosie.

»In Sicherheit«, antwortete Bernard lächelnd und warf einen Blick auf die Schubladen der Kommode. »Eine gute Idee, dort nach etwas zu suchen, um die Scheiben einzuschlagen. Aber es hätte nichts genutzt – sie sind aus Sicherheitsglas.«

»Woher wissen Sie, daß ...« Rosie brach ab und schaute sich in dem Zimmer um, ehe sie sich wieder an Bernard wandte. »Wo ist die Kamera?«

»Hinter dem Spiegel«, antwortete Bernard mit einer Handbewegung.

»Sie sind ein Dreckskerl«, fauchte sie ihn an und zuckte zusammen, als ein heftiger Schmerz ihr durch den Kopf fuhr.

Bernard zeigte zwei Aspirin auf der offenen Handfläche. »Sieht aus, als ob du das brauchen könntest!«

»Fahren Sie zur Hölle!«

Bernard kicherte. »Ich bewundere deinen Schneid, Rosie – aber du bist ein rechter Kindskopf. Weißt du das?«

»Warum halten Sie mich hier fest?«

Bernard legte die beiden Kopfschmerztabletten auf die Kommode und stand auf. »Du bist meine Lebensversicherung.«

»Wovon reden Sie denn? Wieso Lebensversicherung?«

»Halten wir uns lieber an das Motto ›Was ich nicht weiß, macht mich nicht heiß‹. Aber es täte mir leid, wenn du genauso enden würdest wie dein Freund Kenny. Es mag dir zwar komisch vorkommen, aber ich mag dich. Du bist ein gutes Kind – zwar etwas verdreht, aber doch ein gutes Kind. Nimm die Tabletten und komm ins Wohnzimmer, wenn du dich wieder etwas besser fühlst.« Bernard blieb im Türrahmen stehen und schaute sie nachdenklich an. »Irgendwie erinnerst du mich ein wenig an mich selbst im gleichen Alter.« Er lächelte wie in Gedanken und ging.

Rosie lief zur offenen Tür, doch der Schwarze, der den Wagen gesteuert hatte, stand plötzlich davor, die Arme vor der Brust gekreuzt. Er ließ seine Augen über ihren Körper wandern und grinste dabei. Rosie drehte sich um und nahm die Tabletten von der Kommode. Sie ließ etwas Wasser in den Plastikbecher laufen, der neben dem Waschbecken stand, und spülte die Tabletten damit hinunter.

Bernard rief nach dem Mann. Als Rosie sich umdrehte, war er verschwunden. Sie warf einen vorsichtigen Blick in den Flur. Er war leer. Dann sah sie die Tür an dessen anderem Ende. Das mußte die Wohnungstür sein. Ob sie wohl verschlossen war? Es gab nur eine Möglichkeit, das herauszufinden. Rosie schlich rasch hin und konnte ihre Erregung kaum unterdrücken, als sie feststellte, daß an der Tür nur ein Schnappschloß war, das sich tatsächlich zurückziehen ließ. Doch als sie die Tür aufzog, öffnete sich diese nur um wenige Zentimeter. Die Vorlegekette war eingehängt – das hatte sie in der Aufregung übersehen.

»Rosie!« schrie Bernard von der Wohnzimmertür her.

Sie drehte sich nicht um, sondern bemühte sich verzweifelt, die Kette auszuhängen, gefaßt darauf, jeden Augenblick zurückgerissen zu werden. Endlich hatte sie es geschafft, und im gleichen Augenblick griff Bernard nach ihr. Es gelang ihr, ihm durch einen Schritt zur Seite auszuweichen, und sie riß so schwungvoll wie nur möglich die Tür auf. Deren Kante traf Bernard ins Gesicht, und er taumelte zurück; aus einer Wunde über dem rechten Auge lief Blut. Rosie stürzte hinaus und warf die Tür hinter sich wieder zu. Sie fand sich auf einer Art Veranda und sah, daß das Haus mitten in einem Wald lag. Bis zu den ersten Bäumen war jedoch eine freie Fläche von an die zweihundert Meter zu überwinden. Rosie sprang die Stufen hinunter, rannte über einen schmalen Weg zu einem Gartentor, riß es auf und rannte über die Lichtung auf die Bäume zu.

Bernard öffnete die Haustür und kam heraus; die Vorderseite seines Hemdes war blutverschmiert, auch der Hemdsärmel, mit dem er sich das Blut vom Gesicht gewischt hatte. Hinter ihm erschien der andere Mann und richtete seine Pistole auf Rosie.

Bernard schlug ihm den Arm herunter und sagte wütend: »Weg mit der Waffe, Elias!« Dann lief er zum Gartentor und rief, die Hände als Sprachrohr um den Mund gelegt: »Rosie, hör auf mich, lauf nicht in den Wald! Dort ist alles voller Fallen!«

Rosie ließ sich nicht beirren und rannte weiter.

»Rosie, geh da nicht rein!«

Elias tauchte wieder hinter Bernard auf und reichte ihm eine Taschenlampe. »Fallen?« fragte er in schwerfälligem Englisch und deutete mit einem Auf- und Zuklappen der Hände die zusammenschnappenden Bügel einer Falle an.

»Ja, der Wald ist voll davon. Wenn sie in eine hineingerät, kann sie ihr den Fuß zerschmettern.«

»Was machen wir also?« fragte Elias, nun in Arabisch.

»Sie verfolgen!« entgegnete Bernard und lief auf die Stelle zu, an der er Rosie zwischen den Bäumen hatte verschwinden sehen.

Elias starrte Bernard nach; er hatte keine Lust, in diesen gefährlichen Wald zu gehen.

Bernard blieb stehen und schaute sich ärgerlich nach ihm um. »Lauf auf die andere Seite!« brüllte er ihm zu. »Schneid ihr den Weg ab!« Dann rannte er weiter.

Elias schluckte nervös. Was war schlimmer – die Gefahr durch die Fallen, oder Bernards Zorn, falls er ihm nicht gehorchte? Es blieb ihm keine Wahl, und er lief los.

Rosie verhielt, am Waldrand angekommen, für einen Augenblick, um Atem zu schöpfen. Der Wald wirkte im Licht des Mondes schwarz und bedrohlich. Sie hatte Bernards Warnung durchaus gehört – aber war sie nicht nur ein Bluff? Oder vielleicht doch nicht? Sie hatte einmal im Fernsehen eine Sendung gesehen, in der die schlimmen Verletzungen gezeigt wurden, die den Tieren durch solche Fallen zugefügt wurden, und hatte damals geheult bei diesen Bildern. Bei einem Blick zurück sah sie Bernard, der sich rasch näherte. Sie mußte sich entscheiden – unverzüglich. Weiter, nur weiter. Schnell bückte sie sich nach einem Ast und klopfte damit, immer tiefer in den Wald eindringend, den Boden vor sich ab. Ein falscher Schritt, und sie war vielleicht für den Rest ihres Lebens ein Krüppel. Falls es diese Fallen überhaupt gab – aber sie durfte kein Risiko eingehen. Rosie duckte sich hinter einen Baum und lauschte auf Geräusche ihres Verfolgers. Aber es war nichts zu hören. Doch das überraschte sie kaum – er war ganz offensichtlich ein Profi. Wenn sie nur ein Versteck finden könnte, um sich darin bis Tagesanbruch zu verbergen; dann würde sie schon ungefährdet aus dem Wald herauskommen können. Gerade wollte sie weiter vordringen, als sie zu ihrer Linken einen Lichtstrahl sah. Sie preßte sich an den Baum und wagte nicht einmal, sich den Schweiß von der Stirn zu wischen. Der Lichtstrahl wanderte durch die Dunkelheit und verschwand dann wieder ebenso plötzlich, wie er aufgetaucht war.

»Rosie?« schrie Bernard.

Der Ruf war von der anderen Seite gekommen. Versuchten die beiden Männer sie aus verschiedenen Richtungen einzukreisen? Rosie fuhr sich mit dem Unterarm über das Gesicht und wandte sich dann zögernd nach rechts, weiterhin den Boden vor sich mit dem Ast abklopfend. Das verursachte zwar ein Geräusch, aber es ließ sich nicht vermeiden. Dann hörte sie vor sich ein Rascheln und verbarg sich hinter einem

Baum, einen Sekundenbruchteil, ehe der Lichtstrahl wieder die Dunkelheit durchschnitt und die Bäume abtastete. Elias schrie etwas in einer fremden Sprache, und Rosie hörte, wie er sich dem Stamm näherte, hinter dem sie sich versteckte. Ob er sie gesehen hatte? Oder versuchte er nur, sie aus ihrer Deckung zu locken? Rosie hörte, wie Schritte sich näherten, denn erlosch das Licht der Taschenlampe wieder. Wo steckte er? Sie schluckte nervös und fuhr sich mit der Zunge über die ausgetrockneten Lippen. Die Stille zerrte an den Nerven. Wo zum Teufel steckte er? Rosie drückte sich mit dem Rücken fest an den Baum, wandte langsam den Kopf und suchte mit vorsichtigen Blicken das Dunkel zu durchdringen. Nichts zu sehen. Dann hörte Rosie erneut ein Geräusch, diesmal zu ihrer Rechten. Das mußte der Libanese sein. Wußten sie denn schon, wo sie war? Rosie zwang sich, leise zu atmen. Man durfte sie nicht hören – das war ihre einzige Chance. Dann fiel Lichtschein auf eine fast dreißig Meter entfernte Baumgruppe. Sie wußten also nicht, daß sie hier steckte! Ein Gefühl der Erleichterung durchströmte sie. Wieder hörte sie, wie ihr Name gerufen wurde – aus der Richtung, in der sie gerade den Lichtschein wahrgenommen hatte, der sich nun tiefer im Wald zu verlieren schien.

Plötzlich packte jemand von hinten ihren Arm, und sie schrie entsetzt auf, als sie von dem Baum weggerissen wurde. Elias schaltete seine Lampe ein und rief Bernard zu, daß er das Mädchen geschnappt habe. Rosie überwand ihren Schock, sie schlug mit dem Ast zu und traf den Schwarzen seitlich am Gesicht. Als seine Hand hochfuhr, entfiel ihm die Pistole. Rosie wollte davonlaufen, aber er packte sie brutal am Hals, warf sie zu Boden und drückte sie mit seinem Gewicht nieder. Mit der einen Hand richtete er die Taschenlampe auf sie, mit der anderen tastete er nach seiner Walther. Dann ertönte ein häßliches, knirschendes Geräusch – die Bügel einer unter den Blättern verborgenen Falle hatten sich um sein Handgelenk geschlossen. Elias schrie auf vor Schmerzen, ließ die Taschenlampe fallen und warf sich auf die Knie, um verzweifelt an den gezähnten Bügeln zu reißen, die sein Handgelenk zermalmt hatten. Bernard war herangekommen und richtete den Strahl seiner Taschenlampe auf die Falle. Rosie wandte sich ab und preßte, sich übergebend, die Hände auf ihren Magen.

»So helfen Sie mir doch!« brüllte Elias Bernard auf Arabisch zu.

»Warum? Du bist jetzt nutzlos für mich«, sagte Bernard verächtlich und schoß seinen Komplizen durch den Kopf.

Rosie kauerte sich an den Baum, als der Schuß durch den stillen Wald hallte. Bernard griff grob nach ihrem Arm und riß sie hoch. Sie zwang sich, die Augen von dem leblosen Körper zu ihren Füßen abzuwenden.

»Hast du nun endlich genug von deinen Spielchen?« schnaubte Bernard und schob seine Waffe wieder in das Holster.

Rosie konnte nur stumm mit dem Kopf nicken.

»Dann sollten wir schnellstens hier rauskommen, ehe noch etwas passiert«, sagte er, packte sie am Arm und führte sie zum Haus zurück.

»So, das ist jetzt besser«, meinte Bernard, nachdem er Rosie mit Handschellen an die Heizung im Schlafzimmer gefesselt hatte.

Sie zerrte wütend an den Handschellen und ließ sich dann gegen die Wand sinken. Bernard ging aus dem Zimmer, die Tür hinter sich schließend, und dann ins Bad, um sich dort um die Wunde über seinem Auge zu kümmern. Die Blutung war zum Stillstand gekommen, aber der ganze Bereich um die Schläfe war angeschwollen. Er mußte damit rechnen, daß am nächsten Morgen das Auge völlig zugeschwollen war. Mit einem nassen Handtuch betupfte er sich die Augenbraue. Der Riß dort war tiefer, als er angenommen hatte. Er wusch sich Gesicht und Hände und fand ein Desinfektionsmittel und Verbandmull in dem kleinen Schränkchen über dem Waschbecken. Etwas von dem Desinfektionsmittel träufelte er auf den Mull und drückte ihn gegen die Augenbraue. Sein Gesicht blieb trotz des stechenden Schmerzes ausdruckslos. Er warf das Stückchen Mull weg und ging in sein Schlafzimmer, um sich dort ein frisches Hemd anzuziehen.

Dann setzte er sich auf das Bett, griff zum Telefon und wählte eine Geheimnummer. Während er wartete, bis sich jemand meldete, zog er sich ein Kissen heran, drückte es gegen die Wand und lehnte sich dagegen.

Auf der anderen Seite nahm jemand ab, meldete sich aber nicht.

»Hier Columbus«, sagte Bernard.

»Und hier Seevogel«, kam die Antwort. »Ich versuche schon seit Stunden, Sie zu erreichen. Wo zum Teufel stecken Sie denn bloß?«

»In dem Haus nahe dem Garden State Parkway.«

»Aber Sie hatten doch gar keine Freigabe dafür!« Die Antwort klang überrascht.

»Ich hatte wohl kaum Zeit, das erst noch abzuklären! Oder sollten Sie etwa noch nichts davon gehört haben, was in der Wohnung abgelaufen ist?«

»Natürlich habe ich davon erfahren«, erwiderte ›Seevogel‹ ärgerlich. »Das war einer unserer sichersten Schlupfwinkel in der Stadt, und durch Ihre Schuld ist er nun aufgeflogen. Drei Leichen, zwei davon die von Polizisten – was zum Teufel hat sich denn da abgespielt? Und was hat Whitlocks Nichte mit dieser Geschichte zu tun?«

Bernard erläuterte kurz, wie er Rosie kennengelernt und mitgenommen hatte, ihre Verbindung mit Doyle und den Anlaß für das Erscheinen der beiden Polizisten.

»Und warum bin ich nicht darüber informiert worden, daß Sie Whitlocks Nichte festhalten?« sagte ›Seevogel‹, nachdem Bernard seinen Bericht beendet hatte. »Sie könnten damit die ganze Sache zum Platzen bringen!«

»Sie wurden nicht informiert, weil Sie das gar nicht betrifft. Sie ist meine Lebensversicherung für den Fall, daß morgen etwas schiefgehen sollte.«

»Ihre Lebensversicherung? Was soll denn das heißen? Sie glauben doch nicht im Ernst, daß die UNACO Sie laufen lassen würde, nur weil Sie Whitlocks Nichte in der Gewalt haben? Etwas Kaltblütigkeit dürfen Sie denen schon zutrauen!«

»Natürlich würden sie mich deshalb nicht einfach entkommen lassen. Aber sie kann mir einen Zeitvorsprung verschaffen«, erwiderte Bernard. »Doch das sind alles reine Spekulationen. Es wird nichts schiefgehen, das garantiere ich Ihnen.«

»Ein sicheres Gefühl habe ich trotzdem nicht.«

Bernard ging nicht weiter darauf ein und erklärte: »Sie müssen mir einen Gefallen tun, deshalb rufe ich an.« Dann schilderte er ihm, was soeben vorgefallen war. »Ich brauche einen neuen Bewacher für das Mädchen.«

»So, brauchen Sie?« kam die sarkastische Antwort. »Wer war denn überhaupt dieser Elias?«

»Der fünfte Mann des Teams aus Zimbala.«

»Der fünfte? Ich bin nur über vier informiert worden!«

»Ich habe für einen fünften Mann als Reserve gesorgt. Es schien mir sinnvoll für den Fall, daß einer aus dem Team schon vor Anlaufen der Operation getötet oder festgenommen würde.«

»*Sie* haben das veranlaßt? Diese ganze Aktion wurde nach monatelanger Planung genau festgelegt. Das aber scheint Sie nicht im mindesten zu interessieren, wie? Sie machen einfach, was Ihnen in den Kram paßt! Schließlich arbeiten Sie für uns, falls Sie das vergessen haben sollten! Und Sie tun das, was wir Ihnen sagen, verstanden?«

»Klar«, entgegnete Bernard unbeeindruckt. »Und was ist nun mit dem Aufpasser?«

»Sie kriegen keinen!«

»Dann suchen Sie sich einen anderen Killer!« erwiderte Bernard und knallte den Hörer auf die Gabel.

Sekunden später klingelte das Telefon.

Bernard nahm ab. »Ja?«

»Columbus?«

»Ja.«

»Machen Sie das bloß nicht noch einmal!«

»Dann sollten wir uns besser wegen dieses Aufpassers einigen«, antwortete Bernard kalt.

»Na gut«, kam die verbissene Antwort. »Morgen früh schicke ich Ihnen jemand; das ist das Äußerste, was ich tun kann.«

»In Ordnung. Ich brauche ihn nur, während ich im Trade Center bin.«

Am anderen Ende wurde aufgelegt.

Bailey saß nachdenklich in seinem Privatbüro, nachdem er den Hörer aufgelegt hatte; dann griff er nach dem Whiskyglas, das neben ihm stand, und nahm einen kleinen Schluck. Ein Aufpasser – das war eine gute Gelegenheit, um Bernards Ausschaltung nach der Ermordung Mobotos zu regeln. Er warf einen Blick auf seine Uhr – viertel vor acht. Jetzt wäre Brett im Hotel, der um sechs Rogers abgelöst hatte. Er suchte die Nummer des United Nations Plaza heraus und ließ sich zu dem Raum durchstellen, der den Leibwächtern des Präsidenten angewiesen worden war. Dort meldete sich Brett.

»Hier Bailey, können Sie ungestört reden?«

»Nein«, kam die prompte Antwort.

»Können Sie mich von einem anderen Apparat aus zurückrufen?«

»Natürlich«, erwiderte Brett.

»Ich warte darauf«, sagte Bailey, legte auf und trank sein Glas leer.

Fünf Minuten später meldete sich Brett.

»Um wieviel Uhr löst Rogers Sie ab?« fragte Bailey.

»Morgen früh um acht.«

»Gut. Sobald er da ist, fahren Sie direkt zu dem Haus nahe dem Garden State Parkway. Sie wissen, welches ich meine?«

»Aber sicher, Sir; ich war doch damals dabei, als die Fallen aufgestellt wurden.«

»Bernard ist dort.«

»Aber er sollte doch in der Wohnung im Murray-Hill-Viertel bleiben, dachte ich?« meinte Brett.

»War er auch – bis er dort zwei Polizisten erschoß.«

»Um Himmels willen, wie konnte denn das geschehen?«

»Erzähle ich Ihnen alles noch. Worum Sie sich im Augenblick Gedanken machen müssen, ist, morgen rechtzeitig in dem Haus zu sein.«

»Das bin ich bestimmt, Sir!«

»Er hat dort Whitlocks Nichte in seiner Gewalt – als ›Lebensversicherung‹, wie er sich ausdrückt, für den Fall, daß morgen im Trade Center etwas schiefgehen sollte. Er möchte, daß Sie auf sie aufpassen, während er weg ist.«

»Lebensversicherung, Sir? Hört sich an, als ob er übergeschnappt sei.«

»Nein, er gibt sich nur besonders clever, das macht er ja immer so. Tun Sie, was er verlangt – und erledigen Sie ihn, wenn er zurückkommt, ganz unabhängig davon, was im Trade Center geschehen ist. Wir könnten ihn auf keinen Fall wieder einsetzen. Aber passen Sie auf, der Kerl ist gerissen. Der kann sich sicher denken, daß wir es auf ihn abgesehen haben, wenn die Geschichte erst einmal vorbei ist.«

»Und das Mädchen?«

»Ist eine Zeugin, leider. Aber es darf ihr nichts passieren, ehe er erledigt ist. Ich sagte ja schon, daß er gerissen ist. Ich würde mich nicht wundern, wenn er es schaffen würde, sich ungesehen dem Haus zu nähern. Und falls er dann feststellen sollte, daß das Mädchen tot ist, würde er abhauen. Dann hätten wir ihn erst mal aus den Augen verloren.«

»Ich verstehe, Sir.«

»Gut. Wie geht es meinem Lieblingspräsidenten?«

»Er ist in einer Sitzung mit den Angehörigen der Gesandtschaft. Sie sind schon seit drei Stunden in seiner Suite eingeschlossen. Weiß der Himmel, worüber die palavern.«

»Das kann uns doch egal sein, oder? Morgen um diese Zeit ist er jedenfalls tot.«

Brett kicherte. »Keine Frage, Sir.«

Bailey lächelte und legte auf. Dann verließ er sein Büro, sicherte die Tür und ging hinunter ins Wohnzimmer zu seiner Frau und seinen Töchtern.

Kolchinsky rieb sich müde die Augen und öffnete den nächsten der Schnellhefter, die man für ihn auf Philpotts Schreibtisch gelegt hatte. Es war einer von einem halben Dutzend, und in jedem fand sich ein aktueller Lagebericht über eine der Einsatzgruppen der UNACO, die im Augenblick tätig waren. Diese Berichte waren zusammengestellt worden von den diensttuenden Analysten der Kommandozentrale. Er las die beiden ersten Absätze des Berichts und mußte ein Gähnen unterdrücken. Es ging nichts mehr in seinen Kopf – er mußte eine Pause machen. Aus dem Getränkeautomaten in seinem Rücken goß er sich einen Kaffee ein, ging dann zu einem der schwarzen Sofas, ließ sich hineinfallen und zündete sich eine Zigarette an. Gerade wollte er nach seinem Kaffee greifen, als die Tür zur Kommandozentrale nebenan sich öffnete und einer der Analysten hereinkam, einen Aktenordner in der Hand.

»Doch nicht ein weiterer Lagebericht, Hans?« fragte Kolchinsky mit einem resignierten Seufzer.

»Nein, aber wir konnten die Fingerabdrücke auf der Zeitung identifizieren, die Sie uns brachten.« Hans streckte Kolchinsky den Aktendeckel hin. »Scheint mir besser, Sie überzeugen sich selbst, Sir.«

Kolchinsky nahm den Aktenordner und öffnete ihn. Er hatte einen Computerausdruck von Fingerabdrücken vor sich, die genau denen auf der Zeitung entsprachen. Der Name darüber lautete JEAN-JACQUES BERNARD. Kolchinsky schloß den Ordner wieder und legte ihn schweigend auf den Tisch.

»Noch etwas, Sir?«

»Nein danke, Hans«, erwiderte Kolchinsky.

Hans kehrte in die Kommandozentrale zurück und schloß die Tür hinter sich. Kolchinsky wußte, daß er eigentlich hätte überrascht sein müssen – aber er war es nicht. Und er hätte auch sein Gefühl jetzt nicht erklären können. Es war fast, als ob er im Unterbewußtsein dieses Ergebnis schon erwartet hätte. War das wirklich der Fall gewesen? Er warf einen Blick zum Telefon auf Philpotts Schreibtisch hinüber. Whitlock hatte ihn gebeten, sofort anzurufen, wenn er etwas im Hinblick auf die Fingerabdrücke erfahren würde. Aber was sollte es nutzen, Whitlock jetzt mit dieser Neuigkeit aus dem Schlaf zu reißen? Der würde bloß nicht wieder einschlafen können. Und überdies konnte im Augenblick ohnehin keiner von ihnen beiden in der Sache etwas unternehmen. Nein, es würde genügen, Whitlock am nächsten Morgen zu informieren. Kolchinsky griff nach dem Aktenordner, stieß dabei aber seine Tasse um; sie fiel herunter, und der Kaffee ergoß sich über den Teppichboden. Kolchinsky fluchte leise und bückte sich, um die Tasse aufzuheben. Dabei bemerkte er, daß unter dem Tisch etwas befestigt war. Er hielt es erst für ein Stück Kaugummi, aber es erwies sich bei näherem Hinsehen als ein Mikrofon, nicht größer als der Knopf an einem Herrenanzug. Es war mit zwei winzigen gezackten Halterungen im Holz befestigt worden. Kolchinsky machte keine Anstalten, es zu entfernen – das hätte nur die Person alarmiert, die es hier angebracht hatte. Und das konnte nur ein einziger Mensch sein – Dave Forsythe, dessen Aufgabe es seit einem Jahr war, jeden Morgen bei Dienstantritt die Kommandozentrale, Philpotts Büro und Sarahs Vorzimmer auf Wanzen zu untersuchen. Er war einer der dienstältesten Elektronikspezialisten der Organisation.

Kolchinsky vermochte es kaum zu glauben – aber hier war der Beweis. Wie lange schon wurde auf diese Weise die Organisation ausgehorcht? Kolchinsky erhob sich und nahm die Schnellhefter an sich. Er wollte den Rest davon lieber zu Hause lesen. Dort würde er sich wenigstens nicht ausspioniert fühlen.

Zehntes Kapitel

Tambese schwitzte entsetzlich, und die Arme schmerzten ihm. Nur die Brille verhinderte, daß ihm der Schweiß in die Augen lief. Das hätte die Situation noch unerträglicher gemacht. Außer der Schutzbrille trug er auch noch ein paar dicke Arbeitshandschuhe und auf dem Rücken die beiden Stahlflaschen mit Azetylen und Sauerstoff, die durch einen Schlauch mit dem Schweißbrenner in seiner rechten Hand verbunden waren. Tambese war an der in die Mauer eingelassenen Leiter, die von unten zu dem Einstiegsschacht führte, mit dem Seil festgebunden worden. Es war unbequem, aber auf diese Weise hatte er die Hände frei, und das war unerläßlich für seine Arbeit.

Mit Hilfe der im Rathaus erbeuteten Blaupausen hatten sie den Weg hierher zu dem Schacht gefunden, der unmittelbar auf dem Gefängnisareal mündete; sie hatten gute siebzig Minuten für ihren unterirdischen Marsch durch das Labyrinth der Abwasserkanäle gebraucht. Ihrem Zeitplan gemäß wollten sie etwa um halb drei in das Gefängnis eindringen. Damit verblieben ihnen gut zwei Stunden, um die beste Methode zu finden und in die Tat umzusetzen, den Verschluß über dem Schacht zu öffnen, ohne daß die Wachen auf den Beobachtungstürmen oder ihre Kameraden in der Mannschaftsunterkunft alarmiert wurden, die nur wenige Meter vom Ausstiegsloch entfernt war.

Den Blaupausen hatten sie entnehmen können, daß der Deckel über dem Schacht durch ein Schaltschloß gesichert war, das bestimmt durch eine Leitung mit der Kontrollzentrale des Gefängnisses verbunden war und bei einer Unterbrechung des Stromkreises sicher einen Alarm ausgelöst hätte. Das bedeutete, daß sie aus dem Deckel selbst einen Ausschnitt herausschweißen mußten. Daß der Ausstieg von den Posten auf den Wachtürmen nicht gesehen werden konnte, hatten sie bereits früher festgestellt, und da die Rückfront des

Gebäudes, hinter dem er lag, keine Fenster hatte, war auch der Lichtschein kein Problem. Aber Lärm mußten sie vermeiden – und das hatte ihre Möglichkeiten erheblich eingeschränkt.

Graham hatte den sinnvollen Vorschlag gemacht, kleine Stücke aus dem Deckel herauszuschweißen. Auf diese Weise mußte immer nur eine Person auf der Leiter stehen. Tambese hatte darauf bestanden, diese Aufgabe zu übernehmen. Wenn doch jemand zufällig die Flamme sehen würde, wäre zunächst nur er bedroht, und die anderen hätten Gelegenheit zu entkommen. Schließlich sei es sein Freund, der hier aus dem Gefängnis befreit werden sollte. Graham hatte vorgeschlagen, daß sie sich abwechseln sollten, aber Tambese hatte sich geweigert, seinen Platz einem anderen zu überlassen. Sie hatten schon genug getan, um ihm zu helfen – das hier war jetzt seine Sache.

Der Oberst wischte sich den Schweiß vom Gesicht und schaute zu Graham und Sabrina hinunter, die unter ihm auf einem Vorsprung kauerten. Sie hatten die Uzis im Schoß, ihre Rücken waren ihm zugekehrt, um die Augen vor dem grellen Lichtschein zu schützen. Während der vergangenen fünfundzwanzig Minuten war er mehrfach in Versuchung gewesen, Grahams Vorschlag ihm zu helfen doch anzunehmen; jetzt jedoch war er am letzten der sechs vorgesehenen Teilausschnitte und heilfroh, bald fertig zu sein. Er hielt mit der einen Hand das Metallstück fest, während er die letzten Zentimeter mit dem Schneidbrenner durchtrennte, und legte es dann neben die anderen Teile.

Tambese schaltete den Schneidbrenner aus und rief leise nach Graham, der sofort heraufkletterte und das Seil von der Leiter löste. Der Oberst stieg zu dem Mauervorsprung hinunter und entledigte sich erleichtert der beiden Stahlflaschen auf seinem Rücken. Er packte sie und den Brenner wieder in die Reisetasche und legte die Schutzbrille und die Isolierhandschuhe dazu. Graham nahm den Kanister mit dem Kohlendioxid und kühlte mit dem Inhalt den Rand des Ausstiegs; dann versorgte er auch den Kanister wieder in der Tasche. Er wartete, bis Tambese und Sabrina hinausgeklettert waren, und reichte ihnen die Tasche hinauf. Dann stieg er selbst aus dem Schacht und trat zu den beiden anderen, die an die Mauer gelehnt auf ihn warteten. Tambese warf vorsichtig einen Blick um die Ecke des Gebäudes zu den beiden hohen, bedrohlichen Wachtürmen hinüber, die sich zu beiden Seiten des Haupttores in etwa zweihundert Meter Entfernung erhoben. Die Silhouetten der beiden Männer auf den Türmen waren im Licht des über dem Tor angebrachten Scheinwerfers klar zu sehen. Er kauerte sich auf die Hacken und holte den De-Lisle-Karabiner aus der Tasche.

»Geben Sie mir das Gewehr«, flüsterte Sabrina.

»Nein, das ist meine Sache. Ich habe so was schon öfter gemacht.«

»Überlassen Sie es Sabrina«, sagte Graham leise hinter Tambese. »Sie ist der beste Scharfschütze, den ich je gesehen habe – und ich sage so etwas nicht leichthin.«

»Es ist meine Angelegenheit«, beharrte Tambese, »und deshalb schieße ich!«

»Es mag ja Ihre Angelegenheit sein«, zischte Graham. »Aber hier geht es schließlich auch um meinen Arsch! Lassen Sie Sabrina schießen!«

»Ich hätte es nicht vorgeschlagen, wenn ich fürchten müßte, es würde mißlingen«, versicherte Sabrina, bemüht, die aufkommende Spannung zwischen den beiden Männern zu lösen. »Bitte vertrauen Sie mir, David!«

Vielleicht war es die Anrede mit seinem Vornamen, die Tambese zum Nachgeben veranlaßte. Er seufzte tief, zuckte etwas hilflos die Schultern und meinte: »Scheint so, als ob ich hier überstimmt würde.«

Sabrina ließ sich von Tambese das Gewehr geben und setzte den Schalldämpfer auf. Dann ging sie zur Ecke des Gebäudes und schaute zu den Wachtürmen hinüber. Eine schwere Verantwortung lag auf ihren Schultern, aber sie wußte, daß sie die Aufgabe meistern konnte. Sie schlang den Gewehrriemen fest um den Arm, hob den Kolben an die Schulter und richtete den Lauf auf den weiter entfernten der beiden Wachposten. Langsam krümmte sie den Finger um den Abzug. Da wandte der Mann sich plötzlich vom Geländer ab und ging zur Vorderfront des Turms; er war nun teilweise verdeckt von einem der hölzernen Pfosten. Sabrina konnte den Schuß nicht riskieren; sie ließ die Waffe etwas sinken und löste den Finger vom Abzug. Tambese sah die Bewegung, aber Graham packte ihn am Arm und schüttelte den Kopf, ehe er etwas sagen konnte.

Sabrinas Augen wanderten zu dem anderen Posten. Er lehnte mit dem Rücken zu ihr am Geländer, und sie wünschte sich inständig, daß er so stehenbleiben würde. Da drehte sich sein Kamerad um und ging zu einem Stuhl in der Ecke des Wachturms. Er nahm ein Päckchen Zigaretten aus der Tasche, zündete sich eine an, setzte sich und lehnte seine AK-47 gegen den Stuhl. Sabrina nahm sofort den zur Seite gewandten Kopf des Mannes ins Fadenkreuz. Sie drückte ab, das Geschoß drang dem Mann seitlich in den Kopf, und er sank von seinem Stuhl. Als der zweite Mann sich nach seinem gestürzten Kameraden umdrehte, hatte Sabrina bereits repetiert. Er hatte keine Chance, Alarm auszulösen, ehe die Kugel ihn ebenfalls in den Kopf traf. Die Wucht des Geschosses schleuderte ihn nach rückwärts, und Sabrina biß sich angstvoll auf die Lippen, als er gegen das Geländer zu fallen drohte. Falls er herabstürzen sollte, könnte das Geräusch des auf dem Boden aufschlagenden Körpers vielleicht einen nur leicht schlafenden Kameraden wecken. Es kam ihr wie eine Ewigkeit vor – doch dann fiel der Mann doch mit dem Gesicht voraus auf den Boden des Wachturms. Seine AK-47 schlidderte über den Rand der Plattform und fiel herunter. Sabrina zuckte zusammen, als sie mit einem dumpfen Geräusch auf dem Boden unten aufschlug. Dann herrschte Stille. Sabrina atmete tief aus und ließ sich gegen die Mauer sinken.

»Wo haben Sie bloß so schießen gelernt?« fragte Tambese verblüfft.

Sie hob bescheiden die Schultern, versorgte die Waffe wieder in der Tasche und sagte zu Tambese nur: »Sie sollten uns nun wohl zum Zellenblock führen!«

Er nickte und warf um die Ecke des Gebäudes einen Blick

zu dem etwa dreihundert Meter entfernt liegenden Zellenblock hinüber. Über dem Eingang brannte eine einzige Lampe, ansonsten wirkte er verlassen – jedenfalls von hier aus. Tambese verschwand um die Ecke des Gebäudes, Sabrina folgte ihm; Graham nahm die Reisetasche auf und ging hinter den beiden her. Sie duckten sich unter die Erdgeschoßfenster der Mannschaftsunterkunft und wagten es erst in gebührendem Abstand, sich aufzurichten.

Am Zellenblock angekommen, hielt sich Tambese vom Haupteingang fern und wandte sich gleich einem Fenster an der Seite des Gebäudes zu. Er wunderte sich nicht, daß es in einer so schwülen Nacht halb geöffnet war, drückte sich gegen die Wand und warf vorsichtig einen Blick hinein. Drinnen saß, mit dem Rücken zum Fenster, ein Wachmann; er hatte die Füße auf den vor ihm stehenden Tisch gelegt und las in einer Zeitung. In einer Ecke des Raumes lief ein Radio. In den Raum konnte man aber erst gelangen, wenn man die Gitter vor dem Fenster entfernt hatte. Tambese nahm die Uzi von der Schulter, ließ sich auf ein Knie nieder, schob den Lauf der Waffe behutsam durch die Gitterstäbe und nahm den Hinterkopf des Mannes ins Visier; als er abdrückte, wandte Sabrina sich ab. Der Wachposten wurde von der Wucht des Einschlags nach vorn geschleudert, aber als er schwer auf dem Boden aufschlug, verfing sich sein Fuß in einem Stuhlbein, und der Stuhl stürzte um. Graham und Sabrina nahmen sofort ihre Position zu beiden Seiten des Fensters ein. Tambese verharrte auf den Knien, die Uzi auf den Flur gerichtet, der von dem Raum wegführte. Er hoffte zwar, daß die Geräusche vom Lärm des Radios übertönt worden waren, aber sie durften so kurz vor ihrem Ziel keinerlei Risiko eingehen.

Er wartete noch ein paar Minuten, bis er sicher sein konnte, daß niemand alarmiert worden war, lehnte dann die Uzi gegen die Wand und holte aus der Tasche den Schneidbrenner und das Zubehör. Graham und Sabrina übernahmen auf den beiden gegenüberliegenden Seiten die Sicherung, und Tambese machte sich daran, die Gitterstäbe vor dem Fenster aufzuschweißen. Er brauchte nur wenige Minuten dafür und rief dann, während er die Ausrüstung wieder in der Tasche verstaute, leise Graham und Sabrina heran. Tambese kletterte in den Raum und ließ sich von Graham die Tasche hereinreichen, die er auf den Boden stellte. Graham und Sabrina stiegen ebenfalls hinein und schoben die Leiche unter den Empfangsschreibtisch. Tambese stellte den Stuhl wieder auf und wischte mit einem herumliegenden Lappen die Blutspuren weg. So würde es wenigstens nicht gleich auf den ersten Blick verdächtig wirken; falls jemand vorbeikam, konnte er annehmen, der Wachposten habe für einen Augenblick den Raum verlassen.

Tambese zog die Jalousie vor das Fenster und ging dann den beiden voraus auf eine Treppe am Ende des Ganges zu. Er machte den anderen ein Zeichen zu warten und schlich auf Zehenspitzen zum Fuß der Treppe. Dort warf er einen vorsichtigen Blick um die Ecke in den Gang, an dessen Seiten eine Reihe von Zellentüren zu sehen waren. Am Ende des Ganges stand ein Tisch mit zwei Stühlen, auf denen üblicherweise die Wachen saßen. Da die Stühle aber unbesetzt waren, schloß Tambese, daß logischerweise auch keine Gefangenen in den Zellen dieses Ganges untergebracht waren. Er winkte Graham und Sabrina heran und flüsterte ihnen leise zu, daß sie ihn absichern sollten, während er die Zellen untersuchte, schlich dann den Gang entlang und warf einen Blick in jede Zelle. Er hatte sich nicht getäuscht – alle waren leer. Tambese kehrte zu Graham und Sabrina zurück und deutete auf eine Treppe, die zum nächsten Stockwerk hinabführte.

»Wie viele Stockwerke insgesamt?« flüsterte Graham.

Tambese reckte drei Finger hoch und huschte die Stiegen hinunter; an ihrem Ende blieb er stehen und warf wieder einen vorsichtigen Blick in den Gang. Auch er war leer, und er winkte Graham und Sabrina zu, ihm zu folgen; dann stieg er in das nächste Stockwerk hinunter und hielt, Halt gebietend, die Hand hoch. Er wischte sich den Schweiß von der Stirn, drückte sich an die Wand, hob die Uzi und wagte einen vorsichtigen Blick um die Ecke. Am Ende des Ganges saßen zwei Wachen, in ein Kartenspiel vertieft. Tambese warf einen Blick zu Graham und Sabrina und reckte den erhobenen Daumen hoch. Die beiden kamen auf Zehenspitzen näher und warteten auf sein nächstes Zeichen. Doch dieses blieb aus – Tambese sprang in den Gang und eröffnete das Feuer. Keiner der beiden Wärter hatte eine Chance, nach den an die Wand gelehnten AK-47 zu greifen; der Kugelhagel fegte sie von ihren Stühlen. Tambese riß das geleerte Magazin aus seiner Waffe und legte ein neues ein, ehe er durch den Gang auf die Wachen zurannte, die neben dem Tisch und den umgekippten Stühlen auf dem Boden lagen. Beide waren tot.

»David, hierher!« rief Graham.

Tambese lief rasch zu Graham, der mit der Taschenlampe gerade in eine der Zellen hineinleuchtete. Dort lag in einer Ecke Remy Moboto bewegungslos auf einer Matratze.

»Remy?« rief Tambese durch die Gittertür. »Remy, ich bin's – David, David Tambese!« Voller Angst schaute er Graham an, als keine Antwort kam. »Remy, hörst du mich?«

Keine Antwort.

Sabrina tauchte hinter den beiden auf. »Alle anderen Zellen sind leer!« Dann sah sie die Besorgnis auf den Gesichtern der beiden. »Was ist los?«

»Er muß betäubt worden sein«, befand Graham grimmig und schnallte sich die beiden Stahlflaschen auf den Rücken.

»Sie sagen, daß alle anderen Zellen leer sind?« fragte Tambese, an Sabrina gewandt.

Sie nickte.

»Das würde heißen, daß die hier abziehen wollen«, schloß Tambese. »Sieht so aus, als ob wir im letzten Augenblick gekommen wären!«

Graham zündete den Schneidbrenner, ließ sich auf ein Knie nieder und begann, das Schloß aufzuschweißen.

»Abziehen?« wiederholte Sabrina. »Das könnte bedeuten, daß sie auf Habane marschieren!«

»So würde ich das auch sehen«, bestätigte Tambese. »Warum sonst würden sie den Zellenblock räumen? Aus verläßlicher Quelle wurde uns gemeldet, daß noch gestern mindestens zwanzig Gefangene hier festgehalten wurden.«

»Wo könnte man sie hingeschafft haben? In das Truppenlager, das Sie schon einmal erwähnten?«

»Man wird sie nirgendwo hingeschafft haben.« Tambese schüttelte den Kopf.

»Sie meinen, man hat sie umgebracht?«

»Das ist mehr als wahrscheinlich«, erwiderte Tambese sachlich. »Die Sicherheitspolizei läßt nur dann jemanden am Leben, wenn sie den Eindruck hat, daß das nützlich sein könnte. Und wenn diese mögliche Nützlichkeit schwindet, wird sie den Betreffenden töten. Nach dieser Regel ist sie in den vergangenen fünfundvierzig Jahren verfahren – warum sollte sie ihr Vorgehen plötzlich ändern?«

»Das Schloß ist auf!« meldete Graham, ehe Sabrina noch etwas sagen konnte.

Tambese eilte in die Zelle, bückte sich über Remy Moboto und fühlte nach seinem Pulsschlag.

»Nun?« fragte Graham hinter ihm.

»Der Puls ist gleichmäßig«, verkündete Tambese. »Ich werde ihn tragen. Mike, bitte nehmen Sie meine Uzi!«

Graham hing sich auch noch Tambeses Uzi über die Schulter, Sabrina packte den Schneidbrenner mit seinem Zubehör wieder in die Reisetasche, nahm diese dann auf und zog sich an den Fuß der Treppe zurück. Graham half Tambese, Moboto aufzurichten, und Tambese beugte sich hinunter und lud sich den Freund auf die Schultern. Er nickte Graham zu, verließ die Zelle und folgte Sabrina zum Fuß der Treppenstufen. Graham bildete mit seiner Uzi im Anschlag die Nachhut. Als sie wieder im Eingangsbereich angelangt waren, ließ der schwarze Oberst Moboto von den Schultern gleiten und legte ihn auf den Boden.

»Ich trage ihn ein Weilchen«, bot Graham an.

»Nein«, lehnte Tambese schroff ab. Dann lächelte er rasch, um seine barsche Ablehnung zu mildern. »Vielen Dank, Mike, aber Remy ist nun einmal mein Freund. Wenn ihm hier etwas zustoßen würde, bin ich dafür verantwortlich. Sie können das doch sicher nachempfinden.«

»Ja, schon gut«, bestätigte Graham und wies dann auf die zweiflügelige Eingangstür. »Können wir hier raus?«

»Das hoffe ich sehr«, antwortete der Oberst. »Es könnte uns eine Menge Zeit sparen, wenn wir nicht wieder das Fenster benutzen müssen. Es wird uns schon Mühe genug kosten, ihn über den Einstiegsschacht wegzuschaffen.«

Sabrina versuchte es mit der Tür, doch die war abgeschlossen. Graham durchwühlte vergeblich die Taschen des toten Wachpostens nach den Schlüsseln. Dann suchte er in den Schubladen danach, doch ebenfalls ohne Erfolg. Er seufzte und schüttelte den Kopf.

»Also doch durchs Fenster«, befand Sabrina. »Wir können es nicht riskieren, das Schloß aufzuschießen. Das würde trotz eines Schalldämpfers zuviel Lärm machen.«

»Ich gehe als erster raus, dann können Sie ...«, sagte Graham, wurde jedoch abrupt von einem lauten Pochen an die Tür unterbrochen.

Die drei sahen sich besorgt an, dann trat Sabrina einen Schritt zurück und richtete ihre Uzi auf die Tür. Graham stellte sich neben das Fenster. Plötzlich rief eine Stimme etwas durch die Tür. Graham und Sabrina schauten fragend Tambese an.

»Das waren Namen«, flüsterte dieser. »Vielleicht hat jemand gesehen, daß die Wachposten nicht mehr auf den Türmen sind und fragt, ob sie sich vielleicht hier bei ihren Kameraden aufhalten.«

»Ich gehe raus«, sagte Graham leise und legte Tambeses Uzi auf den Tisch. »Wir sitzen hier in der Falle, wenn er Alarm auslöst!«

Sowohl Tambese als auch Sabrina nickten zustimmend, und Graham schlüpfte, nachdem er die Jalousie wieder geöffnet hatte, gewandt durch das Fenster nach draußen. Vorsichtig schlich er zur Ecke des Gebäudes; er konnte noch hören, daß ein weiteres Mal an die Tür geklopft wurde und daß eine Stimme etwas in Suaheli rief. Graham wischte sich den Schweiß von der Stirn, als er an der Ecke des Gebäudes ankam, packte die Uzi fester und richtete sie auf den Posten, der dort stand. Er trug kurze Hosen und eine Weste und fuhr herum, die Augen vor Überraschung und Verblüffung weit aufgerissen, als er Graham vor sich sah. Seine AK-47 hatte er in die Hüfte gestützt, und Graham befahl im wortlos mit einer Geste, sie fallen zu lassen. Der Mann schluckte nervös und riß plötzlich den Lauf seiner Waffe hoch. Graham zerfetzte ihm mit einem Feuerstoß aus seiner mit einem Schalldämpfer versehenen Uzi die Brust. Der Mann taumelte zurück und verlor den Halt, doch im Sturz noch lösten seine Finger den Abzug seiner Waffe aus, und eine Salve knatterte dicht über Grahams Kopf hinweg in die Wand. Graham fluchte laut vor sich hin, als das Echo der Schüsse die Stille ringsumher zerriß. Jetzt konnte es nur noch eine Sache von Sekunden sein, bis sich die gesamte Besatzung der Anlage auf sie stürzte. Er schoß das Schloß des Haupteingangs in Stücke und trat die Türen auf. Tambese, der Moboto schon auf den Schultern hatte, rannte die Stufen hinunter und auf den Kanalschacht zu. In der Mannschaftsunterkunft davor gingen die Lichter an.

Sabrina warf Graham die Uzi Tambeses zu, und sie liefen los, auf das Auftauchen der ersten Gegner gefaßt. Als sie noch etwa sechzig Meter bis zu dem Kanalschacht vor sich hatten, schob sich aus einem der Fenster der Unterkunft der Lauf einer AK-47. Graham nahm, beidhändig mit beiden Uzis schießend, die gesamte Fensterfront unter Feuer; Glas splitterte, und der Gewehrlauf verschwand wieder. Dann öffnete sich eine Tür und einer der Rebellen sprang heraus, doch ehe er noch zum Schuß kam, mähte ihn Graham nieder. Sabrina und Graham überschütteten gemeinsam Tür und Fenster der Unterkunft mit ihren Geschoßgarben, um Tambese einen entscheidenden Vorsprung zu verschaffen. Als Graham seine Munition verschossen hatte, warf er eine der beiden Uzis weg und schob in die andere ein neues Magazin. Dabei schrie er Sabrina zu, sie solle zu Tambese aufschließen für den Fall, daß hinter dem Gebäude Rebellen auf sie lauerten. Sie nickte und rannte hinter Tambese her, während Graham weiterhin die Mannschaftsunterkunft unter Feuer hielt.

Auch dieses Magazin war bald leergeschossen, und das nächste, das Graham nachlud, war sein letztes. An der Ecke des Mannschaftsbaus angekommen, hatte er auch dieses verfeuert. An der Rückfront sah er sich dann jäh einem halben Dutzend Rebellen gegenüber, alle bewaffnet mit Schnellfeuergewehren. Zwei ihrer Kameraden lagen leblos in der Nähe des Einstiegslochs, doch von Sabrina und Tambese war nichts zu sehen. Graham grinste – sie hatten es geschafft! Neben dem Schacht stand ein Mann in einem grauen Trainingsanzug, der sich nun nach Graham umwandte. Er erkannte in ihm sofort Tito Ngune.

»Da haben Sie ja eine tolle Schau abgezogen, Mr. Graham«, sagte Ngune. »Aber keine Sorge – Ihre Kollegen werden wir auch bald haben. Unter diesen Umständen werden sie nicht weit kommen.«

»Sie sprechen erstaunlich gut Englisch für einen Barbaren«, entgegnete Graham verächtlich.

Ngune lächelte. »Lassen Sie bitte die Waffe fallen!«

Graham warf die Uzi zu Boden. Er hörte Schritte in seinem Rücken und wollte sich gerade umdrehen, als ihn der Kolben einer AK-47 auf den Hinterkopf traf. Bewußtlos schlug er schwer zu Boden.

»Wir können doch Mike nicht einfach zurücklassen!« stieß Sabrina hervor.

»Müssen wir aber, jedenfalls für den Augenblick«, erwiderte Tambese, unter der Last Remy Mobotos keuchend.

Sabrina mußte das erst verdauen. Was würden sie mit Graham machen? Sie dachte lieber nicht daran. Aber sie mußte zugeben, daß Tambese recht hatte. Im Moment konnten sie nichts für ihn tun, ohne selbst gefaßt zu werden. Sie hatten es in letzter Sekunde geschafft, in den Schacht zu schlüpfen, ehe sich die Meute der Rebellen um den Einstieg versammelt hatte. Drei von ihnen hatte Sabrina aus dem Schacht heraus erledigen können, einer davon war hineingestürzt und im Wasser aufgeschlagen. Aber sie wußte auch, daß bald weitere hinter ihnen auftauchen würden.

»Nach ungefähr fünfhundert Metern kommen wir an einen Ausstiegsschacht. Durch den können wir ihnen entkommen«, sagte Tambese.

»Aber das ist doch verrückt«, widersprach Sabrina. »Die

Rebellen haben inzwischen die Reisetasche gefunden, und nachdem dort die Blaupausen des Kanalsystems drin sind, werden sie doch die Ausstiegsschächte schnellstens besetzen.«

»Vertrauen Sie mir, Sabrina!«

Sie ging nicht weiter darauf ein – das hatte Zeit. Im Augenblick mußte sie sich voll darauf konzentrieren, sie alle zu schützen, bis sie in Sicherheit waren – wo immer das auch sein mochte. Sie war nun als einzige noch bewaffnet. Dann hörte sie das Geräusch von Schritten. Ihre eigenen konnten das nicht sein, denn sie beide gingen auf Gummisohlen. Nein, das war das Geräusch von Stiefeln – und von mehr als einem Paar. Sabrina starrte in das Halbdunkel hinter ihnen, doch viel weiter als ein paar Meter reichte der Blick nicht. Zwar befanden sich an der Wand gegenüber im Abstand von etwa vierzig Metern schwache Leuchten, aber nicht wenige davon waren inzwischen durchgebrannt und nie ersetzt worden. Wenn jetzt ihre Freundinnen sie sehen könnten! Dieser Gedanke brachte ein schwaches Lächeln auf Sabrinas Lippen und half ihr, die plötzlich ausbrechende Furcht zu überwinden. Hatte auch Tambese die Schritte hinter ihnen gehört? Gesagt hatte er jedenfalls nichts. Etwa dreißig Meter weiter bemerkte sie undeutlich eine Bewegung und krümmte schon den Finger um den Abzug, zögerte dann aber – du mußt Munition sparen, sagte sie sich. Sie hatte schon das letzte Magazin eingelegt, wußte nicht, wie viele Schüsse ihr noch blieben und legte den Hebel ihrer Waffe auf Einzelfeuer um. Eine zweite Silhouette war in den Schatten wahrnehmbar. Noch immer zögerte Sabrina. Warum schossen sie denn nicht? Hatten sie vielleicht Weisung, die Flüchtigen lebend zu fangen? Vielleicht. Noch beschäftigte Sabrina dieser Gedanke, als an einer etwas helleren Stelle eine Gestalt zu erkennen war. Ihrem gezielten Schuß folgte ein Aufschrei und dann ein lautes Platschen.

»Was war das?« fragte Tambese über die Schulter.

»Ich habe einen von ihnen erledigt«, antwortete Sabrina.

»Warum sagten Sie denn nicht, daß wir verfolgt werden?«

»Ich dachte, Sie hätten die Schritte gehört.«

»Nein, ich habe nichts gehört«, gestand Tambese.

»Kümmern Sie sich nicht weiter darum, laufen Sie einfach weiter. Wie weit ist es noch bis zu diesem Ausstieg?«

»Vielleicht hundert Meter, denke ich«, erwiderte der Oberst.

»Gott sei Dank«, murmelte Sabrina.

Eine Kugel schlug in die Decke über ihnen. Sabrina hastete keuchend weiter. Wenn sie nur die Taschenlampe hätte! Dann sah sie eine weitere Bewegung und schoß, doch diesmal war kein Aufschrei zu hören, und Sabrina fluchte auf sich selbst, weil sie vorbeigeschossen hatte. Die Schritte hinter ihnen wurden lauter, und Kugeln schlugen in die Wände. Aber immer noch schienen es nur Warnschüsse zu sein. Dann kamen die Verfolger in Sicht. Sabrina zählte mindestens sieben, und sie kamen mit ihren Sturmgewehren im Anschlag immer näher.

»Wie weit noch?« rief sie.

»Dreißig Meter!« schrie Tambese zurück.

Zum Teufel damit, dachte Sabrina, schaltete ihre Uzi wieder auf Dauerfeuer, und dann knatterte ihre Salve den Verfolgern entgegen. Zwei von ihnen stürzten zu Boden, ein dritter stolperte über den Körper eines Kameraden und schlug im Wasser des Kanals auf. Aber sie rannten trotzdem weiter – es mußte ein Selbstmordkommando sein. Wahrscheinlich wartete hinter ihnen schon eine zweite Gruppe, um die Stelle ihrer gefallenen Kameraden einzunehmen. Und alles nur, weil Ngune sie lebend haben wollte. Sie würden ihnen auf den Fersen bleiben, bis ihr kein Schuß mehr blieb. Das mußte ihre Strategie sein, denn sonst wären sie drei schon längst tot. Wie viele Kugeln blieben ihr noch? Sie feuerte erneut, und wieder taumelte einer der Verfolger und brach zusammen.

»Wir sind gleich da!« schrie Tambese ihr zu.

Sabrina schoß noch einmal – einer der Verfolger stürzte zu Boden. Blieben zwei. Sabrina drückte ab – doch es klickte nur: das Magazin war leer. Und die beiden kamen jetzt auf sie zugerannt. Waren weitere hinter ihnen? Erkennen konnte Sabrina das nicht, aber die beiden zu überwältigen, wenn sie heran waren, traute sie sich zu. Sie warf die leergefeuerte Uzi weg und stellte sich mit vorgereckten Armen zum Kampf. Plötzlich knatterte dicht über ihrem Kopf eine Salve und streckte die beiden Verfolger nieder, die bis auf etwa fünfzehn Meter herangekommen waren. Sabrina ließ sich zu Boden fallen und wandte den Kopf, um festzustellen, woher die Schüsse kamen, die ihr so gefährlich nahe über den Kopf gepfiffen waren. Tambese hing, eine Uzi in der Hand, auf der Leiter eines Ausstiegsschachts.

»Sind Sie wohlauf?« fragte er.

»Gerade noch«, antwortete sie und deutete dann ungläubig auf die Waffe in seiner Hand. »Woher haben Sie die denn auf einmal?«

»Kommen Sie, ich zeig's Ihnen gleich.«

Sabrina zog sich die Wollmütze vom Kopf und kletterte dann hinter Tambese die Leiter hoch. Oben streckte sich ihr eine helfende Hand entgegen, wurde aber nach einem scharfen Ruf Tambeses sofort wieder zurückgezogen. Sabrina kletterte aus dem Ausstiegsloch und schaute sich, die Augen unsicher zusammengekniffen, langsam um. Der Mann neben Tambese trug einen Kampfanzug, auf dem sie die Rangabzeichen eines Hauptmanns erkannte. Ein Armeejeep war hinter den beiden am Straßenrand geparkt. Acht Soldaten standen neben einem mächtigen Challenger-Panzer, der den Straßenausgang sicherte. Die Turmluke stand offen, der Panzerkommandant hatte die Arme auf den offenen Verschlußdeckel gestützt und rauchte, die Schutzbrille auf die Stirn geschoben, eine Zigarette.

»Was geht hier vor?« fragte Sabrina schließlich, sich zu Tambese umwendend. »Und wo ist Remy Moboto?«

»Bereits auf dem Weg ins Krankenhaus. Und das hier sind einige meiner Leute. Die anderen sind in der Stadt verteilt. Kondese ist nicht mehr in der Hand der Rebellen. Es verlief alles nach Plan.«

»Nach was für einem Plan?« wollte sie wissen. »Und warum haben wir davon nichts erfahren?«

»Es war ein absolutes Geheimnis. Nur Jamel und ich selbst wußten davon. Wir durften nicht das geringste Risiko eingehen, nicht in dieser Situation, wo so viel auf dem Spiel stand. Ngune hat auch in der Armee viele Sympathisanten. Alle Teilnehmer an der Operation wurden von mir persönlich ausgewählt. Und sie erhielten ihre Befehle erst unmittelbar, ehe ich das Haus verließ.« Der Oberst hob die Hand, bevor Sabrina weiterfragen konnte. »Ich weiß, daß ich Ihnen eine Erklärung schulde. Aber haben Sie bitte noch etwas Geduld. Jetzt müssen wir erst mal Mike aus dem Branco-Gefängnis rausholen.«

»Aber wie?«

»Warten Sie ab.« Tambese lächelte über ihren verblüfften Gesichtsausdruck. »Das wird eine ziemliche Schau, kann ich Ihnen versprechen.«

Als Graham wieder zu sich kam, lag er am Boden auf einem Teppich. Er betastete vorsichtig seinen Hinterkopf, richtete sich dann behutsam auf und schaute sich um – er befand sich in einem Büro. Dann sah er als erstes ein großes Bild Alphonse Mobotos an der Wand hängen. Daneben schüttelten sich auf einem gerahmten Foto Moboto und Ngune bei irgendeinem offiziellen Anlaß die Hand; beide trugen dunkle Anzüge. Ein weiteres Foto Ngunes stand auf dem Schreibtisch. Graham hatte also keine Mühe zu erraten, wo er war. Dann sah er auch die bewaffnete Wache neben der Tür; der Mann hatte seine AK-47 direkt auf ihn gerichtet. Graham massierte weiterhin seinen Nacken; dann hörte er sich nähernde Schritte. Die Tür öffnete sich, und herein trat Ngune, noch immer in seinem grauen Trainingsanzug. Er nickte dem Wächter zu, der sofort Haltung angenommen hatte, und befahl ihm, die Waffe weiterhin auf Graham gerichtet zu lassen.

»Bitte, nehmen Sie doch Platz«, sagte Ngune zu Graham und wies auf den Sessel vor seinem Schreibtisch. Er selbst setzte sich in den gepolsterten Ledersessel dahinter.

Graham stand auf und ließ sich in den Sessel fallen, dabei weiter seinen Nacken reibend.

»Zigarette?« fragte Ngune und streckte Graham ein silbernes Etui hin.

Graham starrte Ngune nur wortlos an.

»Wie Sie wollen«, meinte dieser und nahm sich selbst eine Zigarette. Er zündete sie an, blies langsam den Rauch des ersten Zuges in die Luft, musterte Graham und lächelte verhalten. »Wie ich schon vorhin sagte – Sie haben ja eine mächtige Schau hier abgezogen. Mindestens acht Tote bisher – und wir werden vielleicht noch weitere finden.«

»Das hoffe ich«, fuhr ihn Graham an.

»Die sind ersetzbar«, erwiderte Ngune mit einem wegwerfenden Schulterzucken. »Im Gegensatz zu einer Ehefrau und einem Sohn.«

»Sie Dreckskerl!« schrie Graham und stürzte sich auf Ngune.

Der Wächter schmetterte den Kolben seines Gewehrs auf Grahams Schultern, der sofort herumfuhr, doch der Mann war schon außer Reichweite. Der Lauf seiner Waffe war auf Grahams Kopf gerichtet. Ungeachtet der Schmerzen in der Schulter stand er auf. Sein Atem ging flach und abgehackt, während er in die Mündung der Walther P5 blickte, die Ngune aus einer der Schreibtischschubladen hervorgeholt hatte.

»Setzen Sie sich lieber wieder, Mr. Graham, ehe Sie sich weitere Verletzungen zuziehen.«

Die Sprechanlage auf dem Schreibtisch summte. Ngune wartete, bis Graham wieder Platz genommen hatte, ehe er auf das Knöpfchen drückte.

»Hier Kontrollraum, Sir«, sagte eine ängstliche Stimme in Suaheli. »Wir können keine der Patrouillen erreichen – keinerlei Reaktion über Funk!«

Ngune wischte sich einen Schweißtropfen von der Stirn. »Schicken Sie eine Erkundungspatrouille aus. Und versuchen Sie weiterhin, mit den anderen Streifen Kontakt aufzunehmen.«

»Das ist aber noch nicht alles, Sir. Wir haben auch keine Verbindung mehr mit dem Truppenlager!«

»Haben Sie schon überprüft, ob Ihre Funkanlage in Ordnung ist?«

»Ja, Sir, sie funktioniert.«

»Versuchen Sie's weiter. Und halten Sie mich auf dem laufenden!«

»Jawohl, Sir!«

Ngune schaltete die Gegensprechanlage aus und schaute wieder Graham an. »Wir wissen, daß Sie heute nacht mit Ihrer Partnerin zusammengearbeitet haben. Und wer war das dritte Mitglied Ihres Teams?«

»Mickey Mouse«, antwortete Graham verächtlich.

»Wer war es?« brüllte Ngune und richtete seine Walther auf Grahams Kopf.

»Gibt wohl ein bißchen Probleme, was?« meinte Graham mit einer Kopfbewegung zur Gegensprechanlage hin.

Ngune ließ die Waffe sinken. »Sie umzulegen, wäre wirklich nicht sinnvoll. Entweder beantworten Sie meine Frage hier in meinem gemütlichen Büro, oder ich lasse Sie in einen der Vernehmungsräume schaffen und dort so lange foltern, bis Sie mir sagen, was ich wissen möchte. Sie können wählen, Graham.«

»Wählen?« fragte Graham mit ironischer Verwunderung. »Dabei dachte ich, daß Sie Demokratie verabscheuen. Vielleicht habe ich Sie am Ende ganz falsch eingeschätzt.«

»Ich frage Sie jetzt zum letzten Mal – wer war der dritte Mann in Ihrem Team?«

»Wie ich schon sagte – Mickey Mouse!«

Ngune lehnte sich zurück und starrte Graham an. »Leuten Ihres Schlages bin ich schon öfter begegnet. Sie bilden sich ein, mich beeindrucken zu können, indem Sie keine Furcht vor der Folter zeigen. Aber das funktioniert nie. Ich habe noch immer von meinen Gefangenen die Antworten bekommen, die ich haben wollte – noch immer. Und sie werden da keine Ausnahme sein, Graham, was immer Sie sich einbilden mögen. Ich kriege auch Sie klein!«

»Foltern Sie mich, soviel Sie wollen«, entgegnete Graham und hielt Ngunes starrem Blick stand. »Aber wie wollen Sie einen Mann weich bekommen, der inzwischen unempfindlich gegen Schmerz geworden ist?«

Ngunes Augen wurden schmal, während er darauf wartete, daß Graham fortfuhr.

»Glauben Sie allen Ernstes, daß irgendein Folterinstrument, das dort unten auf mich wartet, die gleichen Qualen erzeugen kann, die ich durchlitt, als ich meine Angehörigen verlor?« Graham schüttelte den Kopf. »Zum Teufel, machen Sie doch, was Sie wollen, Ngune. Sie können mir nicht mehr weh tun, jetzt nicht mehr.«

»Das werden wir erst noch sehen«, entgegnete Ngune. Bevor er jedoch Weisung geben konnte, Graham in einen Vernehmungsraum zu schaffen, meldete sich die Sprechanlage wieder. Ngune schaltete auf Empfang. »Ja?«

»Hier ist nochmals der Kontrollraum, Sir.«

»Haben Sie inzwischen Verbindung mit draußen aufnehmen können?«

»Leider nein, Sir.« Eine kurze, nervöse Pause folgte. »Wir haben zwei Flugzeuge auf dem Radarschirm. Sie kommen auf uns zu. Und nach ihrer Geschwindigkeit zu schließen, müssen es Düsenjäger sein.«

»Das gibt keinen Sinn«, erwiderte Ngune mißtrauisch. »Ich habe unseren Jägern auf dem Flugplatz im Tschad keine Starterlaubnis erteilt. Und wenn die Luftwaffe vom Flughafen in Habane Maschinen hätte aufsteigen lassen, hätten wir das von einem unserer Vertrauensleute dort erfahren.«

»Die kommen nicht aus Habane, Sir. Sie müssen aus einem unserer südlichen Nachbarstaaten stammen.«

»Aus dem Tschad?«

»Kann ich nicht sagen, Sir.«

»Haben Sie versucht, Funkkontakt mit ihnen aufzunehmen?«

»Ja, Sir, aber sie antworten nicht.«

»Entfernung?«

»Etwa fünfzig Kilometer, Sir, aber sie nähern sich sehr rasch.«

»Geben Sie Alarm; aber sagen Sie Ihren Männern, daß das Feuer erst eröffnet werden darf, wenn die Maschinen identifiziert wurden. Es könnten eigene sein. Und bemühen Sie sich weiter, Funkkontakt mit ihnen aufzunehmen!«

»Jawohl, Sir!«

Ngune schaltete wieder ab und lehnte sich in seinem Sessel zurück. Was ging da vor? Erst ging die Verbindung mit den Streifen draußen verloren, dann die mit dem Truppenlager, und jetzt waren nicht identifizierte Düsenjäger im Anflug. Es war ihm schon der Gedanke gekommen, daß die Regierungstruppen vielleicht in Kondese eingedrungen sein könnten – aber dann hätte man doch Gefechtslärm hören müssen. Und mindestens eine der Streifen hätte sich doch dann in der Zentrale gemeldet. Dann war da noch die ungeklärte Frage der Verbindung mit dem Truppenlager an der Grenze zwischen Zimbala und dem Tschad. Wenn das Lager von den Regierungstruppen angegriffen worden wäre, hätte doch irgend jemand Funkkontakt zur Zentrale hier aufgenommen. Statt dessen nichts – absolutes Schweigen. Es sah aus, als ob sie völlig abgeschnitten worden wären – aber wie denn nur?

Ngune verdrängte fürs erste die Gedanken darüber und befahl der Wache, Graham in einen Verhörraum hinunterzuschaffen. Der Mann stieß Graham mit dem Gewehrkolben in den Rücken und wies mit einer Kopfbewegung zur Tür. Ngune wartete, bis die beiden Männer den Raum verlassen hatten, und holte dann ein lichtstarkes Nachtglas aus seinem Schreibtisch, mit dem er ans Fenster trat. Er musterte damit den Himmel, konnte jedoch nichts Ungewöhnliches entdecken. Dann aber, nur einen Augenblick später, sah er sich nähernde Lichter. Und als die beiden Flugzeuge weiter herankamen, erkannte er in ihnen Düsenjäger. Er sah, daß es Dornier-Alpha-Jets waren, aber ihre Kennzeichen ließen sich noch nicht ausmachen; dann kippte die Führungsmaschine nach rechts ab, und Ngune erkannte auf der Flügelunterseite die Markierung der zimbalesischen Luftwaffe. Er ließ das Fernglas sinken und wischte sich kalten Schweiß von der Stirn. Das war unmöglich! Wie sollten zwei Düsenjäger vom Flugplatz in Habane aufsteigen, ohne daß ihm wenigstens einer seiner Informanten dort Meldung erstattet hätte? Wie konnte so etwas geschehen? Er gab über die Sprechanlage Befehl, sofort das Feuer auf die beiden Flugzeuge zu eröffnen, sobald sie in Reichweite seien.

Ngune trat wieder ans Fenster und duckte sich instinktiv,

als einer der Jäger über ihn hinwegzischte. Dessen erste Rakete schlug zwar einige Meter vor dem Zaun ein, aber die Männer dort mußten doch vor dem Regen von Steinen und Erdbrocken in Deckung gehen, die auf sie herunterprasselten. Die zweite Rakete fegte durch den Zaun und explodierte unter einem der Wachtürme. Starr vor Entsetzen sah Ngune, wie sich der Turm unter dem Explosionsdruck ein Stückchen hob, bevor er auf das Gebäude daneben stürzte, in dem gerade noch viele seiner Leute Schutz gesucht hatten. Eine Handvoll Männer versuchte zu entkommen, wurde aber von den Bordwaffen niedergemäht. Eine dritte Rakete schließlich traf den Haupteingang und riß dort die schweren Tore aus den Angeln, als ob sie aus Pappe wären.

Dann rollte bereits der erste der Armeepanzer auf das Gelände, die Kanone auf das Kasernengebäude gerichtet, in dem die Reste seiner Mannschaft sich zum entschlossenen Widerstand formierten. Was konnten sie mit ihren Sturmgewehren schon gegen die Panzer ausrichten – aber sie würden kämpfen bis zum letzten Mann, das war eine Sache der Ehre. Jetzt plötzlich bekam alles einen Sinn. Man hatte das Truppenlager nicht erreichen können, weil es bereits von den Düsenjägern ausgeschaltet worden war. Es verfügte nicht über Radar, daher hatten sich die Flugzeuge unbemerkt genähert. Stets hatte Ngune mit einem Angriff von Habane aus gerechnet. Und um von dort aus das Truppenlager angreifen zu können, war der Weg über Kondese unvermeidlich. Aber der ganze Plan war fehlgeschlagen, gründlich und endgültig. Er war ausgetrickst worden von Jamel Moboto, dem Mann, den er seit Jahren verachtete. Ohne Truppen aber konnte er Habane nicht bedrohen. Der Traum war aus. Was ihn betraf, ging es nun nur noch darum, am Leben zu bleiben – Selbsterhaltung war angesagt. Je länger seine Männer Widerstand leisteten, desto größer waren seine eigenen Chancen davonzukommen. Ngune öffnete den Safe an der Wand und stopfte sich die Taschen mit Banknoten voll. Dann schloß er die unterste Schublade seines Schreibtisches auf und entnahm ihr eine Fernbedienung. Doch ehe er sie für sein Entkommen nutzen konnte, krachte die Tür auf, und er legte das Gerät auf den Schreibtisch.

Graham sprang in den Raum und richtete den Lauf einer AK-47 auf Ngunes Brust. »Sie hätten Ihren Männern beibringen müssen, auch mit Unerwartetem zu rechnen. Es war nicht sonderlich schwer, ihn zu entwaffnen!«

Ngune schluckte nervös. »Machen wir ein Geschäft, Graham. Nehmen Sie das Geld aus dem Safe – nehmen Sie es!«

»Und ich lasse Sie dafür laufen?«

»Ja.« Ngune machte eine Bewegung zu dem Safe hin. »Alles in Pfund und Dollar. Nehmen Sie es – alles!«

»O ja, ich werde alles nehmen – und es den Behörden übergeben, wenn ich auch Sie dort abliefere.« Graham machte einen Schritt auf den Safe zu und warf einen Blick hinein. »Na, das dürfte ja direkt für den Ausgleich des Handelsdefizits Ihres Landes reichen! Und das wird Ihnen schwer zu schaffen machen, wenn Sie vor Gericht stehen. Ich müßte direkt dableiben, um es zu bewachen!«

Ngunes Blick wanderte zu seiner Walther auf der Schreibtischplatte hinüber. Ob er sie erreichen konnte, ehe Graham ihn niederschoß? Er bezweifelte es zwar – aber was für eine andere Möglichkeit hatte er noch? Ein Prozeß würde schlimm für ihn enden. Er mußte einfach die Chance nutzen und sich die Pistole schnappen. Doch in diesem Augenblick war die Gelegenheit dazu schon vorbei. Graham trat an den Schreibtisch und nahm die Walther an sich, holte das Magazin heraus und legte sie wieder hin.

»Leeren Sie Ihre Taschen!« befahl er dann.

Ngune zog die Geldbündel aus den Taschen und warf sie widerstrebend auf den Schreibtisch.

»Alles!« befahl Graham und wies auf die Brusttasche von Ngunes Trainingsanzug.

Ngune nahm ein weiteres Bündel von Scheinen aus der Brusttasche und warf es ebenfalls auf die Tischplatte.

»Los jetzt!« befahl Graham und deutete zur Tür.

Ngune war gerade hinter seinem Schreibtisch hervorgetreten, als die Granate in die Seite des Gebäudes schlug. Die

Fensterscheiben zerklirrten, und der Putz polterte von der Decke. Ngune holte aus, und sein Hieb traf Graham seitlich am Kopf; er stürzte schwer gegen die Wand, und das Sturmgewehr entfiel ihm.

Nach einem furchtbaren Tritt in den Magen Grahams griff Ngune nach der Fernbedienung auf dem Schreibtisch. Er betätigte sie, und ein Teil der Wandtäfelung hinter dem Schreibtisch rollte zur Seite. In der Öffnung dahinter waren Betonstufen zu erkennen, die zu einem Tunnel hinunterführten. Ngune lief durch die Geheimtür und betätigte sofort die Fernbedienung, um sie wieder zu verschließen. Graham zwang sich hoch und stürzte zur Tür hinüber. Ehe sie sich gänzlich schloß, gelang es ihm, seine Hand in den verbleibenden Spalt zu zwängen. Er biß die Zähne zusammen und versuchte, die Schiebetür wieder aufzuziehen. Es schien ihm eine Ewigkeit, bis er das so weit geschafft hatte, daß er sich hindurchzwängen konnte. Dann fiel die Tür wieder ins Schloß.

Der Tunnel mochte gute dreihundert Meter lang sein, und Ngune hatte sicher schon die Hälfte der Entfernung hinter sich gebracht. Graham sprang die Stufen hinunter und rannte hinter Ngune her. Er war verblüfft über dessen Tempo; für einen Mann seines Alters war Ngune offensichtlich gut in Form. Obwohl Graham den Abstand verringern konnte, war er noch nicht an Ngune herangekommen, als dieser eine weitere Treppe am Ende des Tunnels erreichte. Ngune verhielt, in Schweiß gebadet, am Fuße dieser Treppe und riß sich eine Kette vom Hals. Daran hing ein Schlüssel; Ngune stolperte die Treppe hoch und schloß oben eine Tür auf. Er stieß sie auf und ließ sie offen – es hätte ihn zuviel Zeit gekostet, sie wieder abzuschließen, und sein Vorsprung war ihm wichtiger.

Sekunden später war auch Graham an der Treppe angelangt. Er jagte sie hoch, blieb dann aber vorsichtig an der Tür stehen und warf einen Blick in den Raum, der von einer nackten Birne, die an einer Leitung von der Decke herunterhing, schwach beleuchtet wurde. Es war eine Garage. Ngune hatte offenbar den darin stehenden zerschrammten

Geländewagen verschmäht und seine Flucht zu Fuß fortgesetzt, denn eine Seitentür stand halb offen. Graham riß sie ganz auf und fluchte vor sich hin. Er hatte eine Straße vor sich, auf der eine Gruppe Einheimischer tanzend und singend die Befreiung ihrer Stadt feierte. Wenn Ngune sich unter die Einheimischen mischen konnte, hätte er keine Chance mehr, seiner habhaft zu werden – das war Graham klar. Er schaute die Straße hinauf und hinunter, konnte aber den Flüchtigen nirgends entdecken. Weit konnte er nach einem solchen Lauf aber nicht sein, sagte sich Graham; selbst er fühlte sich ausgepumpt.

Dann nahm er eine Bewegung in einem Hauseingang auf der gegenüberliegenden Straßenseite wahr. Er wartete, bis die Gruppe der Einheimischen vorbei war, und rannte dann zur anderen Straßenseite hinüber. Dort schlich er leise auf den Hauseingang zu. Von irgendwoher streifte ein Lichtschein über die Straße und beleuchtete für einen winzigen Augenblick das verzerrte Gesicht Ngunes. Graham rannte los, und da sah ihn Ngune. Er stürzte aus dem Hauseingang, aber er war am Ende seiner Kräfte, die Beine trugen ihn kaum noch, und daher konnte ihn Graham schnell einholen. Er sprang ihn von hinten an und schmetterte ihn gegen die Hauswand. Ngune sackte zusammen, aber Graham machte den Fehler, für einen Augenblick seinen Griff zu lockern. Ngune schmetterte ihm die Faust gegen den Kopf und versetzte ihm, als er zurücktaumelte, einen zweiten schweren Hieb, der Graham auf das Straßenpflaster warf; Ngune rannte auf die Mündung einer Seitenstraße zu. Graham rappelte sich wieder hoch und spurtete hinterher. Er hatte ihn rasch eingeholt und brachte ihn mit einer beim Footballspiel trainierten Körperattacke zu Fall. Beide Männer lagen am Boden, aber Graham reagierte als erster und stieß seinem Gegner den Ellbogen in die Magengrube. Der Hieb raubte Ngune die Luft, und Graham sprang auf, riß Ngune hoch und drückte ihn mit dem Gesicht gegen die Wand.

Erst jetzt nahm er den an der Straßenecke versammelten Mob wahr. Er schätzte die Gruppe auf ein gutes Dutzend Leute; die meisten waren Männer, sie hatten Stöcke und

Ketten in der Hand, einer eine Machete. Auch Ngune sah die Leute, schrie ihnen etwas in Suaheli zu und versuchte, sich aus Grahams Griff zu befreien.

Der Mob rückte heran. Graham befand sich in einer Zwickmühle. Er mußte jetzt wohl an seine eigene Verteidigung denken – aber das bedeutete, Ngune entkommen zu lassen. Einer der Männer lief den anderen voraus auf die beiden zu, und sein Stockschlag traf Graham schmerzhaft auf die Schulter. Er taumelte zurück, während Ngune wild gestikulierend auf ihn deutete und in Suaheli den Mob anfeuerte. Die Männer rückten weiter gegen Graham vor, und Ngune erkannte seine Chance und versuchte sich abzusetzen. Die Gruppe hatte nun Graham umringt und schrie in Suaheli auf ihn ein. Ein weiterer Schlag traf ihn, dessen Wucht er kaum mit dem Unterarm abschwächen konnte. Was sollte er tun? Es war ihm ja nicht möglich, sich mit den Leuten zu verständigen. Eigentlich mußt du dafür ja nicht gleich Suaheli können, sagte er sich plötzlich. Warum war ihm das nicht gleich eingefallen!

»Tito Ngune!« schrie er und deutete anklagend auf die Gestalt, die sich gerade davonschleichen wollte. »Tito Ngune! Tito Ngune!«

Der Name löste eine sofortige Reaktion aus. Alle Köpfe wandten sich Ngune zu. Eine dicke Frau packte ihn am Arm und riß ihn herum, um ihm ins Gesicht sehen zu können. Sie starrte ein paar Sekunden lang auf seinen gesenkten Kopf, schaute dann zu Graham hinüber und nickte bestätigend. Die Frau stieß Ngune auf die Männer zu, die ihn zu Boden rissen und mit ihren Stöcken auf ihn einzuschlagen begannen.

Graham wollte sie gerade zurückreißen, als ein Armeejeep an der Straßenecke auftauchte. Er hielt neben den prügelnden Männern an, zwei Soldaten sprangen heraus und bahnten sich einen Weg zu Ngune, der sich an die Wand gekauert hatte und den Kopf mit den Armen zu schützen versuchte. Ein junger Offizier mit dem Rangabzeichen eines Leutnants stieg nun ebenfalls aus dem Jeep und baute sich vor Graham auf.

Graham fragte ihn, ob er Englisch spreche, aber der Leutnant antwortete nicht, sondern ging zu Ngune hinüber, der in seinem blutverschmierten Trainingsanzug gegen die Wand gesunken war. Die dicke Frau drängelte sich durch die Menge und sprach auf den Leutnant ein; Graham glaubte, dabei Ngunes Namen zu hören. Der Leutnant rief einen Befehl, und die beiden Soldaten zogen Ngune hoch. Der Offizier musterte aufmerksam Ngunes blutiges Gesicht, nahm dann Handschellen vom Gürtel und fesselte damit Ngune die Hände auf den Rücken. Die beiden Soldaten zwangen ihn wieder in die Knie und traten dann zurück, damit der Leutnant mit ihm reden konnte.

Graham schaute unsicher zu. Was würde nun weiter geschehen? Daß man Ngune Handschellen angelegt hatte, bedeutete Festnahme. Warum aber brachte man ihn dann nicht zum Jeep? Dann sah er, daß der Leutnant seine Pistole aus dem Holster an seinem Gürtel nahm und die Mündung an Ngunes Hinterkopf drückte. Graham trat vor – nein, so ging das nicht, so konnte man diese Sache nicht zu Ende bringen. An Ngunes Schuld konnte zwar kein Zweifel bestehen, aber er hatte Anspruch auf einen fairen Prozeß. Recht mußte Recht bleiben.

Der Leutnant sah Graham an und sagte etwas in Suaheli zu ihm. Graham zuckte hilflos die Schultern, aber als er nähertreten wollte, versperrten ihm die beiden Soldaten den Weg und richteten ihre Gewehre auf ihn. Dann schaute der junge Offizier auf Ngune hinunter, der stammelnd um sein Leben bettelte. Der einst zweitmächtigste Mann im Lande war jetzt nichts mehr als ein mitleiderregender alter Mann am Rande des Todes. Der Leutnant zog den Abzug durch, der Körper Ngunes bäumte sich in einer grotesken Bewegung auf, und aus seinem Hinterkopf spritzte Blut.

Die Menge heulte triumphierend, als der Leichnam auf das Pflaster sackte. Der Offizier schrie einen Befehl, woraufhin die beiden Soldaten ihre Gewehre umhängten und zu dem Jeep zurückgingen. Auch der Leutnant stieg ein und würdigte Graham keines Blickes mehr. Der Fahrer ließ den Motor an und fuhr davon. Graham starrte auf Ngunes Leiche und hatte Mühe, sich mit der brutalen Hinrichtung abzufinden, deren Zeuge er soeben geworden war. Aber er war hier in Afrika, auf einem Kontinent, auf dem Erbarmen oft genug als Schwäche angesehen wurde und auf dem Brutalität und gewaltsamer Tod zu Alltäglichkeiten geworden waren.

Er schüttelte niedergeschlagen den Kopf, als er sah, wie der Mob nur wenige Schritte von Ngunes Leichnam entfernt wieder tanzte und sang. Dann wandte er sich ab und schritt langsam die Straße hinunter.

Elftes Kapitel

Sabrina lehnte sich im Sessel vor, das Gesicht in den Händen vergraben, und ließ die Augen nicht vom Telefon. Es war nun schon fast zwei Stunden her, daß sie auf die Farm zurückgekehrt war, und noch immer hatte man nichts von Graham gehört. Von Tambese wußte sie, daß er nicht unter den auf dem Gelände des Branco-Gefängnisses gefundenen Opfern war. Wo also mochte er nur stecken? Hatte er es vielleicht geschafft, vor der Bombardierung des Gefängnisses herauszukommen? So viele Fragen schossen Sabrina durch den Kopf, während sie das Telefon anstarrte, als könne sie es damit zwingen, endlich zu klingeln.

Moredi und Laidlaw saßen mit ihr im Wohnzimmer. Seit über einer halben Stunde hatte keiner von ihnen ein Wort gesagt, sie hingen beide ihren eigenen Gedanken nach. Sabrina lehnte sich im Sessel zurück und hämmerte mit der Faust auf die Lehne. Laidlaw blickte zu ihr hinüber; sie war bleich und erschöpft, und die Angst in ihren Augen war nicht zu übersehen. Sabrina schaute Laidlaw an, dann Moredi. Er hatte eine Patience gelegt, als sie wieder auf der Farm eingetroffen war, und noch immer war er damit beschäftigt. Er spürte ihren Blick und lächelte ihr zu, doch sie lächelte nicht zurück. Gerade als er die Karten hinlegen wollte, klingelte das Telefon. Sabrina sprang auf und biß sich auf die Lippen, doch Moredi saß unmittelbar neben dem Apparat und nahm ab. Er lauschte einen Augenblick und streckte dann den Hörer Sabrina hin.

»Geht es um Mike?« fragte sie besorgt.

»Es ist Mike!« antwortete Moredi mit einem beruhigenden Lächeln. Sabrina riß ihm den Hörer aus der Hand. »Mike?«

»Ja«, erwiderte Graham.

»Schön, daß du anrufst«, sagte sie, plötzlich unsicher. »Wo steckst du denn? Und wo warst du die letzten zwei Stunden?«

»Mir geht es gut, danke für deine Fragen«, antwortete er schroff.

Sabrina seufzte tief und rieb sich müde die Augen. »Entschuldige, Mike, es war eine lange Nacht!«

»Das kann man wohl sagen.«

»Von wo aus rufst du denn an?«

»Vom Krankenhaus aus.«

»Bist du verletzt?«

»Ach, nichts weiter – nichts, was ein paar Stunden Schlaf nicht wieder in Ordnung bringen könnten. Und du?«

»Ich bin o.k. Was ist geschehen? Wie bist du denn aus dem Branco-Gefängnis rausgekommen?«

»Ach, das ist eine lange Geschichte. Ich erzähl' sie dir, sobald wir uns sehen. Tambese ist auch hier. Der ist gerade mit seiner Befragung Mobotos fertig. Wir werden bald bei euch sein.«

»Fein. Schön, deine Stimme zu hören, Mike.«

»Na, nun werd bitte nicht sentimental!«

Sie grinste verlegen. »Bis bald also!«

»Ja«, sagte Graham lediglich und legte auf.

Auch Sabrina ließ den Hörer sinken und schaute von Laidlaw zu Moredi. »Es geht ihm gut. Und er will bald mit David herkommen.«

Moredi legte ihr die Hand auf die Schulter. »Nachdem Sie jetzt wissen, daß es ihm gut geht, könnten Sie sich doch ein bißchen hinlegen. Sie wirken ziemlich erschöpft.«

»Ich könnte jetzt nicht schlafen, selbst wenn ich es wollte. Hier drin sind zu viele offene Fragen«, antwortete sie und tippte an ihren Kopf.

»Wie wäre es denn dann mit einem Kaffee, während Sie auf die Rückkehr der beiden aus dem Krankenhaus warten?«

»Den hätte ich gerne, vielen Dank«, antwortete sie und wies dann auf die Tür. »Ich geh ein bißchen raus.«

Moredi nickte und verließ das Zimmer. Sabrina stieß die Tür auf und trat auf die Veranda hinaus. Gerade tauchte am Horizont die Sonne auf, und der Himmel glich einer Sinfonie aus Orange und Gold – die unvergleichliche Schönheit eines afrikanischen Sonnenaufgangs.

»Großartig, nicht?«

Sie fuhr zu Laidlaw herum, der schweigend hinter sie getreten war, in jeder Hand eine Tasse Kaffee.

»Entschuldigen Sie, ich wollte Sie nicht stören«, sagte er und reichte ihr eine der Tassen.

»Vielen Dank«, erwiderte sie, ging zur Treppe der Veranda und setzte sich dort auf die oberste Stufe.

»Haben Sie was dagegen, wenn ich mich ein wenig zu Ihnen setze?«

»Das ist jetzt ein freies Land«, antwortete sie, ohne sich umzuwenden.

Laidlaw ließ sich in den Korbsessel neben der Tür fallen. »Haben Sie was dagegen, mit mir zu reden?«

Sie setzte die Tasse ab und wandte sich gereizt um. »Reden? Worüber denn?«

»Schauen Sie, wir haben uns vielleicht nicht so gut verstanden die letzten Tage über. Und das lag zu einem großen Teil an mir, wie mir inzwischen klar ist. Aber ich bin sicher nicht der erste, der ein wenig Zweifel an Ihrer Tüchtigkeit hatte, einfach weil Sie eine Frau sind.«

»Und Sie werden bestimmt auch nicht der letzte sein«, versicherte sie ihm, lehnte sich dann gegen die Verandabrüstung und zog die Knie an die Brust. »Inzwischen habe ich mich daran gewöhnt – es gehört offenbar einfach dazu, wenn man als Frau in einem männlich orientierten Beruf arbeitet. Aber es kümmert mich nicht mehr groß. Ich habe einen Job auszufüllen, und das werde ich nach besten Kräften tun. Wenn ihr Kerle das nicht akzeptieren könnt, dann ist das doch euer Problem und nicht meines.«

»Nun, Sie können mich jedenfalls nach dieser Nacht zu den Bekehrten zählen.«

»Halleluja!« erwiderte sie.

»Ich hätte es besser wissen sollen; die Unterhaltung mit Ihnen bringt nicht viel«, sagte er eingeschnappt und erhob sich.

»Dann unterhalten Sie sich doch mit mir, anstatt mich gönnerhaft zu behandeln«, erwiderte sie und blickte zu ihm hoch.

Er seufzte tief und trat an das Geländer. »Tut mir leid – ich wollte wirklich nicht gönnerhaft sein. Aber wie Sie selbst sagen – Sie sind eine Frau in einem männlich orientierten Beruf. Und mir scheint, ich habe mich da einfach noch nicht daran gewöhnt.«

»Na, wenigstens sind Sie ehrlich. Die meisten meiner Kollegen hätten das nicht zugegeben.«

»Sie und Mike scheinen gut miteinander auszukommen«, meinte er.

»Nun ja, bis zu einem gewissen Grad.« Sie lächelte nachdenklich. »Aber so toll war unser Verhältnis durchaus nicht immer. Wir sind nun schon seit zwei Jahren Kollegen, und wir vertragen uns eigentlich erst seit ein paar Monaten. Das erste Jahr war ein Alptraum, ein absoluter Alptraum. Wir lagen uns wegen jeder Kleinigkeit in den Haaren, und das ging so weit, daß es sich sogar auf unsere Arbeit auszuwirken drohte. Damit war dann ein Punkt erreicht, an dem wir uns entscheiden mußten, ob wir es mit jeweils anderen Partnern versuchen, oder ob wir uns zusammenreißen und weiter miteinander arbeiten wollten. Das Ergebnis stand wohl von vornherein fest, denn wir sind im Grunde ein sehr gutes Team und waren es wohl immer. Also entschlossen wir uns, das Kriegsbeil zu begraben und die Zusammenarbeit fortzusetzen. Natürlich gibt es immer noch gelegentliche Differenzen, zumal wir beide sehr unabhängige Typen sind. Aber wir haben inzwischen gelernt, damit umzugehen.«

»Er bedeutet Ihnen schon 'ne Menge, oder?«

»Schätze schon«, erwiderte sie mit einem Schulterzucken. »Schließlich ist er mein Arbeitspartner.«

Das Ausweichende ihrer Antwort war offensichtlich, und deswegen ließ Laidlaw das Thema lieber fallen. Er lehnte sich gegen das Geländer und verschränkte die Arme vor der Brust. »Ich kann kaum glauben, wie sehr er sich verändert hat. Es ist fast unvorstellbar, daß das der gleiche Mike Graham ist, den ich damals bei der Delta kennengelernt habe. Sie erwähnten, wie wichtig ihm Unabhängigkeit sei. Das wäre mir bei ihm unvorstellbar, wenn ich es nicht mit eigenen Augen mitbekommen hätte.«

Sabrina wandte sich um, bis sie ihm in die Augen schauen konnte. Es war das erste Mal, daß jemand mit ihr über den Mike Graham sprach, den sie nicht kannte, und das war faszinierend für sie. »Was meinen Sie damit?« fragte sie, spürbar an einer Fortsetzung des Gesprächs interessiert.

»Bei der Delta kam es Mike immer sehr auf den Teamgeist an. Wir waren stets als Team unterwegs, nie als Einzelpersonen. Und außerdem war er der schlimmste Witzbold, dem ich je begegnet bin. Vor ihm mußte man immer auf der Hut und auf jeden Streich gefaßt sein.«

»Ach ja?« sagte Sabrina grinsend.

Laidlaw schüttelte den Kopf. »Wirklich – es ist kaum zu glauben, daß das der gleiche Mensch ist.«

»Aber angesichts der Umstände doch auch verständlich«, meinte Sabrina, nun wieder sehr ernst. »Nach allem, was er mir darüber erzählt hat, muß er Carrie und Mikey abgöttisch geliebt haben.«

»Ja, das stimmt allerdings«, bestätigte Laidlaw und verfiel dann in Schweigen.

Bald darauf erschien auf der Zufahrtsstraße zur Farm ein Jeep. Sabrina sprang auf; sie konnte sehen, daß vorne zwei Personen saßen, doch erst als das Fahrzeug nahe heran war, erkannte sie in den beiden Tambese und Graham. Der Jeep hielt vor der Veranda an, und Graham stieg als erster aus.

»Tolles Outfit!« stellte Sabrina mit einem Blick auf die weißen Hosen und den weißen Kittel fest, den man Graham im Krankenhaus geliehen hatte.

»Richtig schick, nicht wahr?« erwiderte er und stieg die Stufen zur Veranda hoch.

»Du hast aber ganz schön blaue Flecken, Kumpel«, befand Laidlaw mit einem Blick auf Grahams Gesicht.

»Ngune hat mir ein paar Schläge verpaßt, die nicht von schlechten Eltern waren.«

»Hast du ihn erwischt?« fragte Sabrina.

»Nicht direkt, sozusagen. Er liegt unter der Plane im Jeep. Die Armee will seinen Leichnam in Habane öffentlich ausstellen.« Er ging zur Tür. »Ich zieh' mich rasch um; bin in ein paar Minuten wieder da.«

Sabrina sah dem im Haus verschwindenden Graham nach und wandte sich dann zu Tambese um. »Was ist mit Ngune passiert?«

»Ich werde Ihnen drinnen alles erzählen«, versprach Tambese und hielt ihnen die Tür auf.

Moredi und Okoye warteten im Wohnzimmer schon auf Tambese. Sie schüttelten dem Oberst die Hand und sprachen kurz miteinander, bis Graham wieder erschien, diesmal in verblichenen Jeans und einem schwarzen T-Shirt.

»Bitte, nehmen Sie doch alle Platz!« sagte Okoye.

Graham und Sabrina setzten sich auf das Sofa, Okoye, Laidlaw und Moredi in danebenstehende Sessel. Laidlaw stellte seine Kaffeetasse neben sich auf den Boden, stieß dabei aber gegen Sabrinas Uzi, die dort an der Wand lehnte. Darauf stellte er die Tasse lieber auf die andere Seite – es war ihm wohler dabei.

»Wie geht es Mr. Moboto?« wollte Sabrina als erstes wissen und schaute gespannt Tambese an, der sich zum Stehenbleiben entschlossen hatte.

»Er ist etwas schläfrig, aber ansonsten wohlauf. Der Arzt, der ihn untersuchte, versicherte, es seien keine Nebenwirkungen der Betäubungsmittel zu befürchten, die man ihm gegeben hat. Er wird morgen vormittag entlassen.«

»Ich begreife immer noch nicht, daß Ngune ihn am Leben ließ, nachdem er doch eine solche Bedrohung für ihn war«, meinte Laidlaw.

»Ngune brauchte ihn lebend für den Fall, daß sein Versuch zum Staatsstreich scheiterte. Er sollte ihm dann als Geisel dienen, um das Land verlassen zu können. Jamel und Remy standen sich immer sehr nahe; die gemeinsame Abneigung gegen das Regime ihres Vaters verband sie im Laufe der Jahre sehr stark miteinander. Jamel lehnte deshalb auch jeden Militäreinsatz gegen Ngune ab, ehe nicht sein Bruder in Sicherheit wäre.«

»Warum wurde er entführt?« fragte Moredi. »Was hatte er gegen Ngune in der Hand?«

»Eine ganze Menge. Sein geheimnisvoller Informant war Ngunes persönlicher Sekretär.«

Moredi pfiff leise. »Kein Wunder, daß Remy sich so verschlossen zeigte. Der Mann war bestimmt eine wahre Goldgrube für Informationen.«

»Genau das. Er wußte Bescheid über den geplanten Staatsstreich, und er kannte die Pläne zur Ermordung Jamel Mobotos. Sein Wissen gab er an Remy Moboto weiter, und als Ngune das herausbekam, mußte er diesen daran hindern, die ganze Geschichte zu veröffentlichen. Deshalb ließ er ihn entführen.«

»Kannte der Privatsekretär auch diesen ominösen ›dritten Mann‹?« fragte Sabrina.

»Es ist Bernard«, bestätigte Tambese. »Was mich aber am meisten interessierte, war die Tatsache, daß der Plan zur Ermordung Jamel Mobotos keineswegs hier in Zimbala ausgeheckt wurde, wie man unseren Geheimdienst glauben machen wollte. Das war von Anfang an eine Sache des CIA, und Ngune war deren Mann. Seit vierundzwanzig Jahren ist er Mitarbeiter des CIA!«

»Ngune beim CIA?« meinte Moredi verblüfft. »Warum sollte er denn für die gearbeitet haben?«

Tambese hob die Schultern. »Das kann ich auch nicht sagen. Ich weiß lediglich, daß das in all diesen Jahren eines der bestgehüteten Geheimnisse des CIA war. Der Sekretär bekam es auch nur durch einen Zufall heraus.«

»Hat er auch erfahren können, wer in der CIA-Zentrale in Langley hinter der Sache steckt?« erkundigte sich Sabrina.

»Nein.«

»Es könnte Bailey sein«, meinte Sabrina mit einem Blick zu Graham.

»Könnte«, räumte dieser ein. »Aber im Augenblick gibt es wichtigere Dinge, über die wir uns den Kopf zerbrechen müssen.«

»Was meinst du damit?« fragte sie argwöhnisch.

Graham schaute Tambese an. »Sagen Sie es ihr bitte!«

»Sie wissen doch, daß Jamel Moboto am heutigen Nachmittag in New York vor Wirtschafts- und Finanzleuten sprechen will. Es wird sein letzter öffentlicher Auftritt vor dem Rückflug sein.«

»Ja, ich weiß«, erwiderte sie zögernd.

»Bernard wird auch dort sein, ausgerüstet mit einem Hochleistungs-Scharfschützengewehr. Man hat Ngune gesagt, daß man einen letzten Versuch zur Ermordung Mobotos im Trade Center machen wolle, wenn er kurz vor Beendigung seines Amerika-Aufenthalts noch am Leben wäre.«

Sabrina warf einen Blick auf ihre Uhr. »New York ist um sieben Stunden hinter unserer Ortszeit zurück. Das bedeutet, daß es dort jetzt gegen halb zwölf abends ist.« Sie wandte sich an Graham. »Ich werde Sergej anrufen und ihm wegen Bernard Bescheid sagen!«

»Was kann er denn tun, ohne den CIA zu alarmieren?« wandte Graham ein. »Wegen einer Durchsuchung des Gebäudes muß er sich an die New Yorker Polizei wenden. Und dort gibt es sicher auf der höchsten Ebene Maulwürfe der CIA, die schnellstens nach Langley melden würden, daß Bernard enttarnt worden ist. Dann würden ihn die schleunigst aus dem Verkehr ziehen, und wir könnten wieder von vorn anfangen.«

»Aber die CIA würde doch sicher ohnehin die Operation abblasen, wenn sie erfährt, daß der Staatsstreich gescheitert und Ngune tot ist?« fragte Okoye, von Graham zu Sabrina blickend.

»Aber das wissen die dort noch gar nicht«, erläuterte Tambese. »Alles, was sie im Augenblick wissen können, ist, daß das Branco-Gefängnis und das Truppenlager der Rebellen von regierungstreuen Truppen angegriffen und ausgeschaltet wurden. Verlustmeldungen erfolgten bisher keine. Graham schlägt vor, daß wir falsche Informationen verbreiten, denen zufolge Ngune etwa zweihundert seiner Leute an der Grenze zum Tschad um sich gesammelt hat, um innerhalb der nächsten zwölf Stunden einen Versuch zur Wiedereroberung Kondeses zu machen. Dann wird die CIA glauben, daß immer noch die Chance zum Sturz der Herrschaft Jamel Mobotos besteht.«

»Ich muß ein paar Worte mit dir persönlich reden«, wandte sich Sabrina an Graham und schaute dann die anderen an. »Würden Sie uns bitte für einen Augenblick entschuldigen?«

Sie stand auf, und Graham folgte ihr auf die Veranda hinaus.

»Du hast also vorgeschlagen, daß man falsche Informationen über Ngune verbreitet. Und warum das, Mike?« Ehe er noch antworten konnte, hob sie die Hand. »Nein, laß mich raten. Du willst damit Zeit gewinnen, um nach New York zurückzukehren und dich persönlich um Bernard zu kümmern.«

»Nicht ich – wir!« betonte er.

»Das ist zu einer regelrechten Besessenheit geworden bei dir, stimmt's? Du schreckst vor nichts zurück, um Bernard ganz persönlich zu stellen – nicht einmal davor, das Leben eines unschuldigen Menschen bewußt aufs Spiel zu setzen. Das kümmert dich offenbar überhaupt nicht, oder?«

Graham stützte die Arme auf das Geländer und nickte nachdenklich mit dem Kopf. »Ich muß zugeben, daß es nicht in Ordnung war, so hinter Bernard herzujagen, wie ich es tat. Das war zunächst wirklich eine Art von Besessenheit. Aber das ist jetzt nicht mehr so. Inzwischen ist mir klargeworden, was Moboto wirklich für dieses Land bedeutet. Das Volk braucht ihn.« Er wandte sich zu ihr um. »Versteh mich bitte nicht falsch – es ist mir immer noch wichtig, daß Bernard seine verdiente Strafe erhält. Aber im Augenblick ist das Entscheidende, daß man ihn erwischt, ehe er Moboto töten kann.«

Sabrina setzte sich in den Korbsessel neben der Tür. Innerhalb weniger Sekunden hatte ihr Zorn einem gewissen Schuldgefühl Platz gemacht. Es war nicht das erste Mal, daß so etwas geschah. Sie wußte, daß sie empfänglich für seine Argumente war, wenn er, was selten genug vorkam, diese tiefere Seite seines Wesens offenbarte. Doch schließlich war er es gewesen, der sie in Beirut vor die Entscheidung gestellt hatte, unabhängig von der Gefahr für Jamel Moboto entweder mit ihm gemeinsam nach Bernard zu suchen, oder ihn dies allein tun zu lassen. Woher sollte sie wissen, daß seine Grundeinstellung sich geändert hatte? Sie war schließlich keine Gedankenleserin. Wieso zum Teufel also fühlte sie sich eigentlich schuldbewußt?

»Ich weiß schon, daß wir im Grunde Sergej mitteilen müßten, was sich hier abgespielt hat; aber was könnte er denn tun? Lassen wir mal die New Yorker Polizei beiseite; was ich diesbezüglich da drinnen gesagt habe, war so eine Art von Vernebelung. Aber was ist mit den CIA-Leuten, die mit C. W. zusammenarbeiten? Das sind doch Baileys Kreaturen. Und wenn er hinter der ganzen Sache steckt, wovon ich überzeugt bin, dann erfährt er doch auch als erster, daß man über Bernards Rolle Bescheid weiß. Wie soll denn Sergej eine Beschreibung Bernards an die Sicherheitskräfte im Trade Center ausgeben, ohne daß Baileys Leute das sofort mitbekommen? Das kann er doch gar nicht, oder? Und aus dem Grund müssen wir selbst Bernard stellen. Allerdings muß unser Vorhaben absolut geheim bleiben bis zu dem Zeitpunkt, an dem wir dort auftauchen. Für Bernard muß es dann zu spät sein, noch abzuhauen. Er muß in die Falle gelockt werden, damit wir ihn erwischen und diese ganze dreckige Geschichte aufdecken können.«

Sabrina nickte resigniert. »Und wie schaffen wir es, rechtzeitig wieder in New York zu sein?«

»Tambese hat schon dafür gesorgt, daß eine dem Präsidenten zur Verfügung stehende Maschine in Habane für uns bereitsteht. Und auch die Cessna ist wieder aufgetankt. Jetzt müssen wir nur noch auf einen Piloten warten. Tambese hätte uns ja selbst geflogen, aber er muß sich hier noch um eine Menge Dinge kümmern. Er versichert uns, daß wir so rechtzeitig in New York sein können, daß uns noch ein, zwei Stunden für die notwendigen Vorbereitungen bleiben.«

»Und wenn wir das doch nicht schaffen sollten?«

»Dann können wir über Funk immer noch Sergej erreichen und ihm die Situation erläutern. Und er hat dann noch Zeit, Moboto vom Besuch im Trade Center abzuhalten, obwohl dann vermutlich Bernard untertauchen würde. Aber ich glaube nicht, daß es dazu kommen wird.«

»Gut, ich kann das nur hoffen«, erwiderte Sabrina und rieb sich das Gesicht. »Wenn Moboto irgendwas zustößt, wird sich C. W. zwei neue Mitarbeiter suchen. Und wir beide fliegen in hohem Bogen raus.«

»Moboto wird nichts geschehen«, versicherte Graham.

Die Tür ging auf, und Tambese schaute heraus. »Ich störe nur ungern, aber ich dachte mir, daß Sie doch gern erfahren würden, daß Ihr Pilot bereits unterwegs ist. Er kann in etwa zehn Minuten hier sein.«

»Großartig«, erwiderte Graham und warf einen Blick rundum. »Es ist schade, daß ich hier weg muß. So friedlich, wie hier jetzt alles wirkt.«

Tambese trat auf die Veranda hinaus. »Das ist es wirklich, glauben Sie mir. Ich komme mit meiner Frau regelmäßig seit zehn Jahren hierher. Nichts ist nach all der Hetze und dem Betrieb in Habane erholsamer als ein Aufenthalt in dieser Gegend.«

»Ich wußte gar nicht, daß Sie verheiratet sind«, sagte Sabrina.

»Seit zwölf Jahren schon; Matthew Okoye ist übrigens mein Schwager. Deswegen kommen wir so häufig her, und auch weil wir uns schon immer gut verstehen. Es gab wenige, die nicht mit Alphonse Moboto kooperierten und ungeschoren blieben. Jamel, Remy Moboto und Matthew waren seine standhaftesten Kritiker, Joseph Moredi und ich schon etwas weniger, weil wir nicht über die gleichen Möglichkeiten verfügten. Das hat uns alle zusammengeführt – der Widerstand gegen Alphonse Moboto und Kreaturen wie Ngune und dessen Stellvertreter Thomas Massenga. Wir waren entschlossen, noch zu unseren Lebzeiten Zimbala eine bessere Zukunft zu sichern.«

»Und das ist Ihnen gelungen«, meinte Graham.

»Ich hoffe es zumindest«, erwiderte Tambese nachdenklich.

»Was hört man denn von Massenga?« fragte Graham.

»Nichts bisher. Man hat eine Belohnung für seine Ergreifung ausgesetzt. Daher sollte es nicht lange dauern, bis man ihn erwischt.«

»Du hast mir noch immer nicht erzählt, was eigentlich geschehen ist, nachdem sie dich im Branco-Gefängnis geschnappt hatten«, sagte Sabrina zu Graham, der ihr daraufhin schnell die Ereignisse bis zur Hinrichtung Ngunes schilderte.

»Haben Sie den Offizier zur Rechenschaft gezogen, der dafür verantwortlich war?« fragte Sabrina Tambese.

»Ich habe das nicht vor«, entgegnete der Oberst. »Zwar weiß ich, wer es war, aber ich beabsichtige nicht, etwas gegen ihn zu unternehmen. Solche Dinge geschehen nun einmal in einer Situation, die so eskalierte wie diese.«

»Dann billigen Sie also Mord?« fuhr sie ihn an. »Das liegt auf dem Niveau Ngunes!«

»Da muß ich schon noch ein gutes Stück tiefer sinken, um Ngunes Niveau zu erreichen.« Tambese trat ans Geländer und warf einen Blick hinunter auf die sich in Umrissen unter der Plane im Jeep abzeichnende Leiche Ngunes. Dann wandte er sich Sabrina wieder zu. »Ngune ist tot, und der Staatsstreich ist gescheitert. Zum ersten Mal seit fünfundvierzig Jahren herrscht Friede in Zimbala. Der junge Offizier tat nur das, was zwölf Millionen Zimbalesen in der gleichen Situation auch getan hätten. Wenn ich ihn bestrafen würde, könnte das nur zu neuen Unruhen führen. Verstehen Sie mich nicht falsch. Ich billige durchaus nicht, was geschehen ist, aber ich bin auch nicht bereit, den so schwer erreichten Frieden aufs Spiel zu setzen, nur um Ngunes Tod aufzuklären. Wir sind hier in Afrika, Sabrina, und nicht in Amerika. Dies ist ein Kontinent voller Wirren; Staatsstreiche sind an der Tagesordnung, und ein korruptes Regime löst das andere ab. Und immer ist es das Volk, das unter all dem zu leiden hat. Wenn es nicht die Erwachsenen trifft, die nur deshalb umgebracht werden, weil sie einem anderen Stamm angehören als dem, der an der Macht ist oder an die Macht kommen möchte, dann sind es die Kinder, die an Unterernährung sterben, weil ihre Eltern auf den unfruchtbaren Feldern nicht genug ernten können. Der Afrikaner betrachtet den Tod heute als Teil des Alltags. Das Leben hat bei uns einen anderen Wert als, sagen wir mal, bei Europäern oder Amerikanern. In Europa oder Amerika würde man sagen, man lebt, um zu leben. Hier in Afrika sagen wir, man lebt, um zu überleben. Und wenn der Tod eines Schlächters wie Ngune bedeutet, daß die Chancen zum Überleben damit steigen, wird das Volk das begrüßen. Ich weiß, daß so etwas zynisch klingt, aber das ist die Lebenswirklichkeit in Afrika geworden.«

»Ich verstehe durchaus, daß es unterschiedliche Wertvorstellungen gibt«, räumte Sabrina ein. »Aber ich kann Ihren Standpunkt trotzdem nicht teilen.«

»Sie haben noch immer nicht erzählt, wie Ihnen das Meisterstück der Eroberung Kondeses gelang«, sagte Graham. »Wie haben Ihre Leute es bloß geschafft, all diese gegnerischen Patrouillen auszuschalten, ohne daß ein Schuß fiel?«

»Es sind durchaus Schüsse gefallen, aber nicht sehr viele. Wir haben sie nur nicht gehört, weil wir zu der Zeit drunten in den Abwasserkanälen waren. Sämtliche Regierungstruppen hatten Waffen mit Schalldämpfern. Sie drangen im Verlauf einer Zangenbewegung in die Stadt ein und hatten Weisung, gnadenlos jeden Widerstand zu brechen. Wir störten die Radiofrequenzen, als die Truppen angriffen, und gaben sie erst wieder frei, nachdem sie die Stadt erobert hatten. Aus diesem Grund konnte die Besatzung des Branco-Gefängnisses nicht vor dem Angriff gewarnt werden. Hätten sie davon etwas mitbekommen, wäre Ngune sicher geflohen, und das zu vermeiden, war unsere Hauptsorge. Ngune war der Kopf des Ganzen, und wenn er hätte entkommen können, wäre die Gefahr eines Staatsstreiches nie völlig gebannt gewesen. Wir mußten ihn einfach erwischen, tot oder lebendig.«

»Und das Truppenlager?« fragte Sabrina.

»Ngune hatte zwar eine Radaranlage im Branco-Gefängnis, aber nicht in dem Lager, und das erwies sich als schwerer Fehler. Er war nämlich davon ausgegangen, daß ein Luftangriff von Habane aus unternommen werden müsse, und da er dort am Flugplatz seine Spitzel hatte, war er sicher, von einem bevorstehenden Start von Düsenjägern so rechtzeitig informiert zu werden, daß er diese von seinen eigenen, im Tschad stationierten Maschinen abfangen lassen könne. Aber was er nicht wissen konnte, war folgendes: Jamel Moboto hatte seinen Aufenthalt in New York dazu nutzen können, mit der Regierung unseres Nachbarstaates Niger eine Vereinbarung zu treffen. Dieser zufolge stellte sie uns zwei ihrer eigenen Düsenjäger zur Verfügung unter der Bedingung, daß vor dem Start unsere Kennzeichnung aufgemalt wurde. Sie bestanden dort auf dieser Forderung, weil sie mit der Sache nichts zu tun haben wollten für den Fall, daß wir es nicht schaffen sollten, mit Ngune fertig zu werden. Niger hatte immer enge Beziehungen zu Zimbala, und die sollten erhalten bleiben, wer immer dort schließlich auch an der Macht war. Auch hier konnten wir wieder den Funkbetrieb unterbinden, ehe die Düsenjäger aufstiegen, und die Vernichtung des Truppenlagers war deshalb innerhalb kürzester Zeit möglich. Außerdem hatten wir Einheiten bereitgestellt, um überlebende Rebellen gefangenzunehmen. Nach Zerstörung des Truppenlagers gaben wir den Funkverkehr wieder frei.«

»Wie viele Aufständische überlebten denn?« erkundigte sich Sabrina.

»Nur siebzehn von fast vierhundert. Man wird sie vor Gericht stellen, wenn ihre Verletzungen ausgeheilt sind.« Tambese schaute Sabrina an. »Sie werden einen fairen Prozeß bekommen, ich verspreche es Ihnen. Doch wenn man sie schuldig spricht, werden sie den Rest ihres Lebens hinter Gittern verbringen. Und das meine ich sehr wörtlich. Wir sind entschlossen, die Vergangenheit auszulöschen. Das diktatorische Regime hat ein Ende gefunden, und es darf nicht wiedererstehen.«

»Wann genau wurde denn diese ganze Planung abgesegnet?« wollte Graham wissen.

»Jamel diskutierte sie mit seiner Umgebung in New York, und vorgestern klärten wir Details dann noch am Telefon.«

»Waren wir auch mit eingeplant?« fragte Sabrina.

Tambese lächelte. »Erst als wir erfuhren, daß Sie nach Zimbala kommen würden. Ich hatte Joseph zum Flugplatz geschickt, damit er sich an Sie hängen solle. Wir mußten doch mit Ihnen Verbindung aufnehmen, wußten aber natürlich nicht, wie Sie reagieren würden. Es war ein Segen, daß Joseph Ihnen folgte, sonst säßen Sie jetzt wohl kaum noch unter uns – Massenga schießt aus einer solchen Entfernung nicht daneben.«

»Also ist er gar nicht Massenga gefolgt, sondern mir!«

»Wir hatten Massenga schon seit seinem Eintreffen in

Habane unter Beobachtung. Ja, Joseph hat am Flugplatz auf Sie gewartet, denn wir wußten nicht, wann Sie ankommen würden.«

»Woher konnten Sie denn überhaupt wissen, daß wir nach Zimbala kommen wollten?« fragte Graham argwöhnisch.

»Nun, auch wir haben unsere Quellen.«

»Nämlich?« bohrte Graham weiter.

»Zum Beispiel konnten wir die Gespräche abhören, die Ngune seit der Wiedereroberung des Branco-Gefängnisses mit der Außenwelt führte. Sie beide waren regelmäßiger Gesprächspunkt in den Unterhaltungen zwischen Ngune und Massenga. Dieser war Verbindungsmann zwischen Ngune und Bernard, und alles, was Bernard sagte, ging über Massenga an Ngune. Bernard schätzt sie übrigens sehr hoch ein, Mike; fast mit einer Art widerwilliger Anerkennung.«

»Da fühle ich mich aber gar nicht geschmeichelt«, erwiderte Graham.

»Sie haben uns also von Anfang an benutzt«, stellte Sabrina fest.

»Nein«, wies Tambese ärgerlich zurück. »Dafür schätze ich Sie beide viel zu sehr. Aber schließlich waren wir beide mit dem gleichen Fall beschäftigt, nur von verschiedenen Seiten aus. Und daher fand ich, daß wir einiges mehr erreichen könnten, wenn wir gemeinsam vorgingen. Und damit hatte ich doch völlig recht. Ich bin bereit, mich dafür zu entschuldigen, daß ich Ihnen den Gesamtplan verheimlichen mußte. Persönlich hätte ich Sie gern eingeweiht, aber Jamel wollte davon nichts hören. Was konnte ich da tun? Ich war sicher, Ihnen vertrauen zu können, aber ich würde niemals hinter Jamels Rücken agieren. Wir sind dafür viel zu lange befreundet. Ich denke mir, daß das so ist wie bei Ihnen beiden – Sie halten einander stets auf dem laufenden, und keiner tut etwas, ohne es den anderen wissen zu lassen.«

»Sie scherzen wohl«, wandte Sabrina ein und schaute zu Graham hinüber, der sichtlich bemüht war, ein amüsiertes Lächeln zu unterdrücken. Sie grinste und drohte ihm mit dem Finger.

Tambese mußte selbst lächeln, als er die beiden ansah.

»Aha, ich verstehe. Nun, wie auch immer, ihr seid jedenfalls ein verdammt gutes Team.«

»Na ja, gewisse Erfolgserlebnisse hatten wir schon«, räumte Graham säuerlich grinsend ein.

Tambese ging wieder hinein, doch Sabrina verhielt an der Tür und drehte sich zu Graham um. »Kommst du?«

Er nickte nur und folgte ihr ins Haus.

Thomas Massenga, der etwa zweihundert Meter entfernt hinter einem Baum gekauert hatte, erhob sich, sobald Graham im Haus verschwunden war. Er lehnte seine AK-47 an den Stamm und wischte sich mit dem Handrücken den Schweiß von der Stirn. Wenige Minuten vor dem Angriff der Regierungstruppen war er in Kondese eingetroffen, hatte aber angesichts der Übermacht nichts dagegen unternehmen können. Er und sein Fahrer Gubene hatten ihren Wagen stehenlassen und sich zu Fuß in ein Haus geflüchtet, das als geheimer Schlupfwinkel diente.

Obwohl die Schießereien nur geringfügig waren, ließ sich am hektischen Treiben in den umliegenden Straßen rasch erkennen, daß die Stadt wieder in der Hand der Regierungstruppen war. Dann waren die Düsenjäger aufgetaucht – schnell und tödlich. Er hatte von einem Fenster im oberen Stockwerk aus mitbekommen, wie sie das Branco-Gefängnis innerhalb weniger Minuten zerstörten. Dann waren die Challenger-Panzer vorgestoßen und hatten den letzten Widerstand niedergekämpft.

Massenga konnte das alles nicht richtig begreifen. Von einem Funkgerät im Haus aus hatte er versucht, Verbindung mit dem Truppenlager zu bekommen, aber vergeblich. Vermutlich war es ebenfalls vernichtet worden. Später hatte er dann erfahren, daß Ngune von einem jungen Armeeleutnant auf der Straße erschossen worden war. Damit war er automatisch an dessen Stelle getreten. Aber was hatte das für eine Bedeutung? Wie konnte er denn ohne Männer und Material einen Gegenangriff unternehmen? Ihm blieb nur eines – der Gedanke an Rache. Und als Anführer der Regierungstruppen würde Tambese sein erstes Opfer sein.

Massenga hatte zusammen mit Gubene einen Armeejeep überfallen und aus einem der beiden Insassen herausbekommen, daß Tambese gerade im Krankenhaus wäre, um sich dort von Remy Moboto informieren zu lassen. Sie hatten die beiden Männer im Jeep, einen Offizier und dessen Fahrer, getötet und waren in deren Uniformen geschlüpft. Dann fuhren sie zum Krankenhaus, wo man ihnen sagte, daß Tambese es wenige Minuten zuvor verlassen habe. Er hatte hinterlassen, daß man ihn, falls erforderlich, auf der Farm Okoyes erreichen könne.

Sie waren zur Farm gefahren und hatten ein paar hundert Meter abseits der Hauptzufahrt geparkt. Massenga hatte Gubene befohlen, im Jeep zu bleiben, und hatte sich zu Fuß zur Farm aufgemacht. Zwei Soldaten waren ihm begegnet, doch als sie angesichts der Rangabzeichen auf seiner Uniform den Fehler machten, vor ihm zu salutieren und ihn herankommen zu lassen, hatte er beide mit einem Jagdmesser erledigt. Die Baumgruppe vor dem Haus erreichte er gerade dann, als Graham und Sabrina auf die Veranda traten; kurz darauf hatte sich Tambese zu ihnen gesellt. Ein sauberer Schuß auf Tambese war allerdings nicht möglich, und die Veranda mit einer Salve einzudecken erschien ihm zu riskant. Er konnte nicht sicher sein, daß Tambese dabei wirklich umkam. Und Tambese mußte sterben ...

Also nahm er seine Waffe wieder auf und schlich vorsichtig auf das Haus zu, wachsam nach weiteren Soldaten Ausschau haltend, die vielleicht auf dem Gelände patrouillierten. Hinter dem Jeep, der vor dem Haus stand, duckte er sich einen Moment, bevor er sich aufrichtete, um den Abstand zur Veranda und der Fenstertür abzuschätzen. Dabei fühlte er etwas Klebriges an den Fingern. Er warf einen Blick in den Jeep und schlug eine Ecke der Plane zurück – die gebrochenen Augen Ngunes starrten ihn an. Entsetzt ließ er die Plane wieder fallen, kauerte sich auf die Hacken und schlug die Hand vor den Mund. Er brauchte ein paar Sekunden, um seine Fassung wiederzugewinnen.

Tief durchatmend sprang er schließlich hinter dem Jeep hervor und rannte geduckt auf die Verandatreppe zu. Er schlich die Stufen hinauf und zu der Fenstertür hin. Durch den Spitzenvorhang konnte er in dem Raum Okoye und Moredi auf dem Sofa sitzen sehen, in den Sesseln ihnen gegenüber Laidlaw und Graham; Tambese und Sabrina standen vor dem Kamin. Keiner von ihnen war bewaffnet. Nun hatte er freien Schuß auf Tambese – aber, zum Teufel, er würde sein ganzes Magazin leerschießen und sie gleich alle zusammen erledigen. Zwei Ersatzmagazine hatte er noch in der Tasche für den Fall, daß er beim Rückweg zum Jeep auf Widerstand stoßen sollte.

Dicht an die Wand gedrückt, legte er die wenigen Schritte zurück. In der einen Hand die AK-47, griff er mit der anderen nach der Klinke. Er atmete noch einmal tief durch, drückte dann die Klinke herunter, stieß die Tür auf, sprang hindurch und schoß. Tambese riß Sabrina mit sich zu Boden – Bruchteile einer Sekunde, bevor die Salve in den Kaminsims über ihnen schlug.

Instinktiv griff Laidlaw, sich seitlich aus dem Sessel kippend und flach auf den Boden werfend, nach der neben dem Sessel liegenden Uzi, riß sie hoch und zog den Abzug durch. Eine Geschoßgarbe traf Massenga in die Brust, und während er zurücktaumelte, schlugen die weiteren Schüsse aus seiner Waffe in die Decke. Er spürte, daß blasiges Blut ihm die Kehle füllte und verzerrte das Gesicht, als schreckliche Schmerzen seinen Körper durchrasten. Er wußte, daß er so gut wie tot war, aber noch war er fest entschlossen, so viele Gegner wie möglich mit in den Tod zu nehmen. Während er zurückschwankte, gelang es ihm ein letztes Mal, seine Waffe hochzureißen. Erneut zog Laidlaw den Abzug durch. Die in Massengas Körper einschlagenden Geschosse warfen ihn nach hinten, die AK-47 fiel ihm aus der Hand, er brach durch das Geländer der Veranda und schlug davor schwer auf dem Boden auf. Laidlaw rannte zu ihm hin und fühlte den Puls – der Mann war tot.

Erst jetzt schaute er auf die Uzi in seiner Hand hinunter, und es war fast, als ob er aus einem Traum erwache. Benommen blickte er die anderen an, die sich auf der Veranda versammelt hatten. Schließlich wandte er sich an Graham.

»Ich kann nicht glauben, daß ich es geschafft habe«, sagte er kopfschüttelnd.

Graham lächelte. »Doch, hast du, Kumpel. Da liegt der Beweis.«

Vier Soldaten, von der Schießerei alarmiert, kamen angerannt, ihre M-16-Gewehre im Anschlag. Tambese befahl ihnen, das Gelände nach weiteren Rebellen abzusuchen, und sie machten sich paarweise davon.

»Wir verdanken Ihnen unser Leben, Mr. Laidlaw«, brach Moredi als erster das Schweigen. »Ich danke Ihnen.«

»Schon gut«, erwiderte Laidlaw und tauschte ein wissendes Lächeln mit Graham. »Wer war das überhaupt?«

»Massenga, die rechte Hand Ngunes«, antwortete Tambese und fügte hinzu: »Wir sollten besser wieder ins Haus gehen, bis man das Gelände durchsucht hat.«

Graham und Sabrina gingen nach oben, um ihre Reisetaschen zu holen, und als sie zurückkamen, sahen sie Tambese an der Tür stehen, der sich mit einem Mann unterhielt, den er ihnen gleich darauf als ihren Piloten vorstellte.

»Leider spricht er kein Wort Englisch«, fügte er mit entschuldigendem Lächeln hinzu.

»Macht nichts, solange er uns gut nach Habane bringt«, versicherte Graham.

Tambese übersetzte Grahams Worte dem Piloten, und dieser reckte grinsend den Daumen hoch. In diesem Augenblick fuhr ein Jeep heran und stoppte vor den Verandastufen. Ein Sergeant stieg aus; er grüßte zackig, Tambese erwiderte die Ehrenbezeigung und forderte ihn auf, mit ins Haus zu kommen. Nach einer kurzen Unterhaltung kam der Sergeant wieder heraus, salutierte und stieg in den Jeep, der sofort weiterfuhr.

»Die Durchsuchung des Geländes ist beendet«, berichtete Tambese Graham und Sabrina. »Man hat zwei unserer Soldaten tot aufgefunden; Massenga muß sie getötet haben, um an das Haus heranzukommen. Seinen Fahrer hat man verhaftet; er wartete in einem Armeejeep etwa fünfhundert Meter von hier offenbar auf Massenga.«

»Können wir also starten?« fragte Graham.

Tambese nickte und bat Okoye, den Piloten zu der Cessna auf dem Rollfeld zu bringen. Moredi nahm die Gelegenheit wahr, sich die Beine zu vertreten und begleitete die beiden Männer.

»Ich muß in die Stadt zurück«, sagte Tambese. »Im Laufe des Vormittags soll eine Pressekonferenz stattfinden. Ehe ich dort etwas mitteile, muß ich mich mit meinen Offizieren besprechen. Wahrscheinlich werde ich die Story verbreiten, Ngune sei noch am Leben. Und Sie müssen unbedingt früher als Bernard bei Jamel sein. Wenn Jamel jetzt sterben sollte, versinkt das Land wieder im Chaos. Mike, ich weiß ja, wie brennend Sie wünschen, Bernard zu erwischen ...«

»Die Sicherheit des Präsidenten geht vor«, fiel ihm Graham ins Wort, dem Oberst beruhigend die Hand auf den Arm legend. »Sie haben mein Wort darauf.«

»Ich danke Ihnen.« Tambese schüttelte den beiden die Hand und verließ das Haus.

»Und was hast du jetzt vor?« wandte sich Graham an Laidlaw.

Der zuckte mit den Schultern. »Ich werde wohl zunächst mal nach Beirut zurückkehren und dort sozusagen Bilanz ziehen. Und dann – wer weiß? Vielleicht gehe ich auch wieder in die Staaten zurück.«

Sabrina streckte ihm die Hand hin. »Viel Glück jedenfalls, Russell, wofür auch immer Sie sich entscheiden!«

»Vielen Dank«, erwiderte er und schüttelte ihr kräftig die Hand.

»Mike, wir treffen uns im Flugzeug«, sagte sie noch, nahm dann ihre Reisetasche und ging hinaus.

»Die Kleine ist prima, Mike«, erklärte Laidlaw und schaute hinter ihr her.

»Kleine ist gut – sie ist achtundzwanzig, Russ!«

»Du weißt schon, was ich meine.« Laidlaws Gesicht wurde ernst. »Ich würde immer noch voller Selbstmitleid in einer Bar in Beirut rumhängen, wenn du mich nicht hierher mitgenommen hättest. Du hast mir mein Selbstvertrauen wieder zurückgegeben, Mike. Ich werde dir das nie vergelten können.«

»Laß den Unsinn«, meinte Graham. »Ich hab' gar nichts getan. Du hast schließlich abgedrückt, nicht ich. Und du hast im entscheidenden Augenblick abgedrückt.«

Laidlaw schüttelte Graham die Hand. »Paß auf dich auf, Kumpel!«

»Du auch. Ich muß gehen, Russ.«

Laidlaw schaute Graham nach und schüttelte traurig den Kopf. Bestimmt würde er ihm nie wieder begegnen. Denn er verkörperte eine Vergangenheit, die Graham sehnlichst zu verdrängen wünschte. Aber ihm selbst blieb die Erinnerung, und das mußte genügen.

Zwölftes Kapitel

Whitlock tippte seine Identifikationsziffer ein und trat ins Vorzimmer. Völlig überrascht sah er Kolchinsky am Schreibtisch Sarahs sitzen; dieser machte ihm ein Zeichen, die Tür hinter sich zu schließen.

»Was ist denn los, Sergej?« fragte Whitlock und konnte ein Gähnen nur mit Mühe unterdrücken. »Es ist halb acht Uhr morgens!«

»Setzen Sie sich, C. W.«, sagte Kolchinsky und wies auf das bordeauxrote Sofa an der Wand.

»Warum hier? Irgendetwas nicht in Ordnung mit dem Büro?«

»Es ist eine Wanze drin«, antwortete Kolchinsky.

»Eine Wanze?« stieß Whitlock verblüfft hervor. »Aber das ist doch unmöglich – Dave Forsythe überprüft alle Räume jeden Tag auf Wanzen!«

»Und das bedeutet, daß er der einzige ist, der sie angebracht haben kann.«

»Dave? Aber Sergej, er ist einer der dienstältesten Techniker in der Kommandozentrale!«

»Ich bin seine Personalakte durchgegangen, bevor Sie kamen.« Kolchinsky hob einige Blätter hoch. »Hier ist der Computerausdruck. Sie werden sich erinnern, daß wir ihn damals von der CIA übernahmen.«

»Ja, ich entsinne mich, daß er aus Langley kam«, bestätigte Whitlock.

»Wissen Sie vielleicht auch noch, für wen er dort arbeitete, ehe er ausschied?«

Whitlock kniff argwöhnisch die Augen zusammen. »Ich habe das schlimme Gefühl, daß Sie jetzt gleich ›Robert Bailey‹ sagen werden.«

»Genau. Er war sieben Jahre lang Baileys Elektronik-Guru.«

Whitlock lehnte sich betroffen zurück. »Also weiß Bailey

über alles Bescheid, was im Büro besprochen wurde. Haben Sie noch weitere Wanzen gefunden?«

»Nein, ich habe heute morgen schon persönlich alle Räume durchsucht; sie sind sauber.«

»Ich bin überrascht, daß er nicht auch die Telefone angezapft hat.«

»Zu gefährlich«, wandte Kolchinsky ein. »Er weiß, daß der Oberst und ich regelmäßig persönlich die Telefone überprüfen. Aber das spielt keine Rolle – ich habe Sie ja über jeden Anruf Sabrinas informiert.«

»Wo ist die Wanze?«

»Unter dem Kaffeetisch.«

»Und was haben Sie jetzt vor?«

»Nichts zunächst. Ich will Bailey nicht alarmieren. Erst soll Präsident Moboto wieder sicher in seinem Flugzeug sitzen. Als erstes werde ich mir dann Dave vorknöpfen. Aber bis dahin tun wir, als sei nichts geschehen.«

Whitlock nickte. »Das stützt natürlich die Theorie, daß Bailey hinter der ganzen Sache steckt. Was hätte er sonst für einen Grund gehabt, die Wanze anbringen zu lassen? Auf diese Weise konnte er Bernard immer auf dem laufenden halten und so dafür sorgen, daß er Mike immer einen Schritt voraus war.«

»Ja, Bailey muß hinter dem Ganzen stecken«, bestätigte Kolchinsky. »Aber ihm das zu beweisen, ist wieder eine völlig andere Sache. Wir sprechen hier immerhin vom Stellvertretenden Leiter des CIA. Der wurde sogar schon als möglicher Präsidentschaftskandidat gehandelt. Und das bedeutet zumindest, daß er eine Menge einflußreicher Freunde hat. Wir können keinerlei Beschuldigungen erheben, wenn wir nicht handfeste Beweise dafür vorlegen. Und im Augenblick haben wir leider keinen entsprechenden Beweis in der Hand. Selbst wenn Dave Forsythe zugibt, daß er die Wanze im Auftrag Baileys angebracht hat, reicht das noch lange nicht aus, um diesem die Beteiligung an einer Verschwörung zur Ermordung eines ausländischen Staatsoberhaupts nachzuweisen.«

»Wie immer es läuft – wir stehen belämmert da«, stellte

Whitlock fest. »Was vorliegt ist eine schwerwiegende Verletzung der Sicherheitsmaßnahmen einer Organisation – die es offiziell gar nicht gibt.«

»Was nun, wenn die Wanze im Auftrag einer Zeitung plaziert worden wäre?«

»Dann würden Sie an Weihnachten irgendwo in Moskau Schlange stehen – und ich säße im ersten Flugzeug nach Kenia.« Whitlock stand auf und zuckte zusammen, als er die Schlinge um seinen verletzten Arm zurechtrücken wollte.

»Aber es war keine Zeitung. Es muß Bailey sein. Da kommt zu vieles zusammen, als daß nicht er es wäre.«

Kolchinsky seufzte tief und deutete dann auf Whitlocks Arm. »Wie geht's denn damit?«

»Er ist ein bißchen steif«, antwortete Whitlock mit einem wegwerfenden Achselzucken.

»Ich nehme an, Sie haben während der letzten vierundzwanzig Stunden auch nichts von Sabrina gehört?«

Die Frage traf Whitlock unverhofft, aber er gewann rasch seine Fassung wieder. »Nein«, log er und schüttelte den Kopf. »Nicht das geringste; hat sie sich denn nicht bei Ihnen gemeldet?«

»Zuletzt sprach ich mit ihr gestern früh, nachdem auf sie geschossen worden war. Sie hatte vor, nach Kondese zu gehen, um dort Remy Moboto aus dem Gefängnis zu holen. Ich befahl ihr daraufhin, die nächste Maschine zu nehmen und hierher zurückzukommen. Das letzte, was die UNACO brauchen kann, ist die Verwicklung in einen Bürgerkrieg. Seither nicht das geringste von Sabrina; ich mache mir Sorgen um sie, denn es ist nicht ihre Art, einem Befehl zuwiderzuhandeln. Ich habe über die amerikanische Botschaft Erkundigungen einziehen lassen, aber sie ist auch in keines der dortigen Krankenhäuser eingeliefert worden. Sie scheint einfach verschwunden zu sein.«

»Bestimmt ist sie inzwischen auf dem Rückweg«, erwiderte Whitlock mit schlechtem Gewissen wegen seiner Unaufrichtigkeit; aber er hatte ihr nun einmal sein Wort gegeben, nichts zu verraten.

»Das kann ich nur hoffen«, erwiderte Kolchinsky, stand auf und ging um den Schreibtisch herum.

»Sie kommt gut allein zurecht, Sergej«, versicherte Whitlock, dem das besorgte Gesicht Kolchinskys nicht entging.

»Es ist nicht das allein, was mir zu schaffen macht«, sagte dieser und schüttelte den Kopf. »Die Burschen im Labor hatten Erfolg beim Vergleich der Fingerabdrücke auf der Zeitung, die Sie gestern in der Wohnung mitgehen ließen.«

»Und?« fragte Whitlock gespannt.

»Sie sind identisch mit denen von Bernard.«

»O mein Gott!« stieß Whitlock verzweifelt hervor. »Wann haben Sie das erfahren?«

»Gestern am späten Abend.«

»Und warum haben Sie mich nicht gleich angerufen?«

»Es hätte nichts gebracht, und ich fürchtete, daß Sie dann bloß die ganze Nacht wachliegen und sich Gedanken machen.«

»Ich lag wegen dieses verdammten Arms ohnehin fast die ganze Nacht wach. Aber Sie haben natürlich recht, unternehmen hätte ich doch nichts können.« Whitlock setzte sich wieder und schaute Kolchinsky an. »Bailey muß Bernard einen Tip in bezug auf Rosie gegeben haben. Woher sollte Bernard denn sonst wissen, wer Rosie ist und wo er sie finden konnte?«

»Ich halte es für besser, wenn Sie heute dem Trade Center fernbleiben, C. W. Ich möchte keine Konfrontation mit Bailey, ehe der Präsident den amerikanischen Luftraum verlassen hat.«

»Bailey will heute nachmittag zum Trade Center kommen?«

»Ja, er kam gestern abend aus Langley herüber.«

»Es wird nicht die geringste Konfrontation geben, das kann ich Ihnen versprechen. Ich bin nicht Mike; ich kann meine Gefühle unter Kontrolle halten.«

»Trotzdem sehe ich nicht ein, warum Sie unbedingt dorthin wollen. Sie haben doch die Sicherheitsmaßnahmen mit der New Yorker Polizei besprochen. Lassen Sie das jetzt mal die Kollegen machen. Und ich gehe selber hin, um die Dinge im Auge zu behalten!«

»Das genau möchte ich tun«, sagte Whitlock. »Moboto kann einem ja manchmal ganz schön auf den Nerv gehen, aber noch immer bin ich für seine Sicherheit verantwortlich. Ich würde es mir niemals verzeihen, wenn ihm etwas zustößt, während ich gemütlich zu Hause hocke.«

»Also gut«, stimmte Kolchinsky unwillig zu.

»Können wir irgend etwas unternehmen, um Rosie zu finden, ehe Moboto ins Trade Center fährt?«

»Ich habe schon Einsatzgruppe neun auf alle bekannten Sicherheitsverstecke der CIA im Bereich New York und Umgebung angesetzt. Bisher haben sie nichts gefunden. Aber das waren eben auch nur die uns bekannten, und es gibt sicher noch weitere. Außerdem ist gar nicht gesagt, daß Bernard in einem solchen Versteck untergetaucht ist. Alles, was wir im Augenblick tun können, ist wohl, ihn den ersten Zug machen zu lassen.«

»Und Sie meinen, daß er am Trade Center wirklich etwas unternimmt?«

»Es wäre sehr gut möglich, wenn Sabrinas Theorie stimmt, daß er der ›dritte Mann‹ ist.« Kolchinsky zuckte mit den Schultern. »Es gibt im Augenblick so viele Fragen, auf die wir keine Antwort wissen. Trotzdem müssen wir sämtliche Vorkehrungen treffen. Ich habe ein Phantombild von Bernard machen lassen und es der New Yorker Polizei übermittelt; es wird an alle Beamten verteilt, die heute im Trade Center Dienst tun. An allen öffentlichen Eingängen befinden sich bereits Metalldetektoren, und sämtliche sonstigen Türen werden von uniformierten Polizeibeamten bewacht. Es ist natürlich keineswegs narrensicher, aber Bernard wird es auf alle Fälle schwer haben, heute nachmittag einen Anschlag auf den Präsidenten zu unternehmen.«

»Sie dürfen mir glauben, Sergej, daß ich heilfroh bin, wenn ich ihn heute abend von hinten sehe!«

»Da sind Sie nicht der einzige«, erwiderte Kolchinsky mit einem schwachen Lächeln. »Haben Sie überhaupt schon gefrühstückt heute morgen?«

»Nur eine Tasse Kaffee, während ich mich anzog«, bekannte Whitlock.

»Hätten Sie nicht Lust auf ein schönes Frühstück im Plaza drüben? Wir setzen es auf die Spesenrechnung.«

»Ich würde nicht nein sagen«, antwortete Whitlock. »Ich habe das Gefühl, daß wir am Beginn eines sehr langen Tages stehen.«

»Genau das gleiche denke ich auch. Kommen Sie, gehen wir!«

Bernard lauschte gerade den Frühnachrichten, als es an der Tür klingelte. Er nahm seine Automatik vom Tisch, ging zur Tür und warf einen Blick durch das Guckloch; draußen stand Brett. Er öffnete die Tür.

»Meine Güte, was ist denn mit Ihrem Gesicht passiert?« fragte Brett und starrte auf Bernards halb zugeschwollenes Auge.

»Das Mädchen machte einen Fluchtversuch.«

»Und sie hat Ihnen das Ding da beigebracht?« sagte Brett und konnte ein Lächeln nicht unterdrücken. »Eine sechzehnjährige Göre?«

»Sie erwischte mich mit der Tür«, erwiderte Bernard verdrossen.

»Sie werden als Halbblinder im Trade Center ankommen.«

»Das lassen Sie mal meine Sorge sein.«

Na hören Sie, da geht's ja nicht nur um Ihren Arsch!«

»Ich brauche mir von einem Untergebenen Baileys keine Belehrungen anzuhören!« fauchte Bernard.

Brett warf ihm einen bösen Blick zu und ging dann an ihm vorbei in den Flur. »Wo ist das Mädchen jetzt?«

»Im Schlafzimmer«, antwortete Bernard und schloß die Haustür. »Sie wird Ihnen keine Schwierigkeiten machen, ich habe sie mit Handschellen an die Heizung geschlossen.«

»Welche Tür?«

»Erste rechts.«

Brett öffnete die Tür und ging hinein.

»Besuch?« fragte Rosie spöttisch und blickte Bernard an, der vor der offenen Tür stehengeblieben war. »Sie hätten mir ruhig sagen können, daß Sie Ihren Liebhaber erwarten!«

»Und Sie sollten sich blöde Bemerkungen lieber verkneifen«, schnaubte Brett, verließ das Zimmer wieder und knallte die Tür hinter sich zu. »Wann wollen Sie gehen?« wandte er sich an Bernard.

»Jetzt sofort. Machen Sie sich nicht die Mühe, ihr etwas zu essen zu richten; sie wird es nicht anrühren. Sie hat nichts gegessen, seit ich sie gestern herbrachte.«

»Und wenn sie aufs Klo muß?«

»Dann lassen Sie sie gehen. Es ist kein Fenster im Bad, falls Sie sich darüber Gedanken machen sollten.« Bernard zog den Schlüssel für die Handschellen aus der Tasche und gab ihn Brett. »Sie waren wohl die ganze Nacht auf den Beinen, wie?«

»Stimmt, ich bin nach der Nachtschicht direkt vom Hotel hierhergefahren.«

»Dann legen Sie sich für ein paar Stunden aufs Ohr, Sie werden es brauchen können.« Bernard bemerkte Bretts Stirnrunzeln. »Sie glauben doch wohl nicht, daß ich die ganze Nacht über auf sie aufgepaßt habe? Sie kann nicht abhauen.«

»Gibt's eine Alarmanlage?«

»An der Eingangstür. Aber es ist nicht nötig, sie einzuschalten; wie ich schon sagte, abhauen kann das Mädchen nicht.«

»Ich würde mich aber wohler fühlen, wenn sie eingeschaltet wäre.«

»Dann tun Sie, was Sie wollen«, entgegnete Bernard, griff nach seiner Reisetasche und ging zur Tür.

»Wann kommen Sie wieder zurück?« fragte Brett, als er sie öffnete.

»Wenn der Auftrag erledigt ist«, antwortete Bernard. »Sie brauchen deswegen nicht aufzubleiben«, fügte er mit der Andeutung eines Lächelns hinzu und schloß dann die Tür hinter sich.

»Und ob ich aufbleibe«, sagte Brett leise und zog seinen Smith & Wesson aus dem Holster. »Darauf kannst du dich verlassen, Freundchen.«

»Warum haben wir davon nichts erfahren?« polterte Kolchinsky und warf einen Schnellhefter auf den Tisch.

»Auch Ihnen einen guten Morgen«, erwiderte Moboto mit einer Spur von Sarkasmus und schaute Kolchinsky an, der soeben an Masala vorbeigelaufen war, kaum daß dieser die Tür geöffnet hatte. Er lehnte sich in seinem Stuhl vor und öffnete den Schnellhefter, in dem einige Computerausdrucke lagen. Nach einem Blick auf den ersten Absatz der ersten Seite lehnte er sich zurück und verschränkte die Arme vor der Brust. »Es ist der Bericht über die Offensive, die wir vergangene Nacht gegen Ngune gestartet haben. Verzeihen Sie bitte, Mr. Kolchinsky, wenn ich heute morgen noch etwas schwer von Begriff bin – aber warum hätte ich Sie darüber informieren sollen?«

»Weil zwei unserer Mitarbeiter dort noch unterwegs sein könnten«, schoß Kolchinsky zurück.

»Das waren sie tatsächlich – bis vor wenigen Stunden«, bestätigte Moboto ruhig. »Sie sind jetzt auf dem Rückflug nach New York – aber das wußten Sie doch bestimmt?«

Kolchinsky ging auf Mobotos Frage nicht weiter ein und fragte seinerseits: »Woher wußten Sie, daß die beiden in Zimbala sind?«

»Oberst Tambese informierte mich.«

»Wer?«

»David Tambese, der Mann, den ich als neuen Befehlshaber der Streitkräfte berufen habe.«

»Hat er die beiden überwacht?«

»Überwacht?« fragte Moboto mit erstauntem Blick. »Sie arbeiteten doch zusammen. Ihre Mitarbeiter, Mike und Sabrina, unterstützten Tambese bei der Befreiung meines Bruders aus dem Branco-Gefängnis. Er versicherte mir, daß er es unmöglich ohne ihre Hilfe geschafft hätte.«

Kolchinsky ließ sich langsam auf einen Stuhl nieder und ließ die Augen nicht von Mobotos Gesicht. »Michael und Sabrina arbeiteten zusammen?«

Moboto nickte. »Mit David Tambese. Ich mußte die Pläne der Offensive geheimhalten, weil ich nicht riskieren konnte, daß Ngune etwas davon erfuhr. Nur David und ich wußten

Bescheid. Mike und Sabrina tappten ebenso im dunkeln wie Sie.«

»Nein, das glaube ich nicht«, sagte Kolchinsky nach einer kurzen Pause des Nachdenkens, und es gelang ihm kaum, seinen Ärger zu unterdrücken. »Wie lange wissen Sie schon, daß Michael und Sabrina als Team arbeiten?«

»Erst seit gestern, als David mir mitteilte, daß er Mike und seinen Freund Laidlaw in der Nähe des Flughafens abfangen konnte. Ngune hatte einen Tip bekommen, daß die zwei zum Flughafen wollten und hatte ein Killerkommando geschickt, daß sie erledigen sollte.«

»Sagte er auch, warum die beiden zum Flugplatz wollten?«

»Sabrina hatte dort eine Nachricht hinterlassen, wo sie absteigen würde.«

»Und das heißt, daß sie schon in Beirut mit Michael zusammenarbeitete«, sagte Kolchinsky leise zu sich selbst.

»Wie bitte?«

»Nichts, ich habe gerade nur laut gedacht.«

Moboto lehnte sich vor, die Arme auf die Knie gestützt. »Wußten Sie wirklich nicht, daß die beiden mit David zusammenarbeiteten?«

»Ich habe in meinem ganzen Leben noch nicht den Namen David Tambese gehört!« fauchte Kolchinsky und hob dann begütigend die Hand. »Verzeihen Sie, Sie können ja nichts dafür. Ich danke Ihnen, daß Sie mich informiert haben.«

»Ich hoffe doch sehr, daß ich damit ihre Mitarbeiter nicht in Schwierigkeiten gebracht habe«, sagte Moboto mit echter Besorgnis. »Sie haben meinem Bruder das Leben gerettet, und das werde ich ihnen nie vergessen.«

Kolchinsky lehnte sich in seinem Stuhl zurück und starrte den Schnellhefter auf dem Tisch an. Es gab so viele Fragen, die nach einer Antwort verlangten. Aber an erster Stelle stand jetzt die Frage, wie lange ihn Sabrina schon belogen hatte. Wann hatte sie in Beirut mit Graham Verbindung aufgenommen? Er wußte, daß sie gute Gründe dafür haben mußte, ihm etwas zu verheimlichen. Sie und Whitlock waren immer die Mitarbeiter gewesen, denen er unbedenklich vertraut hatte.

Aber er wollte noch kein Urteil über sie fällen, jetzt noch nicht. Es stand ihr zu, persönlich ihr Verhalten zu begründen – so lange konnte er warten. Tambese? Plötzlich ging ihm dieser Name durch den Kopf. Er hatte ihn tatsächlich noch nie gehört, also konnte er davon ausgehen, daß auch Sabrina ihn nicht gekannt hatte, bevor sie nach Zimbala kam. Und sie würde niemals so eng mit jemandem zusammenarbeiten, der nicht überprüft worden war. Alle derartigen Überprüfungen liefen über die Kommandozentrale. Aber das war ihr vielleicht zu riskant erschienen – da hätte ja er etwas davon erfahren können. Nein, sie mußte jemanden ins Vertrauen ziehen, jemanden, von dem sie wußte, daß sie sich absolut auf ihn verlassen konnte. Und er wußte auch genau, wer das war.

»Würden Sie mich jetzt bitte entschuldigen?« sagte Kolchinsky und stand auf.

»Aber sicher«, entgegnete Moboto, klappte den Schnellhefter wieder zu und reichte ihn Kolchinsky. »Bitte entschuldigen Sie, daß ich die UNACO nicht über diese Offensive unterrichtet habe. Aber ich mußte jede Möglichkeit ausschließen, daß davon etwas durchsickert. Ich hoffe, Sie haben Verständnis dafür.«

»Ja, sicher«, antwortete Kolchinsky fast etwas geistesabwesend, nahm den Schnellhefter entgegen und ging zur Tür.

»Wo kann ich Sie denn erreichen, wenn ich irgend etwas Neues aus Zimbala höre?« rief Moboto ihm nach.

»Ich bin im Trade Center«, antwortete Kolchinsky. »Ich muß dort einiges mit C. W besprechen.«

»Aber ich hatte ihr mein Wort gegeben!«

»Und ich hatte gedacht, die einzige Verschwörung hier sei die gegen den Präsidenten«, fuhr Kolchinsky ihn wütend an. »Und jetzt stelle ich fest, daß es eine zweite gibt – gegen mich nämlich. Und nicht nur das – obendrein sind gerade die beiden Leute darin verwickelt, denen ich in der ganzen UNACO am meisten vertraute. Sie haben mich enttäuscht, C. W., bitter enttäuscht!«

Whitlock schwieg – was hätte er zu seiner Verteidigung

auch sagen können. Er hatte ja gleich geahnt, daß das nicht gutgehen würde. Aber wenn es wenigstens unentdeckt geblieben wäre, bis Moboto wieder aus dem Land war. Dann hätte man den erfolgreichen Einsatz hervorheben können, und es wäre wohl nicht so schlimm geworden. Nun ja, so hatte er bisher gedacht. Hätte er sich vor Philpott verantworten müssen, dann hätte der ihn entsprechend angeraunzt, und die Sache wäre vom Tisch gewesen; Philpott schätzte Eigeninitiative im Einsatz. Aber Kolchinsky – bei dem mußte alles nach Vorschrift gehen; das hatte man ihm beim KGB so beigebracht, und in dieser Beziehung würde er sich wohl niemals ändern. Dieser verdammte Pedant! Klugerweise entschloß sich Whitlock, diese Gedanken für sich zu behalten; die Schwierigkeiten, in denen er steckte, reichten ihm. Er hoffte zwar, daß Philpott die Dinge in einem anderen Licht sehen würde, aber der Oberst schätzte Kolchinsky zu sehr, als daß er dessen Autorität untergraben würde. Die Aussichten waren also trübe, wie man die Dinge auch betrachtete. Trotzdem hätte er sich unter den gleichen Umständen wieder so verhalten. Sabrina war seine Arbeitspartnerin, und er schätzte sie so sehr, daß er ein ihr gegebenes Wort nie gebrochen hätte.

»Haben Sie nichts zu sagen?« brach Kolchinsky das lastende Schweigen.

»Was soll ich denn groß sagen, Sergej? Ich gebe zu, daß ich ohne Ihre Einwilligung Mike und Sabrina geholfen habe. Aber ich bin trotzdem der Meinung, daß das richtig war.«

»Was wäre denn passiert, wenn man die beiden erwischt hätte? UNACO-Mitarbeiter verwickelt in einen Bürgerkrieg! Die UNO hätte uns in der Luft zerrissen! Wir sind eine Organisation zur Verbrechensbekämpfung. Unsere Satzung schreibt eindeutig vor, daß die UNACO sich jeglicher Einmischung in die politischen Angelegenheiten eines Landes zu enthalten hat. Ich bin sicher, daß Sie diesen Passus der Satzung gut im Kopf haben.«

»Warum beschützen wir dann Moboto? Das ist doch auch eine politische Angelegenheit.«

»Sein Leben ist bedroht. Da spielt es keine Rolle, daß er

Politiker ist. Es geht um die Verhinderung einer strafbaren Handlung.«

»Remy Moboto wurde gegen seinen Willen entführt«, erwiderte Whitlock. »Ist das vielleicht keine strafbare Handlung?«

»Natürlich ist es das«, räumte Kolchinsky ein. »Aber seine Befreiung stand in unmittelbarem Zusammenhang mit der Offensive der Regierungstruppen gegen die Rebellen. Und damit wird sie zu einer politischen Angelegenheit. Und Mike und Sabrina steckten mittendrin.«

»Sie wußten nichts von dieser Offensive, als sie in das Branco-Gefängnis eindrangen, um Mobotos Bruder zu befreien; das hat er Ihnen doch selbst bestätigt.«

»Stellen Sie sich doch nur mal vor, was geschehen wäre, wenn die Offensive nicht geklappt hätte und wenn sie in die Hände der Aufständischen gefallen wären.«

»Was sie taten, hatte nichts mit Politik zu tun, Sergej, Sie wissen das doch. Man hat ihnen gesagt, daß Remy Moboto über Informationen verfüge, die für uns entscheidend sein konnten. Was sollten sie denn tun – etwa die Chance nicht nutzen, an diese Informationen heranzukommen?«

»Ich hätte erwarten können, daß sie den Dienstweg einhalten und sich hier eine Freigabe für ihren Einsatz holen!«

»Hätten Sie denn das Eindringen ins Branco-Gefängnis gebilligt?«

»Ich hätte ihnen empfohlen, sich zurückzuhalten und das Eindringen ins Gefängnis Tambese und seinen Leuten zu überlassen. Dann hätten sie Remy Moboto nach seiner Befreiung immer noch ausquetschen können. Und eine Einmischung in politische Angelegenheiten wäre daraus nicht zu konstruieren gewesen.«

Kolchinsky rieb sich müde das Gesicht. »Aber für all das ist es jetzt ohnehin zu spät. Der Generalsekretär wird auf jeden Fall Stunk machen, wenn er erfährt, was da gelaufen ist.«

»Werden wir geschaßt?« wollte Whitlock wissen.

»Das wird vom Generalsekretär abhängen. Aber wenn der Präsident heute unversehrt abfliegen kann, wird sich das natürlich zu Ihren Gunsten auswirken. Wann haben Sie denn zuletzt mit Sabrina gesprochen?«

»Als sie mich um eine Überprüfung Tambeses bat.«

»Also wissen wir nicht, ob sie von Remy Moboto irgend etwas erfahren hat«, folgerte Kolchinsky.

»Hat denn Moboto nichts darüber gesagt, als Sie mit ihm sprachen?«

»Ich habe ihn nicht danach gefragt, weil ich hoffte, daß Sabrina sich während der letzten Stunden mit Ihnen in Verbindung gesetzt hat. Jetzt gehe ich ins Hotel zurück, um nochmals mit ihm zu reden.« Kolchinsky klappte den vor ihm liegenden Schnellhefter zu, nahm ihn an sich und stand auf. »Besonders enttäuscht bin ich von Ihnen, C. W. Ihr Verhalten entspricht kaum dem, was ich vom künftigen Stellvertretenden Direktor der UNACO erwarte.«

»Ich bin noch immer im Außeneinsatz, Sergej. Und deshalb fühle ich mich weiterhin Sabrina und Mike gegenüber verpflichtet. Ich würde es bedauern, wenn Sie das nicht nachempfinden könnten.«

Kolchinsky ging zur Tür und wandte sich dort noch einmal um. »Ich kann nur hoffen, daß sich das nicht auf Ihre Beförderung auswirkt.«

»Ich kann gerne meine Kündigung einreichen, wenn das erwünscht ist«, entgegnete Whitlock fest.

Kolchinsky starrte ihn wortlos an, wandte sich dann ab und ging hinaus.

Das Trade Center war in Brooklyn nahe dem Shore Parkway für viele Millionen Dollar zu einem Zeitpunkt errichtet worden, als New York unter einer ungeheuren Schuldenlast stöhnte. Das hatte zu dem Gerücht geführt, daß es weitgehend mit Geldern aus dunklen Quellen finanziert worden wäre. Der damalige Oberbürgermeister hatte sich schnell bemüht, dieses Gerücht zu zerstreuen – zu schnell, wie viele New Yorker meinten. Als dann ein lokales Revolverblatt einen Bericht unter der Schlagzeile »Das Mafia-Gebäude« gebracht hatte, war diese Bezeichnung hängengeblieben. Im Laufe der Jahre hatte sich die Anlage als teure Fehlinvestition erwiesen, trotz der attraktiven Lage mit dem Blick auf die Jamaica Bay und der Nähe zum John-F.-Kennedy-Flughafen.

Der angekündigte Besuch Jamel Mobotos hatte dem Gebäude zu neuer Attraktivität verholfen. Die beiden Anschläge auf das Leben des Präsidenten hatten ihn zu einer im ganzen Land bekannten Persönlichkeit gemacht, und obwohl seine Ankunft erst in vierzig Minuten erwartet wurde, tummelte sich auf der Rasenfläche vor dem Bau doch schon eine dichte Menge von Reportern und Kameraleuten, die sich um die besten Plätze stritten. Alle hofften darauf, daß sie einen dritten Anschlag für ihr Blatt knipsen oder für ihren Sender filmen konnten, und alle dachten an das gleiche: Aller guten Dinge sind drei ...

Wenn sie die Absichten des Mannes geahnt hätten, der gerade auf einer rot-weißen Honda 500 vor dem Schlagbaum anhielt, der etwa hundert Meter entfernt lag, hätten sie gewußt, daß ihre Hoffnungen nahe vor der Erfüllung standen.

Ein bewaffneter Wächter trat aus dem Häuschen neben dem Schlagbaum und trat an das Motorrad heran. »Sie wünschen bitte?« fragte er.

Bernard klappte das Visier seines Schutzhelms etwas hoch, dabei jedoch sorgsam darauf bedacht, daß der Wachmann nicht sein geschwollenes Auge sehen konnte. »Ich komme vom Harris-Bond-Kurierdienst und habe hier einen Brief für einen gewissen Robert Bailey. Er wartet darauf.«

»Ist er einer der Teilnehmer der Konferenz?« fragte der Wachmann.

»Mann, ich bin bloß Bote. Ich weiß nur, daß ich diesen Brief hier abliefern soll.«

Der Wachmann ging in sein Häuschen zurück und nahm ein Klemmbrett zur Hand. Er blätterte die darauf befestigten Seiten durch, bis er Baileys Name fand und dahinter eine Telefonnummer. Er wählte sie, und es meldete sich Rogers, der ihm mitteilte, daß Bailey zwar noch nicht da sei, aber einen Brief aus Washington erwarte. Der Wachmann legte den Hörer auf und öffnete die Schranke.

»Geben Sie den Brief meinem Kollegen am Eingang, er sorgt dann dafür, daß Mr. Bailey ihn erhält.«

Bernard hob zum Zeichen, daß er verstanden habe den Daumen und fuhr los. Mit laufendem Motor stellte er die Maschine vor dem Eingang ab und lief auf einen dort stehenden Wachmann zu, um ihm den Brief zu übergeben. Der Mann verglich den Namen auf dem Brief mit seiner Liste, nickte dann und verschwand im Gebäude. Bernard stieg wieder auf das Motorrad und fuhr in Richtung auf den Schlagbaum davon. Dann bog er jedoch in einen schmalen Weg ein, der zur Seitenfront des Gebäudes führte, und hielt neben einem Boteneingang. Er stieg von der Maschine, nahm seinen Schutzhelm ab und legte ihn auf den Sitz. Dann zog er auch die Lederjacke aus, die er trug, und wollte sie gerade ebenfalls auf den Sitz legen, als die Tür sich öffnete und ein Mann erschien.

Bernard hatte ihn nie vorher gesehen. Er hatte genau die gleiche Größe und Figur wie er selbst und trug, ebenfalls wie er selbst, ein hellblaues Hemd, eine marineblaue Hose und schwarze Schuhe. Der Mann nickte Bernard grüßend zu, griff dann nach der Lederjacke, schlüpfte hinein und zog den Reißverschluß hoch. Dann stülpte er sich den Schutzhelm über den Kopf, stieg auf das Motorrad und fuhr in Richtung auf den Schlagbaum davon.

»Irgendwelche Probleme?«

Bernard fuhr herum und erkannte Rogers, der unbemerkt in der Türöffnung erschienen war und den Umschlag in der Hand hielt.

»Nein«, erwiderte Bernard.

»Meine Güte, was ist denn mit Ihrem Auge passiert?«

»Kleiner Unfall«, antwortete Bernard ausweichend.

»Kommen Sie herein!«

Bernard schlüpfte an Rogers vorbei, der die Tür sofort wieder hinter ihm schloß und verriegelte. Er befand sich in einem schmalen Gang, auf den einige weiß gestrichene Türen mündeten. Rogers ging ihm voran auf eine davon zu, zog einen Schlüssel aus der Tasche und schloß auf. Bernard ging hinein. Er stand in einem kleinen Raum mit einem hölzernen Stuhl und einem zerschrammten Spind in der Ecke.

»Da drin sind Ihre Klamotten«, sagte Rogers und wies auf den Spind.

»Was sind das hier für Räume?«

»Hier war bis vor wenigen Monaten alles mögliche gelagert, ehe man das Zeug in größere Räume schaffte, die näher am Konferenzzentrum liegen. Jetzt ist hier alles leer. Die Polizei hat die Zimmer schon durchsucht; Sie brauchen also nicht zu befürchten, daß man Sie hier stört.« Rogers reichte Bernard den Schlüssel. »Schließen Sie hinter mir aber wieder ab.«

»Ist die Rede Mobotos weiterhin auf zwei Uhr angesetzt?«

Rogers nickte und schaute auf seine Uhr. »Es ist jetzt zwölf Uhr vierzehn. Sie sollten am vereinbarten Platz nicht später als um ein Uhr vierzig sein.«

»Das geht in Ordnung.«

»Und Sie müssen dieses blaue Auge verbergen, das würde Aufmerksamkeit erregen. Ich bring' Ihnen noch eine Sonnenbrille.«

»Nicht nötig«, erwiderte Bernard und zog seine eigene Sonnenbrille aus der Tasche.

»Gut«, meinte Rogers und ging zur Tür. »Und viel Glück!«

»Glück ist was für Amateure«, erwiderte Bernard und deutete auf den Umschlag, den Rogers in der Hand hielt. »Was ist denn da drin?«

»Nichts«, antwortete Rogers mit einem Grinsen und verließ den Raum.

Bernard verschloß die Tür hinter ihm und setzte sich auf den Stuhl. Jetzt konnte er zunächst nichts tun als warten.

Es war Whitlocks Idee gewesen, Moboto von einem Polizeihubschrauber zum Trade Center bringen zu lassen. Auf diese Weise konnte er nicht nur der Meute der Journalisten entgehen, die von seiner Ankunft im Wagen ausgegangen waren, sondern auch der Gefahr eines Attentats von einem der benachbarten Gebäude aus. Scharfschützen der Anti-Terror-Einheit hatten sich schon gleich nach Tagesanbruch auf den umliegenden Dächern eingerichtet, und auch der Hubschrauber-Landeplatz auf dem Dach des Trade Centers stand schon seit vierundzwanzig Stunden unter bewaffneter Bewachung. Whitlock hatte außerdem an allen strategisch wichtigen Punkten innerhalb des Gebäudes bewaffnete Polizisten postiert und war, nachdem über Bernard keine Meldungen eingegangen waren, doch recht zuversichtlich, die Situation unter Kontrolle zu haben.

Whitlock beschirmte mit der Hand die Augen, als der Hubschrauberpilot eine perfekte Landung hinlegte. Rogers eilte mit gesenktem Kopf durch den Luftwirbel der Rotoren zu der Maschine und öffnete die Passagiertür. Masala stieg als erster aus und sah sichernd um sich. Whitlock und Kolchinsky standen am Eingang, und an den vier Ecken des Landeplatzes sah er je einen Scharfschützen der Anti-Terror-Einheit. Befriedigt nickte er Moboto zu; dieser stieg aus und lief gebückt auf Kolchinsky und Whitlock zu. Kolchinsky öffnete ihm die Tür, und Moboto ging schnell hinein; Masala und Whitlock folgten ihm. Kolchinsky gab mit hochgerecktem Daumen dem Piloten das Zeichen zum Abflug, der Hubschrauber hob ab und flog nach einer Rechtsschleife in Richtung auf Manhattan davon. Kolchinsky schloß die Tür und ging dann zu den vier anderen Männern, die am Ende des Flurs bereits warteten.

»Geht es Ihnen gut, Sir?«

»Ein bißchen windzerzaust, aber sonst bestens, danke«, antwortete Moboto auf Kolchinskys Frage. »Wie sieht also der Zeitplan für den Nachmittag aus? Bleibt es bei zwei Uhr für meine Ansprache?«

»Ja«, bestätigte Kolchinsky, sein Jackett glattstreichend. »Unmittelbar daran schließt sich der Stehempfang an.«

»Ausgezeichnet. Ich bin schon gespannt darauf, was die führenden Finanz- und Wirtschaftsleute des Landes zu den von mir vorgesehenen wirtschaftlichen Veränderungen in Zimbala zu sagen haben.« Moboto lächelte. »Ich hoffe sehr auf ihr Verständnis, damit sie sich an dem Investitionsprogramm beteiligen, das Voraussetzung für alles ist. Nun, wir werden das abwarten müssen, nicht wahr?«

»Der Geschäftsführer steht unten bereit«, sagte Whitlock zu Moboto. »Er hat angeboten, Sie durch das ganze Gebäude zu führen, wenn es Sie interessiert.«

Moboto warf einen Blick auf seine Uhr. »Nun, ich habe noch fünfzig Minuten bis zum Beginn meiner Rede. Ja, ich nehme das Angebot gerne an.«

Sie fuhren mit dem Aufzug hinunter in das vierte Stockwerk, wo der Geschäftsführer und seine leitenden Mitarbeiter ihre Büros hatten. Der Leiter des Trade Centers, ein untersetzter, gepflegter Mann Ende der Vierzig, wartete in seinem Büro schon auf sie. Er trug am Jackett ein Namensschildchen: Anthony Lieberwitz.

»Darf ich Ihnen etwas zu trinken anbieten, Sir?« fragte er, nachdem Moboto ihm die Hand geschüttelt hatte.

»Nein, vielen Dank. Im Hotel hat man mir vorher noch einen Kaffee serviert.«

Es klopfte an der Tür, und die Empfangsdame, die sie vor wenigen Augenblicken ins Büro gebeten hatte, steckte den Kopf herein und sagte, ein Mr. Bailey sei angekommen. Lieberwitz erwiderte, sie solle ihn hereinführen.

Bailey lächelte die Empfangsdame flüchtig an, als sie für ihn die Tür öffnete und diese dann wieder hinter ihm schloß. Dann nickte er grüßend Lieberwitz zu und trat mit ausgestreckter Hand auf Moboto zu. »Es freut mich, Sie wiederzusehen, Herr Präsident!«

»Schön, daß Sie kommen konnten«, erwiderte Moboto und schüttelte ihm die Hand.

»Ich hätte um nichts auf der Welt darauf verzichten wollen«, versicherte Bailey, wechselte dann auch mit Kolchinsky einen Händedruck und nahm in einem Sessel Platz.

»Das ist für Sie gekommen, Sir«, sagte Rogers und reichte ihm den Umschlag.

»Ach, ja, besten Dank«, erwiderte Bailey und nahm den Umschlag entgegen. »Ich machte mir schon Sorgen, ob die Nachricht noch ankommen würde.«

»Doch, sie kam zeitig genug an, Sir«, versicherte Rogers.

Lieberwitz erhob sich hinter seinem Schreibtisch. »Wenn ich dann bitten dürfte, Herr Präsident? Im obersten Stock befindet sich übrigens ein Fernrohr; Sie haben von dort einen atemberaubenden Blick über die Stadt.«

»Das schaue ich mir gerne an«, versicherte Moboto und stand auf.

Da klingelte das Telefon.

»Entschuldigen Sie bitte«, sagte Lieberwitz und nahm ab. Dann legte er die Hand über die Sprechmuschel. »Es ist für Sie, Mr. Kolchinsky!«

Kolchinsky nahm den Hörer und meldete sich. »Hallo?«

»Mr. Kolchinsky?«

»Ja, am Apparat. Sind Sie es, Sarah?«

»Ja«, bestätigte sie. »Ich habe gerade mit Mike Graham gesprochen; er ist mit Sabrina am John-F.-Kennedy-Flughafen. Sie sind vor zehn Minuten gelandet. Es gab offenbar in unmittelbarer Nähe des Flugplatzes einen schweren Unfall, deswegen ist die Zufahrt in die Stadt vollkommen blockiert. Er hat um einen Hubschrauber gebeten, der die beiden vom Flughafen aus direkt zum Trade Center bringen kann. Er sagt, es sei höchste Dringlichkeit geboten.«

»Schicken Sie sofort einen Hubschrauber zum Flugplatz!«

»Und an wen muß ich mich wegen der Landegenehmigung wenden?« wollte sie wissen.

»Da brauchen Sie sich nicht darum zu kümmern, ich erledige das von hier aus. Sie sorgen dafür, daß der Hubschrauber schnellstens rüberfliegt.«

»Jawohl, Sir.«

»Hat er sonst noch was gesagt?«

»Nein«, erwiderte Sarah.

»Danke, Sarah!« Kolchinsky legte den Hörer auf und wandte sich dann zu Moboto um. »Sie müssen bitte C. W. und mich entschuldigen. Wir können Sie bei Ihrem Rundgang leider nicht begleiten. Es ist etwas vorgefallen.«

»Nichts Schwerwiegendes, hoffe ich?« fragte Moboto.

»Nichts, was Sie beunruhigen müßte«, versicherte Kolchinsky mit einem beschwichtigenden Lächeln.

Lieberwitz öffnete die Tür, und Moboto, Masala und Rogers gingen vor ihm ins Vorzimmer hinaus. Bailey blieb in seinem Sessel sitzen; Lieberwitz schaute fragend von Bailey zu Kolchinsky und zog sich dann, die Tür hinter sich schließend, diskret zurück.

»Sie versäumen den Rundgang«, sagte Kolchinsky kühl zu Bailey.

»Einen Hubschrauber zum Flughafen? Warum denn das?«

»Das betrifft Sie nicht«, fertigte Kolchinsky ihn ab.

»Wenn es mit diesem Fall zu tun hat, betrifft es mich durchaus!«

»C. W., bringen Sie bitte Mr. Bailey zur Tür.«

»Nicht nötig, ich gehe schon«, erwiderte Bailey und erhob sich. »Es wäre besser für Sie, Kolchinsky, mir nichts zu verheimlichen. Sollten Sie das nämlich tun, dann können Sie sicher sein, daß das in meinem Bericht an das Weiße Haus erwähnt wird. Und die UNACO hat auch ohne daß ich ihr Schwierigkeiten mache schon genug Probleme am Hals!«

Whitlock schloß die Tür hinter ihm. »Wer hat angerufen?«

»Sarah«, antwortete Kolchinsky. »Michael und Sabrina sind soeben aus Zimbala zurückgekehrt. Michael hat einen Hubschrauber angefordert, um sofort hierherzukommen. Er sprach von höchster Dringlichkeit.«

»Höchste Dringlichkeit? Das kann nur bedeuten: Bernard ist bereits hier. Sagte Mike, wo der Anschlag ausgeführt werden soll?«

Kolchinsky schüttelte den Kopf. »Die beiden müßten eigentlich hier sein, ehe der Präsident mit seiner Ansprache beginnt.«

»Und wenn sie das nicht schaffen?«

»Wir könnten versuchen, Zeit zu schinden. Aber wir wissen nicht einmal, ob ein Attentäter da ist, sei das nun Bernard oder ein anderer, geschweige denn, wo und wann ein Anschlag stattfinden soll.«

»Die Sicherheitsvorkehrungen in der großen Aula und darum herum wurden ohnehin schon verstärkt. Ich weiß nicht, was wir sonst noch tun könnten.«

»Nichts im Augenblick.« Kolchinsky schlug mit der Faust wütend auf den Schreibtisch. »Warum hat er uns denn nicht hier angerufen? Er mußte doch wissen, daß wir hier sind. Uns sind völlig die Hände gebunden, bis die beiden da sind.«

»Er muß einen guten Grund dafür gehabt haben«, erwiderte Whitlock.

»Besonders, wenn es um Bernard geht«, schnaubte Kolchinsky. »Wir sehen uns dann drunten in der Aula. Ich muß noch am Flughafen anrufen wegen der Landeerlaubnis für unseren Hubschrauber.«

Whitlock ging hinaus. Kolchinsky fuhr sich mit den Händen über das Gesicht, setzte sich dann hinter den Schreibtisch und griff zum Telefon.

Bernard legte Schminke und Puder über die Narbe auf seiner Wange und musterte dann kritisch den Erfolg seiner Bemühungen in dem zerbrochenen, mannshohen Spiegel auf der Innenseite des Spinds. Er lächelte zufrieden – die Narbe war verschwunden. Dann nahm er aus dem untersten Schrankfach noch die Mütze und setzte sie auf. Jetzt war die Verkleidung komplett – ein New Yorker Polizist stand da. Als letztes heftete er sich noch die Erkennungsmarke an die Jacke, die für ihn ebenfalls im Spind hinterlegt worden war. Dann schloß er die Tür auf, öffnete sie einen Spalt und warf einen vorsichtigen Blick hinaus; niemand zu sehen. Bernard verließ den Raum, schloß hinter sich wieder ab, setzte sich die Sonnenbrille auf und schritt zur Treppe am Ende des Ganges.

Er warf einen Blick auf seine Armbanduhr – ein Uhr fünfundzwanzig –, stieg die Treppen hoch und befand sich in einem weiteren Gang. Den Gebäudeplan hatte er schon in Beirut studiert, wußte also, wo er jetzt war. Er lief den Flur entlang bis zu einer Tür, hinter der eine weitere Treppe lag. Sie führte wieder einen Stock tiefer, und Bernard ging hinunter. Wie in den Plänen eingezeichnet, befanden sich hier Toiletten; sie waren an diesem Tag für die Polizei reserviert. Bernard betrat die Herrentoilette und lächelte dem Polizisten zu, der dort gerade am Pinkeln war. Dieser nickte grüßend, und Bernard trat zum nächsten Waschbecken, um sich die Hände zu waschen.

Der Polizist trat an das Becken daneben und schaute auf Bernards Spiegelbild in der Spiegelscheibe, die sich über die ganze Länge der Wand zog. »Na, da haben Sie aber ein ganz schönes Veilchen!« meinte er.

»Passierte letzte Nacht«, erwiderte Bernard. »So ein Typ hat mich überraschend mit einem Baseballschläger erwischt. Aber Sie sollten erst mal dem sein Gesicht sehen!«

Der andere kicherte und trocknete sich die Hände am Handtuchroller. »Ich bin Hank Medford vom achtzehnten Revier.«

»Und ich José Mendoza vom sechsundzwanzigsten.« Bernard schüttelte Medford die Hand. »Wo hat man Sie denn heute eingesetzt?«

»Droben auf dem Dach«, erwiderte Medford, während sie gemeinsam zur Tür gingen.

»Hat auch sein Gutes«, befand Bernard und hielt ihm die Tür auf. »Sie haben wenigstens gutes Wetter erwischt, um im Freien zu sein.«

»Und Sie?«

»Gute Frage«, brummte Bernard. »Ich helfe überall aus, wo gerade jemand zusätzlich gebraucht wird. Auf diese Weise komme ich immerhin in dem ganzen Bau rum.«

»Tolle Sache«, meinte Medford spöttisch.

»Na ja«, erwiderte Bernard mit einem schiefen Grinsen. »Gerade bekam ich den Befehl, in die große Aula rüberzugehen, wo Moboto um zwei seine Ansprache halten soll.«

»Da komme ich mit, das liegt auf meinem Weg zurück zum Dach.«

»Prima«, sagte Bernard und klopfte Medford auf die Schulter. Zwei Polizisten zusammen würden sehr viel weniger Aufmerksamkeit erregen als ein einzelner, noch dazu, wenn dieser eine dunkle Brille trug, um mühsam ein verschwollenes blaues Auge zu verdecken. Wenn er so tat, als ob er mit Medford bekannt sei, konnte ihn das noch unverdächtiger machen, besonders wenn sie in die Hauptaula kamen.

Sie gingen nebeneinander zum Aufzug, stiegen ein, und Bernard drückte auf den Knopf für den sechsten Stock. Er tippte zur Begrüßung der beiden Hostessen im Lift an seine Dienstmütze, kümmerte sich aber nicht um deren neugierige

Blicke, während er sich mit Medford unterhielt. Die beiden Mädchen stiegen im fünften Stock aus, und beide warfen nochmals einen Blick auf Bernard, ehe die Fahrstuhltür sich wieder schloß.

»Auf die haben Sie aber mächtig Eindruck gemacht«, meinte Medford mit anzüglichem Lächeln.

»Nur ein Erfolg meines blauen Auges. Die fragten sich wohl, wie ich dazu gekommen bin – mehr war da nicht.«

»Wieso sind Sie da so sicher?«

»Das konnte ich in ihren Augen lesen.« Bernard lächelte, als Medford fragend die Brauen runzelte. »Sie müssen wohl noch viel über Frauen lernen, mein Freund.«

»Keine große Chance – ich bin verheiratet!«

Der Aufzug hielt im sechsten Stock. Bernard stieg aus und drehte sich zu Medford um. »Wir seh'n uns dann sicher noch, Hank!«

»Denke schon«, antwortete Medford. »Und halten Sie sich lieber von Baseballschlägern fern!«

Bernard wartete, bis die Aufzugstür sich wieder geschlossen hatte, ehe er sich an den Polizeisergeant wandte, der nähergekommen war. »Ich suche Captain D'Arcy!«

»Er ist in der Aula. Wenn Sie eine Nachricht für ihn haben, werde ich dafür sorgen, daß er sie bekommt.«

»Man hat mich als Verstärkung für den Hochsteg hergeschickt; auf Befehl von Mr. Whitlock.« Bernard zog ein zusammengefaltetes Blatt Papier aus der Tasche. »Hier ist seine Order.«

Der Polizist überflog den Bogen rasch. »In Ordnung. Ich melde Captain D'Arcy dann, daß Sie hier sind. Gehen Sie besser gleich rüber, der Präsident wird schon erwartet.«

»Wie komme ich da hin?« fragte Bernard, Unkenntnis vortäuschend.

»Gehen Sie durch die Tür da hinten«, sagte der Mann und wies den Flur hinunter. »Melden Sie sich bei Sergeant Mason.«

»Wie viele von uns sind schon dort?«

»Drei.«

Bernard bedankte sich und ging, zufrieden lächelnd, zu

der entsprechenden Tür. Es ging alles nach Plan. Die Tür war unverschlossen. Er ging hindurch und schloß mit dem Schlüssel ab, den er von Rogers erhalten hatte. Jetzt befand er sich in einem Raum hinter zwei schweren grauen Vorhängen, die unmittelbar hinter der Bühne hingen. Aus der Aula klang nichtssagende Berieselungsmusik herauf. Er ging zu einer an der Wand befestigten Eisenleiter und kletterte leichtfüßig zu dem Hochsteg hinauf, der in einer Höhe von gut fünfzehn Metern über der Bühne verlief. Ein großer, blonder Polizist trat ihm sogleich entgegen, als er oben ankam. Bernard erkannte ihn aufgrund der Beschreibung in den Unterlagen, die er vor Beginn der Operation von Bailey erhalten hatte.

»Sergeant Mason?« fragte er trotzdem der Form halber.

»Ja«, kam die knappe Antwort.

»Ich bin Columbus«, sagte Bernard und nahm die Sonnenbrille ab.

»Was ist denn mit Ihrem Auge passiert?«

»Ein Unfall«, antwortete Bernard ausweichend. »Was ist mit den beiden anderen Polizisten, die hier oben bei Ihnen sein sollen?«

»Bewußtlos.«

»Ich bin beeindruckt«, sagte Bernard und ließ dabei bereits die Augen über den Steg wandern auf der Suche nach dem besten Standort für seinen Schuß.

»Sie werden wohl noch so an die zwei Stunden außer Gefecht sein. Ich bin in diesem Sinne informiert worden ...«

»Und wo ist das Gewehr?« fiel ihm Bernard ins Wort.

»Es ist vorher gebracht worden. Ich hole es Ihnen.«

Bernard wartete, bis Mason gegangen war, und schaute sich dann genauer um. Es entsprach alles genau den Vorstellungen, die er sich anhand der Pläne in Beirut schon gemacht hatte. Der Hochsteg war von der Aula abgeschirmt durch die schweren grauen Vorhänge, die zu beiden Seiten von der Decke bis zum Boden reichten. Er fand den Spalt zwischen den Vorhängen hinter der Bühne und zog einen davon etwas zur Seite, so daß er die ganze Aula überblicken konnte. Die ersten der eingeladenen Vertreter der Wirtschaft hatten ihre

Plätze nahe der Bühne schon eingenommen und unterhielten sich, während sie auf ihre Kollegen warteten.

Dann schaute Bernard auf die Bühne hinunter. Das Vortragspult stand genau in der Mitte, bestens plaziert für einen Schuß in den Kopf. Aber er hatte gar nicht vor zu warten, bis Moboto auf der Bühne stand. Er würde ihn aufs Korn nehmen, sobald er die Aula durch die Tür im Hintergrund betrat. In diesem Moment würden alle Augen auf Moboto gerichtet sein, und niemand würde auf die kaum sichtbare Bewegung hoch oben zwischen den Vorhängen achten. Er ließ den Vorhang wieder fallen und warf einen Blick auf seine Uhr. Ein Uhr dreiunddreißig. Bailey hatte ihn wissen lassen, daß Moboto schon gegen ein Uhr fünfundvierzig in die Aula kommen würde. Es blieb genug Zeit. Mason kehrte mit dem schwarzen Aktenkoffer zurück und reichte ihn Bernard.

»Gut. Halten Sie bitte die Tür im Auge.«

Als Mason sich umdrehte, preßte ihm Bernard die Hände seitlich an den Kopf, riß diesen mit einem Ruck herum und brach ihm so das Genick. Als der Mann zusammensackte, griff ihm Bernard unter die Arme und ließ den Körper langsam zu Boden gleiten. Er hielt sich nur an Baileys Weisungen – keine Zeugen! Sofort öffnete er den Aktenkoffer.

Der Koffer enthielt die Einzelteile eines Galil-Scharfschützengewehrs. Bernard setzte die Teile geschickt zusammen, befestigte dann ein Nimrod-Zielfernrohr auf der Waffe und schraubte schließlich den Schalldämpfer auf den Lauf. Dann setzte er das zwanzigschüssige Magazin mit der Hochgeschwindigkeits-Munition ein. Er warf erneut einen Blick durch den Vorhang; inzwischen waren weitere Gäste eingetroffen, doch von Moboto war noch nichts zu sehen.

Bernard stellte sorgfältig das Zielfernrohr scharf, bis er die Eingangstür bestens im Visier hatte. Es würde ein einfacher Schuß sein, eine Kugel durch den Kopf. Aber anschließend konnte er nicht flüchten, das war ihm klar. Es würde nur ein paar Sekunden dauern, bis man erkennen würde, daß die Kugel vom Hochsteg her gekommen sein mußte. Und es gab nur einen Fluchtweg, der vom Hochsteg herunterführte – die eiserne Leiter. Die konnte er so schnell nicht schaffen. Aber das war ihm alles schon bekannt gewesen, als er den Auftrag annahm. Daher würde er, sobald Moboto erledigt war, das Gewehr einfach hinlegen und darauf warten, daß die Polizei ihn festnahm. Natürlich wäre er nicht lange in Gewahrsam. Bailey hatte bereits ein paar höhere Polizeibeamte bestochen, die dafür sorgen würden, daß er noch am Abend ›flüchten‹ konnte. Man würde ihn zu einem aufgegebenen Flugfeld bringen, wo eine Maschine auf ihn wartete, um ihn nach Beirut zurückzubringen.

Sorge, daß Bailey ihn aufs Kreuz legen könnte, hatte er nicht. Mit dessen Plan war er erst einverstanden gewesen, nachdem er einen ausführlichen Bericht über alle Operationen der CIA niedergeschrieben hatte, an denen er in den vergangenen Jahren beteiligt gewesen war; dieser Bericht war bei einem Rechtsanwalt hinterlegt worden, der die Anweisung hatte, den Bericht der *New York Times* zu übergeben, falls ihm irgend etwas zustoßen sollte, das ihn daran hinderte, erneut mit dem Rechtsanwalt Verbindung aufzunehmen. Und da Bailey darüber informiert war, wußte er, daß er sich in Sicherheit befand, solange der Bericht sich in Händen des Rechtsanwaltes befand.

Bernard schaute wieder auf seine Uhr – ein Uhr vierzig. Moboto konnte jetzt jeden Augenblick hereinkommen. Er nahm das Gewehr hoch, schlang sich den Tragriemen fest um den Arm und legte den Lauf auf das Geländer auf, das Zielfernrohr präzise auf die Eingangstür gerichtet. Jetzt mußte er nur noch warten.

Kolchinsky und Whitlock standen schon auf dem Landeplatz, als der Hubschrauber der UNACO in Sicht kam. Die Kabinentür wurde aufgerissen, ehe die Kufen ganz aufsetzten, Graham sprang heraus und rannte gebückt auf die beiden wartenden Männer zu.

»Was zum Teufel ist los?« fragte Kolchinsky.

»Bernard ist hier, und er hat ein Scharfschützengewehr dabei!« schrie Graham über den Lärm der Rotoren hinweg.

»Moboto wird in wenigen Minuten in der Aula sein«, sagte

Whitlock nach einem Blick auf seine Armbanduhr. »Wir müssen ihn warnen!«

Kolchinsky wollte etwas sagen, aber Graham und Whitlock waren bereits durch die Ausgangstür verschwunden. Dahinter packte Whitlock Graham am Arm und wies auf die Nottreppe. Graham riß die Tür auf und sie rannten, immer zwei Stufen auf einmal nehmend, hinunter. Nach weniger als einer Minute waren sie atemlos im sechsten Stock angelangt. In Whitlocks Arm pochte es schmerzhaft, aber er kümmerte sich nicht darum und lief den Korridor entlang. Moboto stand vor der Tür zur Aula und unterhielt sich mit Bailey. Dieser schaute Whitlock scharf an und kniff dann jäh und ungläubig die Augen zusammen, als hinter diesem Graham auftauchte. Mit einem Schlag erfaßte er, daß etwas schiefging. Er mußte Moboto in die Aula drängen – schnellstens. Sofort riß er die Tür auf, doch Graham war schon heran und schmetterte sie wieder zu.

»Was tun Sie denn da?« fuhr ihn Bailey an.

»Was ist los, Clarence?« fragte Moboto und schaute von Whitlock zu Graham. »Und wer ist dieser Mann?«

»Mike Graham«, stellte Whitlock mit sichtlicher Befriedigung vor.

»Mike Graham?« sagte Moboto überrascht. Dann streckte er ihm die Hand hin. »Es ist mir eine Freude, Sie persönlich kennenzulernen!«

»Ganz meinerseits«, entgegnete Graham rasch und schüttelte Moboto die Hand. Dann sah er D'Arcy neben Whitlock stehen. »Sind Sie der Offizier von Dienst?«

D'Arcy nickte.

»Dann nehmen Sie diesen Hundesohn hier fest!« befahl Graham und wies auf Bailey.

Rogers wollte seine Smith & Wesson aus dem Holster ziehen, erstarrte jedoch in der Bewegung, als er den Browning in der Hand Whitlocks sah. Langsam ließ er seine Hand sinken.

»Wagen Sie es nicht, mich anzurühren, oder Sie gehen für den Rest Ihrer Dienstzeit Streife!« fauchte Bailey wütend D'Arcy an.

»Clarence, was geht hier vor?« fragte Moboto verwirrt.

»Robert Bailey ist der Kopf hinter den Attentatsversuchen auf Sie, Sir«, antwortete Graham. »Ngune und Bernard stehen in seinen Diensten.«

»Ist das wahr?« sagte Moboto und starrte Bailey ungläubig an.

»Natürlich nicht«, erwiderte Bailey ärgerlich.

»Wollen Sie den Bruder Präsident Mobotos als Lügner bezeichnen?« sagte Graham und ließ die Augen nicht von Baileys Gesicht.

»Remy hat Ihnen das gesagt?« fragte Moboto, an Graham gewandt.

»Er sagte es Tambese, und Tambese sagte es uns. Wem glauben Sie mehr – Bailey oder Ihrem Bruder?«

»Das ist doch nur ein Mißverständnis ...«, stammelte Bailey.

»Nehmen Sie ihn fest!« unterbrach Moboto verächtlich.

Whitlock nickte D'Arcy zu. Und den hier nehmen Sie auch gleich mit, wenn Sie gerade dabei sind«, sagte er, auf Rogers weisend.

D'Arcy legte den beiden Männern Handschellen an, und Whitlock gab Anweisung, sie zunächst einmal in einem Raum weiter unten am Gang einzusperren. Dann wandte er sich an D'Arcy und erklärte ihm, daß Bernard bereits im Haus sein müsse.

»Ich halte es für unklug, Sir, wenn Sie mit Ihrer Rede beginnen würden, ehe wir noch einmal die Aula durchsucht haben«, wandte sich Graham dann an Moboto.

»Es gibt in der Aula nur einen Platz für einen Scharfschützen, und das ist der Hochsteg«, sagte D'Arcy hinter Graham. »Und der ist von uns besetzt worden.« Dann schaute er Whitlock an. »Sie haben uns ja noch einen Mann zur Verstärkung geschickt.«

»Welchen Mann?« fragte Whitlock argwöhnisch.

»Vor etwa zehn Minuten kam ein Polizist und wies eine Order mit Ihrer Unterschrift vor!«

»Ich habe niemand geschickt!« versicherte Whitlock.

»Bernard!« zischte Graham. »Ich gehe sofort da hinauf,

C. W. Gib mir bitte deinen Browning. Und das Sprechfunkgerät an deinem Gürtel!«

»Nimm Hauptmann D'Arcy und ein paar seiner Leute als Verstärkung mit«, sagte Whitlock und gab Graham seinen Browning und das Sprechfunkgerät.

»Nein«, entgegnete Graham rasch und legte eine Hand auf Whitlocks Arm. »Wenn er drin ist, will ich ihn mir persönlich schnappen.«

»Lebend, wenn irgend möglich!« erwiderte Whitlock.

Graham ging zu der Seitentür. »Abgeschlossen!« rief er dann.

»Sollte aber nicht sein«, versicherte D'Arcy und trat zu Graham.

»Haben Sie einen Schlüssel?«

D'Arcy nahm einen Schlüsselbund aus der Tasche. »Ich weiß nicht, welcher davon paßt ...«

Graham probierte einige der Schlüssel aus, bis er den passenden fand, schloß die Tür auf und gab den Schlüsselbund D'Arcy.

»Sind Sie sicher, daß Sie keine Verstärkung brauchen?« fragte der Captain.

Graham schüttelte den Kopf, öffnete die Tür, schlüpfte in den Raum und schloß die Tür wieder hinter sich. Er schaute zu dem Steg hinauf, konnte aber von dem Platz, an dem er stand, nichts und niemand erkennen. Leise schlich er zu der Eisenleiter, schob den Browning in den Gürtel und begann langsam und vorsichtig die Leiter hochzuklettern. Als er zu drei Vierteln oben war, verharrte er kurz und zog den Browning aus dem Gürtel. Am Ende der Leiter hob er vorsichtig den Kopf über die Kante des Stegs. Er sah Bernard, der sich auf das rechte Knie niedergelassen hatte; der Lauf des Gewehrs war auf dem Geländer aufgelegt, den Kopf preßte er ans Zielfernrohr. Graham hob die Pistole, während er geräuschlos auf den Steg stieg. Was, wenn Bernard sich jetzt umwandte und sofort auf ihn schoß? Graham mußte diese Möglichkeit in Betracht ziehen. Konnte er das riskieren? Er konnte von hier aus mit einem einzigen Schuß Bernard erledigen. Mehr brauchte es nicht – und sein Wunsch nach Rache wäre erfüllt. Sein Finger krümmte sich um den Abzug, während er mit dem Browning auf Bernards Kopf zielte. Ein einziger Schuß. Er dachte an Carrie und Mikey; ihnen mußte Gerechtigkeit widerfahren. Doch dann dachte er auch an Ngunes Hinrichtung in Kondese und daran, wie sehr ihn diese angewidert hatte. Kaltblütig abgeknallt ... Es wäre nicht anders, wenn er jetzt Bernard erschießen würde, ohne ihm Gelegenheit zu geben, sich zu ergeben. Würde er mit dieser Last auf seinem Gewissen leben können? Sein Druck auf den Abzug ließ nach.

»Weg mit dem Gewehr, Bernard!« befahl Graham, angespannt in Erwartung der Reaktion Bernards.

Der hob den Kopf und wandte sich langsam um. Er war nicht überrascht, daß Graham hinter ihm stand. Es war fast, als habe er immer damit gerechnet, daß er ihm wieder begegnen würde – der Mann, dessen Gesicht er seit dem Vorfall in Libyen ständig vor sich gesehen hatte. Wie oft war er nachts aufgewacht, schweißüberströmt und Grahams Gesicht vor Augen. Aber jetzt war es kein Alptraum mehr. Jetzt war es Wirklichkeit. Er wußte auch, daß Graham ihn nicht töten würde, es sei denn in Notwehr. Soviel stand fest. Den Gedanken, auf ihn zu schießen, hatte er schon fallenlassen – gegen einen Mann seines Kalibers hatte er keine Chance. Er wäre tot, ehe er nur das Gewehr gehoben hätte. Und daß Graham hier stand, bedeutete auch, daß Moboto gewarnt war und die Aula nicht betreten würde, jedenfalls nicht, bevor die Situation auf die eine oder andere Weise bereinigt wurde. Und zu seiner Absicherung gab es da ja noch seine arrangierte Flucht. Bailey konnte es nicht wagen, sich nicht an seinen Teil der Abmachung zu halten, selbst wenn Moboto am Leben blieb. Er wickelte sich den Tragriemen vom Arm und ließ das Gewehr behutsam zu Boden gleiten.

»Legen Sie die Hände auf den Kopf und treten Sie vom Geländer zurück!« befahl Graham.

Bernard tat wie geheißen. Graham nahm mit der linken Hand das Sprechfunkgerät vom Gürtel und gab an Whitlock durch, daß zwei Polizisten am Fuß der Leiter Bernard in

Empfang nehmen könnten. Dann befestigte er das Gerät wieder am Gürtel und machte eine Bewegung zur Leiter hin. Sein Finger lag fest am Abzug, als Bernard an ihm vorbeiging.

»Bernard?« rief Graham ihm nach, als er am oberen Ende der Leiter ankam. Er wartete, bis Bernard sich umgedreht hatte, und fragte dann: »War es wenigstens ein sauberer Mord?«

»Ja, das glaube ich schon«, antwortete Bernard und begann dann, langsam die Leiter hinabzusteigen. Die dort wartenden Polizisten legten ihm Handschellen an und führten ihn ab.

Dann stieg auch Graham die Leiter hinunter. »Das Gewehr ist noch droben«, sagte der zu D'Arcy, der sofort einen seiner Männer hinaufschickte, um es zu holen.

Sabrina lief auf Graham zu. »Mike, ist alles in Ordnung?« fragte sie leise.

»Ja, sicher«, antwortete er rasch und schaute über sie hinweg Kolchinsky an, der gerade hereinkam. »Da kommt Ärger!«

»In Großbuchstaben!« erwiderte sie und schaute Kolchinsky entgegen.

»Ich möchte Sie beide in einer Stunde in meinem Büro sprechen!« sagte er scharf.

»Ja, wir kommen«, versicherte Sabrina.

Kolchinskys Augen wanderten von Sabrina zu Graham. »Warum haben Sie ihn nicht umgelegt, als Sie Gelegenheit dazu hatten? Das war doch wohl Ihre Absicht?«

»Ja, das hatte ich vor«, gab Graham zu. »Aber Sabrina hat es mir ausgeredet, als wir gemeinsam in Zimbala waren.«

»Wenigstens etwas, was zu Ihren Gunsten spricht!« raunzte Kolchinsky Sabrina an und ging zur Tür.

»Keine Rede davon, daß ich es dir ausgeredet habe«, sagte sie, als Kolchinsky außer Hörweite war. »Ich habe es zwar versucht, aber du wolltest nicht auf mich hören.«

»Vielleicht«, erwiderte Graham. »Aber das ist nicht der springende Punkt. Ich habe in Beirut alles auf eine Karte gesetzt und muß jetzt die Konsequenzen dafür tragen. Du solltest diese Sache jetzt nicht mit mir ausbaden müssen.«

»Wir sind ein Team, Mike. Und das bedeutet auch, daß wir die Tiefpunkte dieser Partnerschaft miteinander teilen.«

»Nein, Sabrina, diesmal nicht«, sagte er fest, ging auf die Tür zu und verschwand auf dem Flur.

»Tag«, sagte Sarah, als Sabrina ins Vorzimmer trat. »Willkommen daheim.«

»Danke«, erwiderte Sabrina grinsend. »Ist Sergej drin?«

Sarah nickte und drückte auf den Knopf der Gegensprechanlage auf ihrem Schreibtisch. »Sabrina ist hier, Mr. Kolchinsky.«

»Schicken Sie sie rein«, sagte er knapp.

Kolchinsky öffnete mit seiner Fernbedienung die Tür für Sabrina und schloß sie hinter ihr wieder.

»Ist denn Mike noch nicht hier?« fragte sie mit einem Blick auf die Uhr.

»War da und ist schon wieder weg«, antwortete Kolchinsky.

»Aber ich dachte doch, daß Sie uns gemeinsam sprechen wollten«, meinte sie stirnrunzelnd.

»Das war durchaus meine Absicht«, bestätigte er und wies auf eines der schwarzen Sofas. »Bitte nehmen Sie Platz.«

Sabrina setzte sich langsam, ließ dabei aber die Augen nicht von Kolchinsky. »Irgendwas stimmt doch nicht, Sergej. Was ist los?«

Kolchinsky rutschte unbehaglich auf seinem Stuhl herum, griff schließlich nach der Packung Zigaretten auf dem Schreibtisch und zündete sich eine an. »Michael hat seine Kündigung eingereicht.«

Sabrina schlug die Hände vors Gesicht und konnte nur den Kopf schütteln.

»Ich sagte, er hat sie eingereicht; ich sagte nicht, daß ich sie angenommen hätte.«

Sie lehnte sich zurück und schaute ihn an. »Und werden Sie sie annehmen?«

»Das wird vom Ergebnis einer vom Generalsekretär und von mir geforderten internen Untersuchung darüber abhängen, wie Sie drei sich während dieser Operation verhalten haben.«

»Wie lange wird das dauern?«

»Zwei Tage voraussichtlich.« Kolchinsky klopfte auf einen Aktenordner, den er vor sich liegen hatte. »Michaels Bericht über die Vorgänge sowohl in Beirut als auch in Zimbala habe ich schon hier. Ihre Darstellung sollten Sie mir spätestens bis morgen nachmittag geben.«

»Sie werden sie bekommen.«

»Ein Untersuchungsausschuß wird Sie nach der Prüfung Ihres Berichts auch persönlich vernehmen, um festzustellen, ob Ihre Angaben mit den von Graham und C. W. gemachten übereinstimmen.« Kolchinsky schlug den Aktenordner auf und entnahm ihm einige Blatt Papier, die an der oberen linken Ecke zusammengeheftet waren. »Hier ist eine Fotokopie von Michaels Bericht. Sorgen Sie dafür, daß Ihrer damit übereinstimmt. Es ist Ihre einzige Chance, aus der Sache ohne den Verlust Ihres Jobs und Ihrer Vertrauenswürdigkeit herauszukommen.«

Sabrina nahm zögernd die Fotokopie entgegen. »Warum tun Sie das, Sergej? Sie kommen in Teufels Küche, wenn jemand herausbekommt, daß Sie mir das gegeben haben.«

»Michael sagte mir, daß Sie bestimmt versuchen würden, ihn zu decken. Ich glaube das auch. Wenn Sie sich an die gleiche Geschichte halten wie er, wird sich sowohl für ihn wie für Sie der Schaden in Grenzen halten. Ich habe auch mit C. W. schon gesprochen, und er schlug vor, daß Sie beide sich heute abend zusammensetzen und gemeinsam Ihre Berichte formulieren. Das halte ich für eine gute Idee.« Kolchinsky wies auf die Fotokopie von Grahams Bericht, den sie in der Hand hielt. »Dieses Exemplar hier müssen Sie sich mit C. W. teilen. Und sorgen Sie für seine Vernichtung, wenn Sie es nicht mehr brauchen. Wie Sie schon sagten: Ich würde in Teufels Küche kommen, wenn das in die falschen Hände gerät.«

»Weiß der Oberst davon?« fragte Sabrina und hielt die Fotokopie hoch.

»Nein – und dabei wollen wir es auch belassen.«

»Herzlichen Dank, Sergej«, sagte sie lächelnd.

»Das heißt keineswegs, daß ich nicht wütend bin über die Art, wie ihr drei euch bei dieser Geschichte verhalten habt. Insbesondere Sie und C. W. Ich bin einfach enttäuscht von Ihnen beiden.«

»Aber es ging doch nicht anders, Sergej!«

»Das hat Michael auch schon behauptet. Und das ist keine überzeugende Entschuldigung, oder?«

»Wohl nicht«, räumte sie kleinlaut ein.

»Wir werden uns darüber noch mal unterhalten müssen, wenn alle drei Berichte auf meinem Tisch liegen.«

Sabrina stand auf. »Wo sind Mike und C. W. jetzt?«

»C. W ist bei Präsident Moboto im Hotel. Wo Michael ist, weiß ich nicht. Er sagte nur, er müsse jetzt mal ein bißchen für sich sein, und das ist ja unter diesen Umständen sehr verständlich.«

»Und was ist mit Bailey, Bernard und Rogers? Gibt es da schon irgendwas Neues?«

»Bis jetzt nicht. Natürlich werden Bailey und Rogers keinen Pieps sagen, ehe sie sich nicht mit von der CIA beauftragten Rechtsanwälten besprochen haben. Bernard wurde zwar schon wegen Mordes an den beiden Polizisten angeklagt, die im Murray-Hill-Viertel umgebracht wurden, hat aber auf Anraten seines Rechtsanwalts ebenfalls kein Wort geäußert, seit er in Gewahrsam genommen wurde. C. W. dreht bald durch vor Sorge um Rosie. Ich nehme an, er hat Ihnen von ihr erzählt?«

Sabrina nickte. »Können wir nicht etwas unternehmen, um sie zu finden?«

»Wir haben alle uns bekannten verdeckten Unterkünfte des CIA in und um New York bereits überprüft, aber dort keine Spur von ihr gefunden. Ich habe mit dem Chef des CIA gesprochen, und er versprach mir, eine entsprechende Liste aus Langley herzufaxen. Wir werden sie vergleichen und auch an den uns bisher vielleicht noch nicht bekannten Orten nachforschen, aber das heißt noch lange nicht, daß dabei etwas herauskommt. Alle höheren CIA-Mitarbeiter verfügen über Verstecke, von denen nur sie allein wissen. Wenn Rosie in einer Geheimunterkunft steckt, die nur Bailey kennt, dann werden wir sie ohne Information von seiner Seite wohl nicht ausfindig machen können.«

»Und das läuft wohl auf eine Art Tauschgeschäft hinaus?« meinte Sabrina bitter.

Kolchinsky zuckte mit den Schultern. »Ich weiß es nicht. Der Oberst ist gerade unterwegs nach Washington, um persönlich mit dem CIA-Chef zu reden.«

»Ich wußte ja gar nicht, daß er wieder im Dienst ist«, sagte Sabrina überrascht.

»Gestern abend wurde er aus dem Krankenhaus entlassen. Er sollte zu Hause bleiben, aber nach allem, was geschehen ist, hat er sich entschlossen, seinen Dienst wieder aufzunehmen.«

»Und was sagt sein Arzt dazu?«

»Ich glaube kaum, daß der was davon weiß. Nun, jedenfalls bis jetzt noch nicht. Aber Sie kennen den Oberst ja – wenn er sich einmal zu etwas entschlossen hat, kann nichts ihn aufhalten.«

»Es sei denn, ein zweiter Herzanfall.«

»Das müssen wir schon ihm überlassen, Sabrina.«

»Scheint mir auch so«, erwiderte sie und preßte die Lippen zusammen. »Sonst noch etwas?«

»Für den Augenblick nicht«, antwortete Kolchinsky. »Um sieben sollten wir uns dann im Foyer des Plaza treffen. Präsident Moboto wollte Sie und Michael vor seinem Abflug am späteren Abend noch einmal sehen. Michael hat mich gebeten, ihn zu entschuldigen, daher sollten wenigstens Sie da sein.«

»Ja, ich komme«, versicherte Sabrina. Auf ihrem Weg zur Tür drehte sie sich noch einmal zu Kolchinsky um. »Wie war das übrigens mit Dave Forsythe? C. W. machte eine Andeutung, daß er für Bailey gearbeitet habe?«

»Das stimmt. Er hat ganz offenkundig eine Wanze hier im Büro angebracht, so daß Bernard von Bailey stets über die jeweiligen Entwicklungen in Zimbala informiert werden konnte.«

»Was geschieht mit ihm?«

»Er wurde bereits fristlos entlassen.«

»Wird man ihn belangen?«

»Damit wir noch mehr Staub aufwirbeln? Nein, der ist sowieso erledigt. Der wird bei keinem Geheimdienst mehr unterkommen nach dem, was hier passiert ist. Er ist als unzuverlässig abgestempelt. Vielleicht betreibt er in Zukunft irgendwo in einem Winkel einen Elektronikladen; damit wird er genug gestraft sein.«

»Denke ich auch«, sagte sie nachdenklich und verließ den Raum.

Kolchinsky schloß die Tür hinter ihr, zündete sich eine neue Zigarette an und machte sich wieder an seinen Papierkram.

Ein leichter Sprühregen hatte eingesetzt, als Sabrina am Hotel ankam. Sie parkte ihren champagnerfarbenen Mercedes 500 SEC unweit des Hoteleingangs, und als sie mit hochhackigen Absätzen, die laut auf dem Pflaster klickten, darauf zuging, konnte sie sicher sein, die abschätzenden Blicke der Männer auf beiden Seiten der Straße auf sich zu ziehen. Natürlich würdigte sie selbst sie keines Blickes. Es lag ihr fern, einen davon zu ermutigen, und sie hätte es außerdem als ein Zeichen von Eitelkeit empfunden; von Eitelkeit aber, in welcher Form auch immer, hielt sie nichts.

Im Hotelfoyer blickte sie sich sofort um in der Hoffnung, Kolchinsky irgendwo zu entdecken. Er saß neben Whitlock in der Nähe des Aufzugs. Whitlock stand auf und winkte herüber, um ihre Aufmerksamkeit zu erwecken. Sie lächelte ihm zu, ging zu ihm hin und küßte ihn freundschaftlich auf die Wange. Kolchinsky nickte ihr nur grüßend zu und warf einen Blick auf seine Uhr. Sie war fünfzehn Minuten früher gekommen – seinetwegen, das war ihm klar. Gut so – Disziplin konnte nicht schaden. Er nahm noch einen Schluck von seinem Kaffee.

»Du siehst reizend aus«, versicherte Whitlock mit einem anerkennenden Blick auf ihr dunkelbeiges Kostüm und die attraktive Bluse mit dem Dschungelmuster.

»Danke«, gab sie zurück. »Wie steht's denn mit dem Arm?«

»Immer noch ein bißchen empfindlich, aber es bessert sich.«
»Haben Sie was von Mike gehört?« wandte sie sich an Kolchinsky.

Kolchinsky schüttelte den Kopf. »Er hatte versprochen, mich morgen früh anzurufen, wollte aber heute abend seine Ruhe haben. Ich kann das nachfühlen. Die Begegnung mit Bernard muß ihm sämtliche Erinnerungen an Carrie und Mikey wieder ins Gedächtnis gerufen haben.«

»Der fängt sich schon wieder«, versicherte ihr Whitlock mit beruhigendem Lächeln, als er den besorgten Ausdruck auf Sabrinas Gesicht sah.

»Ich weiß«, erwiderte sie leise.

Kolchinsky trank seinen Kaffee aus und stand auf. »Ich will mal in der Suite des Präsidenten anrufen und fragen, ob er uns schon empfangen kann.«

Sabrina schaute Kolchinsky nach, als dieser zum Empfangsschalter ging, und wandte sich dann an Whitlock. »Irgendwas Neues in bezug auf Rosie?«

»Nein«, erwiderte Whitlock verbissen. »Bernard und Bailey lehnen weiterhin jede Zusammenarbeit ab, und sie sind die einzigen, die wissen, wo man Rosie gefangenhält.«

»Es tut mir so leid, C. W. Wenn ich nur wüßte, was ich tun könnte, um dir zu helfen. Ich weiß, wieviel Rosie dir bedeutet.«

»Sie ist für mich wie eine Tochter«, sagte Whitlock mit einem traurigen Lächeln. »Das meint jedenfalls Carmen. Rosie und ich standen uns tatsächlich immer sehr nahe. Eddie war nie sonderlich gut als Vater, daher wendet sie sich immer an mich, wenn sie mit jemandem reden will. Aber sie war schon immer sehr verschlossen. Darin ähnelt sie Mike – ein Einzelgänger eben.«

Kolchinsky kam zurück und drückte gleich auf den Aufzugsknopf. »Der Präsident erwartet uns.«

Sie fuhren in den dreißigsten Stock hinauf, wo Masala schon im Flur auf sie wartete. Er bat sie in den Wohnraum der Suite; dort saß Moboto vor einem niedrigen Kaffeetisch, einen offenen Aktenordner vor sich. Er schaute hoch und entließ Masala mit einer Handbewegung.

»Guten Abend«, sagte er und erhob sich. »Ist Mr. Graham nicht mitgekommen?«

»Mike ist verhindert, es tut mir leid«, antwortete Sabrina. »Er bittet um Ihr Verständnis.«

»Sie müssen Sabrina Carver sein. Schade, daß ich Sie nicht schon heute nachmittag im Trade Center kennenlernen konnte.« Moboto ließ die Augen nicht von ihrem Gesicht, während er ihr die Hand schüttelte. »David Tambese hatte recht – Sie sind eine schöne Frau.«

»Danke«, antwortete sie und entzog ihre Hand seinem anhaltenden Zugriff.

»Wie geht es Ihrem Bruder?« fragte Kolchinsky.

»Er konnte heute morgen aus dem Krankenhaus entlassen werden. In ein paar Tagen wird er seine Arbeit wieder aufnehmen können.« Moboto wies auf die Sessel. »Bitte, nehmen Sie doch Platz. Kann ich Ihnen etwas zu trinken anbieten?«

Sie setzten sich, lehnten sein Angebot jedoch ab.

»Stört es Sie, wenn ich rauche?« fragte Kolchinsky.

»Aber nein«, antwortete Moboto, ging dann zu der Bar hinüber und goß sich einen kleinen Whisky ein. »Der Grund, warum ich Sie heute abend hergebeten habe, ist der, daß ich mich persönlich bei Ihnen bedanken möchte für all das, was Sie während der letzten drei Tage für mich und mein Land getan haben. Ich hielt es für besser, das hier zu tun und nicht am Flugplatz, wo es von Reportern wimmeln wird. Schließlich weiß ich, welch großen Wert die UNACO auf Vertraulichkeit legt.«

»Wir wissen Ihre Diskretion zu schätzen«, erwiderte Kolchinsky und zog sich einen Aschenbecher heran.

»Eigentlich hatte ich ja eine richtige Rede für unser Zusammentreffen vorbereitet, aber je intensiver ich darüber nachdachte, desto mehr kam es mir zu offiziell und unpersönlich vor.« Moboto schaute Whitlock an. »Sie haben mir mehr als einmal das Leben gerettet. Und diese Kugel, die Sie nur gestreift hat, hätte Sie ebenso töten können.« Dann wandte er sich Sabrina zu. »Sie und Mike haben jeden Gedanken an Ihre persönliche Sicherheit außer acht gelassen,

um David bei der Befreiung meines Bruders Remy aus dem Branco-Gefängnis zu helfen. Es gab keinerlei Verpflichtung für Sie, das zu tun, aber Sie taten es trotzdem. Jedem von Ihnen dreien gegenüber habe ich Dankesschuld, die ich niemals werde abtragen können. In einer Zeit wie dieser wirken solche Worte hohl, aber Sie dürfen mir glauben, daß ich Ihnen ewig dankbar sein werde für das, was Sie taten – und auch dafür, wie professionell Sie es taten. Ich danke Ihnen.«
Moboto zog zwei kleine rote Schächtelchen aus seiner Tasche und reichte je eines davon Sabrina und Whitlock. Auf den Deckeln standen in Goldbuchstaben ihre Namen. Beide wechselten einen Blick und öffneten die Schächtelchen. Jedes enthielt eine goldene Medaille mit einem Porträt Jamel Mobotos auf der Vorderseite; auf der Rückseite war jeweils ihr Name und das heutige Datum als Ausgabetag eingraviert.
»Die zimbalesische Medaille für außergewöhnliche Tapferkeit vor dem Feind«, erläuterte Moboto. »Sie wurde während der vergangenen vierzig Jahre nicht mehr als ein halbes dutzendmal verliehen. Und diese beide Medaillen sind die ersten, die mein Porträt als neuer Präsident von Zimbala tragen. Es ist auch das erste Mal, daß die Verleihung an Ausländer erfolgt. Bitte nehmen Sie diese Auszeichnung im Namen meiner Regierung und meines Volkes an – es wäre mir eine Ehre.«
Die Satzung der UNACO schrieb vor, daß kein Mitarbeiter eine Bezahlung oder eine Belohnung von einer Privatperson oder einer Regierung annehmen durfte, die den betreffenden Mitarbeiter oder die Organisation als solche hinterher in Mißkredit bringen konnte. Aber konnte man eine Verdienstmedaille als Belohnung betrachten? Sabrina und Whitlock schauten Kolchinsky an und warteten auf dessen Reaktion. Diesem war klar, daß sich rein theoretisch bei einem eventuellen Verkauf dieser Medaillen eine Verbindung zur UNACO herstellen ließ. Aber diese beiden waren zwei seiner zuverlässigsten Mitarbeiter, auch wenn sie ihm in letzter Zeit einigen Ärger gemacht hatten. Es war kaum anzunehmen, daß sie die Medaillen zu einem Pfandleiher tragen würden. Und außerdem war ihm sehr wohl bewußt,

daß eine Zurückweisung dieser Auszeichnung nicht nur eine persönliche Brüskierung Mobotos bedeutet hätte, sondern obendrein eine Schwächung seiner Position seinem Kabinett gegenüber, das sicherlich im Vorfeld der Verleihung bereits zugestimmt hatte. Obwohl es eine etwas delikate Situation war, kam Kolchinsky zu der Meinung, daß unter den gegebenen Umständen die Annahme dieser Medaillen wohl kaum als Verstoß gegen die UNACO-Satzung betrachtet werden könne: Daher nickte er zustimmend. Sabrina und Whitlock bedankten sich also bei Moboto für die Ehre, die er und seine Regierung ihnen mit dieser Auszeichnung erwiesen hatten.

Moboto zog ein drittes Etui aus der Tasche und reichte es Sabrina. »Diese ist für Mike Graham. Würden Sie sie ihm bitte in meinem Namen überreichen?«

»Selbstverständlich, gerne«, antwortete sie und steckte das Schächtelchen ein.

Da klingelte das Telefon.

»Entschuldigen Sie bitte«, sagte Moboto und nahm den Hörer ab. Er unterhielt sich kurz in Suaheli und legte dann wieder auf. »Soeben ist der zimbalesische Gesandte mit seinen Mitarbeitern angekommen. Sie müssen mich jetzt leider entschuldigen. Es ist schade, daß wir nicht mehr Zeit hatten für unser Gespräch.«

»Ich bleibe hier, um Präsident Moboto dann zum Flughafen zu begleiten«, sagte Kolchinsky zu Whitlock. »Sie und Sabrina können sich dann an Ihre Berichte machen.«

Whitlock warf einen Blick auf seine Uhr. Noch eine Stunde, ehe der Präsident zum Flugplatz aufbrechen würde. »Sind Sie sicher, daß das so richtig ist?«

»Ich hätte es ja sonst wohl kaum vorgeschlagen«, erwiderte Kolchinsky. »Nun gehen Sie schon – Sie beide haben noch einen langen Abend vor sich.«

»Es war mir eine Ehre, Sie persönlich kennenzulernen«, sagte Sabrina und schüttelte Mobotos Hand.

»Das Vergnügen war ganz auf meiner Seite. Und nochmals meinen verbindlichsten Dank.« Dann wandte sich Moboto an Whitlock. »Ich verdanke Ihnen mein Leben, Clarence. Und für einen Zimbalesen heißt das: ich bin für immer in Ihrer Schuld. Wenn es irgend etwas gibt, was ich für Sie tun kann ...«

»Gibt es«, fiel ihm Whitlock ins Wort.

»Dann sagen Sie es«, antwortete Moboto und blickte ihm fest in die Augen.

»Hören Sie auf, mich Clarence zu nennen!«

Moboto lachte herzlich und klopfte Whitlock auf den Rücken. »Es tut mir leid, aber ich kannte Sie aus unserer gemeinsamen Zeit in Oxford nur als Clarence.«

»Wir haben uns beide verändert seit damals, und Sie mehr als ich. Zum besseren übrigens, darf ich hinzufügen.«

»Frech bis zuletzt«, sagte Moboto lächelnd. »Also, leben Sie wohl, C. W.«

»Leben Sie wohl, Herr Präsident«, erwiderte Whitlock und ging mit Sabrina zur Tür.

»Wo wollen wir unsere Berichte schreiben?« fragte diese als erstes, als sie draußen waren.

»Wahrscheinlich sind jetzt Eddie und Rachel mit Carmen bei uns in der Wohnung«, meinte Whitlock, während sie zum Aufzug gingen. »Wir würden uns eine Menge Unruhe ersparen, wenn wir zu dir gehen könnten.«

»Natürlich, vorausgesetzt, daß wir auf dem Weg dorthin irgendwo anhalten, um uns was zu essen mitzunehmen. Ich habe nichts gekriegt, seit ich heute mittag aus dem Flugzeug stieg, und bin am Verhungern.«

»Wo du es gerade sagst – ich könnte wahrlich auch einen Happen vertragen«, erwiderte Whitlock und trat hinter ihr in den Fahrstuhl. »Und wie Sergej ja schon sagte – das wird ein langer Abend.«

»Erinnere mich lieber nicht dran«, sagte sie, als sich die Türen des Aufzugs schlossen.

Als Kolchinsky endlich in seine Wohnung in der Bronx zurückkam, war es fast Mitternacht. Er schaltete seinen Anrufbeantworter ein und ging in die Küche, um sich noch eine Tasse Kaffee zu machen. Auf dem Anrufbeantworter war nur ein einziges Telefonat gespeichert: Philpott hatte um sofortigen Rückruf nach seiner Rückkehr gebeten. Als der Kaffee fertig war, griff Kolchinsky nach dem Hörer des Apparats an der Küchenwand und wählte Philpotts Nummer. Der Oberst meldete sich sofort.

»Malcolm, hier Sergej. Ich hörte Ihre Nachricht. Also, was gibt es für Probleme?«

»Vor einer halben Stunde rief mich der Polizeipräsident an«, berichtete Philpott. »Bailey, Bernard und Rogers sind im Laufe des Abends ohne Auflagen entlassen worden!«

»Auf wessen Veranlassung?« fragte Kolchinsky, zog sich einen Stuhl heran und setzte sich.

»Es scheint, daß Morgan Chilvers, der Leiter des CIA, nach unserem Gespräch heute nachmittag direkt ins Weiße Haus gefahren ist. Er hat dort mit dem Präsidenten persönlich gesprochen, und der soll darauf bestanden haben, daß ein öffentlicher Skandal unter allen Umständen vermieden werden müsse, vor allem dann, wenn ein so hoher CIA-Beamter wie Bailey darin verwickelt sei. Aber man konnte schließlich nicht Bailey laufen lassen, ohne auch die beiden anderen zu entlassen. Und so kam es dann dazu.«

»Und was ist mit der Mordanklage gegen Bernard?«

»Wurde niedergeschlagen. Der Polizeipräsident machte mächtig Stunk, aber Chilvers hob hervor, daß nichts davon bisher der Presse bekannt sei, und das solle auch so bleiben. Sie wollen einfach alles geheimhalten.«

»Und wo ist Bernard jetzt?«

»Ich habe keine Ahnung. Man hat mir das alles auch erst mitgeteilt, als die drei entlassen waren. Es gab daher auch keine Möglichkeit, ihn zu verfolgen.«

Kolchinsky schüttelte frustriert den Kopf. »Das ist genau die Art, wie man so etwas früher in Rußland erledigt hat.«

»Es gibt eine hauchdünne Chance, Bernard doch noch auf die Spur zu kommen. Wir haben Rogers in seinem Haus in Yorkville unter Beobachtung, und ich wette darauf, daß Bailey so schnell wie möglich Bernard aus dem Weg räumen lassen will, bevor wir ihn uns schnappen können. Ich bin sicher, daß er damit entweder Brett oder Rogers beauftragen wird.«

»Wo ist Brett?«

»Das ist schon das eine Problem – der ist nicht zu Hause. Wie ich schon sagte, ist es eine schwache Chance. Aber ich glaube weiterhin, daß Rogers auf die eine oder andere Weise aktiv wird. Im Augenblick können wir nur warten.«

»Und was sage ich C. W.?«

»Noch nichts. Geben wir Rogers mal Leine und schauen wir zu, was er macht. Ich rufe wieder an, sobald er sich irgendwie rührt. Also, gute Nacht, Sergej.«

»Gute Nacht, Malcolm«, antwortete Kolchinsky leise und legte auf.

Dreizehntes Kapitel

Bernard stellte den Wagen ein Stück entfernt ab, holte aus dem Handschuhfach seine Desert Eagle Automatik, stieg dann aus und näherte sich auf dem schmalen, unbefestigten Sträßchen vorsichtig dem Haus.

In seiner Kleidung hing immer noch der Gestank der Zelle, in der er einen Teil seines achtstündigen Gewahrsams hatte verbringen müssen. Diese kurze Zeitspanne war ihm bereits wie eine Ewigkeit vorgekommen, obwohl er sicher gewesen war, daß die CIA seine Freilassung durchsetzen würde, trotz der offiziellen Beschuldigung wegen der beiden im Muray-Hill-Viertel getöteten Polizisten. Einerseits nämlich konnten sie wegen der Aussagen, zu denen er dann gezwungen wäre, gar nicht riskieren, daß man ihm öffentlich den Prozeß machte, andererseits mußten sie unter allen Umständen verhindern, daß seine Unterlagen über die Teilnahme an CIA-Operationen an die *New York Times* gelangte. Im einen wie im anderen Fall wäre die Öffentlichkeit entsprechend über die CIA hergefallen. Natürlich hatte man aus Washington sofort einen Rechtsanwalt geschickt, der ihn über sein Aussageverweigerungsrecht informierte – und ihn außerdem anwies, gefälligst den Mund zu halten. Er solle keinerlei Fragen beantworten, so sehr ihn auch die Polizei provozieren würde. Natürlich hatte die das versucht, aber ohne jeden Erfolg. Er hatte sich an die Empfehlung des Rechtsanwalts gehalten und eisern geschwiegen.

Schließlich war der Rechtsanwalt zu ihm in die Zelle gekommen und hatte ihm seine sofortige Freilassung mitgeteilt – »ohne weitere Auflagen« oder so ähnlich hatte er sich ausgedrückt. Er war weiß Gott froh gewesen, aus dieser Zelle rauszukommen. Draußen hatte er dann Bailey gesehen, aber wohlweislich hatten sie keinerlei Notiz voneinander genommen. Bailey war sofort im Fond einer schwarzen Limousine verschwunden, die ihn zum La-Guardia-Flughafen brachte, wo schon eine Chartermaschine darauf wartete, ihn nach Washington zurückzufliegen. Auch Roger hatte jeden Kontakt mit ihm vermieden und war am Ende der Straße in ein Taxi gestiegen. Er selbst hatte sich durch einige Seitengäßchen verkrümelt und, als er sich davon überzeugt hatte, daß niemand ihm gefolgt war, ein Taxi genommen, das ihn zum Hauptbahnhof brachte. Dort hatte er sich am Informationsschalter einen Schließfachschlüssel geholt, den er gleich am Tag seiner Ankunft hinterlegt hatte, war direkt zu dem entsprechenden Schließfach gegangen und hatte ihm eine schwarze Reisetasche entnommen. Sie enthielt einige Kleidungsstücke, eine Automatik vom Typ ›Desert Eagle‹ und die Schlüssel für einen Ford, den er für einen möglichen Notfall wie den jetzigen vorsorglich in einer Garage dicht beim Bahnhof abgestellt hatte. Erneut überzeugte er sich davon, daß er nicht verfolgt wurde, hatte sich dann den Wagen geholt und war zu dem Haus hier gefahren.

Er kam zu der Lichtung und duckte sich hinter einen Baum. Von hier aus konnte er sehen, daß im Flur des Hauses Licht brannte. Das überraschte ihn kein bißchen – Brett war natürlich bestimmt schon von der Freilassung informiert worden, wahrscheinlich durch Rogers. Aber was sonst noch hatte man ihm gesagt?

Nun, vielleicht war er übertrieben mißtrauisch. Warum sollte man ihn umlegen wollen, wenn doch in diesem Fall der Rechtsanwalt seine Unterlagen der *New York Times* übergeben würde? Es ergab keinen Sinn. Aber trotzdem hatte er ein ungutes Gefühl. Er hätte nicht sagen können warum, aber irgend etwas machte ihm zu schaffen.

Bernard hielt sich dicht unter den Bäumen, während er weiterschlich, bis er die Rückseite des Hauses vor sich hatte. Dort machte er halt und wischte sich den Schweiß von der Stirn. Das Haus war fast zweihundert Meter entfernt, und er würde sich aus der Deckung wagen müssen, um heranzukommen. Er konnte nun erkennen, daß auch in der Küche Licht brannte, aber die Vorhänge waren zugezogen. Vorsichtig ging er weiter, bis er auch die Treppe an der Seite des Hauses im Blick hatte, die in den Keller hinunterführte. Aber das Fenster neben der hölzernen Kellertür am Fuß der Treppe konnte er von hier aus nicht sehen. Dieses Fenster hatte er offen gelassen, und wenn Brett das Alarmsystem wieder eingeschaltet hatte, während er im Trade Center war, wäre das der einzige Weg, ins Haus zu kommen – sofern Brett das Fenster während seiner Abwesenheit nicht geschlossen hatte.

Es gab nur eine einzige Möglichkeit, das festzustellen. Und so verließ er die Deckung der Bäume und rannte auf das Haus zu. Der Sensor über der Küchentür hinten registrierte die Bewegung sofort, und plötzlich wurde die Fläche dahinter in gleißendes Flutlicht getaucht. Bernard war noch gute zehn Meter vom Haus entfernt, als die Hintertür aufflog und Brett eine Salve aus seiner schallgedämpften Uzi abgab. Bernard warf sich zu Boden und feuerte zweimal auf Brett, so daß dieser Deckung nahm. Die wenigen dadurch gewonnenen Sekunden reichten Bernard, um den Fuß der Kellertreppe zu erreichen. Ständig gewärtig, daß Brett auftauchte, drückte Bernard gegen das Kellerfenster. Es war verriegelt! Dann nahm er den Schatten Bretts auf den Stufen wahr – er würde es nicht mehr schaffen, sich umzudrehen und auf ihn zu schießen. Daher warf er sich mit aller Kraft gegen die Kellertür, und unter dem Stoß mit der Schulter zerbarst das Schloß, und die Tür flog auf. Bernard stürzte kopfüber in den dunklen Raum und landete auf dem Boden, wobei ihm klappernd seine Automatik entfiel.

Brett hatte das Geräusch gehört, kam die Treppe heruntergerannt und trat in den Türrahmen, die Uzi mit beiden Händen fest umklammert. Aus dem Augenwinkel nahm er eine Bewegung wahr und fuhr herum, doch schon ließ Bernard einen Spaten auf ihn herniedersausen und erwischte ihn damit seitlich am Kopf. Brett schrie auf, taumelte an die Wand und ließ die Uzi fallen. Bernard stieß sie mit dem Fuß weg, hob seine Automatik auf und richtete sie auf Brett, der auf den Knien lag und eine Hand auf sein Ohr drückte. Das Blut quoll ihm durch die Finger und rann seitlich am Hals auf den Kragen seines hellblauen Hemds hinunter.

»Hat Bailey Ihnen befohlen, mich umzulegen?«

Brett schaute mit schmerzverzerrtem Gesicht langsam

hoch. »Er konnte Sie doch jetzt nicht mehr brauchen, das mußte Ihnen doch klar sein!«

»Ja, und deshalb habe ich einen Bericht über meine gesamte Tätigkeit bei einem Rechtsanwalt deponiert, der ...«

»Der Bailey vor ein paar Tagen in die Hände fiel«, unterbrach ihn Brett und grinste hämisch. »Damit hatten Sie nichts mehr in der Hand gegen uns und waren absolut entbehrlich!«

»Aber wie konnte er erfahren, bei wem ich den Bericht hinterlegt hatte?« fragte Bernard.

»Ach, wissen Sie, Bernard, wir sind ein großer Laden und haben unsere Spitzel überall. Daher spürten wir diesen Rechtsanwalt, nachdem Sie Bernard von der Hinterlegung informiert hatten, sofort in Kairo auf. Gewehrt wird er sich schon haben, denke ich, bevor er starb.«

Brett machte einen verzweifelten Versuch, Bernard die Waffe aus der Hand zu schlagen, doch dieser wich dem unbeholfenen Angriff lässig aus und schoß Brett durch den Kopf. Er drückte die Tür zu und lehnte die Leiche dagegen, damit sie zublieb.

Aus der Tasche des Getöteten nahm Bernard den Schlüsselbund für das Haus und schloß eine Tür auf, die zu einer Treppe führte, die in die Küche ging. Eine weitere Tür öffnete Bernard vorsichtig am oberen Ende der Treppe – die Küche war leer. Das gleiche galt für alle übrigen Räume, in die er einen Blick warf. Schließlich kam er zur Tür des Schlafzimmers, in dem Rosie sein mußte; sie war verschlossen. Bernard fluchte leise vor sich hin, suchte aus dem Bund den richtigen Schlüssel heraus und drückte sich vorsichtshalber eng an die Wand, ehe er aufschloß. Falls Brett einen Komplizen im Schlafzimmer hatte, woran er freilich zweifelte, würde dieser schießen, sobald sich die Tür öffnete.

Daher warf er sich, seine Waffe im Anschlag, zu Boden, als er die Tür aufstieß. In dem Raum befand sich jedoch nur Rosie; sie lag bewegungslos vor der Heizung, noch mit den Handschellen daran geschlossen. Bernard stand wieder auf, lief schnell zu dem Mädchen hin und schien echt besorgt. Er fühlte den Puls Rosies, doch der war gleichmäßig. Eine umgestürzte Tasse lag auf dem Boden, der ausgelaufene Kaffee bildete einen dunklen Fleck auf dem Bodenbelag. Bernard hob ein Augenlid Rosies – sie war betäubt worden. Er legte sie auf den Rücken, vergewisserte sich, daß sie etwas Spielraum für das gefesselte Handgelenk hatte und schob ihr ein Kissen unter den Kopf.

Beunruhigt warf er einen Blick auf seine Uhr – null Uhr zwanzig. Wie lange würde es dauern, bis jemand registrierte, daß Brett sich nicht meldete? Zwei Stunden höchstens. Der Start des gecharterten Flugzeugs, das ihn nach Kuba bringen würde, von wo er eine Maschine in den Libanon nehmen konnte, war für fünf Uhr morgens vereinbart. Es blieben ihm noch viereinhalb Stunden, um eine bestimmte Sache zu erledigen. Er schaute zu Rosie hinunter. Sie mußte ihn begleiten, mindestens bis Kuba. Dann konnte er sie unbehelligt laufen lassen. Er wollte sie nicht töten, jedenfalls nicht, solange ihn die Polizei nicht dazu zwang, woran er zweifelte. Erst einmal mußten sie ihn finden. Im Augenblick kam ihr Zustand ihm gelegen – sie war bewußtlos, und das war gut so. Er hatte noch etwas zu tun, bevor er New York verließ. Das müßte innerhalb von ungefähr einer Stunde zu schaffen sein. Dann würde er sie holen und zu dem kleinen Flugplatz am Stadtrand fahren, um dort auf das Flugzeug zu warten – und die Freiheit. Zufrieden lächelte er, verschloß die Tür zum Schlafzimmer wieder und verließ das Haus. Bretts Audi Avant stand in der Einfahrt. Für einen Augenblick war er versucht, ihn zu benutzen, dann überlegte er es sich jedoch anders und lief die paar hundert Meter zu der Stelle, wo er den Ford abgestellt hatte. Er ließ den Motor an, wendete und fuhr zur Hauptstraße hinüber.

Bernard brauchte zwanzig Minuten, um sein Ziel zu erreichen. Er stellte den Wagen in einer Seitenstraße ab, schob seine Automatik hinten in den Hosenbund und ging zur Hauptstraße vor. Vorsichtig schaute er sich um – die Straße war so gut wie verlassen, ausgenommen ein Liebespärchen, das wohl von einer Spätvorstellung heimkehrte, und einen Betrunkenen, der an einer Hauswand lehnte. Er wartete noch, bis ein Wagen vorbeigefahren war, und ging dann quer über die Straße auf eine Reihe kleiner Läden zu. Sämtliche Fenster waren mit Gittern gesichert, und bestimmt war auch in jedem Gebäude ein Alarmsystem installiert. Schnell ging er auf einen Laden fast am Ende des Blocks zu, in dem ein Immobilienmakler sein Büro hatte. Das war freilich nur eine Tarnung. In Wahrheit befand sich hier die Außenstelle einer Geheimorganisation – genauer gesagt, der UNACO. Bernard hatte die Schlüssel für die gesicherte Hintertür, die er von Dave Forsythe bekommen hatte. Er kannte Forsythe schon aus dessen Tätigkeit als Elektronikspezialist für Bailey, und diese Bekanntschaft hatte dazu geführt, daß sie in einer Weise zusammenarbeiteten, die jedem von ihnen eine Menge Geld eingebracht hatte. Aber Bernards jetzige Absichten gingen weit über Finanzielles hinaus, und Forsythe hatte von ihnen keine Ahnung ...

Ein schmaler Seitenweg brachte ihn zur Rückseite des Gebäudes und zum Hintereingang des Ladens. Obwohl ein schwaches Licht in dem kleinen Hof brannte, konnte er sicher sein, daß sich um diese Zeit niemand in dem Gebäude aufhielt. Bernard nahm die Schlüssel aus der Tasche und schob den einen davon in das obere, den anderen in das untere Schloß der Stahltür. Die beiden Schlösser waren durch eine Leitung miteinander verbunden, die das Alarmsystem auslöste, wenn nicht beide Schlüssel zugleich gedreht wurden. Bernard wischte sich die Hände an seinem Hemd ab und brachte sich dann in eine Position, die ihm ein gleichzeitiges Drehen der beiden Schlüssel ermöglichte. Er zählte bis drei und drehte dann beide Schlüssel zugleich. Die Alarmanlage blieb stumm. Bernard atmete tief auf, zog die beiden Schlüssel wieder heraus, trat in den Laden und schloß die Tür hinter sich. Forsythe hatte ihm gesagt, daß die Computeranlage in einem schallsicheren Raum im Untergeschoß installiert war. Der einzige Zugang führte durch das Büro des Geschäftsführers. Bernard schritt den Flur entlang, blieb vor einer Milchglastür stehen und schloß sie mit Hilfe des dritten Schlüssels auf, von dem ihm Forsythe ein Duplikat hatte machen lassen.

Nachdem er eingetreten war, ging er sofort auf den Wandsafe zu und öffnete ihn mit Hilfe der Zahlenkombination, die ihm Forsythe genannt hatte. Er nahm eine Fernbedienung heraus, mit der sich die in der Wand hinter dem Schreibtisch des Geschäftsführers verborgene Tür öffnen ließ. Hinter der Tür beleuchtete ein schwaches Lämpchen eine nach unten führende Treppe. Bernard stieg sie hinunter und öffnete mit der Fernbedienung eine weitere Tür.

Der kleine Raum, in dem er nun stand, wurde beherrscht von einer Reihe von Computern an der gegenüberliegenden Wand. Bernard ging zu einem der Terminals hinüber und setzte es in Betrieb. Dann wählte er über ein Modem eine Nummer an, die Forsythe ihm gegeben hatte. Er trommelte mit den Fingern ungeduldig auf der Tischplatte, bis das von ihm angewählte Programm auf dem Bildschirm erschien. Wenige Minuten später tauchte es auf – jetzt hatte er sich Zugang zu Baileys persönlichem Speicher verschafft. Forsythe hatte seinerzeit das ganze System in Baileys Privatbüro installiert, einschließlich aller Zugangscodes. Bailey seinerseits hatte dann bei Inbetriebnahme sofort alle Codes aus Sicherheitsgründen verändert. Alle – mit Ausnahme desjenigen, den Forsythe für sich selbst einprogrammiert hatte. Er konnte damit sämtliche anderen Codes brechen und sich außerdem eine Liste aller neuen Codes beschaffen. Im Laufe der Jahre hatte Forsythe die verschiedensten Programme für die CIA entwickelt, und in jedes davon hatte er einen Geheimcode für sich selbst eingebaut, den niemand entdecken konnte. Bailey verfügte in seinem System über eine ganze Reihe äußerst heikler Dateien, von denen nicht einmal Morgan Chilvers eine Ahnung hatte. Und jetzt hatte Bernard zu allen Zugang, konnte sie abrufen und auf eine Diskette kopieren – und diese dann meistbietend verkaufen. An erster Stelle der interessierten Abnehmer standen zweifellos CIA und KGB. Aber ihm war es egal, wer die Diskette kaufte – Hauptsache, der Preis stimmte. Er würde das Geld je zur Hälfte mit Forsythe teilen. Wenn er gewußt hätte, daß Forsythe von der UNACO rausgeschmissen worden war, hätte er leicht auch eine andere Vereinbarung treffen können. Aber das war nicht sein Stil – er war nicht habgierig. Er wollte lediglich genug Geld, um sich ein neues Leben fern von Beirut aufzubauen – mit einem neuen Gesicht und einer neuen Identität. Auf dieser Basis hatte er sich mit Forsythe geeinigt. Aber die Sache bot noch andere Möglichkeiten, insbesondere, nachdem jetzt Bailey seine Bluthunde auf ihn angesetzt hatte.

Ja, noch ganz andere Möglichkeiten. Jetzt war es Zeit, Rache zu nehmen.

Frances Baileys Augen waren rot und verquollen von stundenlangem Weinen. Aber ehe sie die ersten Tränen vergoß, hatte sie dafür gesorgt, daß ihre beiden noch nicht zwanzigjährigen Töchter zu ihren Eltern nach Alexandria fuhren. Sie war immer eine perfekte Mutter gewesen – genauso wie eine vollkommene Ehefrau. Ihre Bekannten hatten oft gesagt, daß sie eine ideale First Lady wäre, wenn ihr Mann einmal zum Präsidenten der Vereinigten Staaten von Amerika gewählt werden sollte. Deren Vertrauen in Robert Bailey war, ebenso wie ihr eigenes, niemals erschüttert worden. Innerhalb weniger Stunden war nun seine Karriere jäh zu Ende gegangen – und damit seine politische Zukunft. Sie war erschüttert, doch zugleich auch ungeheuer zornig. Es war schließlich nicht nur seine Zukunft. Auch seine Töchter waren betroffen. Sie mußten für den Rest ihres Lebens mit der Schuld leben, die ihr Vater durch seinen Verrat auf sich geladen hatte. Welches Recht hatte er, ihr Leben mit einem solchen Makel zu belasten? Sie wußte zwar, daß Morgan Chilvers sein Möglichstes tun würde, um die Festnahme ihres Mannes vor der Presse geheimzuhalten, aber im Regierungsviertel hatte sie bestimmt längst die Runde gemacht. Und das war der entscheidende Umstand. Samantha, die ältere, war bereits mit dem Sohn eines einflußreichen republikanischen Senators verlobt. Was für eine Chance hatte sie jetzt noch? Ihre jüngere Schwester Kathleen hatte seit dem Abgang von der Schule Journalistin im politischen Bereich werden wollen. Das erforderte ständigen Kontakt mit Politikern – und die wären nun die ersten, die hinter ihrem Rücken hämische Bemerkungen über ihren Vater machen würden. Frances Bailey hatte ihren Mann immer angebetet – jetzt aber haßte sie ihn ...

»Warum nur?« fragte sie ihren Mann, der am Fenster stand.

»Du würdest es nicht verstehen, Frances«, sagte er leise.
»Versuch es wenigstens!« schrie sie ihn an.
»Zimbala liegt in strategisch wichtiger Position mitten in Afrika. In all seinen Nachbarstaaten wüten Bürgerkriege. Wenn unser Mann dort an die Macht gekommen wäre, hätten wir nach Zimbala Waffen liefern können, die man dann an die antikommunistischen Kämpfer in den Nachbarstaaten weitergeleitet hätte. Diese Waffen wären in den Bürgerkriegen entscheidend zugunsten der antikommunistischen Kräfte ins Gewicht gefallen – und das wäre ein weiterer Nagel im Sarg für den Weltkommunismus gewesen.«
»Warum habt ihr denn nicht mit diesem Jamel Moboto verhandelt? Das ist doch ein Mann der Vernunft, ein intelligenter Mann. Das wurde doch während seines Besuches hier in Amerika jedem klar.«
»Jamel Mobotos Loyalität gilt seinem Land. Er wird Geschäfte machen mit jedem, der ihm Hilfe verspricht, einschließlich Rußlands und Chinas.«
»Mit anderen Worten – er fühlt sich seinem Volk verpflichtet, ganz im Gegensatz zu deinem Schützling Ngune. Der war doch ein übler Kerl, Robert. Wie viele Menschen sind wohl getötet worden, während er Chef der Sicherheitspolizei war?«
»Alphonse Moboto und Tito Ngune haben in Zimbala fünfundvierzig Jahre lang den Kommunismus bekämpft. Das ist für ein kleines afrikanisches Land eine bedeutende Leistung.«
»Sie haben ihn unterdrückt mit Mord und Folter. Wie konntest du nur zu einem solchen Mann halten!«
»Weil auch er zu uns hielt«, erwiderte Bailey und wandte sich vom Fenster ab. »Tito Ngune war einer der zuverlässigsten CIA-Mitarbeiter, die ich je kannte.«
»Nun, da muß ich wohl annehmen, daß du auf diesen Mann sogar noch stolz bist. Und dabei habe ich immer geglaubt, daß du wirklich an die demokratische Idee glaubst. Es zeigt mir nur, wie wenig ich dich wirklich kannte.« Sie stand auf. »Ich habe bereits einen Koffer gepackt. Er liegt schon drunten im Auto. Ich fahre zu meinen Eltern, bis ich

wieder Boden unter den Füßen habe. Wir sind fertig miteinander, Robert.«

Bailey schien es sinnlos, weiter mit ihr zu diskutieren; er wußte, wie wenig Sinn das bei ihrer derzeitigen Stimmung hatte. In ein paar Tagen würde er sie anrufen, wenn sie Zeit gehabt hatte, sich zu beruhigen.

»Hast du gar nichts weiter dazu zu sagen?« fragte sie schneidend.

»Was soll ich noch sagen? Ich sagte dir ja gleich, daß du es nicht verstehen würdest.«

»Nein, ich glaube, ich konnte es wirklich nicht verstehen.« Sie ging zur Tür und wandte sich dort nochmals zu ihm um. »Es tut mir wirklich leid um dich, Robert. Du bist ein bemitleidenswerter, bigotter, kleinkarierter Mensch. Gnade Gott diesem Land, wenn du jemals ins Weiße Haus eingezogen wärst. Nun, so hat die ganze Geschichte doch noch ihr Gutes gehabt.«

Bailey zuckte zusammen, als sie die Tür hinter sich zuknallte. Kurz darauf kam das gleiche Geräusch von der Haustür, dann hörte man, wie ein Auto angelassen wurde; das Quietschen von Reifen folgte. Nachdem das Motorengeräusch in der Ferne verklungen war, goß er sich einen weiteren Whisky ein und trat auf den Flur hinaus. Sein Leibwächter, der am Ende des Ganges saß, erhob sich; Bailey scheuchte ihn mit einer Handbewegung davon und stieg die Stufen hinauf zu seinem Privatbüro. Er tippte den Geheimcode ein, die Tür öffnete sich; er schloß sie wieder und setzte sich vor den Bildschirm seines Computers.

Bailey dachte über das Gespräch mit Morgan Chilvers nach, das am Morgen stattfinden sollte. Man würde ihn auffordern, um seinen Abschied einzukommen; andernfalls würde man ihn entlassen müssen. Chilvers war immer anständig zu ihm gewesen, wenn auch stets etwas naiv, was bestimmte Maßnahmen des CIA in Afrika und Südamerika betraf. Wie auch immer, Bailey war entschlossen, alle seine schwerwiegenden Dateien zu löschen, bevor Prüfer zur Kontrolle seiner Programme kamen.

Er schaltete den Computer an und gab seinen persönlichen

Code ein. Auf dem Bildschirm erschien die Meldung ZUGRIFF VERWEIGERT. Bailey fuhr sich durchs Haar und kratzte sich am Hinterkopf. Zugriff verweigert? Er unterdrückte mühsam ein Gähnen und schüttelte den Kopf. Du bist erschöpft, Robert – konzentriere dich jetzt bitte und gib diesmal den richtigen Code ein. Plötzlich erstarrten seine Finger über der Tastatur. Niemals vorher hatte er einen solchen Fehler gemacht. Für einen Augenblick fragte er sich, ob sich irgendein professioneller Hacker etwa am Zugangscode zu schaffen gemacht haben könnte. Dann verwarf er den Gedanken wieder. Wenn überhaupt – warum sollte ein Hacker den Code ändern? Der hätte doch nichts Eiligeres zu tun, als die Dateien zu lesen. Und selbst wenn der Code verändert worden wäre, könnte er immer noch die Neun drücken, um damit sofort den ganzen Abruf des Programms unmöglich zu machen. Diesen ›Cancel‹-Befehl hatte Dave Forsythe einprogrammiert. Und was Computer betraf, war der Mann einsame Spitze. Er schalt sich selbst wegen des lächerlichen Verdachts. Du hast dich einfach bei der Eingabe vertan, sagte er sich – versuch's noch einmal, und schön langsam diesmal.

Er drückte sorgfältig Taste um Taste und legte vorsorglich schon einmal den Finger behutsam auf die Taste mit der Neun für den Fall, daß er sie tatsächlich benutzen müsse. Aber auch diesmal erschien auf dem Bildschirm wieder die Meldung ZUGRIFF VERWEIGERT. Bailey drückte die Neun – doch der Computer zeigte keine Reaktion. Statt dessen trat jedoch die luftdichte Versiegelung der Tür hinter ihm in Aktion, und auf dem Bildschirm begann der Zehn-Sekunden-Countdown abzulaufen. Bailey hämmerte in Panik auf die Taste mit der Neun. Irgend jemand hatte ihn ausmanövriert! Er sprang auf, stieß den Stuhl um, rannte zur Tür und hieb mit wilden Faustschlägen darauf ein. Aber der ganze Raum war völlig schalldicht, niemand konnte ihn hören. Den Tod vor Augen, drehte er sich um und warf einen letzten Blick auf den Bildschirm; der Countdown war abgelaufen, und es erschien die Anzeige AUSLÖSEN.

Eine Schwade Nervengas stäubte aus dem in der Wand

über der Tür eingebauten Behälter. Bailey taumelte und stürzte zu Boden. Speichel schäumte ihm auf den Lippen, und seine Hand krampfte sich um die Kehle, während er verzweifelt um Luft rang. Er hatte das Gefühl, die Brust müsse ihm zerspringen. Sein Atem wurde zum stoßweisen Japsen, während er sich in wilden Zuckungen auf dem Boden wand. Die Zuckungen endeten in einem letzten Rütteln, dann sank sein Kopf zur Seite.

Die Meldung, die auf dem Bildschirm erschien, während Bailey sterbend davor auf dem Boden lag, stand noch dort, als man am folgenden Morgen seine Leiche fand. Sie lautete: ZU ELIMINIEREN NACH JAMEL MOBOTOS ERMORDUNG.

Vierzehntes Kapitel

Jack Rogers saß in seinem Lieblingssessel am Fenster, die Hand auf dem Telefon. Seine Gedanken wirbelten. Er konnte schon gar nicht mehr zählen, wie oft er im Laufe der letzten Stunde in dem Haus dort angerufen hatte – und stets vergeblich. Ein weiteres Mal griff er zum Hörer und wählte die Nummer. Wieder nahm niemand ab. Er schaute auf seine Uhr – viertel nach eins. Wo steckte Brett nur? Warum hatte er nicht angerufen? Sollte Bernard ihn erwischt haben?

Rogers streifte sich das Schulterholster über und schlüpfte in sein Jackett. Er überprüfte seine Smith & Wesson und steckte sie in das Holster. Dann griff er sich die Autoschlüssel vom Tischchen im Flur und verließ, leise die Tür hinter sich schließend, das Haus. Fröstelnd ging er den Weg zum Gartentor hinunter. Dabei war es gar nicht kalt – ein böses Vorzeichen also? Er schüttelte den Gedanken ab, an solchen Unsinn glaubte er nicht, stieg in seinen Fiat und ließ den Motor an. Nach einem Blick in den Seitenspiegel fuhr er davon.

Dave Swain, ehemals einer der Leibwächter des amerikanischen Präsidenten, war seit nunmehr fünf Jahren bei der UNACO. Er war Leiter der Einsatzgruppe sieben und saß hinter dem Lenkrad eines Mazda, der in einer Entfernung von etwa fünfzig Metern von Rogers' Haus entfernt abgestellt war. Hier hockte er jetzt seit halb elf abends – Anweisung von Philpott. Ein leerer Kaffeebecher lag auf dem Armaturenbrett neben einem halb aufgegessenen Hamburger. Das Radio spielte leise, und Swains Finger klopften auf dem Lenkrad den Rhythmus der Musik mit, als Rogers aus dem Haus trat. Sofort gab er über Funk der Kommandozentrale durch, daß Rogers aufgetaucht sei. Dann schaltete er das Radio aus und statt dessen das Verfolgungsgerät ein, das neben ihm auf dem Sitz lag; er empfing damit das Signal eines kleinen Senders, den er unter Rogers' Fiat angebracht hatte. Nach dreißig Sekunden folgte er Rogers in vorsichtigem Abstand.

Der Mann in der schwarzen Limousine, die am Ende der Straße geparkt hatte, drückte seine Zigarette aus, ließ den Motor an und folgte seinerseits dem Mazda.

Das Telefon klingelte.

Kolchinsky drehte sich im Bett herum und tappte mit der Hand über das Nachttischchen, bis er den Hörer zu fassen bekam.

»Sergej?«

»Ja«, meldete er sich schlaftrunken. »Malcolm, sind Sie's?«

»Ja«, bestätigte Philpott. »Ich bekam gerade einen Anruf vom diensthabenden Mitarbeiter in der Kommandozentrale. Dave Swain konnte Rogers bis zu einem Haus unweit des Garden State Parkway verfolgen. Rogers hat den Wagen außer Sichtweite abgestellt und sich dem Haus zu Fuß genähert. Dann hörte Dave einen Schußwechsel, und als er weiter vordrang, sah er Rogers bewegungslos auf einer Lichtung nahe am Haus liegen.«

»Und wo ist David jetzt?«

»Er beobachtet weiterhin das Haus. Ich möchte nicht, daß er etwas unternimmt, bevor wir ihm Verstärkung geschickt haben.«

»Wen wollen Sie hinschicken? Einsatzgruppe sieben?«

»Nein, Einsatzgruppe drei; es ist deren Operation. Ich habe dem Diensthabenden schon gesagt, daß er C. W., Mike und Sabrina Bescheid sagen soll. Sie werden sich in zwanzig Minuten mit Ihnen vor dem UNO-Gebäude treffen. Ich setze mich gleich wieder mit Dave in Verbindung.«

»Bin schon unterwegs«, erwiderte Kolchinsky und schleuderte die Bettdecke zur Seite.

»Ich habe einen Wagen für Sie losgeschickt«, fügte Philpott noch hinzu. »Er wird in ein paar Minuten bei Ihnen sein.«

»Vielen Dank, Malcolm.«

»Wir treffen uns dann am Haus dort«, sagte der Oberst und legte auf.

Kolchinsky legte auf, gähnte laut und zwang sich zum Aufstehen. Er nahm eine Zigarette aus dem Päckchen auf dem Nachttisch, zündete sie an und kleidete sich rasch an. Dann ging er hinunter, um auf den versprochenen Wagen zu warten.

»Was zum Teufel wollen die denn hier?« fragte Graham ärgerlich und deutete auf die Reihe von Polizeifahrzeugen, die an der Abzweigung zu der Zufahrtsstraße parkten, die zu dem genannten Haus führte.

»Werden wir wohl gleich erfahren«, meinte Sabrina und bremste sanft, als ein Polizist in die Mitte der Straße trat und den Wagen zur Seite winkte. Sie hielt neben ihm an und fragte: »Was ist denn hier los?«

»Wer sind Sie?« wollte der Polizist wissen.

Kolchinsky, der neben Sabrina saß, reichte ihm seinen Ausweis. Der Polizist überprüfte ihn, schaute Whitlock und Graham an, die im Fond saßen, und gab dann Kolchinsky den Ausweis zurück. »Sie können durch.«

»Sie haben uns immer noch nicht gesagt, was hier vorgeht«, schnaubte Graham. »Was zum Teufel wollt ihr Burschen denn hier?«

»Dort drüben steht ein Offizier einer Anti-Terror-Einheit«, antwortete der Polizist und wies auf die Zufahrtsstraße. »Er wird Sie informieren.«

»Eine Anti-Terror-Einheit?« fragte Kolchinsky ungläubig. »Das hat uns ja gerade noch gefehlt!«

Sabrina legte den Gang ein und fuhr los.

»Dort ist der Oberst«, sagte Kolchinsky und deutete auf Philpott, der zusammen mit Swain neben einem Einsatzfahrzeug der Anti-Terror-Einheit stand.

Sabrina stoppte dahinter, stieg aus und lächelte Philpott zu. »Schön, Sie wieder auf den Beinen zu sehen, Sir. Wie fühlen Sie sich denn?«

»Ich fühlte mich bestens, ehe ich hierherkam«, erwiderte Philpott und wies mit der Hand rund um sich. »Das ist ein furchtbarer Zirkus!«

»Was geht denn hier vor?« fragte Graham und schlug die hintere Wagentür zu.

Philpott schoß Swain einen giftigen Blick zu. »Einer von diesen Anti-Terror-Burschen hat sich an Dave drangehängt; deswegen sind die jetzt hier. Ich möchte Sie morgen früh bei mir im Büro sprechen, Swain, um neun Uhr auf die Minute.«

Swain nickte verdrießlich, ging dann zu seinem Mazda, klemmte sich hinter das Lenkrad und fuhr in Richtung zur Hauptstraße davon.

Philpott wandte sich an Whitlock. »Ich habe kurz nach meiner Ankunft hier über das Telefon mit Bernard gesprochen. Er hat Rosie bei sich im Haus.«

»Ist sie wohlauf?« erkundigte sich Whitlock besorgt.

»Ja, ich konnte kurz mit ihr sprechen. Es geht ihr angesichts der Umstände gut. Ein bemerkenswertes Mädchen, C. W.; Sie können stolz auf sie sein.«

»Ja, die Kleine ist prächtig«, erwiderte Whitlock. »Hat Bernard schon irgendwelche Forderungen gestellt?«

»Bisher noch nicht.«

»Und was ist mit Rogers? fragte Kolchinsky.

»Der ist tot. Bernard erlaubte den Anti-Terror-Leuten, den Leichnam zu holen ...« Philpott brach ab, als ein ziviles Polizeifahrzeug in den Zufahrtsweg einbog. »Na, das ist aber eine Überraschung!«

»Wer ist das, Sir?« fragte Sabrina.

»Sean Hagen, Polizeidirektor und Stellvertreter des New Yorker Polizeipräsidenten. Was führt denn den zu so unchristlicher Zeit her?«

Hagen wartete, bis der Fahrer für ihn die Tür aufhielt, und stieg dann aus. Er trug einen grauen Mantel über seinem Anzug und auf dem Kopf einen weichen Filzhut.

»Ich wußte gar nicht, daß Sie so wenig Vertrauen zu Ihren Männern haben, Sean«, sagte Philpott, als Hagen zu ihnen trat.

»Die Anti-Terror-Einheiten unterstehen meinem persönlichen Befehl«, erwiderte Hagen und rammte die Hände in die Manteltaschen. »Was glauben Sie denn, wer die Verfolgung Ihres Mitarbeiters veranlaßt hat? Das war die einzige Möglichkeit, Bernard wieder aufzuspüren. Genau wie Sie hatten wir seine Spur verloren, als er aus dem Gewahrsam entlassen wurde.«

»Und jetzt sind Sie hergekommen, um seiner Hinrichtung beizuwohnen, wie?« meinte Philpott eisig.

»Ich bin hier, um mit meinen Leuten zusammenzuarbeiten«, gab Hagen wütend zurück. »Was hat überhaupt die UNACO damit zu schaffen?«

»Das ist immer noch eine UNACO-Aktion, Sean. Und daher habe ich hier das Kommando. Und ich erwarte, daß Sie Ihre Anti-Terror-Einheit zurückziehen. Ihre Anwesenheit bringt lediglich Rosies Leben in Gefahr.«

»Das kann ich nicht machen, Malcolm. Rosie Kruger wurde hier in New York gekidnappt, und das ist unser Zuständigkeitsbereich. Ich habe bereits mit Leutnant Stephens gesprochen, dem befehlshabenden Offizier der Anti-Terror-Einheit; er wird angesichts der besonderen Situation mit der UNACO zusammenarbeiten, um die Freilassung Miß Krugers zu gewährleisten. Aber das ist das Äußerste an Entgegenkommen. Auf keinen Fall wird er seine Leute zurückziehen, ehe die Lage nicht bereinigt ist.«

»Das ist doch gar keine Frage des Zuständigkeitsbereichs, Sean, geben Sie's doch zu«, entgegnete Kolchinsky und hatte Mühe, seinen Ärger hinunterzuschlucken. »Rosie kümmert Sie doch keinen Pfifferling! Alles, was Sie interessiert, ist doch, den Tod der zwei Polizisten zu rächen, die Bernard dort in der Wohnung erschossen hat. Sie haben immer noch nicht verdaut, was da gestern abend passiert ist. Und weil Sie jetzt wissen, daß man ihn nicht vor Gericht stellen wird, sehen Sie nur noch eine Möglichkeit – Sie wollen, daß er hier erledigt wird!«

»Das macht man vielleicht in Rußland so, Sergej, aber nicht hier bei uns«, erwiderte Hagen nach einer kurzen, unbehaglichen Pause. »Ich möchte, daß Miß Kruger unbeschädigt freikommt, genau wie Sie auch. Und weil mir daran viel gelegen ist, bin ich bereit, hineinzugehen und mit Bernard von Mann zu Mann zu verhandeln. Ich bin sicher, daß wir die Sache ohne Blutvergießen beenden können.«

»Wer sagt Ihnen denn, daß Bernard überhaupt mit Ihnen reden will?« entgegnete Philpott.

»Das werden wir ja gleich klären«, erwiderte Hagen und klopfte an die Hecktür des als Lieferwagen getarnten Einsatzfahrzeugs. Die Tür wurde von innen geöffnet, und er befahl, telefonisch mit Bernard Verbindung aufzunehmen. Nachdem die Verbindung hergestellt war, ließ er sich den Hörer geben.

»Bernard?«

»Ja, wer spricht da?«

»Sean Hagen, Stellvertreter des Polizeipräsidenten von New York.«

»Oh, Sean Hagen – ich fühle mich geehrt.«

»Kennen Sie mich denn?«

»Natürlich«, erwiderte Bernard. »Was wollen Sie?«

»Mit Ihnen reden – persönlich.«

»Worüber?«

»Das sollte doch wohl klar sein«, antwortete Hagen mit einem Blick auf Philpott. »Ich möchte zu einer Lösung ohne Blutvergießen kommen.«

»Dann sind wir ja schon zwei«, entgegnete Bernard nach längerer Pause. »Kommen Sie allein und unbewaffnet. Die Tür ist nicht verschlossen. Aber ich warne Sie, Hagen, jeder Versuch Ihrer Leute, das Haus zu stürmen, wird Rosie das Leben kosten. Ich habe nichts zu verlieren, jetzt nicht mehr.«

»Man wird keinen Versuch machen, das Haus zu stürmen; ich gebe Ihnen mein Wort darauf.«

Bernard legte auf.

Hagen reichte den Hörer zurück und kletterte aus dem Wagen. »Er ist einverstanden, mit mir zu reden. Immerhin ein Anfang. Wo finde ich jetzt Leutnant Stephens? Ich muß mit ihm reden, ehe ich reingehe.«

»Er steht an der Ecke der Lichtung bei seinen Männern«, antwortete Philpott.

»Danke«, erwiderte Hagen.

»Entschuldigen Sie, Sir«, rief der Mann am Telefon aus dem Wagen, »soll ich für Dauerverbindung mit Ihnen sorgen?«

»Ja, das wird gut sein«, antwortete Hagen und ging auf das Wäldchen zu.

Philpott wollte ihm gerade eine Warnung wegen der im Wald versteckten Fallen nachrufen, als Hagen unmittelbar vor dem Waldrand stehenblieb. Er nickte kurz vor sich hin, drehte sich dann um und trottete das Sträßchen entlang.

Kolchinsky bemerkte Philpotts Stirnrunzeln und fragte: »Was ist, Malcolm?«

»Nichts«, gab der Oberst mit einem Achselzucken zurück.

Philpott schaute Hagen nach, bis dieser um eine Wegbiegung verschwand. Warum hatte er wohl so plötzlich seine Absicht geändert, quer durch den Wald zu gehen? Warum machte er jetzt diesen weiten Umweg, um zu der Lichtung zu gelangen? Sollte er von diesen Fallen bereits etwas wissen? Das war eigentlich ganz unwahrscheinlich, denn Stephens hatte erst vorhin etwas davon erfahren, nachdem einer seiner Männer fast in eine Falle geraten war. Philpott selbst wiederum wußte es seit einigen Minuten von Stephens. Er war sich zwar ziemlich sicher, daß es gewiß eine logische Erklärung für Hagens Verhalten gab, aber trotzdem hatte er ein merkwürdiges Gefühl dabei, das sich nicht so einfach abschütteln ließ.

»Der einzige Weg für Bernard, dieses Haus zu verlassen, ist der in einem Leichenbehälter, ist das klar?«

Nein, für Mark Stephens war das keineswegs klar. Und was zum Teufel hatte dieser Hagen hier überhaupt zu suchen? Stephens, Anfang der Dreißig, war jetzt seit fünf Jahren bei der Anti-Terror-Abteilung der New Yorker Polizei, die letzten anderthalb Jahre als Leutnant. Er hatte eine Sonderschulung für Geiselnahmen durchlaufen, und das hier war sein Job. Und jetzt kam dieser Polizeidirektor hier an, mischte sich ein und stellte seine Autorität in Frage. Aber was konnte er dagegen tun? Hagen war der offizielle Oberbefehlshaber der New Yorker Anti-Terror-Einheiten, und das hieß, daß sein Wort Gesetz war. Er wußte, daß seine Leute genau wie er Hagen verachteten – diesen Schreibtischhengst, der seine Solidarität mit ihnen nur zeigte, wenn es Lob für einen gelungenen Einsatz einzuheimsen galt.

»Ich habe Sie etwas gefragt, Leutnant«, sagte Hagen scharf.

Stephens nahm die schwarze Schirmmütze ab und fuhr sich durch sein kurzgeschnittenes, blondes Haar. »Das hängt doch von den Umständen ab, Sir.«

»Von welchen Umständen?«

»Na, zum Beispiel davon, ob wir einen sauberen Schuß anbringen können. Der Kerl hat schließlich ein sechzehnjähriges Mädchen bei sich. Meine Hauptsorge ist, daß dem nichts geschieht.«

»Ihre Hauptsorge hat zu sein, daß Bernard nicht lebend aus dem Haus kommt!«

»Aber Sir, der Mann hat eine Geisel, und ...«

»Das ist mir scheißegal«, fiel ihm Hagen zornig ins Wort. »Sie ist eine Kifferin, um Himmels willen. Was bedeutet schon ihr Leben gegen das von zwei Polizeibeamten, die dieser Hundesohn kaltblütig umgelegt hat? Ich mußte ihren Witwen die Todesnachricht überbringen. Denken Sie an diese Witwen, Leutnant, und an die Kinder, die niemals wieder ihren Vater sehen werden!«

So aufgebracht hatte Stephens seinen Vorgesetzten noch niemals erlebt. Was zum Teufel war denn in den gefahren? Er kannte doch auch die Regeln. Und jetzt war er bereit, sie wegen seiner Rachegefühle zu mißachten. Aber Stephens wollte damit nichts zu tun haben, selbst wenn ihn das seine Rangabzeichen kosten sollte. Er wollte nicht schuld daran sein, wenn ein unschuldiger Teenager hier sein Leben verlor.

»Denken Sie darüber nach, Leutnant. Ihre Zukunft in dieser Einheit hängt davon ab. Ich gehe jetzt rein und rede Bernard zu, das Mädchen freizulassen. Wenn er das ablehnt, bleibt nichts übrig, als das Haus zu stürmen. Und wenn Sie den Befehl dazu nicht geben, dann werde ich das tun. Und jetzt her mit dem Megaphon.«

Stephens würgte seinen Zorn hinunter und gab Hagen das Megaphon, das er in der Hand hielt. Dann schaute er um sich. Wenigstens waren seine Leute außer Hörweite. Er würde bestimmt nicht den Befehl zum Sturm auf das Haus geben, zumindest nicht, bevor er Bernards Forderungen gehört hatte. Aber würden seine Leute zu ihm stehen? Gegebenenfalls könnte Hagen sie alle wegen Befehlsverweigerung entlassen.

Durfte er die Karriere seiner Männer aufs Spiel setzen? Weiß der Himmel, eine schwere Entscheidung.

»Bernard, ich komme jetzt rein!« rief Hagen durch das Megaphon. »Ich bin allein und unbewaffnet!« Dann gab er das Megaphon Stephens wieder zurück. »Denken Sie an Ihre Zukunft, Leutnant. Wer weiß, vielleicht steckt da auch eine Beförderung für Sie drin.«

Stephens mußte sich auf die Lippen beißen, um Hagen nicht zu sagen, wohin er sich diese Beförderung stecken könne. Statt dessen nahm er sein Sprechfunkgerät vom Gürtel und sagte seinen Leuten, Hagen nähere sich jetzt dem Haus. Er fügte hinzu, wenn einer von ihnen einen sauberen Schuß auf Bernard anbringen könne, sollten sie schießen. Dabei war ihm aber klar, daß das nichts als Wunschdenken war. Der Mann war ein absoluter Profi, und Profis machen höchst selten Fehler. Hagen nahm den Hut ab und zog sich den Mantel aus, dann schritt er langsam auf das Haus zu.

Stephens drehte sich um, als Philpott und Whitlock hinter ihm erschienen. Der Oberst nickte grüßend und stellte dem Leutnant dann Whitlock als Rosies Onkel vor. Stephens fragte sich, wie die beiden wohl reagieren würden, wenn er ihnen mitteilen würde, was Hagen zu tun beabsichtigte für den Fall, daß er Bernard nicht zur Aufgabe bewegen konnte. Er hielt das zwar für so gut wie aussichtslos, wünschte sich aber dennoch sehnlichst, daß er sich täuschen möge ...

Hagen erreichte das Gartentor und blieb stehen, um sich das Haus anzuschauen. Es lag in vollkommenem Dunkel wie schon die ganze Zeit über, seit die Leute der Anti-Terror-Einheit ihre Posten am Rande der Lichtung bezogen hatten. Das Gartentor quietschte, als er es öffnete. Nun, jetzt wußte Bernard jedenfalls, daß er hier war. Hagen ging den kurzen Weg zum Haus entlang und war gerade dabei, die Stufen der Veranda hochzusteigen, als das Licht über dem Eingang eingeschaltet wurde. Hagen hielt inne und wartete, die Augen starr auf die Tür gerichtet. Er blieb ein paar Sekunden so stehen, wie in Trance, dann setzte er seinen Weg bis zur Tür fort. Gerade wollte er die Klinke niederdrücken, als ihm einfiel, daß es wohl besser sei, Bernard wissen zu lassen, daß er es war und nicht vielleicht einer von der Anti-Terror-Einheit. Daher klopfte er gegen die Tür.

»Bernard, hier ist Hagen!«

»Die Tür ist offen«, kam die Antwort von drinnen.

Hagen drückte die Klinke nieder und öffnete die Tür. Das Licht der Lampe auf der Veranda fiel in den Flur. Er ging hinein und hätte gern die Tür offengelassen, irgendwie empfand er das Licht als tröstlich.

»Machen Sie die Tür zu!« befahl Bernard vom Wohnzimmer am Ende des Ganges aus.

Hagen schloß die Tür und sperrte damit das Licht aus; Dunkelheit umgab ihn.

»Das Mädchen ist hier bei mir, Hagen!« rief Bernard. »Der geringste Trick, und sie ist tot. Knipsen Sie jetzt das Flurlicht an und gehen Sie von der Tür weg.«

Hagen tastete nach dem Schalter und befolgte die Anordnung.

Bernard kam aus der offenen Wohnzimmertür, allein und mit seiner Automatik in der Hand; den Lauf hielt er auf Hagens Magen gerichtet.

»Wo ist das Mädchen?« fragte Hagen.

»In Sicherheit«, entgegnete Bernard, ging auf ihn zu, schloß die Tür ab und tastete Hagen rasch und gewandt nach Waffen ab.

»Ich sagte Ihnen doch, daß ich unbewaffnet bin«, meinte Hagen.

»Gesagt haben Sie's«, bestätigte Bernard grinsend.

»Ich will das Mädchen sehen!«

»Sie ist dort drin«, erwiderte Bernard und wies auf das Schlafzimmer. »Aber machen Sie auf keinen Fall das Licht an!«

Hagen öffnete die Schlafzimmertür. Rosie, die etwa eine Stunde zuvor das Bewußtsein wiedererlangt hatte, war noch immer mit Handschellen an die Heizung gekettet; außerdem hatte ihr Bernard einen Knebel verpaßt. Mit großen, ängstlichen Augen starrte sie Hagen an.

»Ich bin Polizeidirektor Hagen, Rosie. Wir tun alles, was

in unserer Macht steht, um Ihre Freilassung zu erreichen. Seien Sie unbesorgt, wir werden nicht zulassen, daß Ihnen etwas geschieht.«

»Wie rührend«, spottete Bernard. »Machen Sie jetzt die Tür wieder zu.«

»Halten Sie durch, Rosie«, sagte Hagen mit einem beruhigenden Lächeln und schloß die Tür wieder. Dann wandte er sich an Bernard: »Wollen wir uns im Wohnzimmer unterhalten?«

»Warum nicht«, meinte Bernard achselzuckend. »Aber kein Licht! Der Schein der Flurlampe reicht völlig. Nach Ihnen, Hagen!«

Hagen schielte auf die Waffe in Bernards Hand und drehte ihm dann widerstrebend den Rücken zu. Er trat ins Wohnzimmer, ging auf den Sessel neben dem Fenster zu und setzte sich hinein.

»Sie haben doch garantiert irgendein Mikrofon bei sich«, sagte Bernard von der Tür her. »Die Krawattennadel vielleicht?«

»Nein.«

»Was heißt nein – in bezug auf Krawattennadel oder Mikrofon?«

»Sowohl als auch.«

»Warum soll ich Ihnen glauben?« sagte Bernard und zuckte mit den Schultern. »Aber mir ist das gleich, ob Sie irgendeine Verbindung nach da draußen haben oder nicht. Dieser Schuß geht ohnehin nach hinten los.«

»Wie meinen Sie das?« fragte Hagen stirnrunzelnd.

»Was zu trinken gefällig?« fragte Bernard und wies auf die kleine Bar an der gegenüberliegenden Wand.

»Ja, gerne«, erwiderte Hagen und nickte. »Einen Whisky, wenn Sie haben, bitte.«

»Aber sicher«, erwiderte Bernard und ging zu der Bar hinüber.

»Was meinten Sie gerade mit Ihrer Bemerkung, daß ›der Schuß nach hinten losgehe‹, wenn ich eine Verbindung nach draußen hätte?« wollte Hagen wissen.

Bernard goß mit der freien Hand Whisky in ein Glas und

stellte es auf den Tisch neben Hagens Sessel. Er ging zur Tür und wandte einen Augenblick lang Hagen den Rücken zu, um einen Blick hinaus in den Gang zu werfen. Als er sich wieder umdrehte, fingerte Hagen hastig an der Unterseite des Sessels herum.

»Suchen Sie vielleicht das?« fragte Bernard und zog eine Smith & Wesson aus der Tasche. »Kein schlechter Platz, um eine Waffe für den Notfall zu verstecken, aber ich fand sie schon, als ich das erste Mal hier war. Die Frage ist, woher Sie wußten, daß genau unter diesem Sessel eine Waffe versteckt war? Sie gingen nämlich zielbewußt sofort genau auf diesen Sessel zu, als Sie hereinkamen. Und da ich ganz sicher bin, daß man Sie über ein Mikrofon, das Sie irgendwo an sich tragen, draußen hören kann, werden Ihre Kollegen dort sicher schon gespannt auf Ihre Antwort warten. Also?«

»Ich weiß gar nicht, wovon Sie reden«, behauptete Hagen, dabei nervös an seiner Krawattennadel herumfingernd.

»Ich hatte also recht, die Krawattennadel ist es«, sagte Bernard mit befriedigtem Lächeln. »Sie sind in einer ganz schönen Zwickmühle, würde ich sagen. Wenn Sie jetzt das Mikrofon außer Betrieb setzen, ist es unweigerlich ein Schuldeingeständnis. Tun Sie es nicht, bekommen Ihre Kollegen mit, woher Sie vom Versteck der Waffe wußten. Sie haben die Wahl, Hagen. Oder soll ich lieber ›Seevogel‹ zu Ihnen sagen?«

Das Blut wich aus Hagens Gesicht, und seine Hand zitterte, als er das Glas vom Tisch nahm und seinen Inhalt auf einen Zug hinunterstürzte.

»Hat es Ihnen die Sprache verschlagen?« fragte Bernard und ließ sich auf dem Sofa nieder. »Das kann ich gut verstehen. Sie haben sogar mich zum Narren gehalten, denn ich dachte, Bailey sei dieser ›Seevogel‹. Ich würde sagen, daß das unter den gegebenen Umständen eine verständliche Annahme war. Aber als ich vorhin Baileys Computer knackte, fand ich eine ganze Datei über ›Seevogel‹ – niemand anderen als den Stellvertreter des New Yorker Polizeipräsidenten, Sean Matthew Hagen. Zunächst hat mich das natürlich überrascht. Aber es erklärt doch vieles, wenn man länger darüber nachdenkt. Baileys Insider bei der New Yorker Polizei – der Stellvertreter und wahrscheinliche Nachfolger des Polizeipräsidenten höchstselbst – ein toller Coup. Sie waren es, der Dave Forsythe dazu brachte, eine Wanze in der Zentrale der UNACO anzubringen, nicht etwa Bailey. Und Sie hätten auch meine ›Flucht‹ arrangiert, wenn ich nach der Ermordung Mobotos festgenommen worden wäre. Sie haben dafür gesorgt, daß Mason mich im Trade Center unterstützte. Wer hätte denn wohl Ihren Befehl anzuzweifeln gewagt, Mason an die Spitze des Teams zu stellen, das den Hochsteg bewachen sollte? Clever, Hagen, sehr clever. Und Sie wären mit allem auch durchgekommen, wenn es mir nicht gelungen wäre, mir Zugang zu den Dateien in Baileys persönlichem Computer zu verschaffen. Eine faszinierende Lektüre, kann ich Ihnen versichern. Ich habe übrigens alles auf Diskette gespeichert für den Fall, daß Sie sich immer noch einbilden, irgendwie aus der Geschichte rauszukommen. Sie können es als Lebensversicherung bezeichnen – eine sehr teure Lebensversicherung.« Er schüttelte langsam den Kopf. »›Seevogel‹ – wer hätte das gedacht!«

Hagen schluckte nervös und wischte sich mit dem Handrücken den kalten Schweiß von der Stirn. Er versuchte zu sprechen, doch sein Mund war wie ausgetrocknet. Mühsam stand er auf und tappte langsam zur Bar. Seine Schultern hingen nach vorn, und er ließ tief den Kopf hängen. An der Bar goß er sich einen großen Whisky ein und stürzte ihn hinunter.

»Sie sind jetzt hergekommen, um mich umzulegen, nicht wahr? Brett hat es nicht geschafft, und Rogers auch nicht. Also mußten Sie selbst es tun. Wie wollten Sie es denn anstellen? Sich den Smith & Wesson schnappen, mich mit dessen Hilfe entwaffnen und mich dann erschießen? Dann meine Desert Eagle einstecken und so tun, als sei ich schon vorher im Besitz der Smith & Wesson gewesen, die Sie mir aus der Hand geschlagen hätten? Na, hab' ich recht?«

»Sie sind doch ein toter Mann, Bernard. Selbst wenn Sie es schaffen sollten, lebend hier rauszukommen, werden die Sie finden. Man wird nie aufhören, Sie zu jagen!«

»Wer sind ›die‹? Die CIA?«

»Die Spitzenkiller der CIA, genauer gesagt. Sie sind gut, Bernard, aber so gut wie die noch lange nicht!«

»Nein, wahrscheinlich nicht. Aber ich habe auch für diesen Fall Vorsorge getroffen.« Bernard stand auf. »Nun, ich denke, Sie haben meine Gastfreundschaft lange genug in Anspruch genommen, Hagen. Ich bin sicher, da draußen sind ein paar Leute, die auf Antworten warten, allen voran die UNACO. Ich wette, daß die von Ihnen ganz schön die Schnauze voll haben.«

Hagen schleuderte das leere Glas nach Bernard. Es verfehlte diesen um Zentimeter und zersplitterte an der Wand. Sofort packte Hagen die Whiskyflasche und stürzte sich damit auf Bernard, doch der duckte sich weg und erwischte Hagen mit einem schweren Haken am Kinn. Hagen taumelte gegen die Tür und ließ die Flasche fallen.

Bernard richtete seine Waffe auf Hagen. »Worauf hoffen Sie denn jetzt – auf ein neues Vertuschungsmanöver, genau wie gestern? Man würde Sie ganz still in Pension schicken, und damit hätte die Sache ein Ende. Aber so kommen Sie mir nicht weg – fahren Sie zur Hölle, Hagen!«

Bernard schoß Hagen durch die Brust. Die Gewalt des Einschlags schleuderte ihn gegen die Wand, blasiges Blut quoll ihm aus dem Mund, rann ihm das Kinn hinunter und hinterließ, als er langsam zu Boden sank, einen roten Streifen auf der Wand.

Bernard wählte die Nummer im Einsatzfahrzeug der Anti-Terror-Truppe: »Ich möchte mit Oberst Philpott sprechen«, verlangte er, als abgehoben wurde.

»Hier Philpott«, meldete sich der Oberst gleich darauf.

»Ich gehe davon aus, daß Sie unsere kleine Unterhaltung mitbekommen haben?«

»Ist Hagen tot?« fragte Philpott.

Bernard warf einen Blick zu der zusammengesunkenen Gestalt hinüber. »Sieht jedenfalls ganz so aus. Aber das sollte Ihnen keine schlaflosen Nächte bereiten. Der wäre ebenso sicher vor weiterer Verfolgung gewesen wie ich. Schlagen Sie sich dumme Gedanken aus dem Kopf wie etwa den, das Haus stürmen zu lassen. Rosie wäre als erste tot. Bin ich verstanden worden?«

»Ohne jeden Zweifel«, knurrte der Oberst.

Bernard warf einen Blick auf seine Uhr: siebzehn Minuten nach zwei. Noch immer zweieinhalb Stunden bis zum Abflug nach Kuba. Es konnte nur noch eine Frage der Zeit sein, bis die Anti-Terror-Leute die aufgebrochene Kellertür entdecken würden. Und die Tür zwischen Keller und Küche war nur durch einen schwachen Riegel gesichert. Nein, hier konnte er nicht länger bleiben. Er mußte sich eine neue Strategie überlegen. »Bleiben Sie in der Nähe des Telefons, Philpott. Ich rufe in ein paar Minuten wieder an.«

»Ist Rosie ...« Bernard unterbrach das Gespräch, ehe der Oberst seine Frage beenden konnte. Er legte den Hörer neben den Apparat, ging dann zu einer Kommode hinüber und zog die unterste Schublade auf. Darin befand sich ein zweites Telefon mit einer abhörsicheren Leitung. Er stellte es auf die Kommode, setzte sich daneben und wählte eine Nummer, die er auswendig wußte. Auf der anderen Seite wurde sofort abgehoben.

»Hier Columbus«, meldete sich Bernard.

»Was ist los?« kam die argwöhnische Frage.

»Der Plan mußte geändert werden. Ist die Maschine aufgetankt und startklar?«

»Sie ist startklar seit gestern. Was ist passiert?«

Bernard schilderte kurz die Situation. »Sie sagten mir doch, daß Sie alles fliegen können?«

»Ja«, kam die zögernde Antwort.

»Auch Hubschrauber?«

»Sicher; habe ich in Vietnam geflogen.«

»Sie müssen so schnell wie möglich herkommen. Ich sorge dafür, daß hier ein Hubschrauber bereitgestellt wird. Sie fliegen uns damit zu dem Flugzeug, und dann starten wir.«

»Zu Ihnen kommen? Sind Sie verrückt geworden?«

»Hören Sie, Demerest, Sie sind für Ihre Dienste gut bezahlt worden, mehr als gut sogar. Aber glauben Sie mir, wenn ich hier nicht rauskomme, hängen Sie mit drin. Und dann werden Sie sehr lange sitzen!«

»Ich brauche eine Huey«, sagte Demerest nach einer nachdenklichen Pause. »Das ist die Maschine, die ich am besten kenne.«

»Ich sorge dafür«, versicherte Bernard.

»Sie sagten, daß Bullen dort seien. Wie soll ich denn zum Teufel an denen vorbeikommen?«

»Was für einen Wagen fahren Sie?«

»Einen Datsun.«

»Farbe?«

»Hellblau.«

»Ich sorge dafür, daß Sie nicht angehalten werden. Wenn Sie hier sind, fahren Sie sofort zur Hinterfront des Hauses. Schauen Sie zu, daß Sie so nah wie möglich am Haus parken. Verstanden?«

»Verstanden«, erwiderte Demerest. »Aber wenn da was schiefgeht ...«

»Da geht nichts schief«, beruhigte ihn Bernard, »jedenfalls nicht, wenn Sie sich an meine Anweisungen halten.« Dann legte er auf.

Auch Philpott legte den Hörer nieder, nachdem er sein Gespräch mit Bernard beendet hatte, und schaute zu den anderen hinaus, die sich um den Lieferwagen versammelt hatten. »Er hat gedroht, Rosie umzubringen, wenn wir ihm nicht bis drei einen Hubschrauber zur Verfügung stellen. Und es muß eine Huey sein – das hat er ausdrücklich betont.«

»Wir haben eine Huey auf dem Flugplatz Newark stehen«, sagte Kolchinsky.

»Können Sie mit der umgehen?«

Kolchinsky nickte. Er hatte so gut wie jeden Hubschraubertyp geflogen, seit er seinerzeit seinen Flugschein beim KGB gemacht hatte.

Philpott schaute Stephens an. »Er könnte bis drei hier sein.«

»Ja, sicher«, bestätigte Stephens geistesabwesend. Er war noch immer wie gelähmt von dem, was er da wenige Minuten zuvor aus dem Lautsprecher im Einsatzfahrzeug gehört hatte. Hagen ein Mitarbeiter Baileys – ein Handlanger der CIA! So wenig er den Mann mochte, das hätte er sich doch in seinen kühnsten Träumen nicht vorstellen können, ehe er es mit eigenen Ohren gehört hatte. Dieser Schweinehund!

»Ich muß sofort zum Flugplatz rüber«, sagte Kolchinsky. »Klären Sie inzwischen alles Erforderliche mit den zuständigen Leuten?«

»Ja, da brauchen Sie sich keine Gedanken zu machen«, erwiderte Philpott. »Sabrina, bringen Sie Sergej mit Ihrem Wagen hin?«

»Ich nehme lieber einen Polizeiwagen«, wandte Kolchinsky ein. »Die Sirene wird dafür sorgen, daß wir es rascher schaffen.«

»Mit Sabrinas Wagen sind Sie noch schneller dort. Das ist eine ganz flotte Kiste, und Sie weiß bestens damit umzugehen. Ich sorge dafür, daß ihr freie Fahrt zum Flugplatz habt.«

Sabrina hielt die Autoschlüssel hoch und grinste Kolchinsky an. »Na, worauf warten wir noch?«

Kolchinsky warf Philpott einen verzweifelten Blick zu und lief ihr nach.

»Ich muß eine Reihe von Gesprächen führen«, sagte Philpott und wies auf die Telefonanlage im Einsatzwagen. »Kann ich das von hier aus erledigen?«

»Aber natürlich«, versicherte Stephens.

»Es sind vertrauliche Gespräche«, fügte der Oberst hinzu. Stephens gab dem Beamten im Einsatzfahrzeug einen Wink; dieser stieg aus und schloß die Tür. Stephens wartete ein wenig, bis der Mann außer Hörweite war, und berichtete Whitlock dann, was Hagen zu ihm gesagt hatte, ehe er ins Haus ging.

»Das paßt alles zusammen«, sagte Whitlock nachdenklich. »Aber ich glaube kaum, daß die beiden toten Polizisten ihn mehr kümmerten als Rosie. Es ist doch offensichtlich, daß Bailey ihn hergeschickt hat, um Bernard aus dem Weg zu räumen. Deshalb hat er auch so darauf gedrängt, daß Bernard ›nur in einem Leichenbehälter aus dem Haus kommt‹. Bernard weiß einfach zuviel über die CIA und deren Aktionen.«

»Hagen hatte sicher recht, als er davon sprach, daß die CIA ein Killerteam auf Bernard ansetzen würde«, meinte Stephens. »Besonders jetzt, wo er diese Diskette hat. Da würden doch einige der geheimsten CIA-Operationen b·kanntwerden, wenn das in die Öffentlichkeit gelangt.«

»Gerade deswegen bin ich jedoch sicher, daß man ihn hübsch in Ruhe lassen wird, jedenfalls so lange, wie die nicht diese Diskette sicherstellen können«, erwiderte Whitlock. »Bernard ist doch kein Narr. Er hat bestimmt die Diskette irgendwo versteckt und dafür gesorgt, daß sie in die entsprechenden Hände kommt, falls ihm etwas zustoßen sollte. Und das wäre das letzte, was Bailey sich wünschen könnte.«

»In diesem Punkt stimme ich C. W. zu«, meinte auch Graham. »Bailey kann auf keinen Fall zulassen, daß diese Dateien veröffentlicht werden, selbst wenn er dann schon nicht mehr bei der CIA sein sollte. Der springende Punkt der Freilassung gestern abend war doch, daß ein Skandal vermieden werden sollte. Aber wenn das alles veröffentlicht würde, könnte er nicht mehr mit einer Vertuschung rechnen. Es gäbe einen öffentlichen Skandal, wenn die Verantwortlichen dann nicht vor Gericht gestellt würden, allen voran Bailey.«

»Sie haben eines noch vergessen«, sagte Stephens und schaute von einem der beiden zum anderen. »Er muß immer noch erst mal aus dem Haus kommen, um zum Hubschrauber zu gelangen. Falls einer meiner Leute einen wirklich sicheren Schuß anbringen kann, wird er schießen. So lautet der Befehl. Dann soll mit Mr. Bailey und seinen wertvollen Dateien passieren, was da will!«

»Wenn Rosie irgend etwas zustößt wegen eines Fehlers Ihrer Einheit, dann bekommen Sie es mit mir zu tun, Leutnant«, sagte Whitlock leise, aber drohend. »Sie sollten sich das gut merken!«

»Diese Leute sind ausgezeichnet geschult, Mr. Whitlock«, verteidigte sich Stephens. »Sie können ganz sicher sein, daß sie nur schießen, wenn sie die hundertprozentige Gewißheit haben, daß der Schuß sitzt.«

»Das kann ich um Ihretwillen nur hoffen«, entgegnete Whitlock und ging wieder zu dem Lieferwagen.

Diesen Charakterzug Whitlocks kannte Graham noch gar nicht – kalt, zynisch, drohend. Erst jetzt war ihm so richtig klar geworden, wie nahe sich Whitlock und Rosie standen.

Wenn er es nicht besser gewußt hätte, wäre er überzeugt davon gewesen, daß Whitlock Rosies Vater war und nicht ihr Onkel. Er lächelte traurig vor sich hin. Whitlock würde einen guten Vater abgeben. Nun ja, warum eines Tages nicht – er war schließlich erst Mitte Vierzig. Ja, einen prächtigen Vater ...

Philpott nahm die Kopfhörer ab und legte sie auf die Tischplatte. »Sergej ist auf dem Weg hierher; er müßte innerhalb der nächsten zehn Minuten ankommen.«

Whitlock warf einen Blick auf seine Armbanduhr: zwei Uhr sechsundvierzig. »Ist Sabrina bei ihm?«

»Nein, sie kommt mit dem Wagen zurück. Wenn sie nach der Landung aus dem Hubschrauber steigen würde, könnte Bernard vielleicht auf den Gedanken kommen, daß ihm eine Falle gestellt werden soll. Auch wenn er ein noch so abgebrühter Profi ist, allmählich wird er doch ganz schön nervös sein. Ist ja schließlich auch kein Wunder, nachdem er weiß, daß ein Dutzend hochqualifizierter Scharfschützen nur darauf wartet, daß er einen Fehler macht. Ich möchte daher in keinem Fall für zusätzliche Spannung sorgen.«

Whitlock saß neben Philpott und schaute zu Graham hinüber, der auf der obersten Stufe hockte und, mit dem Rücken an die Tür gelehnt, heißen Kaffee aus einem Plastikbecher schlürfte.

Graham spürte den Blick und drehte sich zu Whitlock um. »Du solltest mal diesen Kaffee probieren. Da, nimm!«

Whitlock grinste, als Graham ihm den Kaffeebecher hinstreckte. »Wunderbar, was?«

»Zum Teufel, ganz das Gegenteil«, versicherte Graham und schüttete den Rest des Kaffees in das Gebüsch neben dem Lieferwagen. »Warum gibt es bei der Polizei immer derart scheußlichen Kaffee? Einen ordentlichen Kaffee zu kochen, sollte zur Grundausbildung für Polizisten gehören.«

Philpott lächelte ein wenig, griff dann nach dem Hörer und wählte die Nummer im Haus. Bernard meldete sich sofort. »Ich sollte es Sie wissen lassen, wenn der Hubschrauber unterwegs ist.«

»Ist es eine Huey?« fragte Bernard.

»Ja. Wo soll die Maschine landen?«

»So nah am Haus wie möglich. Dann muß Ihr Pilot den Motor abstellen, alle Lichter ausschalten, aussteigen und sich zurückziehen. Ich werde mit meinem eigenen Piloten fliegen, der gerade auf dem Weg hierher ist. Er fährt einen hellblauen Datsun. Sorgen Sie dafür, daß er nicht angehalten wird; ist das klar?«

»Völlig klar«, erwiderte Philpott kalt. »Wann lassen Sie Rosie frei?«

»Sobald ich mich davon überzeugen konnte, daß weder Sie noch die CIA mich ausgetrickst haben. Es mag Ihnen komisch vorkommen, Philpott, aber ich möchte genausowenig wie Sie, daß ihr etwas zustößt. Sie ist ein prima Mädel. Vermeiden Sie, daß ich etwas tun muß, was wir alle bedauern würden.«

»Wie erfahre ich, daß Sie sie freigelassen haben?«

»Sie werden der erste sein, dem ich das sage, Oberst, da können Sie ganz sicher sein.«

Damit legte Bernard auf.

Bernard schaute auf seine Armbanduhr, als er das Geknatter des anfliegenden Hubschraubers hörte. Zwei Uhr siebenundfünfzig – gutes Timing. Er löschte das Licht im Flur, ging dann in das vordere Schlafzimmer, drückte sich eng an die Wand, zog den Vorhang ein Stückchen zurück und schaute auf die Lichtung hinaus. Obwohl sie im Dunkeln lag, wußte er, daß die Scharfschützen am Waldrand lagen, ihre Gewehre mit den modernsten Infrarot-Nachtsicht-Zielfernrohren ausgerüstet. Er durfte sich nicht den kleinsten Fehler leisten, sonst würden sie ihn abknallen, ohne auch nur einen Augenblick zu zögern. Der Gedanke daran aber schien sein Selbstvertrauen nur zu stärken – ihn würde kein Bulle erledigen.

Der Hubschrauber tauchte plötzlich über dem Wäldchen auf und setzte wenige Meter vor dem Gartentor auf. Kolchinsky stellte den Motor ab, schaltete die Lichter aus, machte sich dann von den Gurten frei und kletterte heraus. Er warf einen kurzen Blick zum Haus hinüber und ging dann schnurstracks auf Philpott zu, der am Rand der Lichtung auf ihn wartete. Bernard ließ den Vorhang wieder fallen und ging aus dem Zimmer. Philpott hatte seinen Teil der Vereinbarung erfüllt – doch wo zum Teufel blieb Demerest?

Warren Demerest trat auf die Bremse, als er in der Ferne die Reihe der Polizeiwagen stehen sah, deren Scheinwerfer drohend das Halbdunkel erhellten. Er nahm die Kapuzenmütze, die fast das ganze Gesicht verdeckte, vom Armaturenbrett und zog sie über den Kopf. Dann fuhr er noch etwa hundert Meter weiter bis zu einem Polizisten, der mit einer Stablampe in der Straßenmitte stand. Er leuchtete mit der Lampe in den Wagen und ließ den Lichtstrahl über die Tarnmütze schweifen. Demerest schluckte nervös. Was nun, wenn sie Bernard schon geschnappt oder getötet hätten? Verdammt, daran hatte er überhaupt nicht gedacht! Noch eine Verurteilung, und er würde für immer im Knast verschwinden. Das jedenfalls hatte ihm der Gefängnisdirektor gesagt, als man ihn Anfang des Jahres aus San Quentin entlassen hatte. Der Polizist, der von Stephens entsprechend instruiert worden war, trat vom Wagen zurück und wies auf die Abzweigung des Sträßchens zum Haus. Demerest legte den Gang ein und fuhr los. Er kam an dem Lieferwagen vorbei und an ein paar Männern der Anti-Terror-Truppe in ihren schwarzen Uniformen; sie waren alle bewaffnet. In was für eine Geschichte hatte Bernard ihn da reingezogen? Nun war es jedenfalls zu spät, um wieder umzukehren. Er fuhr die schmale Einfahrt zum Haus hoch, wie es Bernard ihm befohlen hatte, dann um das Haus herum und zur Rückseite, wo er nur einen Schritt weit vom Hintereingang anhielt. Und was sollte er jetzt tun? Im Wagen sitzen bleiben? Oder ins Haus gehen? Wo war Bernard?

Die Hintertür öffnete sich einen Spaltbreit. »Lichter aus!« zischte Bernard von drinnen.

Demerest löschte die Scheinwerfer.

»Hier herein!« schnaubte Bernard.

Demerest kletterte aus dem Wagen und schlüpfte in die Küche. Bernard hatte Rosie mit den Handschellen an sich gekettet; in der freien Hand hielt er seine Automatik.

»He, Mann, seien Sie vorsichtig mit dem Ding da«, sagte Demerest nervös und wies auf Bernards Waffe, deren Lauf auf seine Magengrube gerichtet war.

»Mütze runter!« befahl Bernard leise.

Demerest zog die Mütze herunter und zeigte sein Gesicht. Er mochte Ende Dreißig sein, hatte braunes Stoppelhaar und trug einen Ring am linken Ohr. »Zufrieden?« fragte er scharf.

»Nehmen Sie diese Decke dort«, sagte Bernard und deutete auf eine Tischdecke. »Werfen Sie sie über Rosie und mich und führen Sie uns zum Wagen. Wir setzen uns hinten rein. Die werden keinen Schuß riskieren, wenn sie mich nicht genau sehen können.«

Demerest zog sich seine Mütze wieder über den Kopf, warf dann einen raschen Blick auf Rosie, nahm die Decke, faltete sie auseinander und warf sie über Rosie und Bernard. Bernard drückte Rosie an sich und preßte ihr den Lauf seiner Waffe in die Rippen. Sie zuckte zusammen, ließ aber keinen Laut hören.

»Gehen wir«, stieß Bernard unter der Decke hervor.

Demerest wischte sich den Schweiß von der Stirn. Es war ihm klar, daß Gewehre auf die Hintertür gerichtet waren. Was, wenn sie schossen, sobald er die Tür öffnete?

»Demerest, was zum Teufel ist los?« schnarrte Bernard. »Ich sagte: Gehen wir!«

»Schon gut«, antwortete Demerest gereizt.

Er öffnete die Tür und hielt den Atem an, als er hinaustrat. Kein Schuß fiel. So weit, so gut. Er griff nach Bernards Arm unter der Decke, führte ihn zum Wagen und öffnete die hintere Tür. Bernard schlüpfte, Rosie dicht an sich gepreßt, auf die Rückbank und machte es so den Scharfschützen unmöglich, zwischen ihm und Rosie zu unterscheiden. Demerest schlug die Tür hinter ihnen zu und setzte sich hinter das Lenkrad. Er warf einen Blick in den Rückspiegel. Bernard und Rosie lagen auf der Rückbank unter der Decke. Kein Scharfschütze würde einen Schuß auf die beiden riskieren. Demerest selbst fühlte sich jedoch weiterhin höchst unwohl in seiner Haut. Ihn konnten sie leicht erwischen – eine einzige Kugel reichte.

»Lassen Sie den Motor an, verdammt noch mal!« schimpfte Bernard. »Und kein Licht!«

Demerest fluchte, als das Getriebe kreischte, weil er nicht auf Anhieb den richtigen Gang fand. Seine Hände zitterten. Er versuchte es nochmals, bekam diesmal den ersten Gang hinein, wendete den Wagen und fuhr zur Einfahrt zurück, bog dann jedoch ab und hielt auf den Hubschrauber zu.

»Halten Sie so nahe an der Maschine wie nur möglich«, befahl Bernard.

Demerest stellte den Wagen unmittelbar neben der Kabinentür ab und stellte den Motor ab. Er stieg aus dem Wagen und schaute zum Waldrand hinüber. Dort konnte er einige Gestalten erkennen, die sicher nicht von der Anti-Terror-Einheit waren – die hätte man nämlich wegen ihrer schwarzen Uniformen gar nicht sehen können. Das zerrte nur noch mehr an seinen Nerven. Wie viele unsichtbare Waffen mochten in diesem Augenblick wohl auf ihn gerichtet sein? Er verdrängte rasch diesen Gedanken – es gab schon genug, worüber er sich aufregen konnte. Er schob die Kabinentür auf und warf einen Blick hinein. Neben der Tür war eine kleine Eisenleiter an der Wand befestigt. Er nahm sie von den Haken und lehnte sie an den Einstieg.

»Fertig«, sagte er dann durch das offene Fenster der Fahrertür zu Bernard.

»Öffnen Sie die hintere Tür!«

Demerest tat, wie geheißen, und Bernard schlüpfte rückwärts aus dem Wagen, Rosie mit sich ziehend. Eine Hand drückte ihren Kopf nach unten, als ihre Füße draußen den Boden berührten. Die Hand blieb auf ihrem Kopf, bis sie ganz aus dem Wagen war.

»Ich habe eine Leiter angelehnt ...«

Eine Kugel prallte als Querschläger wenige Zentimeter über Demerests Kopf von einer Strebe des Hubschraubers ab. Bernard erstarrte, als er sich dazu zwang, nicht abzudrücken. Er fühlte, wie Rosie steif wurde. Sie schloß die Augen und erwartete ihr Ende. Demerest war auf ein Knie gesunken, die Augen vor Furcht weit aufgerissen. Sie hörten einen lauten Befehl aus der Richtung des Wäldchens – dann war Stille.

»Bernard?« schrie Stephens durch das Megaphon. »Tun Sie dem Mädchen nichts! Das war unbeabsichtigt, und es wird kein weiterer Schuß mehr fallen!«

Bernard blinzelte, als ihm der Schweiß in die Augen lief. Er löste den Finger vom Abzug, drückte Rosie aber weiter die Waffe gegen den Leib und hörte sich selbst seufzen. Das war knapp gewesen. Um ein Haar hätte er seinen Trumpf geopfert.

»Demerest?« zischte er. »Demerest!«

»Ja, ich bin hier«, antwortete Demerest und erhob sich.

»Führen Sie uns zur Leiter«, befahl Bernard.

Demerest griff nach Bernards Arm unter der Decke und half den beiden die Leiter hinauf und ins Innere der Maschine hinein. Dann stieß er mit dem Fuß die Leiter beiseite, warf die Kabinentür zu, kletterte selbst in die Kanzel und startete den Motor.

Bernard schob die Decke zur Seite und schloß, sorgsam bemüht, geduckt zu bleiben, seine Handschelle auf. Dann befestigte er Rosies Handschelle erneut an einem Rohr, das an der Wand entlanglief. Er wischte sich den Schweiß von der Stirn und zog scharf die Luft ein, als er dabei die Wunde über seinem Arm berührte. »Wann heben wir denn endlich ab?« rief er Demerest zu.

»Ist gleich soweit«, kam die Antwort.

Bernard erlaubte sich ein schwaches Lächeln der Befriedigung. Er schaute Rosie an. Sie starrte mit ausdruckslosem Blick zurück.

Dann begann der Hubschrauber zu steigen.

Graham und Whitlock hatten sich im Schutz der Dunkelheit unbemerkt von den anderen getrennt, doch als sie sich an die Rückseite des Hauses hatten heranschleichen können, fuhr der Datsun gerade vor. Sie warteten, bis er abgebogen war, ehe sie die Deckung verließen und zunächst zur Seite des Hauses rannten. Whitlock sprang dort die Stufen zum Keller hinunter und entdeckte die aus dem Schloß gesprengte Tür und die von innen dagegengelehnte Leiche Bretts. Graham kauerte sich indessen oben an den Stufen nieder und schaute zu dem Hubschrauber hinüber, auf dessen von ihnen abgewandter Seite der Datsun inzwischen angehalten hatte.

Graham war klar, daß seine Beretta aus dieser Entfernung kaum von Nutzen sein konnte. Rund um das Haus lagen ja genug Scharfschützen, die Bernard erledigen würden, wenn er auch nur den geringsten Fehler machte. Ja, *wenn!* Aber Graham kannte Bernard besser als jeder von ihnen, Bernard würde keinen Fehler machen. Daher hatte er mit Whitlock einen Alternativplan entwickelt. Whitlock konnte freilich wegen seines verletzten Arms nur Hilfestellung leisten, was ihm nicht wenig zu schaffen machte. Dennoch war es ihm sehr wichtig, mit Graham zusammen diesen Plan zu verwirklichen. Bernard hatte seinerzeit Carrie und Mikey entführen lassen, um sein Entkommen zu sichern. Jetzt versuchte er es wieder mit der gleichen Methode, und jetzt hatte er Rosie als Geisel. Sie wußten, daß deren Leben wertlos war, wenn es ihm erst mal gelingen würde, aus dem Land zu entkommen und sich irgendwo ein neues Leben aufzubauen. Man mußte ihn also vorher erwischen.

Whitlock legte Graham leicht die Hand auf die Schulter. Graham reckte den Daumen hoch und sprintete auf den Hubschrauber zu, der gerade abzuheben begann.

Demerest sah aus dem Augenwinkel Graham erst dann, als dieser noch etwa zehn Meter von der Maschine entfernt war. Instinktiv bemühte er sich, aus dem Triebwerk das Äußerste herauszuholen, um die Steiggeschwindigkeit zu erhöhen. Graham merkte sofort, daß er vom Boden aus die nächstliegende Landekufe nicht mehr würde erreichen können, und sprang daher erst auf die Motorhaube und dann auf das Dach des Datsuns. Von dort machte er einen gewaltigen Satz, und es gelang ihm gerade noch, sich mit der rechten Hand an einer der Kufen festzuklammern. Er hatte das Gefühl, als ob ihm beim weiteren Steigen der Maschine der rechte Arm aus dem Gelenk gerissen würde, trotzdem gelang es ihm, zunächst auch noch mit der linken Hand die Kufe zu umfassen und damit dem rechten Arm Entlastung zu verschaffen. Dann begann er, hin und her zu schaukeln, bis er genug Schwung hatte, um schließlich das rechte Bein in die Kufe einzuhängen. Die Maschine mochte inzwischen etwa dreißig Meter über dem Boden sein und gewann weiter an Höhe.

Demerest ließ durch das Seitenfenster Graham nicht aus den Augen und verfolgte wie gebannt, mit welcher Kraft und Gewandtheit diesem das Erklimmen der Kufe gelang. Bernard, durch Demerest gewarnt, wartete bereits, die Automatik im Anschlag. Ihm war sofort klar, daß das nur Graham sein konnte. Ein solches Wagnis entsprach ganz dessen Stil – der Mann mußte eine geheime Todessehnsucht in sich tragen. Aber Bernard konnte nichts unternehmen, bevor der Hubschrauber außer Schußweite der Scharfschützen war. Damit gewann Graham wertvolle Sekunden, um sich einen besseren Halt auf der Kufe zu verschaffen. Trotzdem – Bernard brauchte nur zu warten, bis er versuchte, die Tür zu öffnen ...

Demerest hatte zunächst beabsichtigt, mit den Kufen ganz knapp über die Baumwipfel zu fliegen und dadurch Graham abzustreifen, doch Bernard hatte diesen Vorschlag rasch als zu gefährlich verworfen. Was, wenn eine der Kufen dabei an einem dickeren Ast hängenbliebe? Das hätte den Absturz der Maschine bedeutet. Demerest schwang daher statt dessen den Hubschrauber nun von einer Seite zur anderen und hoffte, dadurch Graham abzuschütteln – aber vergeblich. Der hing eisern fest und wartete wie eine sprungbereite Katze darauf, daß Bernard die Tür aufreißen würde. Am Rand einer Schnellstraße endete der Baumbestand, und Demerest schrie Bernard sofort zu, daß sie jetzt den Wald hinter sich hätten.

Bernard riß mit der einen Hand die Tür auf und hob mit der anderen seine Waffe. In diesem Augenblick stieß ihm Rosie die Spitze ihres Stiefels seitlich gegen den Kopf und traf damit genau die Verletzung über seinem Auge. Bernard schrie vor Schmerz auf, seine Hand, der die Automatik entfiel, fuhr zum verletzten Auge hoch, und er taumelte von der Tür zurück. Das Blut lief ihm durch die Finger auf das Hemd, und er versetzte Rosie einen heftigen Schlag mit dem Rücken der anderen Hand. Das Mädchen wurde an die Kabinenwand zurückgeschleudert, wobei sich ein dort befestigter kleiner brauner Holzkasten löste und herunterfiel.

Bernard grapschte noch nach seiner Automatik, als Graham sich durch die offene Tür schwang und ihn mit einer Beingrätsche zu Fall brachte. Bernard krachte schwer auf den Boden, seine Waffe schlidderte auf die Tür zu und blieb eine Fußlänge davon entfernt liegen. Graham riß seine Beretta aus dem Schulterholster, aber Bernard konnte sein Handgelenk packen, den Lauf der Waffe zur Seite drücken und Grahams Hand so heftig gegen die Kabinenwand schmettern, daß die Beretta zu Boden fiel. Anschließend erwischte er Graham mit einem furchtbaren Hieb, der ihn seitlich am Gesicht traf und ihm den Kopf nach hinten riß. Trotzdem holte Graham mit dem Ellbogen aus und traf ihn damit voll an der aufgeplatzten Augenbraue. Bernard fuhr mit einem Schmerzensschrei zurück, reagierte aber sofort, als Graham nach seiner Beretta griff. Sie rangen verzweifelt um den Besitz der Waffe, bis es Bernard schließlich gelang, sie Graham aus der Hand zu winden. Doch im gleichen Augenblick versetzte ihm dieser einen heftigen Kopfstoß und traf ein weiteres Mal die verletzte Augenbraue. Bernard taumelte und stürzte, die Beretta entglitt ihm dabei und verschwand durch die offene Kabinentür. Sofort schnellte Bernard nach vorn und erwischte Graham mit einem Fußtritt in den Magen so schwer, daß er vornüber zusammensackte; mitten hinein in einen Hieb Bernards ins Gesicht. Graham sank in die Knie, das Wasser schoß ihm von der Wucht des Treffers aus den Augen. Nur undeutlich sah er, daß Bernard nach seiner Desert Eagle hechtete – und wußte sofort, daß er ihn nicht mehr erreichen konnte, ehe er die Waffe wieder in die Hand bekam.

»Fangen!« schrie da plötzlich Rosie.

Graham fuhr herum. Rosie hielt eine Very-Leuchtpistole in der Hand, die aus dem Holzkasten gekullert war, als dieser herunterstürzte. Sie warf die Waffe Graham zu; der hatte keine Ahnung, ob sie überhaupt geladen war, aber jetzt war nicht die Zeit, das zu prüfen. Denn Bernard hob bereits seine Automatik. Graham richtete die Very auf ihn und drückte ab. Der Einschlag der Spezialpatrone traf seine Brust mit der

Gewalt eines Vorschlaghammers, er wurde nach hinten von den Füßen gerissen, verlor das Gleichgewicht und taumelte rückwärts durch die offene Tür. Vergeblich versuchte er noch, sich an Türkanten festzuklammern, doch seine blutverschmierten Finger fanden an dem glatten Metall keinen Halt, und mit vor Grauen weit aufgerissenen Augen fiel er ins Leere. Der Wind riß ihm den Schrei von den Lippen, während er seinem Tod entgegenstürzte.

Graham hob die Desert Eagle auf, die Bernard aus der Hand gefallen war, und drückte ihren Lauf Demerest ins Genick. »Sofort zurück zum Haus!«

»Aber sicher doch, Mann«, sagte Demerest nervös. »Hab' keinerlei Lust auf weitere Probleme.«

»Geben Sie mir Ihre Waffe«, forderte Graham.

»Hab' keine«, versicherte Demerest mit nachdrücklichem Kopfschütteln. »Ich trag' nie eine. Bin schließlich bloß Flieger, Mann!«

Graham war überzeugt, daß Demerest die Wahrheit sagte. »Geben Sie mal das Mikrofon rüber!«

Demerest tat es, und Graham meldete sich bei Philpott, um ihm durchzugeben, daß sie zum Haus zurückkämen. Dann schloß er die Kabinentür, setzte sich neben Rosie und bog ihr sanft den Kopf zur Seite, um sich die Prellung auf der linken Wange anzuschauen.

»Nicht so schlimm«, sagte sie leise. »Wer sind Sie?«

»Ich heiße Mike.«

»Mike Graham?«

»Ja, woher wissen Sie das?«

Sie zog eine Kassette aus der Tasche und reichte sie ihm. »Bernard – so heißt er wohl richtig?« Graham nickte. »Bernard also hat sie mir gegeben, ehe wir das Haus verließen. Er sagte mir, ich solle sie meinem Onkel aushändigen, sobald ich ihn treffen würde. Und er sollte sie dann Ihnen geben.«

»Sagte er, was da drauf ist?«

Rosie schüttelte den Kopf.

Graham lehnte den Rücken an die Kabinenwand und drehte nachdenklich die Kassette zwischen den Fingern. Sein Name war in Großbuchstaben mit schwarzem Filzstift auf beide Seiten gekritzelt. Enthielt das Tonband irgend etwas über Carrie und Mikey? Der Gedanke beschäftigte ihn bis zur Landung vor dem Haus.

Gleich nach dem Aufsetzen umringten die Männer der Anti-Terror-Einheit den Hubschrauber. Demerest stellte das Triebwerk ab, löste seine Gurte und kletterte aus der Pilotenkanzel. Man legte ihm sogleich Handschellen an und führte ihn zu einem Polizeiwagen.

Die Kabinentür wurde von außen geöffnet, und Whitlock schaute besorgt herein. Rosie lächelte ihm zu und mußte sich dann auf die Lippen beißen, als ihr die Tränen über die Wangen liefen. Graham half Whitlock in die Kabine und sprang dann hinaus, um nach etwas zu suchen, mit dem man Rosie befreien konnte.

»Gott sei Dank, daß du in Sicherheit bist!« sagte Whitlock und stürzte auf Rosie zu.

Sie umarmte ihn. Whitlock zog ein Taschentuch hervor und gab es ihr. Sie lächelte tapfer, während sie sich die Tränen abwischte.

»Wer hat dich geschlagen?« fragte er zornig. »Bernard?«

Rosie nickte. »Aber sonst bin ich ganz in Ordnung. Was ist mit deinem Arm passiert?«

»Nichts Schlimmes«, antwortete er mit einem wegwerfenden Achselzucken. »Deine Eltern werden überglücklich sein, wenn sie erfahren, daß du in Sicherheit bist, und Carmen natürlich auch. Wir haben uns alle schreckliche Sorgen gemacht.«

»Gilt das noch, daß ich für ein paar Tage zu dir und Carmen kommen kann? Wenigstens so lange, bis ich in der Lage bin, meinen Eltern gegenüberzutreten?«

»Das Gästebett ist schon hergerichtet«, versicherte Whitlock. »Du kannst so lange bleiben, wie du willst.«

»Klopf, klopf«, sagte Graham und steckte den Kopf herein.

»Komm rein, Mike«, sagte Whitlock, sich zu ihm umdrehend.

Graham zog sich in die Kabine, eine Metallsäge in der Hand. »Damit werden wir Sie bald losgemacht haben, Rosie.«

»Woher kennt ihr euch überhaupt?« wollte Rosie wissen, als Graham sich neben ihr niederkauerte.

Dieser schielte zu Whitlock hoch und wartete dessen Antwort ab. Es war seine Sache, zu entscheiden, ob man ihr etwas über die UNACO mitteilen sollte. In gewisser Weise, fand Graham, stand ihr eine Information zu, aber er würde sich nicht äußern – jedenfalls nicht ohne einen Fingerzeig Whitlocks.

Der lächelte seine Nichte an. »Du kannst dir ja vorstellen, daß man im diplomatischen Dienst eine Menge Leute kennenlernt. Und die Bekanntschaft Mikes habe ich bei einem Empfang der UNO gemacht. Seither sind wir uns gelegentlich begegnet. Mike hat mich angerufen, als man herausgefunden hatte, wo dich Bernard gefangenhielt. Da bin ich so schnell wie möglich hergekommen.«

»Sind Sie Polizist?« fragte Rosie.

Graham hörte auf zu sägen und schaute sie an. »Na ja, so eine Art von Polizist.«

»Eine Art von Polizist? Etwas merkwürdige Antwort«, fand Rosie.

»Aber die einzige, die Sie kriegen können«, beschied Graham sie und sägte weiter.

»Na gut, ich versteh' schon«, sagte Rosie.

Graham brauchte nur eine gute Minute, bis er die Handschelle durchgesägt hatte. Er drückte die beiden Hälften auseinander, und Rosie zog die Hand heraus.

»Nun, wie wär's jetzt mit einem heißen Bad, einem ordentlichen Essen und einem schönen Schläfchen in einem warmen, weichen Bett?« fragte Whitlock.

»Na, wie wohl!« antwortete Rosie und rieb sich das aufgescheuerte Handgelenk.

»Dann komm«, erwiderte Whitlock und half ihr auf die Füße.

»Danke, Mike«, sagte sie leise und küßte Graham leicht auf die Wange.

»Raus jetzt!« befahl er gutmütig.

Sie ging mit Whitlock zur Tür und drehte sich dort nochmals zu Graham um. »Sind Sie Geheimpolizist?«

»Na ja, so etwas in der Art«, antwortete er mit unbewegter Pokermiene.

Sie lächelte. »Tschüß, Mike!«

»Wir seh'n uns noch!«

Sabrina wartete, bis man Whitlock und Rosie aus dem Hubschrauber geholfen hatte, bevor sie den Kopf in die Kabine steckte. »Du mußt verrückt sein, weißt du das?«

»Ich weiß das schon lange«, erwiderte er kopfnickend. »Aber warum hat es so lange gedauert, bis du das spitzgekriegt hast?«

»Warum hat keiner von euch beiden was gesagt, ehe ihr euch davongemacht habt?«

»Ich bin ziemlich sicher, daß der Oberst unser Vorhaben gebilligt hätte. Ich glaube, daß es ihm ziemlich schnurz ist, was wir gemacht haben.«

»Aber er hat sich geärgert; ihr hättet ihn informieren sollen. Natürlich ist er jetzt froh, daß alles gut ausging. Trotzdem will er euch sprechen, und zwar sofort.«

Graham ging zur Kabinentür und wollte gerade hinausspringen, als er etwas in der Ecke auf dem Boden liegen sah; er bückte sich, um es näher in Augenschein zu nehmen.

»Was ist das?« fragte Sabrina.

»Eine Computerdiskette«, antwortete er und hob sie auf. Dann wandte er sich zu ihr um. »Denkst du das gleiche wie ich?«

»Aha«, antwortete sie und nickte. »Bernards ›Lebensversicherung‹!«

»Sie muß ihm aus der Tasche gefallen sein, als wir miteinander kämpften. Eine tolle Sache für die UNACO!«

»Besonders, wenn die CIA nicht erfährt, daß wir sie haben«, fügte Sabrina hinzu.

»Und wenn man die Spannungen zwischen dem Oberst und der CIA-Zentrale kennt, kannst du darauf wetten, daß er das Richtige damit anfängt.«

»Wir werden sie ihnen natürlich zurückgeben müssen«, sagte der Oberst, nachdem ihm Graham die Diskette ausgehändigt hatte.

»Zurückgeben?« fragte Graham völlig verblüfft. »Ich verstehe nicht, Sir. Wir könnten doch alle auf dieser Diskette gespeicherten Operationen verfolgen, ohne daß die in Langley etwas davon wissen.«

»Nur die Ruhe«, antwortete Philpott. »Diese verdeckten Operationen sind viel zu wichtig für die CIA, als daß sie nach Baileys Ausscheiden einfach abgebrochen würden. Man wird die Kontrolle darüber lediglich einem neuen Mann übertragen, wahrscheinlich Baileys Nachfolger. Aber sobald die in Langley wissen, daß wir Kenntnis von diesen Operationen haben, werden sie darauf bedacht sein müssen, daß keiner ihrer Agenten gefährdet wird. Und das werden wir zu unserem Vorteil nützen – unser Schweigen wird seinen Preis haben. Sie werden bestimmt feststellen können, daß die CIA in Zukunft erheblich williger zur Zusammenarbeit mit uns bereit sein wird. Und das wäre doch, bei Licht besehen, bestimmt nicht schlecht, oder?«

»Gewiß nicht, Sir«, antwortete Graham, verständnisvoll lächelnd.

Philpott steckte die Diskette in die Tasche. »So, und nun zu Ihrer kleinen Eskapade.«

»Es war meine Idee, Sir«, sagte Graham.

»Merkwürdig, genau das behauptet C. W. auch. Wessen Einfall das war, ist aber völlig unerheblich. Entscheidend ist, daß keiner von Ihnen beiden ein Wort sagte, bevor Sie sich verkrümelten. Dabei hatte ich doch gehofft, daß Sie beide inzwischen begriffen hätten, was es heißt, mir oder Sergej etwas zu verheimlichen. Leider scheint das jedoch nicht der Fall zu sein.«

»Aber Sie wären bestimmt damit einverstanden gewesen, Sir«, wandte Graham ein.

»Das ist nicht der springende Punkt«, warf Kolchinsky scharf ein. »Wir sind immer noch Ihre Vorgesetzten. Das hat Sie aber in den letzten Tagen offenbar so gut wie nicht gekümmert. Ganz besonders nicht Sie! Wegen Ihrer Alleingänge muß sich jetzt die Einsatzgruppe drei einer internen Untersuchung stellen!«

»Bernard hat meine Angehörigen umgebracht, Sergej –

meine Frau und meinen fünfjährigen Sohn. Was zum Teufel hat man denn von mir erwartet, nachdem ich erfahren hatte, daß er in Beirut gesehen worden war?« Graham hob die Hand, als Kolchinsky antworten wollte. »Ja, ich weiß schon – Ihnen Mitteilung davon zu machen. Sie hätten dann die notwendigen Schritte eingeleitet, um ihn dort in Gewahrsam zu nehmen. Und was wäre dann geschehen? Hätten die ihn etwa ausgeliefert, damit er hier vor Gericht gestellt wird? Sie wissen genau, daß das nicht der Fall gewesen wäre. Wahrscheinlich hätten sie ihn in ein Flugzeug nach Libyen gesetzt, und bei der Landung dort wäre er als Held gefeiert worden. Nun, Sie können wahrscheinlich nicht begreifen, was ich in den vergangenen zwei Jahren durchgemacht habe.

Verdammt noch mal, ich stell' mich doch nicht hier hin, um mich vor Ihnen zu rechtfertigen, Sergej! Was ich getan habe, schien mir richtig nicht nur im Hinblick auf meine Angehörigen, sondern auch sonst. Was ich wirklich bedaure, ist, daß auch Sabrina und C. W. in die Sache mit hineingezogen wurden. Deswegen habe ich meine Kündigung eingereicht – um den beiden künftige Probleme zu ersparen. Und es ist sicher das vernünftigste, wenn Sie meine Kündigung annehmen und damit einen Schlußstrich unter die Angelegenheit ziehen.«

»Ihr Kündigungsschreiben liegt auf meinem Schreibtisch«, sagte Philpott und hielt Grahams zornigem Blick stand. »Man wird es gründlich erwägen, sobald die entsprechenden Untersuchungsergebnisse vorliegen. Bis dahin sind Sie jedoch weiterhin Mitarbeiter unserer Organisation. Und das bedeutet auch, daß Sie sich dieser Untersuchung stellen müssen. Man wird Sie in diesem Zusammenhang heute nachmittag getrennt befragen. Der Untersuchungsausschuß wird in meinem Büro zusammenkommen. Seien Sie also pünktlich um zwei Uhr dort.«

»Wann wird das Untersuchungsergebnis bekannt sein?« fragte Sabrina.

»Am späten Nachmittag. Ich bin am Abend beim Generalsekretär zum Abendessen eingeladen, und wir werden dabei auch diese Angelegenheit besprechen.«

Sabrina warf eine Blick auf ihre Uhr: drei Uhr siebenundvierzig. Sie hatte Mühe, ein Gähnen zu unterdrücken. »Ob wir wohl jetzt etwas schlafen dürften, Sir?«

»Ja, gehen Sie. Wir werden uns heute nachmittag nicht sehen, weil ich nach Washington zu einem Gespräch mit Morgan Chilvers fliegen muß, dem Chef der CIA. Aber Sergej wird im UNO-Gebäude sein. Wir treffen uns dann am nächsten Morgen um neun, um die Konsequenzen der Untersuchungsergebnisse zu besprechen. Bis dahin weiß ich dann auch, wie der Generalsekretär zu der Angelegenheit steht. Sabrina, könnten Sie vielleicht Graham zu seinem Hotel mitnehmen?«

»Natürlich«, antwortete sie. »Weiß C. W. Bescheid über das Treffen bei Ihnen morgen früh?«

»Ja, ich sagte es ihm, ehe er Rosie nach Hause fuhr.« Philpotts Blick wanderte zu Graham. »Sie haben das gut gemacht heute nacht, Mike.«

»Rosie ist wohlauf, das ist die Hauptsache«, erwiderte Graham. Dann wandte er sich Sabrina zu. »Können wir?«

Sie nickte, wünschte Philpott und Sergej gute Nacht und eilte hinter Graham her.

»Hast du einen Kassettenrekorder im Wagen?« fragte er sie.

»Nein, nur einen CD-Player. Warum?«

Er zog die Kassette aus seiner Tasche und zeigte sie ihr. »Bernard hat sie Rosie gegeben, ehe sie das Haus verließen. Sie sei für mich. Da muß was über Carrie und Mikey drauf sein.«

»In der Wohnung habe ich ein Kassettendeck. Da kannst du sie abhören.«

Graham schaute auf seine Uhr. »Bist du sicher, daß dich das um diese Zeit nicht stört?«

»Jetzt spinn' bloß nicht«, antwortete sie und schloß die Tür ihres Wagens auf.

»Danke, das ist wirklich sehr nett von dir.«

Sabrina stieg ein und öffnete die Beifahrertür für Graham. Er steckte die Kassette wieder in seine Tasche und setzte sich neben Sabrina. Sie fuhr das Zugangssträßchen wieder hoch und bog auf die Hauptstraße ein.

»Danke«, sagte Graham, nahm die Tasse mit heißer Schokolade entgegen, die Sabrina ihm reichte, und stellte sie auf das Tischchen neben sich. »Hübsch hast du's hier.«

»Lügner«, erwiderte sie grinsend.

»Na gut, vielleicht ein bißchen zu künstlerisch für meinen Geschmack«, gab er zu. »Doch bei weitem gemütlicher, als ich es mir vorgestellt hatte – ernstlich. Aber was mich am meisten beeindruckt, ist deine CD-Sammlung. Du hast ja prächtige Jazz-Aufnahmen!«

»Du weißt doch, wie sehr ich guten Jazz mag«, erwiderte sie mit einem Blick auf die lange Reihe von Compact-Disks auf dem Bord. Dann wanderten ihre Augen zu der Tonbandkassette auf dem Tischchen. »Ich laß dich jetzt allein, während du dir diese Kassette anhörst. Ich bin inzwischen in der Küche.«

»Ja, danke«, erwiderte Graham und wartete, bis sie den Raum verlassen hatte, ehe er die Einschalttaste des Kassettendecks drückte. Er setzte sich und stützte die Arme auf die Knie, während er gespannt wartete.

»Wenn Sie dieses Band in die Hände bekommen, Graham, werde ich dieses Land längst verlassen haben und auf dem Weg in eine entlegene Ecke der Welt sein, um dort ein neues Leben anzufangen. Ich weiß, daß Sie nie aufhören werden, mir nachzuspüren, und ich muß offen sagen, daß ich Ihnen daraus keinen Vorwurf machen kann. Denn mir ist klar, daß Sie mich immer persönlich für das verantwortlich gemacht haben, was Ihrer Frau Carol und Ihrem Sohn Michael zugestoßen ist. Dieses Tonband soll kein Versuch zu meiner Rechtfertigung sein. Es ist mir natürlich bewußt, daß ich zumindest zu einem Teil an ihrem Tod schuld bin. Aber Sie haben einen Anspruch darauf, zu erfahren, was damals an diesem Nachmittag draußen bei Ihrer Wohnung in New York wirklich geschah.

Ich war zu der Zeit in Libyen auf Weisung des CIA – oder genauer gesagt, auf Weisung Robert Baileys. Wie Sie inzwischen zweifellos wissen, war er mein Führungsmann vom Beginn meiner Tätigkeit für die CIA an. Der Grund für meinen Einsatz war, daß Salim Al-Makesh, damals einer der führenden Leute in Abu Nidals Bewegung ›Schwarzer Juni‹, einen Plan für eine Reihe von Bombenanschlägen in den Vereinigten Staaten entwickelt hatte. Es war beabsichtigt, Bomben unter anderem in Einkaufsstraßen, Sportstadien oder Schulen zu zünden – ›weichen Zielen‹ sozusagen. Die CIA brachte darüber etwas in Erfahrung durch einen Maulwurf, den sie in den ›Schwarzen Juni‹ hatte einschmuggeln können. Der Mann wurde allerdings unter rätselhaften Umständen getötet, bevor er alle Informationen übermitteln konnte. Ob er ermordet wurde oder tatsächlich aufgrund eines Unfalls starb, wurde nie geklärt. Aber die CIA war sehr beunruhigt, da sie nicht hatte erfahren können, wo und wann die Bombenanschläge stattfinden sollten. Aus diesem Grund wurde ich losgeschickt, um mich mit Al-Makesh zu treffen und die fehlenden Informationen herauszubekommen, damit man die Bombenleger bei ihrer Einreise in die Vereinigten Staaten abfangen konnte.

Wir hatten uns etwa vierzig Minuten lang unterhalten – ohne daß ich dabei viel Erfolg gehabt hätte, muß ich hinzufügen –, als wir erfuhren, daß das Lager von Ihnen und Ihren Leuten eingekreist worden wäre. Zu der Zeit hatten wir freilich keine Ahnung, wer Sie waren und woher Sie kamen. Daher rief ich Bailey in Washington an und berichtete ihm, was vorging. Ihm war klar, daß die letzte Chance für die CIA dahin war, diese Bombenattentate zu vermeiden, falls Al-Makesh getötet würde. Ich weiß nicht, wie er das so rasch hatte in Erfahrung bringen können, aber jedenfalls rief er schon nach fünf Minuten wieder an und sagte, bei Ihren Leuten handle es sich um Angehörige der amerikanischen Anti-Terror-Truppe Delta. Damit war uns klar, daß wir in ernsthaften Schwierigkeiten waren. Außer uns beiden befanden sich nur weitere acht Mann im Lager – keine ernsthaften Gegner für eine Sturmeinheit der Delta. Bailey sagte, er werde ›etwas arrangieren‹; genau das waren seine Worte. Nach wenigen Minuten rief er nochmals an und teilte mit, die Einheit der Delta würde sich zurückziehen. Das war eine gute Nachricht – aber Sie griffen dann trotzdem an. Al-Makesh befahl seinen Leuten, verbissenen Widerstand zu leisten, und zog mich dann mit sich in einen unterirdischen Gang. Durch diesen konnten wir wenige Minuten vor der Einnahme des Lagers durch Ihre Einheit entkommen.

Ich rief Bailey noch in der gleichen Nacht an, um herauszubekommen, was schiefgelaufen war. Da erzählte er mir, was sich abgespielt hatte. Es war ihm gelungen zu erfahren, daß am fraglichen Platz eine Delta-Einheit unter Ihrer Führung im Einsatz war, aber er konnte nicht riskieren, Ihren befehlshabenden Vorgesetzten über meine Tätigkeit für die CIA zu informieren, ohne daß damit meine Tarnung aufgeflogen wäre. Er wußte aber auch, daß es Ihr erster Einsatz als Anführer einer Einheit war und nahm verständlicherweise an, Sie würden schwach werden, wenn man Sie nur dem richtigen Druck aussetzte. Daher gab er Weisung, Ihre Frau und Ihren Sohn zu entführen, um Sie so zu zwingen, den Befehl zum Rückzug zu geben. Ich weiß, daß mehrere Augenzeugen versicherten, daß drei Araber mit Wollmützen über den Gesichtern an der Entführung beteiligt gewesen seien – denn die Männer hätten sich in einer Sprache unterhalten, von der sie sicher waren, daß es sich um Arabisch gehandelt habe. Es war zwar Arabisch, aber die Männer waren keine Araber. Es handelte sich vielmehr um Amerikaner, die Arabisch sprachen – Baileys Männer nämlich: Paul Brett, Jack Rogers und ein dritter namens Rick Kennedy, der vor ein paar Monaten beim Absturz eines Leichtflugzeugs ums Leben kam.

Ihre Frau und Ihr Sohn wurden in diese verdeckte Unterkunft gebracht, in der auch ich mich jetzt aufhalte. Ich weiß nicht, ob Bailey jemals vorhatte, die beiden wieder laufenzulassen, aber es scheint, daß Ihre Frau sich auf einen der Männer stürzte, als der Ihren Sohn unsanft behandelte, und ihm in dem folgenden Handgemenge die Mütze herunterriß. Daraufhin konnten sie die beiden nicht wieder freilassen, und deshalb wurden sie am gleichen Tag erschossen, und man vergrub ihre Leichen hinter dem Haus. Ich kann nicht genau sagen, wo, aber jedenfalls ziemlich nahe am Haus. Nun wissen Sie also, was geschehen ist, Graham. Ich kann nicht erwarten, daß Sie mir das allein auf mein Wort hin glauben.

Aber in Baileys Computer gibt es eine Datei mit der Kennzeichnung ›Operation Delta‹. Dort steht das alles drin, und ich bin sicher, Ihrem Oberst Philpott wird die CIA Zugriff auf diese Datei gewähren.

Sie werden sich wundern, warum ich dieses Band für Sie besprochen habe. Das läßt sich mit einem einzigen Wort beantworten: Hochachtung. Wie ich selbst, sind auch Sie ein Mann der Front, und einer der besten in jeder Hinsicht. Bailey dagegen ist ein Schreibtischtäter, der nur das Leben anderer Leute aufs Spiel setzt. Er mag ja mein Führungsoffizier gewesen sein, aber das heißt noch lange nicht, daß ich ihn achte. Sie dagegen haben mir imponiert, als Sie trotz allem den Befehl zum Angriff gaben. Sie fühlten sich Ihren Prinzipien so unerschütterlich verbunden, daß auch die Bedrohung des Lebens Ihrer Angehörigen Sie nicht davon abbringen konnte.

Aber wenn ich das sage, kann damit doch nicht die Vergangenheit ungeschehen gemacht werden. Wir beide müssen mit dem leben, was an diesem Tag geschah. Jeder von uns muß seinen Teil von Schuld tragen. Und was auch geschehen mag, jeder von uns wird sie tragen müssen bis an sein Grab. *Assalam alaikum.*«

Graham lehnte sich in seinem Sessel zurück und rieb sich müde das Gesicht. Er wußte, daß sein Zorn auflodern würde – zur richtigen Zeit. Aber alles, was er im Augenblick fühlte, war Erleichterung, Erleichterung darüber, daß er nun die letzten fehlenden Stücke in das Puzzlespiel einsetzen konnte. Endlich kannte er die Wahrheit. Die Qualen und Ängste der letzten beiden Jahre hatten ein Ende gefunden. Am wichtigsten vielleicht war aber doch, daß er die beiden jetzt so wie es sich gehörte bestatten lassen konnte. Carrie war immer sehr religiös gewesen, und er wußte, daß sie sich das sehr gewünscht hätte, nicht nur für sich selbst, sondern auch für Mikey. Seite an Seite sollten sie liegen – für immer.

Graham schaltete das Gerät ab, nahm die Kassette heraus, steckte sie in die Tasche und ging dann, die leere Tasse in der Hand, in die Küche hinaus. Dort saß Sabrina an einem Holztisch.

»Geht es dir gut?« fragte sie leise.

»Ja«, versicherte er und schilderte ihr auszugsweise den Bericht, den Bernard auf das Tonband gesprochen hatte.

»Es tut mir sehr leid, Mike«, sagte sie leise, als er geendet hatte.

»Ich wußte eigentlich immer, daß sie tot waren. Ich könnte nicht sagen, warum, aber ich glaube, das sagt einem einfach das Gefühl, wenn man jemandem sehr nahesteht. Was mir in diesen beiden Jahren immer auf der Seele lag, war der Gedanke, daß sie niemals ein ordentliches Begräbnis hatten. Aber das werde ich regeln. Dann kann ich jede Woche die Gräber besuchen und bei ihnen sein.« Er hob unbehaglich die Schultern. »Ich weiß, das klingt wohl etwas sentimental ...«

»Nur für dich selbst. Du hast dir niemals das Eingeständnis von Gefühlen gestattet, seit die beiden verschwunden waren, oder? Du hast immer den harten, gefühllosen Einzelgänger gemimt. Nun, offenbar war das der Eindruck, den du selbst von dir vermitteln wolltest, und bei den meisten Leuten hat das ja auch geklappt. Sogar bei mir zunächst – aber jetzt nicht mehr. Ich kenne inzwischen auch die andere Seite von Mike Graham. Und so gefühllos, wie er die Welt gern glauben machen würde, daß er sei, ist er bei weitem nicht.«

»Tatsächlich?« meinte er und stellte die Tasse auf den Tisch. »Es ist sehr spät, und ich sollte jetzt wirklich gehen.«

»Ich habe ein Gästezimmer. Es wird immer nur dann benutzt, wenn meine Eltern aus Miami herüberkommen.«

»Nein, ich möchte lieber in mein Hotel. Aber trotzdem herzlichen Dank.«

»Gut, dann hole ich mir rasch die Autoschlüssel.«

»Nein, ich nehme mir ein Taxi. Du brauchst deinen Schlaf!«

»Jetzt stell dich doch nicht so an ...«

»Ich nehm' lieber ein Taxi«, beharrte Graham und wies dann auf die leere Tasse. »Und vielen Dank für die heiße Schokolade!«

Sie nickte und stand dann auf, um ihn an die Tür zu bringen. »Willst du wirklich nicht, daß ich dich nach Hause fahre? Das macht mir doch nichts aus!«

»Nein, danke, wirklich nicht.« Er öffnete die Tür und wandte sich nochmals zu ihr um. »Wir sehen uns dann heute nachmittag.«

Sie küßte ihn leicht auf die Wange. »Gute Nacht, Mike.«

»Gute Nacht«, murmelte er und schloß die Tür.

Epilog

»Morgen, Mike!« sagte Sarah, als Graham hereinkam.

»Morgen«, antwortete er, die Tür hinter sich schließend. Sind C. W. und Sabrina schon hier?«

»Die sind schon drin«, bestätigte Sarah und meldete über die Gegensprechanlage Grahams Ankunft.

»Schicken Sie ihn rein, Sarah«, ertönte Philpotts Stimme.

Die Tür öffnete sich, Graham ging hinein, begrüßte den Oberst und nickte Whitlock und Sabrina zu, die auf einem der schwarzen Sofas saßen.

»Ich bin aber doch nicht zu spät, Sir?« fragte er mit einem Blick auf seine Uhr. »Sie sagten, um neun.«

»Nein, Sie sind nicht zu spät dran. Nehmen Sie Platz.«

Graham setzte sich auf das zweite Ledersofa. »Gibt es schon etwas, das Haus dort draußen betreffend?«

»Ja, vor etwa einer Stunde kam die Meldung, man habe etwas gefunden. Sergej ist hingefahren, und ich erwarte seinen Anruf.«

»›Etwas‹, Sir?«

Philpott rieb langsam seine leere Pfeife und legte sie dann hin. »Zwei Leichen. Ich habe bereits veranlaßt, daß man Sie hinausfährt, sobald wir hier fertig sind.«

»Danke, Sir.«

Philpott klopfte auf den Aktenordner, den er vor sich liegen hatte. »Dies sind die Ergebnisse der internen Untersuchung. Darin wird erhebliche Kritik geübt an C. W. und Sabrina wegen der Zurückhaltung von Informationen Sergej gegenüber. Für Sie, Sabrina, gilt das in besonderem Maße. Sie ließen sich – und der Generalsekretär kam mehrfach auf diesen Punkt zurück – hineinziehen in politische Angelegenheiten eines fremden Staates. Ich weiß, daß es nicht einfach ist, so etwas zu vermeiden, wenn ein Einsatz Politisches streift – trotzdem sollten Sie wissen, wo die Grenzen liegen. Wir haben schließlich unsere Satzung, in der solche Grenzen aufgezeigt sind. Und wenn Sie einmal nicht sicher sein sollten, müssen Sie eben anfragen. Wir haben weiß Gott schon genug Gegner in der UNO! Sie erschweren uns die Arbeit noch zusätzlich, wenn Sie dort drunten in Zimbala so eindeutig eine Seite unterstützen. Was, wenn es nicht so gelaufen wäre? Wenn Ngune die Macht wieder in Händen gehalten hätte? Dann wären wir als Söldner gebrandmarkt worden. Einige der radikaleren afrikanischen und asiatischen Länder machen jetzt schon ganz gern Andeutungen in dieser Richtung. Sie sind bei uns tätig, weil man Sie für die Besten in diesem Metier hält. Und dazu gehört dann auch das entsprechende Verhalten – ist das klar?«

»Ja, Sir«, murmelte Sabrina schuldbewußt.

Philpotts Augen wanderten zu Graham, und er schüttelte langsam den Kopf. »Bei Ihnen weiß ich überhaupt nicht, wo ich anfangen soll. Ich will es mir ersparen, all die Vorschriften herunterzubeten, gegen die Sie in diesen letzten Tagen verstoßen haben – Sie kennen Sie selbst sehr genau. Das schlimmste ist, daß Sie dabei jegliche Rücksichtnahme auf Ihre Kollegen und unsere Organisation insgesamt vermissen ließen. Selbst als Sabrina nach Beirut kam, um Sie zurückzuholen, stellten Sie ihr ein Ultimatum und brachten sie damit in eine unmögliche Situation. Sie hatte gar keine andere Wahl, als sich auf Ihre Vorschläge einzulassen, und in allererster Linie dadurch kam sie in die entsprechenden Schwierigkeiten.«

»Es war meine eigene Entscheidung, Sir«, wandte Sabrina ein. »Ich hätte doch Mike verpfeifen können, als ich mit Sergej telefonierte. Aber ich hielt es wirklich für besser, mit ihm zu arbeiten als gegen ihn und hatte einfach meine Zweifel, daß Sergej das begreifen würde.«

»Ihre Loyalität in allen Ehren, Sabrina«, entgegnete Philpott. »Aber es bleibt doch Tatsache, daß Mike der eindeutigen Weisung zuwiderhandelte, mit Ihnen zurückzukehren.«

»Kann man ihm daraus einen Vorwurf machen?« erwiderte sie temperamentvoll. »Was wäre denn geschehen, wenn er mit mir gekommen wäre? Wahrscheinlich hätte Bernard Erfolg gehabt bei seinem Mordanschlag auf Präsident Moboto.

Nur Mikes Entschlossenheit ist es doch zu verdanken, daß wir Remy Moboto befreien und damit im Endeffekt dem Weißen Haus großen Ärger ersparen konnten!«

»Aber das waren nicht Mikes Absichten, als er auf Bernard Jagd machte, oder?« sagte Philpott und ließ den Blick von Sabrina zu Graham schweifen. »Ihre einzige Absicht war doch, ihm eine Kugel in den Leib zu jagen, nicht wahr?«

»Ursprünglich ja«, gab Graham zu. »Aber sobald Sabrina sich zur Zusammenarbeit mit mir bereit erklärt hatte, betrachtete ich es als meine erste Pflicht, Mobotos Ermordung zu verhindern – und nicht, Bernard umzulegen. All dies habe ich aber gestern schon vor dem Untersuchungsausschuß gesagt.«

»Ach ja, und das bringt mich zum nächsten Punkt. Sie sollen dort obendrein noch recht ausfällig geworden sein. Warum das?«

»Vier reine Schreibtischleute – zwei Ehemalige von der CIA, zwei ehemalige Bundesbeamte. Was verstehen denn die schon von Einsätzen draußen vor Ort. Die haben doch im ganzen Leben noch nichts anderes in der Hand gehabt als einen Kugelschreiber! Sie stellten irreführende Fragen, wollten mich hereinlegen, und als ich die Situation zu erklären versuchte, hat man mir die Worte im Mund umgedreht. Sollte ich mich dafür etwa noch bedanken?«

Philpott schüttelte betroffen den Kopf. »Der Generalsekretär hat zunächst Ihre Entlassung gefordert, wissen Sie das?«

»Mein Kündigungsschreiben liegt ja bereits vor, Sir!«

»Ja, ich habe es. Das heißt aber noch lange nicht, daß ich Ihre Kündigung annehme. Leiter der UNACO bin ich! Sie sind meine Mitarbeiter, und die letzte Entscheidung in Personalfragen liegt bei mir. Der Generalsekretär weiß das sehr gut.« Philpott nahm Grahams Kündigungsschreiben aus dem Aktenordner und schob es über den Tisch. »Schmeißen Sie das schleunigst weg, ehe es in die falschen Hände kommt.«

Graham ging zu Philpotts Schreibtisch und nahm das Blatt an sich.

»Das heißt nicht, daß ich auch nur für einen Augenblick Ihre Handlungsweise billige, Mike. Es hat mich nicht wenig

Mühe gekostet, den Generalsekretär davon zu überzeugen, daß es sich lohnen wird, Ihnen noch einmal eine Chance zu geben.«

»Ich weiß das zu würdigen, Sir.«

»Das will ich auch sehr hoffen«, gab der Oberst zurück. »Ich räume ein, daß es eine Ausnahmesituation war. Und nachdem Bernard und Bailey tot sind, werden wir ja wohl in Zukunft etwas mehr ordnungsgemäße Zusammenarbeit von Ihnen erwarten können. Aber glauben Sie mir, Mike, wenn Sie nur noch ein einziges Mal unangenehm auffallen, sind Sie draußen – das versteht sich von selbst. Sie haben sich mit Ihrem Verhalten einen dicken Minuspunkt eingehandelt, und es ist jetzt an Ihnen, der UNACO und dem Generalsekretär zu beweisen, daß Sie diese zweite Chance verdienen.«

»Ich werde Sie nicht mehr enttäuschen, Sir!«

»Können Sie auch gar nicht – ich werde nämlich nicht mehr auf diesem Sessel sitzen.«

»Ich verstehe nicht, Sir«, meinte Graham stirnrunzelnd.

»Mein Arzt bekam fast selbst einen Herzanfall, als er erfuhr, daß ich meinen Dienst wieder aufgenommen habe. Er war der festen Überzeugung, daß ich brav zu Hause im Sessel sitze und hat mir klar gemacht, daß mein nächster Herzanfall sehr gut der letzte sein könnte. Daher habe ich gestern den Generalsekretär um meine Versetzung in den Ruhestand gebeten. Ich werde gehen, sobald ich Sergej als meinem Nachfolger ordnungsgemäß alles übergeben habe.«

»Und wer wird später an dessen Stelle treten?« fragte Sabrina.

Philpott wies auf Whitlock. »Ich weiß, daß alle Einsatzgruppen voll hinter ihm stehen werden.«

Sabrina gratulierte Whitlock als erste und drückte ihm einen freundschaftlichen Kuß auf die Wange; dann schüttelte ihm Graham freudig die Hand.

»Mir ist zwar klar, daß C. W. immer noch gewisse Vorbehalte seiner neuen Position gegenüber hat, weil er, genau wie Sie, Mike, kein sonderlicher Bewunderer von Schreibtischhengsten ist. Aber machen wir uns doch nichts vor, C. W. – Sie werden auch nicht jünger!«

»Das sagt mit auch dauernd meine Frau«, erwiderte Whitlock.

»Wie lange weißt du schon davon?« erkundigte sich Sabrina bei Whitlock.

»Ein paar Monate; ich hätte euch ja gerne etwas gesagt, war aber zum Stillschweigen verpflichtet.«

»Ist schon entschieden, wer dann C. W.s Platz bei uns einnehmen wird?« fragte Graham.

Philpott nickte. »Wir haben seinen Nachfolger während der letzten sechs Wochen auf seine neue Aufgabe vorbereitet. Sie haben mit ihm schon während Ihres letzten Einsatzes zusammengearbeitet – da war er noch bei der italienischen Anti-Terror-Truppe NOCS.«

»Fabio Paluzzi?« fragte Sabrina.

»Ja«, bestätigte Philpott. »Sie werden wissen, daß er bei der Einsatzgruppe neun ist, seit wir ihn übernommen haben. Dadurch sollte er erst einmal den richtigen Einstieg in unsere Organisation finden. Innerhalb der beiden nächsten Wochen wird er seine neue Position antreten.«

»Das ist prima«, sagte Sabrina grinsend und trat dann rasch auf Whitlock zu, um ihm den Arm zu tätscheln. »Du verstehst das doch nicht falsch, C. W.«

»Ach was, dafür kenne ich dich viel zu gut.«

»Ich kann Paluzzi erst heute nachmittag informieren. Falls Sie ihn also zufällig vorher treffen sollten, sagen Sie ihm bitte noch nichts.«

»Und ich darf dann heute abend auf einen Schluck zu mir in die Wohnung einladen«, sagte Whitlock. »Fabio werde ich auch dazu bitten, sobald der Oberst mit ihm gesprochen hat. Ich würde mich freuen, Mike, wenn auch du kommen könntest – aber ich hätte volles Verständnis dafür, wenn du lieber für dich sein möchtest.«

»Aber nein, ich komme gern«, erwiderte Graham. »Du mußt nur dafür sorgen, daß der Champagner schon kalt ist!«

»Steht schon im Kühlschrank«, versicherte Whitlock lächelnd.

»C. W. und Sabrina, ich würde gerne noch unter vier Augen mit Mike sprechen«, sagte der Oberst. »Wir sehen uns dann heute abend bei C. W. zu Hause wieder.«

Sabrina blieb kurz vor Graham stehen und legte ihm leicht die Hand auf die Schulter. »Wenn du jemand brauchst, mit dem du reden kannst, weißt du ja, wo du mich findest.«

»Kann schon sein, daß ich auf dein Angebot zurückkomme«, erwiderte er. »Kommt ganz darauf an, um welche Zeit ich von dem Haus da draußen wieder zurück bin.«

»Wir seh'n uns dann ja später, Mike«, sagte Whitlock und verließ mit Sabrina das Büro.

Philpott schloß mit seiner Fernbedienung die Tür hinter den beiden. »Mike, ich habe gestern abend nach meinem Besuch beim Generalsekretär noch mit Sergej und C. W. gesprochen. Die beiden stehen hundertprozentig hinter Ihnen. Enttäuschen Sie sie nicht.«

»Sergej? Der saß mir doch die ganze Zeit im Nacken, seit ich aus Zimbala zurück bin.«

»Stimmt schon. Aber Sergej weiß auch, wie wertvoll Sie für unsere Organisation sind. Wir alle wissen das, und deshalb sind Sie auch noch hier. Ich glaube nicht, daß irgendein anderer Mitarbeiter, der so wie Sie die Regeln verletzt hat, eine neue Chance bekommen hätte. Sie haben das Zeug dazu, der beste Außenmitarbeiter zu sein, den die UNACO je hatte, aber Sie müssen ankämpfen gegen diesen einzelgängerischen Zug, der bei Ihnen zu den unmöglichsten Zeiten durchzubrechen scheint. Ich weiß, daß das sehr viel zu tun hat mit dem, was Ihren Angehörigen zustieß. Sie hatten wohl immer das Gefühl, daß jemand bei der Delta Ihren Einsatz an Bernard und Al-Makesh verraten haben müsse. Das Wort ›Vertrauen‹ muß für Sie damals einen faden Beigeschmack bekommen haben. Aber jetzt kennen Sie die Wahrheit – keiner von Ihren Kameraden hatte etwas mit der Sache zu tun. Sie sollten dieses Wissen nutzen und von nun an alle Ihre Kräfte auf die Einsatzgruppe drei konzentrieren.

Ich brauche Ihnen außerdem wohl nicht zu sagen, wie froh Sie sein können, gerade Sabrina zur Kollegin zu haben. Es gibt wohl keinen Außenmitarbeiter bei uns, der nicht alles dafür geben würde, seinen Platz mit Ihnen zu tauschen. Sie hält unglaublich viel von Ihnen – und das will etwas heißen bei einem so versierten Profi, wie sie das ist. Jetzt kommt Fabio Paluzzi neu dazu. Er wird Ihre Unterstützung brauchen, bis er richtig Fuß gefaßt hat. Welche Hilfe aber wären Sie für ihn, wenn Sie weiter als Einzelgänger operieren? Nachdem nun C. W. in die Leitungsebene wechselt, sind Sie nicht nur der erfahrenste Außenmitarbeiter der Einsatzgruppe drei, sondern der UNACO insgesamt. Das bringt Verantwortung mit sich, Mike. Es kommt hinzu, daß Sie offiziell zum Gruppenleiter befördert werden, sobald Paluzzi seine Stelle antritt. Und ein guter Führer führt immer durch sein Beispiel, richtig? Keiner sollte das doch besser wissen als gerade Sie.«

»Ja, das ist mir bewußt, Sir.«

»Drunten steht ein Wagen, um Sie zu dem Haus dort draußen zu bringen.«

»Ich danke Ihnen, Sir!«

Philpott drückte auf die entsprechenden Knöpfe, um die Tür für Graham zu öffnen und hinter ihm wieder zu schließen. Sarah schaute von ihrer Arbeit auf, als Graham an ihren Schreibtisch trat.

»Entschuldigen Sie«, sagte er und lehnte sich hinüber, um sein Kündigungsschreiben in den neben ihr stehenden Aktenvernichter zu werfen. »Es ist nutzlos, über das zu reden, was getan werden muß. Und es ist nutzlos, über das zu grübeln, was geschehen ist.«

Stirnrunzelnd sah Sarah ihn an.

»Konfuzius«, fügte er hinzu.

Sarah blickte ihm nach, als er das Vorzimmer verließ, hob dann die Schultern und wandte sich wieder ihrer Arbeit zu.

Alistair Mac Lean

Todesmutige Männer unterwegs in gefährlicher Mission - die erfolgreichen Romane des weltberühmten Thrillerautors garantieren Action und Spannung von der ersten bis zur letzten Seite.

Die Überlebenden der Kerry Dancer
01/504

Jenseits der Grenze
01/576

Angst ist der Schlüssel
01/642

Eisstation Zebra
01/685

Der Satanskäfer
01/5034

Souvenirs
01/5148

Tödliche Fiesta
01/5192

Dem Sieger eine Handvoll Erde
01/5245

Die Insel
01/5280

Golden Gate
01/54545

Circus
01/5535

Meerhexe
01/5657

Fluß des Grauens
01/6515

Partisanen
01/6592

Die Erpressung
01/6731

Einsame See
01/6772

Das Geheimnis der San Andreas
01/6916

Tobendes Meer
01/7690

Der Santorin-Schock
01/7754

Die Kanonen von Navarone
01/7983

Geheimkommando Zenica
011/8406

Nevada Paß
01/8732

Agenten sterben einsam
01/8828

Eisstation Zebra
01/9013

Alistair MacLean / John Denis
Höllenflug der Airforce 1
01/6332

Wilhelm Heyne Verlag
München

Marc Olden

Cool, rasant und unglaublich spannend – Marc Olden ist ein Meister des Fernost-Thrillers.

Giri
01/6806

Dai-Sho
01/6864

Gaijin
01/6957

Oni
01/7776

TE
01/7997

Do-Jo
01/8099

Dan tranh
01/8459

Wilhelm Heyne Verlag
München

Robert Ludlum

»Ludlum packt in seine Romane mehr an Spannung als ein halbes Dutzend anderer Autoren zusammen.«

THE NEW YORK TIMES

Foto: Christine Strub

Die Matlock-Affäre
01/5723

Das Osterman-Wochenende
01/5803

Das Kastler-Manuskript
01/5898

Der Rheinmann-Tausch
01/5948

Das Jesus-Papier
01/6044

Der Gandolfo-Anschlag
01/6180

Der Matarese-Bund
01/6265

Der Borowski-Betrug
01/6417

Das Parsifal-Mosaik
01/6577

Die Aquitaine-Verschwörung
01/6941

Die Borowski-Herrschaft
01/7705

Das Gensessee-Komplott
01/7876

Der Ikarus-Plan
01/8082

Das Borowski-Ultimatum
01/8431

Das Omaha-Komplott
01/8792

Der Holcroft-Vertrag
01/9065

Wilhelm Heyne Verlag
München

Bernard Lenteric

Packend - dramatisch - aktuell: Die raffinierten Wissenschaftsthriller des französischen Bestsellerautors!

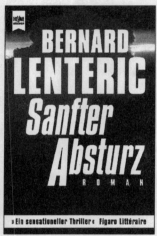

01/9087

Außerdem erschienen:

Drohendes Glück
01/9444

Wilhelm Heyne Verlag
München

David Morrell

Einer der meistgelesenen amerikanischen Thriller-Autoren!
»David Morrell schreibt Thriller von allerhöchster Qualität.«
IRISH PRESS

01/8776

Außerdem erschienen:

Der Geheimbund der Rose
01/6850

Verrat
01/7760

Schwur des Feuers
Heyne Jumbo 41/41

Wilhelm Heyne Verlag
München

John le Carré

Perfekt konstruierte Spionagethriller, spannend und mit äußerster Präzision erzählt.
»Der Meister des Agentenromans« DIE ZEIT

Eine Art Held 01/6565

Der wachsame Träumer 01/6679

Dame, König, As, Spion 01/6785

Agent in eigener Sache 01/7720

Ein blendender Spion 01/7762

Krieg im Spiegel 01/7836

Schatten von gestern 01/7921

Ein Mord erster Klasse 01/8052

Der Spion, der aus der Kälte kam 01/8121

Eine kleine Stadt in Deutschland 01/8155

Das Rußland-Haus 01/8240

Die Libelle 01/8351

Endstation 01/8416

Der heimliche Gefährte 01/8614

Wilhelm Heyne Verlag
München